*"Es werden so viele schöne Worte
über Freiheit geredet, aber nichts
in der Welt macht so unfrei wie Armut "*

Martin Andersen-Nexö
(1869-1954), dänischer
Schriftsteller

Bonn, August 2024

© Michael Bohnet

Umschlagfoto: Mongolei 2002

Verlag: BoD · Books on Demand GmbH,
In de Tarpen 42, 22848 Norderstedt
Druck: Libri Plureos GmbH, Friedensallee 273,
22763 Hamburg
ISBN: 978-3-7597-8009-6

40 Jahre im Dienste der Entwicklungspolitik

Eine persönliche Bilanz

Lebenserinnerungen

1978-2013

Michael Bohnet

2. erweiterte Auflage (2024)

Es handelt sich um berufliche Lebenserinnerungen,
zu den privaten: siehe Familienberichte Bohnet 1978-2013

Die privaten und beruflichen
Lebenserinnerungen 1937-1978 liegen getrennt vor

für Heidi

Max und Hans

Leonel und Hannes

Vorbemerkung

Zukunft ist die Zeit, in der man Zeit hat, seine gesamte Vergangenheit kennenzulernen. So dachte ich mit 84 Jahren und habe im Juli 2021 den Bericht „Lebenserinnerungen, die ersten 40 Jahre, 1937-1978" geschrieben. Diese Aufzeichnung erhielten die Familie und die engeren Freunde und Weggefährten.

In den letzten anderthalb Jahren habe ich nun auch meine beruflichen Lebenserinnerungen 1978-2013 zu Papier gebracht. Dazu habe ich die Tagebücher meiner vielen Reisen ausgewertet, die alle im Archiv der Sozialen Demokratie der Friedrich-Ebert-Stiftung in Bonn deponiert sind. Dabei wurde ich tatkräftig von Frau Dr. Gertrud Lenz unterstützt. Auch die umfassenden Schriftstücke und Dokumente von Ereignissen und Reisen, die im Archiv der Friedrich-Ebert-Stiftung lagern, dienten als Gedächtnisstütze. Wie viele von Euch wissen, bin ich ja heimlich Archivar.

Ich habe sowohl die Taten als auch die Untaten aufgeschrieben. Nichts wurde unter den Teppich gekehrt, nichts beschönigt, wie dies ja häufig bei Lebenserinnerungen der Fall ist.

Die Lebenserinnerungen beruhen weitgehend auf originalen Tage-buchaufzeichnungen. So wurde sichergestellt, dass der jeweilige Zeitgeist durch die Erinnerung nach vielen Jahren nicht verfälscht wurde. Die Erinnerungen wurden gespickt mit kleinen Begebenheiten, Anekdoten, Schmankerln sowie humorvollen, aber auch absurden Erlebnissen am Rande.

Die Erinnerungen umfassen zehn Großkapitel, säuberlich geordnet nach Jahren. Jedes dieser zehn Großkapitel, z. B. 1978-1982, 1994-1996 oder 2002-2013 enthält am Schluss ein Fazit. In diesem werden die großen Linien des Geschehenen skizziert, sie enthalten auch klare politische Urteile. Mir kam es darauf an, die langen Verknüpfungen aufscheinen zu lassen.

Am Schluß habe ich noch ein Kapitel „Zusammenfassende Rückschau (1978-2013)" und ein „ Gesamtfazit nach 40 Jahren" sowie ein Personenverzeichnis hinzugefügt.

Die privaten Erinnerungen finden sich in den Familienberichten Bohnet von 1978-2013, die getrennt vorliegen.

Auch diese Lebenserinnerungen 1978- 2013 sind ebenso wie die Lebenserinnerungen 1937-1978 für die Familie und die engeren Freunde und Weggefährten gedacht.

Ich danke meiner Frau Heidi, die mit Würde ertragen hat, dass ich mich zwei Jahre hinter Schriftstücken, Akten und Dokumenten verschanzt habe, um diese beruflichen Lebenserinnerungen zu schreiben. Ohne ihre Nachsicht wäre dies alles nicht gelungen.

Ich danke meinem Freund Dr. Fritz Franzmeyer, der das Manuskript mit großem Einsatz, unermüdlicher Geduld und Zielstrebigkeit in eine lesbare und druckfertige Form gebracht hat.

Ich danke Frau Elke Treu, die durch ihren unermüdlichen Einsatz, ihren bewundernswerten Fleiß, ihre Sachkunde und ihre Geduld dieses Buch erst ermöglicht hat.

Ich danke Frau Christine von der Thüsen, die die hier vorliegende 2. Auflage tatkräftig mitgestaltet hat.

Bonn, im August 2024

Michael Bohnet

Gliederung

Weltbevölkerungskonferenz, Kairo

Weltsozialgipfel Kopenhagen

Weltfrauenkonferenz Peking

Weltstädtegipfel Türkei

Welternährungsgipfel Rom

Regierungsgespräche Bangladesh, Philippinen

1997-1998 (Seite 166)

Fachkonferenzen und Projektbesuche:

Wüste (Niger)

Wasser (Petersberg)

Landwirtschaftliche Forschung (Syrien, Jordanien)

Kinderarbeit und -schutz (Bonn)

Drogen (New York)

Armut (Tokio)

FCKW- Ausstieg (Moskau, Russische Föderation)

Sektorkonsultationen und Projektbesuche Äthiopien

Regierungswechsel zu Rot-Grün

1999-2000 (Seite 202)

EU/ AKP, Einweihung von Großprojekten, Regierungsgespräche.

Staatsbesuche, Zentralasien

EU-AKP Dakar/ Senegal

China (U-Bahn Kanton), Kambodscha (Telekommunikation)

Regierungsgespräche in Israel, Palästina, Jordanien

Regierungsgespräche in Bulgarien

Regierungsgespräche in Yemen, Ägypten, Kuba, Brasilien

Regierungsgespräche in Vietnam, Kambodscha

Regierungsverhandlungen in Marokko

Staatsbesuch Israel, Palästina, Ägypten, Bundespräsident Rau

Gespräche Weltbank und Interamerikanische Entwicklungsbank

Kulturerbekonferenz Florenz

Usbekistan, Kirgistan, Kasachstan

2001 (Seite 280)

Kaukasus, Transformprogramm, Balkan, Afghanistan

Kaukasus-Reise (Aserbaidschan, Georgien, Armenien)

Rumänien Regierungsgespräche

Konferenz Brüssel LDC

Polen, Lettland, Estland, Litauen (Transformprogramm)

Venedig, Balkankonferenz

Petersberg-Konferenz Nil (11.9.2001)

Festakt 40 Jahre BMZ

Sonderbeauftragter Afghanistan

- Washington Konferenz

- Islamabad- Konferenz

- Kabul /Islamabad mit Ministerin

1978 - 1982

Entwicklungspolitische Planung, Kabinettvorlagen,

Gipfelkonferenzen

(Manila, Tokio, New York, Venedig, Paris, Cancun, Versailles)

1978

Zuspitzung des Ost-West-Konflikts

Beginn beim BMZ, Bonn

Ministerin Schlei

Minister Offergeld

Problemländer

Investitionsprogramm Dritte Welt

Ich begann meine Tätigkeit beim BMZ in Bonn mit einem Paukenschlag. Am 1.2.1978 hatte ich ein erstes Treffen mit Ministerin Schlei. Am 02.02. fand eine erste Leitungsbesprechung statt. Am 03.02. wurde **Ministerin Schlei,** die mich ins BMZ geholt hatte, von Bundeskanzler Schmidt entlassen. Ich war bei der entscheidenden Übermittlung der Nachricht in ihrem Büro bei ihr. Sie veranlasste durch ein Telefongespräch mit Bundeskanzler Schmidt, dass auch ihr Staatssekretär Kollatz entlassen wurde. Dies dauerte insgesamt 10 Minuten. Ich war Zeuge dieser doppelten „Hinrichtung". Nachfolge von Schlei wurde **Rainer Offergeld**, Parlamentarischer Staatssekretär beim Finanzministerium und Vertrauter von Helmut Schmidt. Ich hatte die undankbare Aufgabe, für Offergeld die Eröffnungsrede zu schreiben.

In den Jahren 1978-1982 (bis zur Wende) leitete ich das **Planungs- und Forschungsreferat des BMZ** (Referat 200).

1978 spitzte sich der Ost-West-Konflikt zu. Am 03.03.1978 fand eine Leitungsklausur zum Thema **„Problemländer"** statt. Hintergrund war, dass immer mehr Entwicklungsländer diktatorische Züge zeigten und sich viele dem Kommunismus zuwandten. In dieser Leitungsklausur wurde ausführlich gesprochen über:

a) die diktatorischen Länder Chile, Argentinien, Zentralafrikanisches Kaiserreich, Uganda und Nicaragua
b) die sog. kommunistischen Länder Benin, Guinea, Guinea-Bissau, VR Kongo, Angola, Mosambik, Süd-Jemen, Kuba, Laos, Vietnam, Kampuchea

Als Tendenz wurde beschlossen, bei diktatorischen Ländern weiter Zurückhaltung zu üben, aber mit den kommunistischen Ländern weiterzuarbeiten, um ihr vollständiges Abgleiten in den sowjetischen Einflussbereich zu verhindern.

1978 war die weltwirtschaftliche Lage unbefriedigend, sowohl in den Industrieländern als auch in Entwicklungsländern. Deshalb haben wir im Planungsreferat ein Papier entworfen mit dem schönen Titel **„Überlegungen zu einem Investitionsprogramm für die 3. Welt"** (12. Mai 1978). Darin haben wir erhöhte öffentliche und private Ressourcentransfers in die Entwicklungsländer vorgeschlagen, um sowohl die Weltkonjunktur zu beleben als auch einen Marshallplan für die Dritte Welt zu initiieren (eine Art **„globaler Keynes"**). Das Programm hat bei der Diskussion über die Entwicklungspolitik im Vorfeld der folgenden Weltwirtschaftsgipfel eine gewisse Rolle gespielt.

1979

Kampf um eine neue Weltwirtschaftsordnung

UNCTAD V- Konferenz Manila

Weltwirtschaftsgipfel Tokio

UNCTAD V- Konferenz Manila

Am 12. April 1979 hatten wir im Planungsreferat (vor allem durch aktive Hilfe von Gero Jentsch) eine **Kabinettvorlage** erstellt mit dem Titel: „Zusammenarbeit mit den Entwicklungsländern, **Vorbereitung von UNCTAD V**". In dieser Kabinettsvorlage hatten wir einen mutigen Stufenplan für die Erhöhung der öffentlichen Entwicklungshilfe vorgeschlagen, nämlich 1980 18%, 1981 20%, 1982 22% (für die Jahre 1980-1982 insgesamt 3 Mrd.DM). Die Kabinettvorlage wurde am 24. April 1979 ganztägig im Kabinett diskutiert. Ich hatte das Vergnügen daran teilzunehmen und musste auch spontane Fragen des Bundeskanzlers Schmidt beantworten, was mir unter Hinzuziehung von viel Phantasie auch gelang (einige Zahlen erfand ich einfach). Die vorgeschlagenen Steigerungen der Entwicklungshilfe wurden von Außenminister Genscher, Entwicklungsminister Offergeld und Wirtschaftsminister Lambsdorff nachdrücklich unterstützt. Doch der Stufenplan scheiterte an den Einwendungen des Finanzministers Matthöfers und des Bundeskanzlers Schmidt. Interessant war dabei, dass auch die entwicklungspolitischen Sprecher der SPD (Uwe Holtz) und der FPD (Vohrer) an der Kabinettsitzung teilnehmen durften. Der Sprecher der oppositionellen CDU, Todenhöfer, hat das Ergebnis scharf kritisiert. Die FAZ titelte am 27.04.1979 „Offergelds Niederlage", da sein Stufenplan gescheitert sei.

Vom 01.05.-02.06.1979 fand in **Manila (Philippinen) die UNCTAD V** Konferenz statt. Deutscher Delegationsleiter war Graf von Lambsdorff, dabei war auch Entwicklungsminister Offergeld, daneben natürlich etliche BMZ-Vertreter, so u.a. ich, von Leuckardt, Mohrbach, etc. Ich hatte das Vergnügen in der Arbeitsgruppe über die ärmsten Entwicklungsländer für Deutschland zu verhandeln. Die Konferenz führte zu gewissen Zugeständnissen bei der Erhöhung der Entwicklungshilfe an die ärmsten Entwicklungsländer. In der zentralen Frage lehnten aber die Industrieländer die Forderungen der Entwicklungsländer nach einer „Neuen Weltwirtschaftsordnung" ab, die ja gewisse planwirtschaftliche Elemente beinhaltet hätte. Insbesondere

Deutschland sprach sich gegen eine Indexierung der Rohstoffpreise aus. Verhandlungen über ein neues Weizenabkommen wurden dagegen begrüßt.

Als kleines Schmankerl ist zu erwähnen, dass der philippinische **Präsident Marcos** in seiner Eröffnungsrede bedauerte, dass es in Manila noch zu wenig Hochhäuser gebe, man also noch sehr rückständig sei. Dafür hatte aber seine **Frau Imelda**, eine ehemalige Schönheitskönigin ihre verschwendende Extravaganz und ihre exorbitante **Schuhsammlung** vorzelebriert. Imelda Marcos besaß wohl die größte Schuhsammlung der Welt mit 3.000 Paar Schuhen, die sie auf zahlreichen Treppenstufen der Hotels und der Konferenzzentren provokant ausstellte.

Während eines freien Konferenztages machte ich mit **Erich Schröder**, einem alten Freund und Delegierten des deutschen Landwirtschaftsministeriums eine Floßfahrt zur Insel Corregidor, die 48 Kilometer westlich von Manila liegt. Während des 2. Weltkrieges hielten Japaner diese Insel besetzt, 1945 eroberten die Amerikaner die Insel zurück. Die Insel glich einer Ruinenstadt mit zerstörten militärischen Anlagen.

Weltwirtschaftsgipfel Tokio

Vom 26.06.-30.06.1979 nahm ich als „kleiner" Delegierter beim **Weltwirtschaftsgipfel in Tokio** teil. Konferenzort war der Akasaka Palace. An dem Weltwirtschaftsgipfel in Tokio nahmen folgende Staatschefs teil:
- US: Jimmy Carter
- Kanada: Clark
- Frankreich: Giscard d' Estaing
- Deutschland: Helmut Schmidt
- Italien: Andreotti
- Japan: Ohira
- Großbritannien: Thatcher, EU: Roy Jenkins
  Zur deutschen Delegation gehörten ferner Außenminister Genscher, Finanzminister Matthöfer, Wirtschaftsminister Lambsdorff, Forschungsminister Hauff, Botschafter Diehl, daneben u.a. Schulmann, Lahnstein, Ruhfus, Lautenschlager, Steeg und ich als BMZ-Vertreter.

Das alles beherrschende Thema des Gipfels in Tokio war inmitten der zweiten Ölkrise die **Energiefrage.** Man einigte sich auf eine Reduzierung des Erdölverbrauchs. Des weiteren wurden Erleichterungen für vietnamesische Flüchtlinge vereinbart und eine strengere Währungspolitik zur Inflationsbekämpfung beschlossen.

Als die Delegation vom Flughafen zur Stadt Tokio zum Hotel „New Otani" mit Omnibussen im Konvoi fuhr, gab es **strengste Sicherheitskontrollen.** Auf allen

Hochhäusern Tokios längs der Straße standen Polizisten mit Gewehren, was äußerst gespenstig wirkte. Man muss dazu wissen, dass **1979 ein Höhepunkt der internationalen Terrorismusbedrohung** war.

Am Schluss möchte ich noch erwähnen, dass wir ohne das tätige und kluge Engagement von Jentsch, Füllenbach, von Leuckardt, Lührs, Simson, Rügner und Gebauer (alles Mitarbeiter des Referats 200) die vielfältigen Aufgaben im Planungs- und Forschungsreferat nicht bewältigt hätten.

Fotos 1979

Bundespressekonferenz nach UNCTAD V, Juni 1979

von links: MD Steeg, Graf Lambsdorff (Wirtschaftsminister)
Bohnet, Offergeld (Entwicklungsminister) , Schipulle
(Pressesprecher)

1980

Ölkrise

Weltwirtschaftsgipfel Venedig

Kabinettvorlage „Brandt-Bericht"

Entwicklungspolitische Forschung

Weltwirtschaftsgipfel Venedig

Vom 22.-23.06.1980 fand der **Weltwirtschaftsgipfel in Venedig** statt. Dieser Gipfel war bestimmt durch die Ölpreiserhöhungen der OPEC-Länder und die dadurch bedingten inflationären Tendenzen sowie die Rezessionsängste in den Industrieländern. Folgende Staatschefs nahmen an dem Gipfel teil:

- USA: Jimmy Carter
- Kanada: Trudeau
- Frankreich: Giscard d'Estaing
- Deutschland: Helmut Schmidt
- Japan: Okita
- Großbritannien: Thatcher
- Italien: Cossiga
- EU: Jenkins

Von deutscher Seite nahmen ferner teil Außenminister Genscher, Finanzminister Matthöfer, Wirtschaftsminister Lambsdorff, Pressesprecher Bölling, daneben u.a. Lahnstein, Schulmann und ich als einziger Teilnehmer des BMZ.

Die Konferenz fand statt auf der Isola di San Giorgio Maggiore in Venedig. Die Delegation wohnt im Hotel Danieli. Die Schlusserklärung des Gipfels enthielt eine Bemühensklausel zur Einsparung von Öl und der verstärkten **Förderung von alternativen Energien, eine Verpflichtung zur Verdoppelung der Kohleförderung und zur Steigung der Kernkraft.** In der Schlusserklärung zeigten sich die G7 beunruhigt über die Unterhöhlung der Wachstumschancen sowohl der Industrieländer als auch der Entwicklungsländer, insbesondere das Bevölkerungswachstum in den Entwicklungsländern und die Ernährungskrise in diesen Ländern wurden thematisiert, vor allem von Helmut Schmidt, der sein Steckenpferd „Bevölkerungsexplosion" ritt. In der Schlusserklärung wurde für positive

Globalverhandlungen plädiert. Ferner wurde der Brandtbericht begrüßt. Es wurde scharfe **Kritik geübt an der militärischen Besetzung Afghanistan durch die Sowjetunion**. Ferner sprachen sich die G7 auf Initiative von Präsident Carter **gegen eine Teilnahme an den Olympischen Spielen in Moskau** aus. Boykottiert wurden folgerichtig die Spiele von der Bundesrepublik Deutschland, Japan, Kanada und den USA. Norwegen, Kenia und Großbritannien nahmen hingegen teil, ebenfalls die DDR.

Kabinettvorlage „Brandt-Bericht"

Im ersten Halbjahr 1980 hatten wir monatelang (das Planungsreferat, vor allem Jentsch) an einer **Kabinettsvorlage zum Brandt-Bericht** gearbeitet. Die Kabinettssitzung fand am 2. Juli 1980 statt und die Vorlage trug den Titel „Die zukünftige Entwicklungspolitik der Bundesrepublik im Lichte der Empfehlungen der „Unabhängigen Kommission für Internationale Entwicklungsfragen". Darin wurde insbesondere ein Nord-Süd-Gipfel-Treffen gefordert. Deutschland hat in der im Kabinett verabschiedeten Konzeption die überwiegende Zahl der Empfehlungen des Brandberichtes integriert, aber die zentrale Forderung nach einer neuen Weltwirtschaftsordnung abgelehnt.

Entwicklungspolitische Forschung

Neben der Planung der deutschen Entwicklungspolitik war das Referat 200 auch zuständig für die **entwicklungspolitische Forschung** (Verantwortlich: Horst Gebauer). Der Budgetansatz für die Forschung betrug 3 Mio. DM. Alleine in den Jahren 1980-1982 haben wir etwa 34 Forschungsprojekte durchgeführt und eine eigene Schriftenreihe gegründet mit dem Namen **„Forschungsberichte des Bundesministeriums für wirtschaftliche Zusammenarbeit"** (Herausgeber Michael Bohnet, Horst Gebauer). Auch dem Parlament wurde ausführlich über die Forschungsarbeiten berichtet. Die Abgeordneten standen der Forschung meist skeptisch gegenüber. Deshalb wurde ein ausführlicher Vermerk für den Ausschuss für wirtschaftliche Zusammenarbeit erstellt mit dem Titel „Entwicklungspolitische Forschung des BMZ", der etliche Bedenken des Parlaments ausräumen konnte.

Wichtige und engagierte Mitarbeiter im Referat 200 waren 1980 u.a Jentsch. Füllenbach, Huppke, Rügner, Simson, Neumann, Lehmann-Richter, Peters, Hochbaum und Gebauer.

1981

Erster Nord- Süd- Gipfel der Geschichte

Nord-Süd-Gipfel Cancun/ Mexiko

Vom 22.-23.10.1981 fand der **Nord-Süd-Gipfel in Cancun** statt. **Erstmals in der Geschichte der Nord-Süd-Beziehungen** erörterten – von der unabhängigen Kommission für internationale Entwicklungsfragen (der Brandt-Kommission) angeregt – die Staats- und Regierungschefs aus 22 Industrie- und Entwicklungsländern in unmittelbaren persönlichen Kontakt die Zukunft der Zusammenarbeit von Nord und Süd. Durch dieses Treffen, an der Bundeskanzler Schmidt durch Außenminister Genscher vertreten wurde, nahm auch Minister Offergeld und ich teil. Ziel war es, die Tür zu globalen Verhandlungen im Rahmen der Vereinten Nationen über die Themen Rohstoffe, Energie, Handel, Entwicklung, Währung und Finanzen anzustoßen. Hinter dieser Forderung stand der Versuch, die bisher in verschiedenen Gremien getrennt geführten Verhandlungen zu einem „integrierten Verfahren" zusammenzuführen. Die Verhandlungen scheiterten aufgrund der Komplexität der Materie und des mangelnden politischen Willens vieler Teilnehmer, lediglich beim Thema Ernährung und Energie wurden Annäherungen erzielt. So wurde u.a. die internationale Nahrungsmittelreserve aufgestockt, die Schlüsselrolle der Energie, insbesondere der nicht- erschöpflichen Energiequellen hervorgehoben und der österreichische Vorschlag für ein Investitionsprogramm für die Dritte Welt gebilligt. Es wurde bedauert, dass die Sowjetunion an diesem Nord-Süd-Gipfel nicht teilnahm. Deshalb ist es interessant zu erwähnen, welche **Staatschefs** u.a. an dem Nord-Süd-Gipfel teilgenommen haben:

- USA: Reagan
- Kanada: Trudeau
- Großbritannien: Thatcher
- Frankreich: Mitterand
- Österreich: Kreisky
- Japan: Suzuki
- Indien: Ghandi
- Philippinen: Marcos
- Tansania: Nyerere
- Saudi Arabien: Kronprinz Fahd
- Mexiko: Portillo
- China: Zhao-Ziyang
- Elfenbeinküste: Houphouet -Boigny

Von deutscher Seite nahmen teil: Außenminister Genscher, daneben Entwicklungsminister Offergeld, ferner Staatssekretär Lautenschlager vom Auswärtigen Amt, vom BMZ außerdem noch ich, Pallmann und Breyer.

Als kleine **absurde Begebenheit** sei erwähnt, dass beim Hinflug die Amerikaner die deutsche Militärmaschine zur Zwischenlandung im Süden der USA zwangen, was die deutsche Delegation nicht erheiterte. Angeblich waren der Grund irgendwelche ungeklärte Überflugrechte über Kuba.

In Cancun gab es **starke Sicherheitsvorkehrungen**. Die Delegation wohnte im Hotel Cancun Cariba. Ich als kleiner Delegierter, der ja nichts zu tun hatte, badete im Meer vor dem Hotel. Plötzlich tauchten vor mir im Wasser bewaffnete Taucher auf, die mich mit Gewalt zum Ufer zurücktrieben. Ein Bild, das sich bei mir über Jahre einprägte. Seither schwimme ich mit mehr Bedacht.

In der Hotelhalle wurde ich von den **rüden Sicherheitsbeamten von Präsident Reagan fast erdrückt**, als ich in den Konferenzsaal wollte. Wie immer, zelebrierten die Amerikaner bei solchen Konferenzen ihre brutale Gewalt, rücksichtslos und nur die amerikanischen Delegierten schützend.

Wichtige und kreative Mitarbeiter im Referat 200 waren 1981 Hochbaum, Gebauer, Kroll, Füllenbach, Rügner, Kloke, Leuckardt und Richter.

1982

Stagnation in den Industrieländern

Weltwirtschaftsgipfel Versailles

Sturz der sozial-liberalen Regierung

Delegationsreise nach Washington, New York und Boston

Berichte der Frankfurter Rundschau und des Spiegels zum fünften Entwicklungspolitischen Bericht

Absetzung als Leiter des Planungsreferats

Übernahme des UN-Referats

Weltwirtschaftsgipfel Versailles

Vom 04.-06. Juni 1982 fand der **G7-Weltwirtschaftsgipfel in Versailles** statt, vor dem Hintergrund einer starken Depression in den Industrieländern, erhöhter Arbeitslosigkeit, Zinsen auf Rekordhöhe sowie inflationären Tendenzen. Bundeskanzler Schmidt hat insbesondere das Bevölkerungswachstum in den Entwicklungsländern zu seinem Lieblingsthema gemacht. Befürwortet wurden Globalverhandlungen als politisches Signal und ein gemeinsames Technologieprogramm.

Folgende Staats- und Regierungschefs nahmen am Gipfel teil:
- Frankreich: Mitterrand
- USA: Reagan
- Deutschland: Schmidt
- Großbritannien: Thatcher
- Kanada: Trudeau
- Japan: Suzuki

- Italien: Spadolino
- EU: Martens

Die **Sicherheitsvorkehrungen in Versailles** waren extrem hoch. Alleine **3000 Soldaten und Polizisten sollten den Gipfel vor Anschlägen bewahren,** denn im Vorfeld gab es bereits Demonstrationen gegen Reagan in Frankreich und Anschläge auf die Weltbankzentralen in Paris.

Deutsche Teilnehmer waren u.a. neben dem Bundeskanzler Schmidt, Außenminister Genscher, daneben Schulmann, Steeg und ich als einziger Delegierter des BMZ.

Als kleine Anekdote sollte ich anfügen, dass ich zu einer Vorbesprechung in einer Rotunde des Schlosses Versailles zu spät kam. Ich kam in den Raum, in dem die deutsche Delegation, etwa 18 Personen, im Rund saßen. Ein Platz war noch frei. Ich durchquerte die Rotunde, in der Mitte brach meine Aktentasche auseinander und alle Papiere lagen verstreut im Raum. Bundeskanzler Schmidt sagte: Welcher Idiot hat denn nur Papiere dabei, aber nichts im Kopf. Ich schlich mit hochrotem Kopf zum einzigen freien Platz in der Rotunde und schwieg fortan.
.

Sturz der sozial-liberalen Regierung

Im Oktober 1982 wurde **die sozial-liberale Koalition (SPD/FDP) unter Helmut Schmidt abgelöst durch eine christlich-liberale Koalition (CDU/FDP) unter Helmut Kohl.** Helmut Schmidt war durch ein konstruktives Misstrauensvotum gestürzt worden, da die FDP die Seiten wechselte. Ein Auslöser des Regierungswechsels war das sog. Lambsdorff-Papier „Konzept für eine Politik zur Überwindung der Wachstumsschwäche und zur Bekämpfung der Arbeitslosigkeit" vom September 1982, das stark auf neoliberale Politikansätze setzte.

Kurz vor dem Regierungswechsel machte ich zusammen mit Jentsch, Rügner und Taake eine **Dienstreise nach Washington, New York und Boston,** und zwar vom 19.09.-03.10. (Washington: Weltbank, IWF; New York: New York Council of Foreign Affairs; Boston: Harvard Institute for International Development).

Auf dem **Rückflug, am 03.10.1982 erfuhren wir im Flugzeug, dass die Regierung Schmidt gestürzt worden war. Mein Schicksal war damit auch besiegelt.** Am 04.10. schrieb ich die **Abschiedsrede für Bundesminister Offer-geld,** der am 05.10. von dem **CSU-Minister Warnke** abgelöst wurde.

Berichte der Frankfurter Rundschau und des Spiegels zum fünften Entwicklungspolitischen Bericht

Am 29. November 1982 versetzte die **Frankfurter Rundschau** mit der Veröffentlichung meines Vermerkes zum 5. Entwicklungspolitischen Bericht die **Bonner Öffentlichkeit in eine gewisse Aufregung.** Der Vermerk enthielt die Aussage, dass der neue Minister Warnke Änderungen an dem Entwurf des Entwicklungspolitischen Berichtes gefordert hätte, den ich unter der Ägide der sozialen-liberalen Regierung (Offergeld) geschrieben hatte. Ich hatte in dem Vermerk auf folgende Änderungen hingewiesen, die **Warnke forderte:**

- Einen Verzicht auf kritische Anmerkungen zur Dritten Welt-Politik der USA
- Eine Vermeidung von Aussagen zu den Konfliktrandstaaten im südlichen Afrika (Befreiungsbewegungen) und
- Eine zurückhaltendere Bewertung der multilateralen Zusammenarbeit.

Absetzung als Leiter des Planungsreferats

Die **Frankfurter Rundschau** berichtete, dass diese Kehrtwende in der entwicklungspolitischen Strategie der neuen Regierung zugunsten der Reagan-Strategie der USA in Bonn Furore mache. Auch der **Spiegel** berichtete am 13.12.1982 darüber im Detail, auch **unter Nennung meines Namens. Ich wurde als Leiter des Planungsreferats abgesetzt** und mir wurde die Leitung des UN-Referats übertragen. Mein Nachfolger wurde Herr Baumhauer, der bisher bei der Konrad-Adenauer-Stiftung gearbeitet hatte.

Übernahme des UN-Referats

Als neuer Leiter des UN-Referats machte ich im November 1982 eine Reise nach **New York zur Generalversammlung der Vereinten Nationen,** um mich in die UN-Welt einzuleben.

Fazit der Jahre 1978-1982

Die Weltwirtschaftsgipfel Tokio und Versailles brachten erstaunliche Ergebnisse (Reduzierung des Ölverbrauchs, Verdoppelung der Kohleförderung, Steigerung der Kernkraft). Die Nord-Süd-Gipfel-Konferenzen Manila und Cancun scheiterten weitgehend bzw. blieben folgenlos..

Am Ende der 5 Jahre stand der Sturz der sozial-liberalen Koalition (unter Schmidt), die durch eine christlich-liberale Koalition (unter Kohl) abgelöst wurde. Ich wurde als Leiter des Planungsreferats abgesetzt.

1983 - 1984

Im Zentrum: **Die Vereinten Nationen**
(New York, Genf)

1983

Harte Auseinandersetzungen in der UN mit der Sowjetunion wegen Afghanistan

UNPD Governing Council:
Auseinandersetzungen mit der Sowjetunion

UN-Generalversammlung: **Bundespräsident** **Carstens** **betont:**
Hegemonialstreben hat keine Zukunft

Blockade des BMZ

Demonstration vor und Blockade des BMZ am Vorabend der Anti-US-Raketen-Demonstration auf der Bonner Hofwiese

America first schon 1983

Informationsreise in die USA

Die UN-Arbeit begann zügig.

UNPD Governing Council: Auseinandersetzungen mit der Sowjetunion

Vom 06.06.-26.06.1983 folgte unmittelbar die Sitzung des **UNDP Governing Council.** Verabschiedet wurden etwa 26 UNDP -Länderprogramme.

1983 betonten die USA bereits ihre **Amerika First Policy,** wie später fast 40 Jahre später Präsident Trump. Das Verhältnis der USA zu den Staaten der Dritten Welt war zu jener Zeit extrem schlecht. Es gab bei der Sitzung **harte Auseinandersetzungen mit der Sowjetunion** und ihren Verbündeten Kuba, Äthiopien und Angola, vornehmlich bei der Diskussion um das Länderprogramm **Afghanistan** (Hinweis 1979 hatte die Sowjetunion Afghanistan besetzt). Harte Auseinandersetzungen gab es auch um das Länderprogramm Zypern. Hier kritisierte etwa die türkische

Delegation eine Vernachlässigung von UNDP-Aktivitäten im türkischen Teil Zyperns. Generell kann gesagt werden, dass UNDP seine Rolle, die multilaterale Hilfe zu koordinieren, ernster nimmt als in der Vergangenheit. Die etwa 20 Länderprogramme, die verabschiedet wurden, umfassen ein Volumen von 282 Mio. Dollar. Die Landwirtschaft ist bei den Projekten dabei der wichtigste Sektor. Wir kritisierten die mangelhaften Angaben zu den Projektkosten im Einzelnen und nahmen auch ausführlich zu den afrikanischen Länderprogramm ZAR, Kamerun, Ghana, Elfenbeinküste und Liberia Stellung. Wir kritisierten die zu starke Konzentration der UNDP-Aktivitäten in Ghana auf Gold Mining, Diamonds Exploration und Petroleum Exploration. Dies führte zu entsprechenden Änderungen im Programm für Ghana.

UN-Generalversammlung: Bundespräsident Carstens betont:

Hegemonialstreben hat keine Zukunft

Vom 05.12.-16.12.1983 tagte die **Generalversammlung in New York.** Dabei ging es im Kern um die globalen Verhandlungen, die aber keine Zustimmung insgesamt fanden. Deutschland war seit 10 Jahren Mitglied der Vereinten Nationen und am 13.10.1983 sprach der **deutsche Bundespräsident Carstens** als erster deutscher Präsident vor den Vereinten Nationen. Er erinnerte an **Emanuel Kant,** der eine Weltfriedensordnung entworfen und den Begriff des Weltbürgers geprägt hatte. Carstens wies auf die große Bedeutung der Zusammenarbeit der Bundesrepublik mit den Ländern Osteuropas hin und betonte die **enge Zusammenarbeit zwischen der Bundesrepublik Deutschland und der Deutschen Demokratischen Republik**. Es bleibe Ziel der Politik der Bundesrepublik, darauf hinzuwirken, dass das deutsche Volk in freier Selbstbestimmung seine Einheit wiederfindet. Die Mauer könne nicht das letzte Wort der Geschichte sein. Carstens betonte, dass das Hegemonialstreben keine Zukunft habe und das wichtigste Ziel sei, die Toleranz im zwischenstaatlichen Bereich zu fördern.

Blockade des BMZ

Demonstration vor und Blockade des BMZ am Vorabend der Anti-US-Raketen-Demonstration auf der Bonner Hofwiese

In dieser unruhigen Zeit im Jahre 1983 (die CDU-Regierung unter Kohl hatte die Schmidt-Regierung unter der Führung der SPD abgelöst), gab es in Deutschland **harte Auseinandersetzungen über den NATO-Doppelbeschluss.** Am 22.10.1983 fand in Bonn auf der Hofgartenwiese die **berühmte Großdemonstration für Abrüstung** statt, an der 300.000 Personen teilnahmen. Ziel war es, die Stationierung von amerikanischen Mittelstreckenraketen in Europa zu verhindern, für die Bundeskanzler Helmut Schmidt in der sog. Nachrüstungsdebatte eingetreten war. Am Vorabend der großen Anti-US-Atomraketen Demonstration auf der Hofgartenwiese wurde in Bonn eine **Blockade des BMZ** angekündigt und zwar für den 21.10. von 6-18 Uhr. 100 Gruppen aus dem ganzen Bundesgebiet zusammen etwa 1000 Personen blockierten den Eingang zum BMZ, um ihrer Kritik Nachdruck zu verleihen, dass auch das BMZ ein Akteur der Aufrüstungspolitik sei. Der Polizeipräsident von Bonn drohte den Demonstranten mit Gewalt, sollte der freie Zugang zum BMZ blockiert werden. Auch **Minister Warnke und Staatssekretär Lengl** gaben die Weisung aus, Diskussionen mit den Demonstranten zu unterlassen. Einige aus dem BMZ, u.a. auch ich missachteten diese Weisung und diskutierten mit den Demonstranten, was die Situation entspannte.

America First schon 1983

Informationsreise in die USA

Vom 11.09.-10.10.1983 machte ich eine **Informationsreise in die USA** auf Einladung der United States Information Agency, einer Unterabteilung des State Department. Jedes Jahr werden etwa 15-20 deutsche Bürger von der United States Information Agency, d.h. im Klartext vom State Department eingeladen, um die Vereinigten Staaten zu besuchen. Ziel ist es, sich mit allen Aspekten der amerikanischen Politik und Lebensweise vertraut zu machen. An dem Programm nehmen Bürger unterschiedlichster Berufe teil, z.B. Abgeordneten der Bundestagsparteien, Landtagsabgeordnete, Ministerialbeamte, Professoren, Kirchenvertreter, Journalisten und sonstige vermeintliche Meinungsführer. Meist werden Personen eingeladen, die den **USA gegenüber kritisch** gegenüberstehen, also auch sehr viele evangelische Pfarrer, Journalisten und Professoren. Ich gehörte zu jener Zeit auch zu den scharfen Kritikern der Vereinigten Staaten.

In Washington wurde für mich ein detailliertes, auf meine Wünsche zugeschnittenes Individualprogramm ausgearbeitet. Meine Reise führte mich nach Washington, wo ich eine Woche intensive Gespräche mit der Agency for International Development (AID), im State Department und dem Kongress führte. Ferner besuchte ich zahlreiche Stiftungen wie z.B. die Heritage Foundation, die Brookings Institution, das American Enterprise Institute, den German Marshall Fund etc. Beeindruckt war ich von der **Offenheit des Meinungsaustausches** insbesondere bei AID und State Department. Ich wurde hier z.B. mit unterschiedlichen Auffassungen zur Lateinamerika-Politik konfrontiert.

Die weiteren 3 Wochen verbrachte ich entweder in kleinen Städten, z.B. **Asheville in North Carolina, Lancaster in Pennsylvania oder in größeren Städten wie Miami, New Orleans, Las Vegas, San Francisco, Seattle, Denver und Boston**. In Boston nahm ich an einer Harvard-Konferenz teil. Das Programm war äußerst dicht, jeden Tag 4-6 Professional Appointments, abends Privateinladungen bei Exil-Kubanern, Immobilienhändlern, Professoren, Unternehmern, Psychoanalytikerinnen, Lehrern, Bürgermeistern, Viehzüchtern und etwa seit 300 Jahren nur schwäbisch sprechenden Bauern, den Amish people, die jegliche Technologie ablehnen. In jeder Stadt hatte ein lokales Komitee ein Programm vorbereitet. Aufgrund meiner etwa 100 Gespräche möchte ich in meine damalige Einschätzung der Politik der USA skizzieren.

„Mit der **Amtsführung von Reagan ist unlösbar die Renaissance des amerikanischen Selbstbewusstseins** verbunden. Mit ihm und durch ihn versucht die Nation das Trauma von Vietnam und Watergate zu überwinden. Der Führungsanspruch der USA stützt sich auf die Komponenten militärische Macht, wirtschaftliche Stärke und politische Entschlossenheit. Die dazu gehörigen Instrumente sind ein verstärkter Ausbau des nuklearen und konventionellen Militärpotentials, eine über Steuererleichterungen eingeleiteter wirtschaftlicher Wiederaufschwung sowie ein virulenter Antikommunismus.

In seiner berühmten Rede in Orlando hat Reagan gesagt, die **Sowjetunion** sei „**Das Reich des Bösen**" und der Kampf in der Welt werde „zwischen Recht und Unrecht und zwischen Gut und Böse" geführt. Für das Selbstverständnis der Amerikaner ist entscheidend, dass sie wohl zahlreiche Kriege führten, wie z.B. den 1. und 2. Weltkrieg, den Korea- und den Vietnam-Krieg, aber nie Krieg im eigenen Lande erdulden mussten, d.h. nie eine amerikanische Stadt in Schutt und Asche fiel. Insofern weicht ihre Lebenserfahrung wesentlich von den der der Ost- und Westeuropäer ab.

Um amerikanische Politik zu verstehen ist es notwendig zu wissen, dass die Kenntnisse in den USA über Europa, seine innere Struktur und seine geographische und geschichtlichen Bestimmungsfaktoren nie sehr weit entfaltet waren. Die Kenntnisse über Europa blieben im Wesentlichen auf die amerikanische Ostküstenelite beschränkt. Seit dem vorläufigen Ende des Einflusses der sog. Atlantiker gewinnen die **Pazifiker**, deren Weltbild auf Japan, China und den ganzen ostasiatischen Raum fixiert sind, zunehmend an Einfluss. Bei meinem Besuch in Kalifornien und an der gesamten Westküste wurde ich ständig mit deren Weltbild konfrontiert. Bei meiner Reise konnte ich feststellen, dass Informationen an der Ostküste über Europa existent, wenn auch bescheiden waren. Je mehr man aber in den Westen der USA kommt, desto geringer ist das Informationsniveau über Fragestellungen und Interessenlagen in Europa. Während meine ganzen Reise ist Deutschland zweimal im Fernsehen erwähnt worden. Einmal war es eine „Aktion der Grünen" und zum zweiten ein Treffen von Neonazis in Fallingsbostel.

Amerikanische Politik kann man nur verstehen, wenn man sich klar macht, dass die Interdependenz, von der wir ständig reden, immer in Wirklichkeit asymmetrisch ist. Amerika mit einer Fläche 40mal so groß wie die Bundesrepublik ist weitgehend **autonom**. Das, was in Europa ökonomisch geschieht, hat für die Amerikaner so gut wie keine existentielle Bedeutung, für die Bundesrepublik ist hingegen amerikanische Sicherheitspolitik und Wirtschaftspolitik fast Innenpolitik. Wenn wir Europäer argumentieren, dass es notwendig sei auch die europäischen Interessen zu berücksichtigen, antworten die Amerikaner normalerweise: „Ja wir sehen, dass ihr eigene Interessen habt, aber für unsere politischen Interessen sind unsere Interessen ausschlaggebend und diese werden wir wahrnehmen". Amerikanische Außenpolitik ist weitgehend autonom, kaum beeinflussbar von außen. Die Gebiete außerhalb der USA werden häufig als **„Outside World"** bezeichnet und vornehmlich unter geostrategischen Kriterien betrachtet, vor allem unter dem Gesichtspunkt des Vordringens des Kommunismus in Afrika, im Libanon, in Syrien oder in Lateinamerika. Diese unterschiedliche Sichtweise und die Asymmetrie der Interessen erklären viele der aktuellen Meinungsverschiedenheiten zwischen Europa und den USA.

Beeindruckt war ich in den USA von der **Flexibilität, Spontanität, Hilfsbereitschaft** und durch die durch wenige bürokratische Hemmnisse geprägte Lebensphilosophie. Sie lässt sich vielleicht am besten durch ein Beispiel dokumentieren: Ich hatte in einem kleinen Flughafen, Lancaster, einen sog. „Ghost Flight" gebucht, d.h. den Flug einer Airline, die gar nicht mehr existierte, weil inzwischen bankrott. Ich trank verstört einen Kaffee, da mein ganzes Zeitprogramm zusammenzubrechen drohte. Ein Polizist sah mir meine Verzweiflung an und sagte: „I take you". Er führte mich auf das Flugfeld, setzte mich in sein zweisitziges „Polizeiflugzeug" und flog mich eine Stunde nach Harrisburg u.a. noch über das Atomzentrum, um mir die Chance zu verschaffen, in Harrisburg eine Anschlussmaschine nach Philadelphia zu finden. Während des Fluges bildete er mich auch noch zum Co-Piloten aus, so dass ich mit ruhiger Stimme die Landung einleiten konnte. Was wäre bei uns geschehen? Bei uns hätte der Mann gefragt: „Gegen wieviel Dienstvorschriften verstoße ich?", „Wir rechne ich den Treibstoff ab?" „Wie ist die Versicherungslage beim Absturz?" etc. „Wer ist das überhaupt, ein Ausländer, ist das vielleicht ein Spion?", d.h. unsere von zu viel Bürokratie angefressenen Gehirne hätten eine solche spontane Hilfeleistung gar nicht möglich gemacht. In den USA ist eine solche Spontanität an der Tagesordnung und das trägt mehr zur Erklärung des amerikanischen Innovationsvermögens und der amerikanischen Kreativität bei als alle wirtschaftspolitischen Dogmen und Programme.

Fotos 1983

Informationsreise USA 11.9.-10.10 1983

Grand Canyon   25.9.1983

1984

Forum Entwicklungspolitik

Reise in die DDR

Auseinandersetzung mit der DDR und Kuba in den Vereinten Nationen

Forum Entwicklungspolitik mit Willy Brandt in Berlin

Am 24.03.1984 nahm ich an einem **Forum Entwicklungspolitik** „Krisenbewältigung auf Kosten der Dritten Welt" in Berlin teil. Eröffnet wurde dieses Treffen von **Willy Brandt.** Er trug die Kernelemente „seines" Nord- Süd-Berichtes mit sonorer Stimme vor. Auf dem Podium diskutierten Ulrich Klose, Peter Waller und ich.

Urlaubsreise mit Heidi in die DDR (Weimar, Erfurt, Eisenach)

Vom 13.-15. April 1984 machten Heidi und ich eine **Urlaubsreise in die DDR.** Wir besuchten **Erfurt, Weimar und Eisenach.** Wir übernachteten im Erfurter Hof in Erfurt und in Weimar in der Nähe des Bahnhofes in einem Gästehaus. Die Reise war gespickt durch Formulare und erschwerende Berechtigungsausweise. Ich möchte im Folgenden einige nennen:

- Bei Mehrtages-Reisen müssen sich die Besucher innerhalb von 24 Std. nach ihrer Ankunft bei dem für den 1. Aufenthaltsort zuständigen Volkspolizei-Kreisamt bzw. der zuständigen Meldestelle der Volkspolizei anmelden. Vor der Rückreise aus der DDR muss man sich bei der Volkspolizei abmelden.

- Die Reise mit dem PKW in die DDR bedarf einer besonderen Genehmigung, die im Berechtigungsschein bzw. bei dringenden Einreisen im bestätigten Telegramm enthalten sein muss.

- Bei der Einreise in die DDR kann Treibstoff im serienmäßigen Behälter des PKW und zusätzlich bis zu 20 Liter in Reservekanistern gebührenfrei mitgeführt werden. Gleiches gilt für die Ausreise. Tankt man in der DDR an Tankstellen der Intertank, muss mit DM bezahlt werden. Die übrigen

Tankstellen in der DDR verkaufen gegen Ost-Mark der DDR, sofern eine Mindestumtauschquittung vorgelegt werden kann.

- Für eine Reihe von Gegenständen bestehen Einführungsverbote, z.B. Schmutz- und Schundliteratur, Literatur, die mit der kommunistischen Ideologie nicht im Einklang steht; Werbemittel, dafür werden in der DDR alle Gegenstände mit aufgedruckten oder eingeprägten Marken, Firmen und Vereinsnamen angesehen, wie z.B. Kugelschreiber, Biergläser, Bierdeckel, Aufkleber und ähnliches.

Wir übernachteten im Erfurter Hof in Erfurt und aßen im Elefanten. Zu uns an den Tisch setzte sich ein Ehepaar, dass ersichtlich die Aufgabe hatte, uns auszuhorchen. Wir besprachen die Weltläufte. Sie wiesen darauf hin, dass im Sozialismus alles sehr langsam ginge aber stetig aufwärts, während im Kapitalismus viele Aufs- und Abs existierten mit der Konsequenz des totalen Absturzes. Nach einer gemütlichen ideologischen Diskussion begleitete mich der Herr in die Toilette und sprach zu mir: „Jetzt haben wir genug über Ideologie gesprochen, Sie können mir sicher eine Brauns Kaffeemaschine besorgen". So versöhnten wir Ideologie und Wirklichkeit in der DDR, unvergessen.

UNDP Governing Council Genf (Auseinandersetzungen mit der DDR und Kuba)

Vom 04.-30.06.1984 nahm ich am **Governing Council von UNDP in Genf** teil. Im Vordergrund der Verhandlungen standen die Verabschiedungen von 7 UNDP-Länderprogrammen. Dramatisch waren über 2 Tages- und Nachtsitzungen die Verhandlungen zum Länderprogramm **Afghanistan.** Die westlichen Industrieländer, auch wir (deutscher Verhandlungsleiter Dr. Kerckhoff) lehnten ein Länderprogramm für Afghanistan ab, da Afghanistan 1979 von der Sowjetunion besetzt worden war. Wir bezweifelten die Legitimität der Regierung. 1978 kam Taraki an die Macht, er leitete eine kommunistisch geprägte Volkspartei. Seit 1979 herrschte in Afghanistan Bürgerkrieg. Es kämpften die sowjetische Besatzungsmacht gegen die USA, Saudi Arabien und Pakistan, die die islamistischen Guerillas unterstützten. Bei den Verhandlungen in Genf bestanden die Sowjetunion, die DDR (Delegationsleiter Gallitz), Polen und Ungarn auf der Verabschiedung des Länderprogramms. Sie forderten eine Gleichbehandlung aller Länderprogramme. Da man sich nicht einigen konnte, wurde die Entscheidung vertagt. Ich machte in den Verhandlungen den Vorschlag, die UN-Hilfsleistungen für Afghanistan weiterzuführen, auch ohne eine offizielle Billigung des Länderprogramms. Dieser Vorschlag wurde letztlich akzeptiert.

Interessant war, dass der frühere Leiter des Planungsreferats im BMZ, Herr Dr. Wiesebach, der in der Zwischenzeit zur UN gegangen war, dort UNDP vertreten musste als Assistent UNDP Administrator. Er sollte glätten, was nicht zu glätten war.

.

Am Ende **meiner Tätigkeit im Referat Vereinte Nationen** habe ich folgende **kleine Ansprache** gehalten: „Lieber Herr Sahlmann, liebe UN Kämpfer, meine Damen und Herren, zu förderst finde ich es erfreulich, dass die Resolution „Development of Internal Social Cooperation" konsensfähig in diesem Kreise ist und wir nicht zur Abstimmung schreiten müssen. Gestatten Sie mir dennoch, dazu eine Stimmerklärung abzugeben. Denn wie viele der Anwesenden schmerzlich erfahren haben – ohne Stimmerklärung geht es bei uns Deutschen ja selten ab. Stimmerklärungen brauchen die Deutschen zu ihrem Wohlbefinden und die Amerikaner für ihre Wichtigkeit. Mein Dank zuerst dem Referat 211 für die gute Zusammenarbeit während der beiden letzten Jahre. Die Zusammenarbeit war deshalb so vorzüglich, weil wir uns ja so gut wie nie sahen. Alternierend war einer von uns meist in New York oder Genf. Es war wie bei einem gut eingespielten Team des Staffellaufs. Herr Zimmer übergab mir in New York vor seiner Abreise den IDS-Stab – für die nicht eingeweihten – den International Development Strategy-Stab, noch handwarm versteht sich, ohne dass ich ihn fallen ließ. Herr Zimmer hatte im ersten Lauf bereits einen Vorsprung herausgearbeitet, so dass ich im Endlauf ruhig ein wenig lahmen konnte. Frau Wacup, die sich heute entschuldigen musste, da sie mit Gipsbein gebehindert ist, übergab mir in New York, die noch druckfrische „Operations Activities"-Resolution mit der Bitte „if possible" weiter zu verhandeln. Da sie alle schwierigen Fragen schon vorverhandelt hatte, konnte ich ruhig mal ins Musical gehen. Manchmal fiel der Stab natürlich auch zu Boden, aber die Mitarbeiter von 211 haben ihn immer wieder blitzschnell aufgehoben. Darauf können wir stolz sein, denn die BMZ-Delegation ging in New York und Genf immer als Sieger durchs Ziel, schlicht, war sie halt immer ein wenig schneller war. Doch dass dies alles nicht möglich gewesen wäre, ohne unseren vorzüglichen Trainer im Hintergrund – Herr Koenn – wissen Sie hier alle im Saale. Herr Koenn führte mich geduldig in die Resolutionslehre ein. Unser Trainer Koenn war genial in seiner Fähigkeit, uns den Stab immer rechtzeitig – genau zur richtigen Sekunde – in die Hand zu drücken und zwar immer den richtigen, denn Sie wissen ja, dass man im UN-Geschäft vor lauter Stäben sprich Resolutionen schon mal aus dem Schritt kommen kann und schon ist man disqualifiziert oder ausgeschieden.

Deshalb lieber Herr Sahlmann kann ich Ihnen nur herzlich gratulieren, dass Sie Herrn Koenn weiter als Trainer für ihr Team verpflichtet haben.

Damit wäre ich auch schon bei der größeren UN-Familie angelangt. Die verschiedenen UN-Mannschaften im BMZ sind historisch gesehen das Ergebnis bürokratischer Zellteilung nach dem Peter-Prinzip. Meisten jagen meist mehrere UN-Staffel demselben Ziel zu. Das hat natürlich gewisse Rempeleien zur Folge. Es sei nicht verhehlt, dass die verschiedenen UN-Stafetten im BMZ auch mal in verschiedenen Richtungen davon traben, vor allem wenn es darum geht, die „Tied Trust Funds" auf Deutsch, die „Gebundenen Treuhandmittel" einzuwerben. Die Italiener bezeichnen ja die „Tied Trust Funds" als „Gebratene Truthahne", die der eigenen Industrie ins Maul fliegen. Auch hier im BMZ soll es Leute geben, die es den Italienern nachmachen wollen.

Dies bringt mich nun zu Inspektion und Evaluierung. Inspizieren kommt ja bekanntlich von inspirieren, evaluieren und enumerieren. Wenn ich auch bis heute noch recht richtig verstanden habe, worin der Unterschied zwischen inspizieren und evaluieren besteht, so bin ich doch überzeugt, dass die zahlreichen Trainer in 230 mir schon das richtig Bewusstsein einhämmern werden. Nach einem „on-dit" sagt man ja, wenn man unterscheiden könne zwischen Effektivität, Effizienz und Signifikanz, die Beförderung nicht mehr zu vermeiden sei. Ich hoffe deshalb auch in Zukunft auf eine effektive, effiziente und signifikante Zusammenarbeit mit dem Referat 230."

Fazit der Jahre 1983 und 1984

Während meiner UN Jahre in New York und Genf habe ich erfahren, wie mühselig und schwierig die Konsensbildung im UN- Rahmen ist. Die Rolle von UNDP als Koordinator für die multilaterale technische Hilfe wurde gestärkt und wichtige Schritte für eine Süd- Süd-Kooperation konkret eingeleitet. Am härtesten war die Auseinandersetzung über das UNDP Programm Afghanistan zwischen der Sowjetunion und ihren Verbündeten Kuba, Äthiopien, Angola und DDR und den westlichen Staaten. Am Schluss stand ein fauler Kompromiss.

Als erster Bundespräsident seit dem deutschen UN-Beitritt 1973 sprach Bundespräsident Carstens 1983 vor der UN-Generalversammlung. Er lobte die enge und gute Zusammenarbeit zwischen der Bundesrepublik Deutschland und der DDR und geißelte jegliches Hegemonie-Streben.

Das Jahr 1983 war geprägt durch die harten Auseinandersetzungen über den NATO-Doppelbeschluss, was u.a. zu einer Blockade des BMZ durch hunderte Demonstranten führte. In den USA geißelte Reagan die Sowjetunion als das „Reich des Bösen" und proklamierte eine „America-First-Policy".

Fotos 1984

UNDP Verwaltungsrat GENF, Juni 1984

obere Reihe . Bohnet, daneben Sicherheitsdoffizier des AA
dazwischen Zimmer BMZ
untere Reihe: Bohnet,   Kerckhoff BMZ

1985 - April 1990

Evaluierung und Inspektion von
Entwicklungsprojekten und -programmen

(Pakistan, Birma, Sri Lanka, Thailand, Ägypten, Mali, Ruanda, Burundi, Zaire, Malediven, China, Argentinien, Ecuador, Simbabwe, Thailand, Nepal, Namibia)

Licht und Schatten der Entwicklungszusammenarbeit

1985

Wirksamkeit der Entwicklungsprojekte: Zwei befriedigende Projekte

Evaluierung der Düngemittelfabriken in Pakistan, Birma, Sri Lanka, Thailand, Ägypten

Evaluierung des Staudamms Selingue, Mali

Am 01.01.1985 übernahm ich die **Leitung des Referats Evaluierung/Inspektion im BMZ**. Mitarbeiter im Referat waren Strizek, Frau Raabe, Zink, Katzki, Engbrocks und Frau Wurst.

Evaluierung der Düngemittelfabriken in Pakistan, Birma, Sri Lanka, Thailand, Ägypten

Vom 06.05.-08.06.1985 leitete ich ein Inspektionsteam, um die mit deutscher Hilfe in **Pakistan, Birma, Thailand, Sri Lanka und Ägypten finanzierten Düngemittelfabriken zu evaluieren**. Mit von der Partie waren Bormann vom HWWA Hamburg, Schultz vom DIW Berlin und der Brite Knudzen.

In Erinnerung sind mir in **Birma** die Tempelbauten in **Pagan** geblieben, die die Staatssekretärin im Auswärtigen Amt Hamm-Brücher „herrichten" wollte. Sie war in völliger Unkenntnis der Tatsache, dass birmanische Tempel nicht verändert werden dürfen, da man ansonsten die Totenruhe stört. Alle birmanischen Tempel werden gebaut, um in Jahrhunderten anschließend zu zergehen.

.In **Sri Lanka (Colombo)** ist mir noch in Erinnerung, dass ich mit etwa 8 Srilankesen im Fahrstuhl stecken blieb, fast erstickte und erst nach Stunden befreit werden konnte. Seither meide ich alle Fahrstühle, auch die in Hochhäusern und Hotels.

In **Pakistan** hat mich beeindruckt die schöne, überdies gut gepflegte Stadt Islamabad, im Gegensatz zu Lahore, die eingestaubt war durch islamistische Religiösität, und vornehmlich aus Koranschulen bestand.

Das Ergebnis der Überprüfung der Düngemittelfabriken war, dass sie im Prinzip alle gut funktionierten, lediglich die Wartung ließ einige Mängel befürchten. Hier mussten wir erheblich nachsteuern, um noch Ausbildungspersonal anzuheuern und neu zu verpflichten.

Evaluierung des Staudamms Selingue, Mali

Vom 25.11.-14.12.1985 leitete ich ein Inspektionsteam in **Mali,** um das mit deutscher Hilfe gebaute **Staudammprojekt Selingue** zu evaluieren. Gutachter waren Dr. Fischer, Kraft, Kaltwasser und Berger.

Vom Fluss Niger war ich sehr beeindruckt, aber auch sehr bedrückt von der Armut, den vielen Bettlern und den zahlreichen Hungerbäuchen.

Am 04.12. haben wir den Staudamm und das Kraftwerk von innen besichtigt. Es war sehr unheimlich, da Wasser eindrang, wir sind in tiefe Löcher einschließlich des Turbinenhauses abgestiegen und wurden mit äußerst gefährlichen Dämpfen konfrontiert. Ich meinte, die Hölle sei nichts dagegen.

Am 05.12. war der Besuch **Ghadafis, des Präsidenten von Libyen,** angesagt. Die Malier tanzten 4 Stunden auf der Straße. Ghadafi kam um 14 Uhr an. 500 libysche Sicherheitspolizisten waren miteingeflogen, dazu 200 Fallschirmjäger. Wir vermuteten, es handele sich nicht um einen Besuch, sondern um einen Militärputsch. Es herrschte eine ungemütliche Situation. Wir mussten alle das Hotel verlassen, teilweise in Unterhosen. Die libyschen Soldaten hatten mit Gewehren das Hotel besetzt und auch mich aus meinem Zimmer gezerrt.

Die Evaluierung in Mali erbrachte, dass das Stauwerk vernünftig funktioniert, Strom liefert, landwirtschaftliche Produkte im Vorfeld erzeugt werden und dadurch die Elektrizitätsversorgung für Bamako gesichert wird. Das große Problem sind die nicht gelösten Umsiedlungsmaßnahmen und die Tatsache, dass der Staudamm malische Königsgräber überflutete, was zum Aufstandsgebahren der Bevölkerung in dem oberen Teil des Staudamms führte. Als wir dort waren, wurden wir fast erschlagen.

Fotos 1985

Mali - Dezember 1985
Inspektion des Staudamms Selingué

Staumauer

Bewässerungsperimeter
rechts: Gutachter Akafine

Bohnet

Fluss Niger

1986

Wirksamkeit der Entwicklungsprojekte: ein ausreichendes und ein mangelhaftes Projekt

Evaluierung der deutschen Regierungsberater in Ruanda, Burundi und Zaire

Evaluierung der Wasserversorgung und Abwasserentsorgung in Male / Malediven

Im BMZ führten wir harte Diskussion über die Frage, ob die Ergebnisse der Evaluierung veröffentlicht werden dürften. Ich plädierte dafür und gewann die Zustimmung des Parlamentarischen Staatssekretärs Köhler, dass das BMZ eine Querschnittsauswertung der Inspektionen und Evaluierungen der Jahre 1976-1983 veröffentlichen dürfe. Dies haben wir getan. Die Schrift **„Aus Fehlern lernen – 9 Jahre Erfolgskontrolle der Projektwirklichkeit"** ist auf große Zustimmung im BMZ und auch außerhalb des BMZ gestoßen.

Evaluierung der deutschen Regierungsberater in Ruanda, Burundi und Zaire

Die Reise nach Ruanda, Burundi und Zaire fand vom 16.06.–16.07.1986 statt. Sie diente der **Inspektion der deutschen Regierungsberater in Ruanda, Burundi und Zaire.**

Ich zitiere aus meinem Tagebuch:

„In **Ruanda** darf das Wort Tutsi nicht einmal erwähnt werden und dies, obwohl der Vorgesetzte des deutschen Beraters ein Tutsi ist, der Planungsminister. Die **Spannungen zwischen Hutus und Tutsis** scheinen unerträglich zu sein. Wie wird das enden? Hinweis: An sich sind die Tutsis die herrschende Klassen, haben aber bei der derzeitigen Hutu dominierten Regierung nur wenige Alibi-Ministerposten inne. Die katholische Kirche ist in Ruanda stark und nicht unterdrückt. Sie unterstützt die Hutus.

Am 19.06. besichtigten wir das Gebäude von USAID in Kigali. Das Gebäude gleicht einer Festung, diese Amerikaner sind wohl von einer seltenen diplomatischen

Dummheit und Überheblichkeit. Die Amerikaner bestechen ruandische Beamte, indem sie ihnen Zusatzgehälter zahlen.

Am Abend des 16.06. waren wir beim **Botschafter Bindseil** und seiner reizenden Frau eingeladen und haben sehr nett über unsere Heimat Heiderhof geredet, aber natürlich auch über die komplizierte Lage in Ruanda. Die Hutü/Tusi-Frage dominiert alles. In Wirklichkeit sind aber die inneren Verhältnisse in Ruanda viel komplizierter ,verwobener und tiefgründiger.

23.06.1986 Wir fuhren zur Grenze Ruanda/ Burundi. Sie war relativ ruhig. Keine Militärs, nur ein Schlagbaum. **Burundi** hat die gleiche Landschaft wir Uganda. Es ist ein Garten Edens. Am 24.06. treffe ich meinen alten Freund aus Berliner Zeiten **Athanase Ntukamazina**, einen adligen Tutsi. Er ist am 17.06.1937 geboren. Er war schneller gealtert als ich. Es gab nach 20 Jahren ein herzliches Wiedersehen. Ich hatte damals in Berlin als Assistent seine Diplomarbeit betreut. Er war 5 Jahre im Finanzministerium, auch mal kurze Zeit Finanzminister und hat sich 1972 selbständig gemacht. Er hat eine nette Frau und 5 Kinder. Alle waren adrett gekleidet. Einen Sohn hatte er nach mir Michael genannt. Wir sprachen über Rita Hauk, seine Lungenkrankheit in Berlin und seine gescheiterte Dissertation in Hamburg über das Transportwesen im südlichen Afrika. Obwohl seine Dissertation gescheitert war oder vielleicht gerade deshalb, hat er sich in Burundi auf den Transport von Zement aus Sambia spezialisiert. Er hat eine große Villa am See (Tanganika-See) direkt am Sumpf. Er erzählte mir, dass er vor 3 Jahren an Malaria fast gestorben sei. Das durchschnittliche Lebensalter in Burundi beträgt 45 Jahre. Er zeigte mir auch sein Buch „Tod in Venedig", dass er im Krankenhaus während seiner Lungenkrankheit in Berlin gelesen hatte. Er erzählte mir, dass im Paulsen-Seminar die afrikanischen Studenten bei der Erörterung der Großfamilie randaliert hätten, weil Pausen die kulturellen Hintergründe nicht verstanden hätte. Aber ich auch nicht, denn ich hätte gesagt damals in Berlin: Da randaliert ihr, aber nicht bei der Makroökonomie. Das hat er mir bis heute übel genommen. Er erzählte mir, dass er 1961 aus Brüssel über Nacht floh, um währen der Kongo-Krise vor den Hutus in Belgien zu fliehen. Er habe Aufnahme in München bei Goethe-Institut gefunden. Das vergesse er den Deutschen nie.

In **Zaire**, unserem nächsten Land, ist Bestechung Realität. Ich führte mit dem Experten Müller in seinem völlig verwahrlosten Zimmer ein Gespräch. Müller ist seit 13 Jahren im Kongo und deshalb total am Ende. Das Bestechungssystem in Zaire ist erschreckend, Die Beamten bekommen Geld dafür, dass sie Preiserhöhungen genehmigen.

Präsident Mobutu hat 5 Mrd. Dollar im Ausland gehortet. Ich hatte den Artikel im Spiegel gelesen:" Siggi, brauchste Geld?" Dabei handelt es sich um unseren Staatssekretär Lengl aus dem BMZ, der ja engste Beziehungen mit Mobutu pflegte.

Am 30.06.1986 habe ich einen Film im Fernsehen über die Fußballweltmeisterschaft mit dem Spiel Deutschland gegen Argentinien gesehen. Die Deutschen verloren das Finale mit 3:2. Riesengedöns mit Anwesenheit von Kohl , dabei die Fußballer Briegel, Völler, Beckenbauer, Rummenigge, Schumacher, Magat und Allofs.

Aus meinem Hotel Intercontinental bin ich zu Fuß nicht mehr entwichen, da ich Angst hatte, überfallen zu werden. Man fragt sich, wie lange das Regime, das 20 Jahre an der Macht ist, im Kongo noch besteht.

Die **Ergebnisse der Inspektion in den drei Ländern waren bescheiden:** Regierungsberatung im Prinzip ist sinnvoll, aber nicht mit Hilfe makro-ökonomischer Modelle, denn in den 3 Ländern gibt es keine ordnungs- oder wirtschaftspolitische Konzeption. Sinnvoll wäre eine Regierungsberatung für die unteren Ebenen (Provinz- oder Kommunalebene). Gutachter waren Schaum, Altmann, Weiß.

Evaluierung der Wasserversorgung und Abwasserentsorgung in Male / Malediven

Vom 02.12.-17.12.1986 führte ich mit einem Team die **Evaluierung der Wasserversorgungs- und –entsorgung Males auf den Malediven** durch. Im Folgenden werde ich einige Ausführungen aus meinem Tagebuch..

In den Malediven ist Wasser Gottes Geschenk, kann also nicht bepreist werden, was natürlich zur Wasserverschwendung führt, eine Katastrophe für die Malediven. Der Aufenthalt im Hotel Alia war bescheiden: Langes Prozedere, dreckige Tischdecken, eintöniges Essen, kalte Nudeln, kalter Kaffee, schlechtes Wasser, versalzen und stockig, schlechte Kloabflüsse, heißt schlechte Laune..

Am Ende meines Aufenthaltes habe ich **Dr. Blau** von der Deutschen Botschaft Colombo getroffen. Erst später erfuhr ich, dass Dr. Blau als **Topspion der DDR** im Auswärtigen Amt in Bonn tätig war und nach der Wende enttarnt wurde. In den Malediven erlebte ich auch, dass Dr. Blau häufig blau war.

Das Hauptproblem in Male besteht darin, dass das Wasser aus der Linse unter der Insel geschöpft wird, also praktisch Grundwasser darstellt. Diese Linse erschöpft sich aber langsam, so dass man nun extrem viel Wasser sparen muss. Dieses wird durch den Bau von privaten Regenwassersammelstellen versucht, durch den Bau öffentlicher Regenwasserstellen und durch den Ausbau eines konventionellen Abwasserentsorgungssystems. Die Gefahr einer baldigen Erschöpfung der Süsswasserlinse wurde aber permanent unterschätzt und die Projektkonzeption hat letztlich darauf nur sehr unzureichend reagiert. D.h. alles was in Male geplant wird, ist unterdimensioniert und zu gering, um die langfristige Trinkwasserversorgung

Males sicherzustellen. Das Projekt hat also nur eine sehr bescheidene Note erhalten. Gutachter war u.a. Stöber.

Am 12. April 1986 feierten wir Sigvard Clasens 50. Geburtstag, zu dem ich nach Pforzheim angereist war und eine kleine Geburtstagsrede gehalten habe.

Außerdem feierte am 30. August 1986 Frank Pfetsch seinen 50. Geburtstag in Heidelberg, zu dem ich eine kurze Laudatio hielt. .

Fotos 1986

Burundi, Ruanda, Zaire
Juni 1986
Inspektion der deutschen Regierungsberater

Schaum, Bohnet Altmann

Burundi

Ruanda

1987

Wirksamkeit der Entwicklungsprojekte: ein gelungenes Projekt

Evaluierung des Projektes „Förderung des Patentwesens der Volksrepublik China"

Vom 16.06.-15.07.1987 war ich in China zur **Evaluierung des Projektes „Förderung des Patentwesens der Volksrepublik China".** China war zu jener Zeit ein kommunistisches Land in der Hochblüte. Im Folgenden gebe ich einige Auszüge aus meinem Tagebuch wieder:

„17.06. Erste Eindrücke: China ist kein Entwicklungsland mehr, saubere Straßen, alles wird bewegt vom Strom der Radfahrer, die über eigenen Radfahrwege verfügen. Am meisten beeindruckt hat mich, dass alle Radfahrer gleich schnell fahren. Die Seele der Radfahrer muss in diesem Strom fast identisch werden. Hinten sitzt im Beiwagen des Radfahrers das obligatorische eine Kind.

Die Chinesen sind alle sehr ordentlich. Von Sexappeal kann aber nicht die Rede sein. **Männer und Frauen sind aufgrund ihrer einheitlichen grünen Kleidung praktisch nicht zu unterscheiden.**

20.06.: Nachmittags besichtigen wir den Kaiserpalast. Erster Eindruck: Die Chinesen haben die Beziehungen zur eigenen Kultur verloren. Die Kulturrevolution hat die Kultur ausgerottet. Es gibt nur noch wenige Mao-Mützen. Am schönsten sind die Namen: Halle der höchsten Harmonie, Halle der mittleren Harmonie, Halle zur Erhaltung der Harmonie, Halle der himmlischen Reinheit. In den Hallen werden Prüfungen für die höchsten Beamten abgenommen, z.B. in der Halle der gründlichen Begabung und der Halle der irdischen Ruhe.

Die Chinesen lieben die Mauer: Die innere Mauer, die Mauern um Häuser, die Mauern um Paläste und die Mauern um das Land. Die berühmte chinesische Mauer wurde 200 Jahre vor Christus gebaut, sie schützte die Chinesen angeblich vor den Barbaren. Sie ist 5.000 Kilometer lang. Die Mauer ist, wie der Schwabe sagen würde „sausteil" und hat große Stufen. Ich kaufe mir eine Mao-Mütze und sehe dadurch die Chinesen das erste Mal lachen. Nachmittags besuchen wir die Ming-Gräber, in einem dieser riesigen Grabstätten wird ein Film von der Graböffnung gezeigt. Das

Tor wurde von innen verschlossen, der Diener des Kaisers musste mitsterben, er wurde lebendig mit eingeschlossen.

Dann geht's zur Straße der Tiere und Beamten: Kamele, Elefanten, Beamte und Generäle knien paarweise oder stehen. Bei den Beamten habe ich natürlich auch gekniet.

22.06.: Das einzige, was noch revolutionär ist, ist das Fernsehen. Es herrschen vornehmlich Dokumentarberichte vor: über Wasser, Filme über Soldaten in einer Eisenbahn, Filme über ein Kind und den sterbenden Vater. So stellt man sich den Sozialismus vor.

23.06.: Dann betrachte ich die Fahnenabnahme am großen Platz, hier scheint das erste Mal Aufmüpfigkeit zu herrschen. Die drei Soldaten, die im Stechschritt die Fahne abnehmen, werden von 1.000 Leuten nachgeahmt und belächelt. Die Autorität scheint doch schon im Schwinden zu sein. Im Hotel treffe ich eine junge Amerikanerin, die ihren chinesischen Tänzer nicht mehr sehen darf. Also herrscht doch noch strenge Kontrolle in den Beziehungen zwischen Ausländern und Chinesen.

Das Fernsehen scheint noch maoistischer zu sein als in Wirklichkeit.

24.06.: Nachmittagsdiskussion mir früheren Chinesen, die in Deutschland waren. Ergreifend, wie sie die deutsch-chinesische Freundschaft loben. Viele sagen, es sei das größte Erlebnis in ihrem Leben gewesen. Am meisten hat sie beeindruckt, dass es in der Bundesrepublik Leute gibt, die **Hunde an Schnüren führen..**

28.06.: Man ist in China nie allein. Es wäre schön, einmal einen Platz ohne Menschen zu finden. Mir gelingt es mal für vier Minuten..

01.07.: Besuch der Kabelfabrik in Sheyang. Die Hälfte der Arbeiterinnen sind Frauen. Es gibt viele Parolen vom 66. KPC-Parteitag. Zahlreiche Bilder zeigen die verdienten Arbeiter sowohl in Kleingruppen als auch in Kollektiven. In der Fabrikhalle gibt es viele riesige Kunstwerke. In China hat die Kunst direkten Zugang zu den Menschen. Auch hier herrscht wieder das Prinzip, der **„pünklichen Hetze".**

Wir begegnen etwa 100 militärischen Paradearbeiterinnen, die sich auf den Parteitag im Stechschritt vorbereiten.

10.07.: Wieder in Peking. Ich reihte mich in eine Gruppe von fast 1.000 Chinesen ein und wurde am gläsernen **Sarg von Mao** vorbei geschoben. War schon ergreifend. Abends begrüßte mich Albert Roovers, ein Freund von Helga Hoppe. Er baut ein Taxiunternehmen in China auf.

10.07.: Hongkong. Man fühlt sich von der einfachen Welt Chinas ins 21. Jahrhundert hinein katapultiert. In Hongkong herrscht absoluter kapitalistischer Konsumterror.

Bei der Fahrt zum Flughafen sehe ich, dass die Menschen in Hongkong wie Ölsardinen wohnen. Die U-Bahn- Hochwagen führen direkt an ihren Schlafzimmern vorbei. In jeder kleinen Wohnung leben unendlich viele Leute gequetscht beieinander.

Das Ergebnis unserer Inspektion, die durchgeführt wurde von den Gutachtern Hilbig, Stöber und Prof. Ullrich ergab, dass der Aufbau des chinesischen Patentamtes vernünftig vorangeschritten ist. Das Patentwesen ist praktisch ein Stachel in der sozialistischen Wirtschaftsordnung. Ausgebildet beim Patentamt München wurden bisher 110 chinesische Stipendiaten. Das chinesische Patentamt wird wahrscheinlich dazu führen, das sozialistische System Chinas zu unterhöhlen.

Das Jahr 1987 war durch viele 50ste Geburtstage geprägt

- 50ster Geburtstag Peter Weidenbach am 16.01.1987
- 50ster Geburtstag Uli Großbach 02.02.1987
- 50ster Geburtstag Helmut Klein März 1987
- Mein 50ster Geburtstag am 10.06.1987 (Planwagenfahrt, Muffendorf)
- 50-Jahr-Feier in Freudenstadt am 24.10.1987

Ferner wurde im Januar 1987 der 80jährige Geburtstag meines Schwiegervaters gefeiert.

Fotos 1987

.

China, Hongkong
Juni/Juli 1987
Inspektion des nationalen Patentamtes

Chinesische Schneiderin

Sommerpalast Beijing

Bohnet

Empfangsraum Kohleminen Fushun

Von links: Gutachter Ullrich, Stöber,
Hilbig, Experte Jansen, Bohnet

1988

Wirksamkeit der Entwicklungsprojekte: ein ausreichendes und ein sehr gutes Projekt

Evaluierung des Projektes „Forstfakultät Santiago del Estero" Argentinien

Evaluierung des Projektes „Zweisprachiges Primarschulsystem", Ecuador

DDR Spionin im BMZ verhaftet

DDR- und KGB-Spionin Elke Falk im BMZ enttarnt und verhaftet

Evaluierung des Projektes „Forstfakultät Santiago del Estero" Argentinien

Vom 14.04. bis zum 27.04.1988 war ich in **Argentinien** zur **Evaluierung des Projektes „Forstfakultät Santiago del Estero".** Anschließend werden einige kleine Notizen aus meinem ausführlichen Tagebuch wiedergegeben:

16.04.: Fahrt ins Delta Rio de la Plata mit dem Boot. Am Fluss reihen sich Wochenendhäuschen, eins nach dem anderen. Sie sind durch kleine Stege zu erreichen. Viel alte Pracht, teilweise verfallen, auch die Werften liegen brach. Es gab wohl in Argentinien einen großen Boom in den 30er, 40er und 50er Jahren. Danach ging es bergab.

17.04.: Flug nach Santiago del Estero.
In Santiago des Estero gibt es große Eukalyptus-Plantagen. Die Bäume sind riesig und wachsen schnell. .

In der Stadt dominieren Libanesen und Syrier. Sie sind wie überall stets Wanderer zwischen den Welten. Es gibt viele Ärzte und wie immer viele Schuhgeschäfte. Mein Gott, wer trägt nur die Schuhe?

20.04.: Fahrt in den **Chaco-Wald.** Der Chaco-Wald ist ein Parkwald. Es herrschen Quebraco blanco und colorado vor. Das sind die wichtigsten Holzsorten.

20.02.: Besuch beim Gouverneur, der wie alle auf dem Lande ein Peronist ist. Die Peronisten haben etwas für die Armen getan, die Radikalen unter Alfonsin beherrschen nur die Städte.

Wir fahren zu den Waldarbeitern, meist Indianer, die interessanterweise alle rothaarig sind. Sie leben unter ärmlichsten Verhältnissen, schlafen 8 Tage im Wald und nur auf einer Plane auf 4 Pfosten. Dort arbeiten sie mit einer Stihl-Säge. Große Angst besteht vor Zecken, die Herzschwäche verursachen, wenn sie nachts von den Bäumen auf einen fallen. Auch im Wald fahren wir Stunden. Als Deutscher muss man sich an die Entfernungen gewöhnen. Argentinien ist 19mal so groß wie die Bundesrepublik, Santiago del Estero ist allein so groß wie die Bundesrepublik Deutschland.

21.04.: Die Zeckengefahr ist riesig, sie macht die Leute fast hysterisch. Auch herrscht große Angst vor Schlangen und auch vor Pumas.

27.04.: Ich besuche die Kathedrale in Santiago del Estero, in der die Gebeine von St. Martin ruhen, dem südamerikanischen Unabhängigkeitskämpfer und Genialstrategen, der nicht nur Argentinien befreit hat, sondern desgleichen auch Chile und Peru. Er überquerte die Anden mit 5.000 Mann, der Alpenüberquerung Hannibals vergleichbar (1816 Unabhängigkeit Argentiniens). In der Kirche ebenso wie in Santiago del Estero gibt es die absurde Präsens von Militär, die vor dem Grab von St. Martin paradieren. Die Religiosität durchtränkt hier alles. Die Kirchen sind mit Gläubigen gefüllt, die Beichte wird in langen Reihen abgenommen. Die Jesus-Füße werden mit Begeisterung geküsst und dann abgewischt.

Für Max und Hans kaufe ich eine Gitarre, mal sehen wie sie in einigen Jahren damit auftreten.

28.04.: Einladung der **Familie Araos,** unseren lieben Verwandten (vor allem Gisela), zum Abendessen. Sehr nett, wenn auch das Verhältnis der Ehepartner zueinander sehr gespannt erscheint.

Fazit: Die Evaluierung erbrachte, das die Forstfakultät Santiago del Estero in einer falschen Region angesiedelt wurde, wohl ein Bedarf an Aufforstung besteht, aber die eigentlichen Waldprobleme in Argentinien woanders liegen. Alles schien ein wenig überdimensioniert und zu teuer ausgestattet. Dennoch ist es nützlich, dass auch in dieser abgelegenen Region Forstexperten ausgebildet werden.

Evaluierung des Projektes „Zweisprachiges Primarschulsystem", Ecuador

Vom 14.12.1988 bis zum 22.12.1988 besuchte ich **Ecuador zu Evaluierung des Projektes „Zweisprachiges Primarschulsystem"**. Wie bei den vorherigen Berichten werde ich einige kleine interessante Episoden aus meinem Tagebuch wiedergeben. :

„14.12.: Aufgrund der Höhe von Quito (3.000 Meter) große Kopfschmerzen und Anpassungsprobleme, fast 20 Stunden nicht geschlafen. Man geht in einer solchen Höhe extrem langsam. Ich schlafe dann fast 12 Stunden durch.

15.12.: Bei einer Besprechung des Projektes tragen die Indianer einen langen schwarzen Zopf, einen Hut, weiße Schuhe und weiße Hemden, alles sehr würdevoll. Die Indianerfrauen haben herrlich gestickte Hemden an, sie kommen und gehen bei der Besprechung völlig ungeniert, ihre kleinen Kinder und Säuglinge sind bei der Besprechung mit dabei. Die Säuglinge werden ohne Scham gestillt, die Atmosphäre ist völlig entspannt ohne Stress und ganz gemütlich.

17.12.: Bei der Fahrt zum „Centro de Formacion de Pujili" fahren wir am **Cotopaxi** vorbei, einem 5897 Meter hohen Vulkan, der heute noch tätig ist. Der erste Europäer, der den Vulkan zu besteigen versuchte, war **Alexander von Humboldt** im Jahre 1812. Er schaffte es aber nicht.

17.12.: In der Kirche sitzt zweimal Jesus im Stuhle, eine seltsame,unheimliche Entdeckung. Die Ecuadorianer lieben ihren Jesus als lebensgroße Holzfigur ganz nah bei sich.

18.12.: Fahrt nach **Otavalo** (2.520 Meter), eine reine Indianerstadt. Die Otavalos gelten als strebsam. Der Projektleiter Abraham, ein netter schwuler Mann, redet wie ein Buch. . Fast jeder spielt hier ein Instrument, entweder eine Gitarre oder eine Quente. Alle scheinen sich zu mögen, es ist immer ruhig und friedlich.

Ich besuchte die berühmteste Kirche Lateinamerika, die Companic. Ich nehme am Weihnachtsgottesdienst teil. Die Kirche ist prachtvoll mit vergoldeten, glitzernden Altären. Am Eingang sind viele Bettler, die gekrümmt auf dem Boden liegen. Da muss man schlucken.

Bei einem Gespräch mit der Indianerorganisation Conaie waren die 5 Indio-Führer Ecuadors versammelt. Sie zeigten sich uns gegenüber wenig freundlich, der Raum war voll revolutionärer Plakate, die Büroausstattung einfach. Wir mussten eine halbe Stunde warten, dies wohl ein Zeichen der Indios, um uns ihre eigene Stärke zu demonstrieren.

Die 3 Gutachter waren Petersen vom DIW, Frau Ströbele – Frau des berühmten RAF-Anwaltes Ströbele, und Professor Wölk. **Das Projekt kann als gelungen bezeichnet werden.** Es ist der erste Versuch in Ecuador, im formalen Bildungsbereich ein zweisprachliches Primarschulsystem zu entwickeln und zu erproben, das eine der einheimischen Indio-Sprachen (Quechua) integriert neben dem spanischen. Es gehörte beträchtlicher Mut dazu, ein so zukunftsweisendes Projekt in die verkrusteten bürokratischen Strukturen des formalen Erziehungssystems Ecuadors einzupfropfen und sich damit zugleich auf politisch höchste diffizile Konstellationen mit den Indigena-Organisationen einzulassen. Ecuador gehört zu den lateinamerikanischen Ländern mit dem höchsten Anteil autochthoner Bevölkerung an der Gesamtbevölkerung.

Fazit: Ein gelungenes Projekt, das die kulturellen Bezüge einbezogen hat.

DDR- und KGB-Spionin Elke Falk im BMZ enttarnt und verhaftet

Im Jahre 1988 ereignete sich im **BMZ eine aufregende Spionagegeschichte** Die Presse berichtete: **Elke Falk**, Jahrgang 1944 war vor wenigen Tagen von einem Skiurlaub aus dem österreichischen Seefeldt in ihre Wohnung im Bonner Vorort Alfter, Birkenweg 28, zurückgekehrt. Am Freitagabend erschienen Polizeibeamte in Zivil in der Wohnung und nahmen sie fest. Frau Falk wurde nach Karlsruhe zum Haftrichter gebracht und dort verhört. Die Ermittlungen der bundesdeutschen Sicherheitsbehörden und das Geständnis von Elke Falk enthüllen eine bewährte Methode des DDR-Geheimdienstes, Bonner Sekretärinnen als Spioninnen anzuwerben: Elke Falk war eine alleinstehende Frau, etwas mollig, dunkelhaarig und Brillenträgerin. Sie arbeitete bis 1974 im Kanzleramt, 1975 tauchte ein Mann auf, der sich als Gerhard Thieme vorstellte und ihr den Hof machte. Daraus entwickelte sich ein Liebesverhältnis. Nach Erkenntnissen des Verfassungsschutzes ist der Name Gerhard Thieme falsch und der Mann ein Anwerber des DDR-Geheimdienstes: ein als **Liebhaber (Romeo)** ausgebildeter Spezialist.

Die Neuanwerbung Elke Falk wurde von ihrem Liebhaber jahrelang betreut, sie wechselte zwischen 1978 und 1987 von einem Vorzimmer zum anderen, von Kanzleramtsminister Wischnewski ging sie zuerst zu Staatssekretär Ruhnau (SPD) ins Bundesverkehrsministerium, dann zu Staatssekretär Alwin Brück (SPD) im Ministerium für wirtschaftliche Zusammenarbeit, um nach der Wende 1982 unter

Brücks Nachfolger Volkmar Köhler (CDU) zu arbeiten. In diesen Jahren lebte ihr Romeo Gerhard Thieme mit wenigen Unterbrechungen mit ihr in ihrer 3-Zimmer-Wohnung. Falk galt bei ihren Chefs als unentbehrliche rechte Hand. Sie hatte Einblick in Kabinettsvorlagen und geheime Unterlagen der bundesdeutschen Nachrichtendienste. Sie konnte ihren Auftraggebern in Ostberlin ein breites Spektrum der gesamten Bonner Politik liefern. Sie hatte Zugang zu sehr geheimen und vertraulichen Materialien. Sie sei geheimverpflichtet gewesen. Bis 1987 arbeite Elke Falk im Vorzimmer von Köhler, dann bat sie um Versetzung mit der Begründung, ihr sei die Arbeit bei Köhler zu unregelmäßig. Daraufhin wurde sie Sachbearbeiterin im Europareferat des BMZ.

Falk gab gestern (also am 19. März 1988) im Verhör an, sie habe ihr Liebesverhältnis zu Thieme in vergangenen Jahr beendet. Sie habe in letzter Zeit auch nichts mehr geliefert und versucht, sich einer weiteren Tätigkeit für die DDR zu entziehen. Der Bundesminister für wirtschaftliche Zusammenarbeit, Hans Klein (CSU), Vorgesetzter des Staatssekretärs Köhler, erklärte dazu, „Ich habe nur eine ungefähre Vorstellung, was Frau Falk gemacht hat.

Man muss dazu wissen, dass der **DDR-Staatssicherheitsdienst eng mit dem sowjetischen Geheimdienst KGB** zusammen gearbeitet hat.

Nachdem Falk von ihrem Liebhaber Thieme verlassen worden war, schrieb sie Heiratsanzeigen. So lernte sie etwa Mitte 1987 einen 44jährigen Antiquitätenhändler aus Holland kennen. Elke ist ein feiner Kerl sagte er, aber es hat nicht so recht geklappt mit uns, denn sie liebt immer noch ihren Gerhard Thieme: 1989 wurde bekannt, dass Elke Falk wegen geheimdienstlicher Tätigkeit in einem besonders schweren Fall vom 4. Strafsenat des Düsseldorfer Oberlandesgerichtes zu **6 ½ Jahren Haft** verurteilt wurde. Das Gericht sah es als erwiesen an, dass die frühere Sekretärin im Bundeskanzleramt zwischen 1975 und 1985 geheime Regierungsdokumente an die DDR/ KGB verraten hat. Die Angeklagte hatte im Prozess erklärt, ihr Tatmotiv sei die Liebe zu einem KGB-Agenten mit dem Decknamen „Gerhard Thieme".

Ich sollte noch hinzufügen zu Elke Falk:
Ich erinnere mich, es muss im Sommer 1987 gewesen sein als ich einen Anruf von ihr bekam, ich möge dochmal ins Büro des Parlamentarischen Staatssekretär Köhler kommen. Ich eilte hinauf, es war brütend heiß. Frau Falk hatte einen wunderschönen Pelzmantel an. Sie zeigte mir den Pelzmantel ganz stolz und sagte sie hätte ihn geschenkt bekommen. Ich sprudelte vor Komplimenten über, war aber doch sehr verwundert, dass sie mir diesen Pelzmantel, den neuen, mitten im Hochsommer zeigte. Aber sie war so überwältigt vom Geschenk ihres Freundes, dass sie das Bedürfnis hatte ihre Freude mit jemand zu teilen.

Weitere Ereignisse 1988:

Am 06.02.1988 feierten wir den **50. Geburtstag von Lifka** Werner im Schloss Hohenkammer.

Am 10.08.1988 wurde der **Bildhauer Peter Großbach**, ein Bruder meines Freundes Ulrich Großbach, in **Köln beerdigt.**

Fotos 1988

Argentinien

April 1988

Evaluierung der Forstfakultät Santiago del Estero

Forstfakultät
Santiago del Estero

1. von links: Medrano, Außenministerium
   Argentinien

4. von links: Besold (Experte)

5. von links: Bohnet

3. von rechts: Schölzke (Experte)

Holzkohlenmeiler
Chaco-Wald

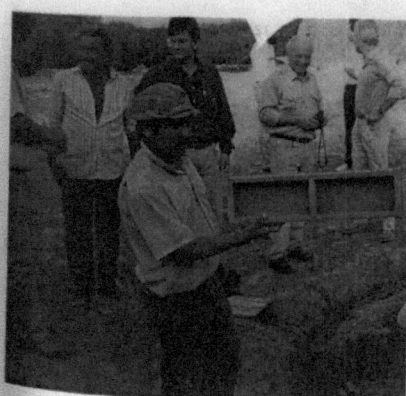

Ziegelherstellung
2. von rechts: Grammel (Gutachter)
3. von rechts: Schneider (Gutachter)

Evaluierung des zweisprachigen Primarschulsystems
Ecuador
14. - 22. Dezember 1988

Luis de la Torre,
nationaler Projektleiter
mit Frau

2. von links:
Gutachterin Ströbele
4. von links:
Projektleiter Abram
1. von rechts:
Gutachter Petersen

Bau des Lehrer-
fortbildungszentrums

Markt in Quito

Brasilianischer Straßenjunge in Quito, der mich "verfolgte"

1989 - April 1990

Wirksamkeit der Entwicklungsprojekte: ein mangelhaftes, ein gutes, ein befriedigendes und ein gescheitertes Projekt

Inspektion des Projektes „Sektorbezogene Programme Landwirtschaft (Warenhilfe)" Simbabwe

Evaluierung des Projektes „Förderung von Siedlungsgebieten im Nordosten und Norden Thailands"

Inspektion des Projektes „Abfallbeseitigung im Kathmandu-Tal". Nepal

Evaluierung des Vocational Training Centers in Namibia

Inspektion des Projektes „Sektorbezogene Programme Landwirtschaft (Warenhilfe)" Simbabwe

Vom 18.05.1989 bis 08.06.1989 besuchte ich **Simbabwe**. Zweck der Reise war die **Inspektion des sektorbezogenen Programms Landwirtschaft (Warenhilfe).**

Einige Ausschnitte aus meinem Tagebuch :

„Am 19.05. flog ich nach Johannisburg und besuchte kurz die Stadt. Erster Eindruck vom Apartheitssystem, es gibt den sog. **'Only Whites Abflug'**, d.h. den Abflugschalter nur für Weiße, erlebt beim Flug nach Harare. In der Stadt Harare entdecke ich die Gärten mit Shona-Skulpturen. Shona-Skulpturen repräsentieren eine Kunstrichtung, die erst in den 60er-Jahren entstanden ist (Vukutu-Skulpturen). Am schönsten ist eine große Plastik vor der National Gallery. Sie heißt „ein Mensch verwandelt sich in ein Rhinozeros."

21.05.: Ich besuche die Balancing Rocks ca. 10 Kilometer von Harare entfernt. Es handelt sich um riesenhaft aufgeschichtete Steine, die durch Erosion des umgebenden Laterits entstanden sind.

24.05.: Bei der Deutschen Botschaft gab es einen Empfang zum 40jährigen Bestehen der Bundesrepublik Deutschland. Botschafter Kilian hielt eine Rede, dann der stellvertretende Außenminister Simbabwes. Es wurde ein Toast auf den Bundespräsidenten und auf Bundeskanzler Kohl ausgesprochen. Beim Toast auf Kohl lachten die **300 deutschen Lehrer, die in Simbabwe arbeiteten.** Diplomatisch war dies äußerst peinlich. Hintergrund; Die 300 deutschen Volksschullehrer, die in Simbabwe arbeiten, gehören sicherlich nicht zur Fangruppe von Kohl.

26.05.: Flug zu den **Viktoria Falls.** Ich machte einen schönen Spaziergang zu den Viktoria-Fällen. Interessant war dabei, dass der Weg in deutscher Sprache beschrieben wurde: "David Livingstone sah als erster Europäer die gewaltigen Wasserfälle. Die Viktoria-Fälle heißen in der Bantu-Sprache „Mosi-Oa-Tunja" was donnernder Rauch bedeutet".

27.05.: Besuch des **Lake Kariba**, dem drittgrößten men made Stau-See der Welt. Den Kariba-Staudamm bestaunt, der die Grenze zu Sambia bildet. Der Staudamm wurde 1956 bis 1961 gebaut. 49.000 Menschen wurden dazu umgesiedelt. Es gab auch eine Operation „Noah", die darin bestand, tausende von Wildtieren, angefangen von Elefanten bis zu Schlangen in Sicherheit zu bringen, damit sie nicht ertrinken. Der Staudamm wurde von Italienern errichtet, bis zu 10.000 Mann haben daran gearbeitet. Eine Kirche erinnert an die Opfer, einige der Bauarbeiter wurden im Beton eingeschlossen und konnten nicht mehr gerettet werden.

28.05.: Beim Gespräch mit einem Großfarmer merke ich, dass er davon spricht, dass sie auf einer Zeitbombe säßen. Verständlich bei dieser ungleichen Landverteilung. Ich habe auch einen Mann, einen jungen Farmer getroffen, einen Weißen, der in Malawi geboren wurde und noch nie außerhalb Afrikas war. Das hat mich sehr berührt.

02.06.: Ich habe eine Shona-Skulptur für 865 Dollar gekauft.

04.06.: Ich traf Frau Ruth Weiss, eine dreimal emigrierte Jüdin (von Deutschland nach Südafrika, dann nach Sambia, dann nach Rhodesien). Sie hat viele Bücher über Rhodesien geschrieben, vor allem über die Frauen in Rhodesien. Ferner traf ich Professor Goldschmidt, (den ich noch von der FU Berlin kannte), der erzählte, dass sein emigrierter Vater, ein Jude, 1944 in London beim Blitzkrieg der Deutschen durch eine Granate tödlich getroffen worden sei. Dies hat mich betroffen gemacht.

06.06.: Flug von Harare nach Johannesburg. In Johannesburg benutzte ich meinen grünen Pass, um keinen Eintrag zu bekommen. Der Hintergrund: in schwarzafrikanischen Ländern bekommt man Schwierigkeiten, wenn man Eintragungen vom Apartheit-Regime in seinem Pass hat. Erster Eindruck von Johannesburg: Überall Stacheldraht zum Schutz des Eigentums, äußerste Unsicherheit.

07.06.: Fahrt nach **Soweto.** Man muss dazu eine unbewohnte Demarkationslinie von etwa 3 Kilometer durchfahren, die völlig leer und unbewohnbar gemacht worden ist. Der erste Eindruck ist überraschend, überall kleine Schrebergartenhäuser, einstöckig, denn es ist für einen Zulu unmöglich, über oder unter einem anderen Afrikaner zu wohnen (kulturelles Tabu). In Soweto sind die Wellblech-Hütten alle von einer Mauer umgeben, wie in einem Konzentrationslager. Trotzdem sind die Slums Luxus im Vergleich zu Bombay oder anderen schwarzafrikanischen Ländern. Ich frage mich, was passiert wenn diese Millionen Afrikaner einmal Mitbestimmung einfordern? Wenn die Ausbildung verbessert wird, gibt es eine Revolution. Das Apartheit-Regime wird gefährdet sein. Vielleicht sogar gestürzt werden (ich konnte damals nur ahnen, dass 1994 das Apartheit-System tatsächlich gestürzt wurde, also 5 Jahre später).

Das Ergebnis der Inspektion kann wie folgt zusammengefasst werden (Gutachter Mohrdick, und Hannover): Das Warenhilfeprogramm, sowohl die sektorbezogene Programmhilfe als auch die allgemeine Warenhilfe dienen vornehmlich dazu, Traktoren und landwirtschaftliche Maschinen zu importieren. Das Programm hat die Ernährungslage stabilisiert, gleichzeitig aber auch die fehlgeleitete Wirtschaftspolitik und die Devisenbewirtschaftungspolitik Simbabwes offengelegt. Die notdürftige und wiederholte Reduzierung von Devisenengpässen durch unkonditionierte Warenhilfe und Sektorprogramme zur Aufrechterhaltung importabhängiger Produktionskapazitäten steht im Gegensatz zu den Prinzipien der Selbsthilfe und Nachhaltigkeit und verhindert oder verzögert erforderliche Strukturanpassungen. Weitere Warenhilfen und Sektorprogramme sind nicht zu empfehlen.

Evaluierung des Projektes „Förderung von Siedlungsgebieten im Nordosten und Norden Thailands"

Vom 06.11. bis zum 24.11.1989 war ich in **Thailand zur Evaluierung des Projektes „Förderung von Siedlungsgebieten im Nordosten und Norden Thailands".**

Im Folgenden wieder Kurzausschnitte aus meinem Tagebuch

07.11.: Der Eindruck eines Entwicklungslandes entschwindet schon bei der Einreise. Es bleibt aber der quälende Eindruck: Stau, Stau und nochmal Stau.

07.11.: Bei den Gesprächen wies ich auf die kritische Situation in der DDR hin. Die Thailänder nennen unsere Flüchtlinge aus der DDR „First Class Refugees", da sie mit dem Auto aus Ungarn kommen.

10.11.: Fahrt nach Ubon Ratchathani. Abends zum Essen beim stellvertretenden Gouverneur eingeladen. Beim Stehempfang die Nachricht vom **Fall der Berliner Mauer** bekommen. Viel Ungläubigkeit und Staunen. Ich war vor Freudentränen so überwältigt, dass ich meine Tischrede nicht fortsetzen konnte. Ich musste mich erstmal in eine Ecke verziehen.

11.11.: Uns bewegt vor allem Berlin. Wir erfuhren das Unglaubliche. Die Mauer ist durchlässig, überall emotionale Erregung und Aufruhr. Wir Deutsche können es nicht fassen. Die Deutschen singen und springen, viele weinen, auch wir hier in Thailand.

13.11.: Detaillierteste Berichte über Berlin gelesen. Ich ahne nun, wie sich alles ändert, in Deutschland und in der Welt. Den Leitartikel von Stefan Heym im letzten Spiegel gelesen, sehr bewegt. Im Fernsehen sehe ich den Abriss der Berliner Mauer und das Joe Cocker Rock-Festival in Westberlin. Alle Gedanken kreisen um Berlin, um Krenz, Modrow und den Fall der Mauer.

15.11.: Ich bezweifele, ob Entwicklungszusammenarbeit für Thailand sinnvoll ist. Warum müssen wir Deutschen eigentlich die Sozialpolitik der Thais finanzieren ?.

18.11.: Viele deutsche Nazis treiben sich hier noch herum, auch die Thais lieben Hitler. Sie lieben die starken Männer, sie grüßen mit Hitlergruß und preisen Autobahnen und Arbeitsbeschaffungsmaßnahmen. Dabei darf man nicht vergessen, das die Thais mit den Japanern im 2. Weltkrieg zusammen gekämpft haben und die Japaner die Verbündeten der Deutschen waren. So legt Geschichte Spuren.

23.11.: In Bangkok nur Staus. Hier wäre die Wuppertaler Schwebebahn eine Lösung.
.

Zum Evaluierungsteam gehörten Hannover und Grimm. Das Ergebnis der Inspektion: Das Projekt besteht vornehmlich aus dem Aufbau von landwirtschaftlichen Beratungsdiensten in Verbindung mit Kreditvergabe und Genossenschaftsförderung. Das Projekt trägt zur Steigerung der land- und forstwirtschaftlichen Produktion in den Siedlungsgebieten bei. Die Gefahr der Landflucht wurde reduziert. In den Siedlungsgebieten konnten positive Wirkungen auf die Stabilisierung der ökologischen Verhältnisse nachgewiesen werden, durch den Anbau von Dauerkulturen, durch Forstprogramme und durch die Entwicklung kleiner Wasserreservoirs.

Inspektion des Projektes „Abfallbeseitigung im Kathmandu-Tal". Nepal

Vom 12.12. bis 23.12.1989 war ich in **Nepal zur Inspektion des Projektes „Abfallbeseitigung im Katmandu-Tal".**

Ich zitiere wieder einige Dinge aus meinem Tagebuch

14.12.: Die Unberührbaren haben ein trauriges Schicksal, denn die Kastengesellschaft in Nepal weist ihnen die unterste Stufe zu. Am höchsten stehen Brahmanen.

Wir fuhren zur Deponie Gokarna und suchten nach dem **heiligen Stein**, dem Platz des Schlangenkönigs, der, wenn es ihn wirklich gäbe, alles unmöglich gemacht hätte, so z.B. die Ausweitung der Deponie.

16.12.: Fahrt nach Bhaktapur. *Bhaktapur* ist die Stadt der Menschen, die Gott mit Hingabe dienen.

Die Chinesen haben zwischen Kathmandu und Bhaktapur einen Obus gebaut, also eine elektrische Buslinie eingerichtet, geradezu ideal und genial zugleich. Die Stadt wurde mit deutscher Entwicklungshilfe restauriert und das alte Schnitzerhandwerk wieder belebt, sehr gelungen. Man geht durch die Stadt wie in Trance.

19.12.: Bei einer Besprechung zum Solid Waste Projekt musste ich ein Gedicht vortragen und ein Lied singen. Es ist Tradition, dass man als Gast immer ein Lied seines Heimatlandes singt. Ich habe „Am Brunnen vor dem Tore" gesungen.

20.12.: Am Bagmati, dem heiligen Fluss, wurde eine gelb gekleidete Leiche herangeschafft. Der Scheiterhaufen wird vorbereitet, die Familie bereitet betend die Verbrennung vor, alle schauen zu, sowohl die Touristen als auch die Anwohner. Daneben steht ein Yogi, ein Milchtrinker, der Haare hat bis zum Boden, die er seit 30 Jahren nicht mehr geschnitten hat. Er kommt aus Indien und lebt seit 10 Jahren in Kathmandu. Der vorherrschende Eindruck ist: vornehmlich Dreck in der Stadt.

.

In Kathmandu waren am beeindruckendsten die Holzschnitzereien im Tempel, vor allem natürlich die kleinen erotischen Vishnu-Tempel. Ich besuchte den Tempel der Lebenden Reinkarnation. Dort lebt ein etwa **7jähriges Mädchen**, bis sie ihre Tage bekommt. Sie gilt als **Reinkarnation Vishnus**. Ich konnte sie hinter einem Vorhang erblicken.

Letztlich sind die Plätze hier schön sauber, aber die Enge ist schrecklich. ich weis nicht, wie ein Mensch diese Enge aushalten kann.

23.12.: Das Brandenburger Tor ist offen, Kohl wird umjubelt. Er eröffnet mit Modrow das Brandenburger Tor.

Die Gutachter waren zu vörderst Herr Rieger und Herr Wehenpohl. Die Ergebnisse der Inspektion: Das Projekt hat zu einer Verbesserung der hygienischen Lebensbedingungen in den 3 Städten des Kathmandu-Tals (Kathmandu, Patan und Bhaktapur) beigetragen. Das Einsammeln, der Transport, die Kompostierung und Endlagerung des Abfalls sowie der Bau öffentlicher Toiletten-Einrichtungen und die Entsorgung der Fäkalientanks funktionierten einigermaßen, jedoch letztlich noch alles nicht fertig und unvollständig.

Am 9. September 1989 fand der 50ste Geburtstag von Christel Schmitz-Wirsig in Berlin statt.

Evaluierung des Vocational Training Centers in Namibia

Vom 03.03.-11.03.1990 war ich in **Namibia**. Zweck der Reise war die **Evaluierung des Vocational Training Centers in Windhoek.**

Die Reise fand kurz vor der namibischen Unabhängigkeit statt (am 21.03.1990 wurde Namibia unabhängig). Deshalb herrschten verständlicherweise Spannungen. Die Übergangszeit wurde gesichert durch UNTAG - United Nations Transition Assistance Group. Es war die teuerste Friedensmission der Welt. In ihr arbeiteten u.a. 50 Beamte des Bundesgrenzschutzes und 30 Offiziere der DDR- Volkspolizei gemeinsam mit. in Eintracht.

Anbei einige Ausschnitte aus meinem Tagebuch:

03.03.: Von der Ordnungsliebe und von den extrem wenigen Menschen in Namibia überrascht. Normalerweise ist Afrika immer überbevölkert. Namibia ist unterbevölkert. Beeindruckt von dem schönen Klima. Abends spazierte ich durch die Kaiserstraße. Die Zeiten scheinen stehen geblieben zu sein. Die Mode entspricht der Mode in Deutschland in den 60er Jahren. Das Hutgeschäft Wicke und Co z.B. hat im Schaufenster Hüte aus alter Zeit, ebenso das Schuhgeschäfts Wecke und Voigts. So recht begreife ich das alles nicht. Außerdem spricht man deutsch in Afrika.

04.03.: Ich besuche das Vocal Training Center. Alles scheint mir edel und schön, aber wahnsinnig überdimensioniert. Im Projekt sind die Spannungen zwischen den für das Projekt Verantwortlichen unerträglich. Sie explodieren geradezu (Schleberger, Kazapua, Witt).

07.03.: Ich treffe Angula, den zukünftigen Minister für Bildung, Jugend und Sport (Swapo). Herr Angula ist alter Stalinist, aber sympathisch. Hier habe ich wieder mein Schlüsselerlebnis. Die Swapo-Kämpfer waren 10-20 Jahre im Exil. Sie kennen Namibia so gut wie gar nicht. Sie haben Südwest-Afrika im Alter von 20 Jahren verlassen und sie kommen nun mit 40 Jahren zurück. Das erklärt vieles, ihre Unsicherheit kurz vor der Unabhängigkeit und möglicherweise ihre Unfähigkeit, ein unabhängiges Namibia zu gestalten und zu regieren.

07.03.: Abends um 17 Uhr bekam ich einen **Anruf vom BMZ- Minister Warnke,** dass man mich zum **Unterabteilungsleiter (Ministerialdirigenten)** befördern möchte. Ich war völlig überrascht und gleichzeitig bewegt und erfreut. Immerhin ist Warnke CSU-Minister. Er sagte, er wisse nicht genau, welche Unterabteilung ich übernehmen solle, wahrscheinlich Lateinamerika. Er wolle mich auch als volkswirtschaftlichen Berater für die deutsch-deutschen Fragen gewinnen. Ich müsse mich aber derzeit mit B3 begnügen. Ich sagte zu, bedankte mich förmlich, aber auch nicht mehr. In einem Brief an den Abgeordneten der SPD, Esters, wird erläutert, dass es das erste Mal seit der Wende sei, dass erwogen werde, einen Beamten, der der SPD angehört, zum Unterabteilungsleiter zu ernennen.

Warnke sprach von meiner Pfadfindertätigkeit in Namibia (er meinte meine Inspektion). Ich erklärte ihm kurz die Evaluierung des Vocational Training Centers, die möglicherweise den Kopf des Staatssekretärs Lengl kosten wird.

08.03.: Ich hatte Gespräche mit Schleberger, Witt und Kazapua, den drei Projektverantwortlichen. Ich habe unsere Schlussfolgerungen knallhart vorgetragen, die zum Kern hatten, alle 3 abzulösen.

09.03.: Ich habe das Denkmal fotografiert „Den Ostdeutschen (Ostdeutsche Provinzen unvergessen)" sowie der „Herero-Aufstand" (im Gedenken an die Deutschen, die den Eingeborenen zum Opfer fielen). Übrigens: Denkmale für die Herero-Opfer gibt es nicht.

Gutachter der Inspektion waren Herr Kühn und Herr Eikenberg. Die Inspektion war von Herrn Staatsekretär Lengl kurzfristig anberaumt worden. Das Projekt wurde konzipiert, um das entwicklungspolitische Engagement für Namibia bereits vor der Unabhängigkeit des Landes zu verdeutlichen. Im Kern handelte es sich um den Aufbau von überbetrieblichen Lehrwerkstätten.

Das Ergebnis der Inspektion: Hervorstechend ist die Diskrepanz zwischen dem erfreulichen äußeren Erscheinungsbild des Ausbildungszentrums und dessen desolater innerer Verfasstheit. Die beiden deutschen Experten (Schlehberger, Witt) sind untereinander völlig verfeindet. Das gleiche gilt für ihr Verhältnis zum namibischen Projektleiter (Kazapua). Es stellt sich auch die Frage, ob es aus entwicklungspolitischer Sicht sinnvoll war, einen deutschen Architekten einzusetzen, da in Namibia genügend qualifizierte Architekten vorhanden sind. Überdies fand kein Wettbewerb statt.

Den von uns verfassten Inspektionsbericht hat zur Ablösung des Staatssekretärs Lengl mitbeigetragen.

Fazit der Jahre 1985-April 1990:

5 Jahre war ich Leiter des Referats „Evaluierung/Inspektion". Während dieser Zeit habe ich 12 Evaluierungen selber geleitet, jeweils mit einem Evaluierungsteam, zusammengesetzt aus den jeweiligen Experten zu den spezifischen Themen.

Von den 12 Evaluierungen hat ein Projekt die Note „sehr gut" erhalten (Ecuador),
zwei die Note „gut" (Thailand, China),
drei die Note „befriedigend" (Düngemittelfabriken, Mali, Nepal),
zwei die Note „ausreichend" (Ruanda/Burundi/Zaire , Simbabwe) und
zwei die Note „mangelhaft" (, Malediven, Namibia,).

Während der 5 Jahre hat das Inspektionsreferat insgesamt etwa 30 Evaluierungen durchgeführt. Das Ergebnis war in etwa: Ein Drittel gescheitert, ein Drittel mit Licht und Schatten, ein Drittel gelungen.

In dieser Zeit haben wir eine zusammenfassende Veröffentlichung vorgelegt mit dem Titel „Aus Fehlern lernen, neun Jahre Erfolgskontrolle der Projektwirklichkeit".

In diese Zeit fielen auch die Enttarnung der DDR und KGB-Spionin Elke Falk im BMZ.

Fotos 1989

Inspektion der Warenhilfe an
Simbabwe
18. Mai - 8. Juni 1989

weiße
"Kolonialherren"

Shona-Skulptur in Harare

Balancing Rocks
(10 km außerhalb
Harare's)

Bohnet

Evaluierung des Projekts "Förderung von Siedlungsgebieten im Nordosten und Norden Thailands"

6. - 24. November 1989

Unser Hotel
in Ubon
Ratchathani

Nähe Bangkok's

Bohnet auf Elephant

Inspektion des Projekts "Abfallbeseitigung im Kathmandu-Tal"

Nepal

12. - 23. Dezember 1989

Bohnet
vor Bus

Chinesischer
O-Bus

Müllsammler

Armut

Yogi

Evaluierung des "Vocational Training Centers in Windhoek"

Namibia

3. - 11. März 1990

UN-Fahrzeug

Windhoek   Evangelische Kirche

Reiterdenkmal
für die deutsche
Schutztruppe

von links:
Experten Kühn,
Eikenberg, Bohnet

Wahlplakat
der SWAPO
3 Wochen vor der
Unabhängigkeit

Flaggenentwürfe
zur namibischen
Unabhängigkeit
(1.4.1990)

Mai 1990 - 1993

Im Zentrum: Tropenwald, Bevölkerung, Regierungsgespräche

Drei Brasilienreisen (Tropenwald und Umwelt)

Regierungsgespräche in Kenia, Tansania, Simbabwe

Sektorkonsultationen und Projektbesuche (Madagaskar, Senegal)

Bevölkerungskonferenz (Indonesien)

ab Mai 1990

Hoffung für den Amazonas

Beratung zu DDR Fragen

Reise mit Minister Warnke nach Brasilien

Beratung Minister Warnke in Wirtschafts- und Währungsfragen der DDR

Ab 1.5. 1990 Leiter der Sektorabteilung BMZ

Reise mit Minister Warnke nach Brasilien

Vom 18. bis zum 22.07.1990 **reiste ich mit Minister Warnke nach Brasilien**, um das Umweltschutzprogramm in Brasilien voranzutreiben. Dazu gab es u.a. Gespräche mit dem Umweltstaatssekretär Lutzenberger, als Besonderheit noch ein Damenprogramm für Frau Warnke, die als Ehefrau von Warnke mitreisen durfte.

Wir besuchten **Brasilia, Sao Paulo** und mit dem Hubschrauber auch das Naturschutzgebiet Mata Atlantica. Ferner flogen wir am 21.07. nach Porto Vehlo, ein Naturschutzgebiet mitten im Amazonas. Als wir dort landeten konnten wir nicht aussteigen, da es keine Treppe gab, die uns aus dem Flugzeug zum Boden bringen konnte. Wir wurden abgeseilt.

Deutschland hatte zur Unterstützung der brasilianischen Tropenwälder 250 Mio. DM zugesagt. Im Kern ging es um den Schutz des Küstenwaldes Mata Atlantica, um die Unterstützung von Umweltschutzorganisationen, wie z.B. SOS Mata Atlantica, um den Schutz von Waldgebieten in **Rondonia** (Hauptstadt Porto Vehlo) und um den Schutz von Indianerreservaten. An der Reise nahm neben dem Minister und mir noch teil Schaffer, Osterhaus, Winkler und Wilmsen, alle BMZ, ferner Henze vom AA. Der deutsche Botschafter Dittmann betreute die Mission.

Am 22. Juli 1990 hielt Warnke einen Vortrag in Sao Paulo über das schön- aktuelle Thema „Deutschland auf dem Wege zur Einheit". Ein Gespräch gab es auch mit **Präsident Collor de Mello.** Ich bewunderte immer die Sprachkünste von Warnke. Er sprach perfekt Französisch und Englisch, teilweise auch Spanisch. Es herrschte damals noch die Hoffnung, dass die brasilianische Regierung die Umweltpolitik zu ihrem Schwerpunkt machen würde. Eine Hoffnung, die später ja zerstoben ist.

Die Reiseroute war Brasilia, Sao Paulo, Porto Vehlo in Rhondonia.

Für 1990 ist noch zu bemerken:

Am 6. September 1990 habe ich als neuer Unterabteilungsleiter meine Kollegen Dr. Horn-Vormschlag, Dr. Goerdel, Dr. Kirchhoff, Herrn Schurig, Dr. Schipulle und Herrn Hinrichs abends zu einer Brotzeit bei mir zuhause eingeladen. Ich betonte, dass es schön wäre, mal außerhalb des BMZ-Hexagons, also von Zwangssterilisation, Unterdrückung der Frau, Schraubenwurmplage, Ozonloch und Kernenergie menschlich zusammen zu kommen. Das Verbindende sollte heute nicht unsere Konzepte sein, sondern schlicht der Bayrische Leberkäse.

Beratung Minister Warnke in Wirtschafts- und Währungsfragen der DDR

Mit der Ernennung zum Unterabteilungsleiter durch **BM Warnke** war verbunden die **Bitte des Ministers, ihn in Wirtschaftsfragen der DDR zu beraten.** Hintergrund: Die erste frei gewählte DDR Regierung unter de Maiziere war im März 199o gewählt worden (sie war im Amt bis Oktober 1990). Ich sollte entsprechende Informations- und Entscheidungsvorlagen zur DDR vorzulegen. Ich habe im Jahre 1990 folgende Ministervorlagen erstellt:

- 18.05.1990 Währungsumstellung und langfristige Anpassung der Löhne in der DDR
- 13.06.1990 Eigentumsfrage DDR
- 17.07.1990 Markt- und Meinungsforschung in der DDR
- 22.08.1990 Jüngste Tarifabschlüsse in der DDR und deren Auswirkungen auf die Wettbewerbsfähigkeit
- 04.09.1990 Längerfristige Perspektiven des Strukturwandels in der DDR
- 10.09.1990 Verdeckte Arbeitslosigkeit in der DDR

Die Vorlagen dienten Warnke dazu, auch im Kabinett sprechfähig zu DDR-Fragen zu sein.

Ab 26.11. wurden beim Shuttleverkehr Bonn-Berlin nur noch die russische Maschine Tupolew 154 und das Transportflugzeug Transall eingesetzt. Bei der Transall saß man einklemmt mit Soldaten zitterig und kalt mit hochgeschlagenen Kragen und wartete auf das Ende. Aber deutsche Einheit verpflichtet.

1991

Rückgang der Waldverluste in Brasilien

Mutige Kritik an Menschenrechtsverletzungen führt zu Erfolgen (Kenia, Tansania, Zimbabwe)

Info Tour des BMZ durch Deutschland mit mäßigem Erfolg

Am 18.01.1991 wurde Bundesminister Warnke verabschiedet und der neue Minister Carl-Dieter Spranger ins Amt eingeführt.

Reise mit Umweltminister Töpfer nach Brasilien (Tropen-waldprogramm)

Vom 19.03.-27.03.1991 reiste ich mit **Umweltminister Töpfer nach Brasilien**, um an einer **brasilianischen Umweltkonferenz O Globo** teilzunehmen und das **Tropenwaldprogramm der Bundesregierung** zu inspizieren.

Im Folgenden wieder einige Ausschnitte aus meinem Tagebuch:

„02.03.: In **Rio de Janeiro** begann es mit einer Blitz- Stadtrundfahrt mit Bundesminister Töpfer, dem deutschen Botschafter Wallau sowie mit dem Generalkonsul Duncker.

21.03.: Ich hatte bei der Konferenz die Eröffnungsrede zu halten, war entsprechend aufgeregt. Alles wurde ins Portugiesische übersetzt: Mein Thema „Der Stellenwert des Umweltschutzes in der deutschen Entwicklungspolitik", das übliche, etwa eine halbe Stunde. Dabei wurde mir schlagartig bewusst, dass der Regenwald in Amazonien sehr weit weg von Rio de Janeiro ist, etwa so weit wie Kairo von Bonn. Das erste Mal wurde ich mit der Riesengröße Brasiliens konfrontiert.

22.03.: Flug nach **Manaus** über Brasilia. Dies ist eine größere Strecke als ein Flug durch ganz Westeuropa. In Manaus stiegen wir ab im berühmten Tropical Hotel Manaus, in dem schon Kennedy genächtigt hatte. Riesen Flure, man sucht verzweifelt sein Zimmer.

Davor besuchen wird noch INPA, das berühmte Waldforschungsinstitut und trafen einen deutschen Förster, der uns ein Waldholzforschungslabor zeigt. Er erforscht Hölzer, bestimmt ihr Alter und prüft welche man exportieren kann (also genau gegen den Zeitgeist der Nachhaltigkeit), der arme Kerl, ist wohl nicht auf der Höhe der Zeit

23.03.: Mit dem Boot 3-4 Stunden den **Rio Grande** hochgefahren. Im Boot herrscht vornehmlich Angst vor den Piranhas. Sie schnappen zu, sollte einer von Bord gehen. Eine halbe Stunde vor dem Ziel, einem Baumhotel, ging das Boot kaputt. Gott sei Dank war das Boot „Jaques Cousteau „an unserer Seite, das uns rettete. Nach Ankunft hochgestiegen zu einem Baum-Jungle-Hotel (Ariau Jungle Tower). Es war sehr heiß. und schwül, viel mit Professor Born, dem Rektor der Universität Duisburg gesprochen Wir wurden von Affen, Papageien und Nasenbären im Baumhotel herzlich empfangen. Ich schlief in einem Holzturm (3. Stock) äußerst friedlich, dann drang ein Affe in mein Zimmer und verwüstete es völlig. Zwei Stunden später nochmal, er entwendete meinem Fotoapparat, schlug das Blitzlicht entzwei. Der Fotoapparat wurde am nächsten Morgen am Flussufer gefunden (Aufnahmen konnten noch später entwickelt werden). Der Nasenbär muss geradezu irre intelligent sein, denn bis heute ist es ein Rätsel, wie er in meine verschlossene Bude eindringen konnte

Am nächsten Morgen steige ich noch auf einen weiteren Aussichtsturm, der Nasenbär schließt sich mir an und lässt mich zwei Stunden nicht mehr aus den Augen. So gewinnt man Freunde. Der Nasenbär kämpft mit einem kleinen Lemuren-Affen. Generell sind die Affen sehr zutraulich, man spielt mit Ihnen und sie fixieren einen mit den Augen. Auch das Zimmer unseres brasilianischen Professors wird von den Affen zerfetzt (einschließlich seiner Präservative). Es lebe die Familienplanung. Zur Abwechslung erzählt Herr Frings von der Rhein Ruhr Zeitung einen Manta-Witz: Was kauft ein Manta-Fahrer beim Aldi? Tune Fisch.

24.03.: Manaus war früher eine Kautschuk-Stadt, doch nachdem die Kautschuk-Samen aus der Stadt herausgeschmuggelt worden waren, versank die Stadt im Schlaf des Nichts (etwa ab 1900).

Am Abend saßen wir in Rio noch im Hotel Rio Atlantikca an der Copa Cabana (nach einem langen Rückflug von Manaus) mit den Redakteuren der Neuen Rhein Ruhr Zeitung Herrn Frings und Herr Sanchez zusammen, Zuckerrohschnaps getrunken, völlig betrunken ins Bett.

Die Konferenz wurde durchgeführt von **O Globo** und hatte zum Kern, die **deutsch-brasilianische Zusammenarbeit in der Umweltpolitik** zu analysieren und zu würdigen. Sie diente auch dazu, die 1992 in Brasilien stattfindende UN-Konferenz für Umwelt vorzubereiten. Die brasilianische Regierung hatte unter der Regierung Collor auch erste Erfolge aufzuweisen: Rückgang der Brandrodung und der Waldverluste um 27 % seit 3 Jahren. Die Konferenz hatte ein starkes Echo in der Öffentlichkeit.

Mit Datum vom 4. April bekam ich von der Neuen Ruhr Zeitung den folgenden Brief des Ressortleiters Frings:

„Sehr geehrter Herr Dr. Bohnet, Rio de Janeiro liegt hinter uns, Deutschland hat uns wieder. Unvergesslich bleiben die schönen Tage mit Ihnen in Brasilien, die guten Gespräche und gemeinsamen Erlebnisse. Der außerordentlich grandiose Erfolg des von O Glogo mit der Neuen Ruhr Zeitung arrangierten Weltumwelt-Symposiums ist, dass es diesseits und jenseits des Atlantiks ein überaus großes publizistisches Echo fand. Dies ist auch auf Ihr persönliches Engagement, ihren aktiven Einsatz für uns und die gute Sache zurückzuführen. Dafür sage ich Ihnen im Namen der NRZ-Delegation ein Herzliches Danke, ausdrücklich auch im Namen unseres Chefredakteurs Feddersen. Wir sind sicher, auf diesem Forum positive Anstöße für eine aktive Umweltpolitik gegeben zu haben, die letztlich nicht nur Brasilien und Deutschland, sondern allen Völkern auf dem Planeten nutzt. Dies ist, lieber Herr Dr. Bohnet, auch Ihr Verdienst.“

Soweit der lobhudelnde Brief.

Reise mit Entwicklungsminister Spranger nach Kenia, Tansania und Simbabwe

Vom 06.–10.04.1991 begleitete ich **Bundesminister Spranger auf seiner Reise nach Kenia, Tansania und Simbabwe**. Es war die erste Reise des BMZ nach der Deutschen Einheit. Mit dabei waren aus dem BMZ Herr Schweiger, aus dem Auswärtigen Amt Gräfin Stachwitz und aus dem BMZ noch Herr Oehler und Herr Killinger.

Tansania besuchten wir vom 06.04.-10.04. Hier erinnere ich mich noch an den Besuch des deutschen Soldatenfriedhofes in **Bagamoyo**. Bagamoyo war die ehemalige Hauptstadt von Deutsch-Ostafrika. Gespräche gab es z.B. mit dem evangelischen Bischof von Daressalam und mit dem **Präsident von Tansania Mwiny**i. In Tansania wurde besonders die positive Vermittlerrolle der Bundesrepublik gewürdigt, die entscheidend dazu beigetragen hat, dass das mit Unterstützung des IWF eingeleitete Reformprogramm erste Erfolge gezeitigt hat. Außerdem spielen in Tansania wie bekannt die Kirchen eine große Rolle, auch unterstützt durch die Bundesrepublik Deutschland.

In **Kenia** hat mich beeindruckt, mit welcher Klarheit Bundesminister Spranger gegenüber **Präsident Moi** aufgetreten ist. Er hat dort massiv

Menschenrechtsverletzungen in Kenia angesprochen und gerügt und eine Liste konkreter Fälle überreicht, die wir vorher zusammengestellt hatten. Als Ergebnis wurde einige Tage später, am 12.04. Charles Rubia, der frühere Minister und Bürgermeister von Nairobi aus der Haft entlassen. Stille Diplomatie kann Früchte tragen.

In **Simbabwe i**st mir unvergessen, wie beim offiziellen Abendessen mit **Präsident Mugabe** Spranger ebenfalls einen Brief mit den **politischen Gefangenen** in Simbabwe überreicht hat. Mugabe warf darauf einen Blick, und fortan wurde am Tisch kein Wort mehr gesprochen, nicht von der simbabwischen Delegation und logischerweise auch nicht mehr von der deutschen Delegation. Man kaute wortlos auf seinen Hühnerschenkelkeulen herum, ein gespenstisches Abendessen.

Eine wichtige Rolle spielt in Simbabwe der Botschafter Kilian, der es auch ermöglichte, dass wir in die The Great Simbabwe Ruines besichtigen konnten. Spranger lobte – nach seiner Menschenrechtskritik – Simbabwe vornehmlich das Reformprogramm, dass durch den klugen Finanzminister Chidzero mitinitiiert worden ist. Ein Mann mit extrem hoher Intelligenz.

Info-Tour des BMZ durch Deutschland

Ende August und Anfang September fand eine **große Info-Tour des BMZ durch Deutschland statt mit dem Thema „Verantwortung für die Eine Welt".** Am 25. August war die große Auftaktveranstaltung in Baden Baden, die moderiert wurde von **Dieter Thomas Heck.** Dabei gab es ein Interview mit Carl-Dieter Spranger, mir, Helga Henseler-Barzel und weiteren Experten. Musikalisch wurde das große Event begleitet von Drafi Deutscher und Bill Ramsey. Bei der Deutschland-Tour wirkte ich auch mit am 28.08. auf dem Bonner Rathausplatz, am 05.09. in Cottbus auf dem Schloss-Kirchenplatz und am 06.09. eröffnete ich die BMZ-Wanderausstellung in Dresden zusammen mit **Ministerpräsident Biedenkopf.**

Bei den vielen Diskussion mit den Bürgern wurde am häufigsten diskutiert: Arbeitsmöglichkeiten im BMZ, globale Probleme und das Schicksal der Ex-DDR-Projekte. Generell reagierten aber die Zuhörer unserer Veranstaltung sehr zurückhaltend, meistens gelangweilt mit einer Bierflasche in der Hand: Denn unser ganzes Konzept war zu statisch organisiert, zu wenig Aktion, am besten noch fand ich den Spruch, der uns einfiel „Wir sind ein Volk, aber nicht das Einzige".

Fotos 1991

Brasilianische Umweltkonferenz und Besuch des Tropenwaldes
Brasilien
19. - 27. März 1991

Baum- und
Dschungelhotel Ariau
am Zusammenfluß des
Solimoes River und des
Negro Rivers

Hoteleingang

Oberster
Stock
Tarzan's
House

Bohnet und Affe

Hotelausgang

**Reise mit Bundesminister Spranger nach Kenia, Tansania, Zimbabwe
6.-10.1991**

Kenia

Zimbabwe

Spranger Bohnet

Info- Tour Entwicklungspolitik 25.August 1991

Süd- West -Funk mit Dieter Thomas Heck

und Bundesminister Spranger Kurpark Baden- Baden

1992

Rio Konferenz: erste Nord-Südkonferenz in der Geschichte der Menschheit mit konkreten Ergebnissen: Klimakonvention, Artenvielfaltkonvention

Kinderkonferenz in Senegal: sinnlos, aber innovative Projekte

Das Jahr 1991 begann dramatisch. Der **Staatssekretär Lengl** wurde von Minister Spranger im Januar 1992 **gefeuert,** das heißt konkret entlassen, und ersetzt durch Staatssekretär Härdtl. Das war insofern eine Freude, da ich ja den Inspektionsbericht über Namibia geschrieben hatte, in dem ich kritisierte, dass Lengl seinen Architekten Mayer direkt ohne Ausschreibung in Windhoek zum Bau der Berufsschule eingesetzt hatte. Außerdem war Lengl ein umstrittener Mann. Im BMZ gab es den Spruch „LLC = Lengl Loved Countries", zu denen auch Kongo und Togo gehörten. Lengl war ein Vertrauter von Franz-Josef Strauß.

Konferenz Umwelt und Entwicklung in Rio, Brasilien

Vom 03.06.-12.06. fand die berühmte **Weltkonferenz für Umwelt und Entwicklung in Rio de Janeiro in Brasilien** statt. Zur deutschen Delegation gehörten **Bundeskanzler Kohl,** der sich in seiner Rede nachdrücklich für eine Waldinitiative aussprach, aber gleichzeitig auf die Verantwortung Deutschlands hinwies, die darbenden Länder Ost- und Südost-Europas zu unterstützen. Außerdem hat er sich positiv zur Frage des Schuldenerlasses ausgesprochen. Der eigentliche Kernverhandler aus deutscher Seite war Umweltminister Professor **Töpfer,** der unterstützt wurde von Staatssekretär Repnik aus dem BMZ, dem Ministerialdirektor Vogel aus dem BMU, der klugen Frau Quennet, ebenfalls aus dem BMU sowie mir und dem aktiven Schipulle aus dem BMZ, der die Konferenz vorzüglich vorbereitet hatte, zusammen mit der nettenFrau Kürzinger.

Der Rio-Gipfel war Endpunkt eines über zweijährigen Vorverhandlungsprozesses, der auf vielen Ebenen zwischen Experten und Regierungsvertretern und Nichtregierungsorganisationen stattfand. UNCED (United Nationes Conference for

Environment and Development), war der erste umfassende Nord-Süd-Gipfel in der Geschichte der Menschheit mit der bisher größten Beteiligung. 178 Regierungen nahmen teil. Lediglich der Cancun-Gipfel im Jahre 1979 hatte ähnliche Bedeutung. Am Rio-Gipfel nahmen über 100 Staats- und Regierungschefs teil, neben **Bundeskanzler Kohl** z.B. auch der japanische Ministerpräsident Mijazawa Kiichi, der französische Präsident Mitterand, der britische Premierminister Major, der **Präsident von Brasilien Collor, Präsident Bush** von den Vereinigten Staaten und **Fidel Castro aus Kuba.** Konkrete Ergebnisse des Rio-Gipfels waren die **Verabschiedung der Agenda 21, der Klimakonvention, der Konvention zum Schutz der Artenvielfalt und eine Walderklärung** sowie der Beginn der Verhandlungen über eine Wüstenkonvention..

Bei der Umweltkonferenz in Rio war meine Rolle relativ bescheiden. Ich irrte herum zwischen dem Hotel Intercontinental, dem Rio-Konferenz-Zentrum und dem Zentrum des Globalen Forums. Wir nahmen an verschiedenen Arbeitsgruppen teil, notierten den jeweiligen Verhandlungsstand und eilten mit unseren Zetteln zum Delegationsbüro, um sie Professor Töpfer auszuhändigen. Alles war geprägt durch ein gewisses sinnloses Chaosgetue, viel Aufgeregtheit und verknüpft mit wenig Effizienz. Mammutkonferenzen mit Tausenden von Teilnehmern sind sinnlos. Vor allem die **Rolle der Nichtregierungsorganisationen ist kritisch zu betrachten**. Sie hatten nirgends mit zu verhandeln, sondern agierten vornehmlich in den Gängen und vor den Verhandlungssälen, um permanent – oft verzerrte oder falsche – Interviews für Fernsehen und Rundfunkanstalten zu geben. Dass Konferenzen Kompromisse erfordern, davon hatten sie wenig Ahnung. Sie schlugen die deutsche Regierung genüsslich in die Pfanne.

Konferenz über afrikanische Kinder Senegal

Vom 24.11.-04.12.1992 war ich im **Senegal,** um an der **Konferenz über afrikanische Kinder** teilzunehmen, sowie **Projektbesuche** im Senegal zu absolvieren.

Im Folgenden gebe ich einige kleine Geschichten aus meinem persönlichen Tagebuch wieder:

„24.11.: In Dakar wurde ich von **Botschafter Fischer-Dieskau** abgeholt. Er ist der Bruder des berühmten Sängers Dieskau. Ebenfalls dabei war der Kulturreferent Mössinger (Legationsrat 1. Klasse). Fahrt zum Hotel Präsident Meridion, ein riesiger Komplex mit arabischem Einfluss, ein Geschenk des saudi-arabischen Königs. In der Kuppel unter Glas steht ein Boabab. Unter Qualen einen Delegationsausweis besorgen lassen.

25.11.: Die Konferenz wurde feierlich eröffnet durch **Präsident Diouf,** Präsident des Senegals, ein Riesenkerl so wie viele extrem Hochgewachsene im Senegal. Ein Kinderchor (im schönsten gelb) singt. Dramatische Reden halten Mugabe (Präsident von Simbabwe) und Grant von UNICEF. Das Makabere ist der Aufwand dieser Konferenz im Angesicht der eigentlichen Realität des afrikanischen Kindes. Es gibt einen prächtigen Konferenzsaal, der so teuer ist, dass die Deutschen ihn sich nie leisten könnten. Abends wurden wir mit Reisebussen zum Nationaltheater gebracht, neben mir saß verschüchtert eine Ministerin aus Mosambik. Afrikanische Sänger aus Mauretanien, Liberia, Senegal, Cap Verde, Guinea Bisseau und Kamerun sangen hinreißend. Besonders schön die Liberianerinnen und die Mauretanierinnen. Da Theater war extrem stickig mit entsprechendem Geruch. Wir erstickten fast trotz des schönen Gesangs..

28.11.: Zur **Insel Goree** gefahren (Überfahrt 20 Minuten). Ich erinnere mich so gut wie an nichts mehr, war ich doch vor etlichen Jahren schon mal auf dieser Insel gewesen. Wir besichtigten die alten Kanonen, die die **Vichy-Regierung i**m Jahre 1940 gegen de Gaulle in Stellung brachte. De Gaulle hat Dakar erst 1944 unter seine Schirmherrschaft gebracht. Wir trafen eine Französin, die mit einem Afrikaner verheiratet war und in einem Steinloch lebte. Sie lebte dort wie auf Kreta, und zwar mehr als schrecklich in völliger Primitivität.

Wir besuchten das historische Museum, in dem die schreckliche Zeichnungen über den **Sklaventransport nach Amerika** und die Berechnung der Sklaven zu sehen war. Alles erinnert ein wenig an Ausschwitz. Das heißt: Man hat die Sklaven und deren Platz im Boot genau berechnet, auf dem sie letztlich wie Vieh zusammengepfercht worden waren.

30.11.: Wir fuhren zum **Photovoltaik-Projekt** südlich von Dakar. Es arbeitet mit photovoltaischen Pumpen und unterstützt katholische Nonnen und eine „Dispensaire Mini-Central", der sie Strom liefert.

Wir besuchten auch das Dorf, in dem 40 Paneelen angebracht sind, die das gesamte Dorf mit Strom versorgen. Alles funktioniert gut. Es ist aber extrem teuer.

01.12.: Deprimierende Fahrt durch die Spontansiedlungen von Dakar. Mit einem „Four Wheel Drive" in Gebiete gefahren, in denen es weder Wasser noch Elektrizität gibt. Am Rande von Dakar nahm vor unseren Augen das Militär Leute fest, die gerade damit begonnen hatten; ein Steinhaus zu bauen. In Dakar herrscht absolute Willkür. In der Siedlung Dalifort haben wir **„sanierte Slums"** besichtigt. Ein beeindruckendes Projekt mit 3 Führerkategorien: Die Imans, die religiösen Führer, die Notablen und Stammesführer sowie die demokratischen Führer. Ich besichtigte einen Versammlungsraum und eine Schule und hielt die übliche Rede. Ein Notabler war vor 2 Stunden gestorben, wir haben, was üblich ist, sein Haus besucht und kondoliert. Alles war sehr bewegend. Hier stirbt keiner einsam, wenn auch arm (die Senegalesen sprechen von der Würde der Armut).

02.12.: Bei der Botschaft treffe ich den **Kanzler Weber,** er stammt aus **Freudenstadt.** Er ist Jahrgang 1935. Wir sprechen lang über Peter Grossbach, den Bildhauer aus Freudenstadt und Bruder meines Freundes Ulli Grossbach. Anschließend besuchen wir den Handwerkermarkt. Ich kaufe für Heidi eine Tasche und Sandalen. Heidi kann ich mir in Sandalen gar nicht vorstellen. Wir werden sehen.

Fazit:

Die Konferenz war relativ sinnlos, das BMZ-Projekt „Erprobung und Vorbereitung photovoltaischer Solaranlagen" vernünftig, obwohl an der Grenze der Wirtschaftlichkeit. Das Projekt „Stadtsanierung Senegal" ist vorzüglich. In dem Barackengebiet Dalifort am Rande von Dakar wurde in konfliktreichen Beratungen zusammen mit den illegalen Zuwanderern und dem Wohnungsbauministerium sowie der GTZ ein neuartiges Sanierungskonzept erarbeitet. Das Projekt kann als erfolgreich bezeichnet werden, da inzwischen weitere Stadtteile in Dakar den Ansatz übernommen haben.

Fotos 1992

Rio Konferenz Umwelt und Entwicklung Juni 1992

1993

Madagaskar: ein abgeholztes Land mit großer Geschichte und Grabkultur

Erfolgreiche Familienplanung in Indonesien

Reise nach Madagaskar (Sektorkonsultationen und Projektbesuche)

Vom 04.01. -16.01.1993 war ich in **Madagaskar**. Ziel der Reise waren **Sektorkonsultationen mit Madagaskar und Projektbesuche**.

Im Folgenden wieder ein paar Ausschnitte aus meinem Tagebuch

05.01.: Ankunft in Antananarivo nach einem Flug von 17 ½ Stunden mit Zwischenlandungen in Lusaka (Sambia) und Lilongwe (Malawi) .. Beim Anflug fiel mir bereits die hohe Abholzungsrate im Hochland von Madagaskar auf. Die Stadt Tana (Abkürzung **Antananarivo**) war viel weniger afrikanisch als ich es erwartet hatte. Es gab viele zweistöckige traditionelle Häuser. Die Stadt ist hügelig und eingebettet in Reisterrassen.

06.01.: Ich machte offiziell eine **Tropenwaldzusage in Höhe von 6,5 Mio.** für die madagassische Regierung. Feierlicher Akt. Entscheidend war der madagassische Staatssekretär, er ist der starke Mann in der Regierung. Hier fiel mir die Höflichkeit auf, das Bedanken für die Kooperation und das ständige Wünschen von „Bonne annee". In Madagaskar wünscht man auch ständig der Familie alles Gute, ohne dass man weiß, ob jemand überhaupt eine Familie hat.

08.01.: Nachmittags zum **Rova, einem Palastkomplex der Merina-Fürsten**. Die meisten Bauwerke stammen aus dem 19. Jahrhundert, lediglich das schwarze Gebäude aus der Zeit des Königs Andrianjake (1616-1630) ist älter. Deren Eingangstore werden von einem Großadler geschmückt. Der Doppelpalast stammt von der bösen **Königin Ranavalona, die 1839 ihren bösen Blick anwendete,** um so die französischen und englischen Christen zu verfolgen. Der böse Blick spielt in Madagaskar eine große Rolle, nicht nur der der Königin. Beeindruckend ist der Mittelpfeiler des Gebäudes, der aus Holz ist (Palisander) und angeblich von 10.000 Sklaven aus dem Hochland herbeigeschafft wurde.

Ich wurde das erste Mal mit der **Grabkultur Madagaskars** konfrontiert, den schönen Königsgräbern, vor allem beeindruckte mich das verzierte Grab der Königin Andrianampoinimerina (wer kennt auf der Welt einen längeren Namen? Bitte melden). Im alten Palast befinden sich die Betten 2 Meter über dem Erdboden, da man sich vor Attentätern fürchtete. Schön ist auch das Menampisoa, eine schöne Balistrade mit europäischen Gemälden und Gegenständen, die ein wenig an das Schloss von Herrn Spinat im Siebengebirge erinnern. Dazu kam noch eine Kirche im neuromanischen Stil, von einem englischen Architekt gebaut und das mitten in Madagaskar. Fassungslos stehe ich vor diesem neuromanischen Kitschwerk.

Auf der Rückfahrt fuhr ich noch an der Kathedrale vorbei mit Bildern von Christen, die man den Berg hinunter geworfen und dort gesteinigt hatte.

Stets wird man von bettelnden Kindern angehauen. Alles ist extrem eng und bedrückend.

09.01.: Fahrt nach **Ambolimanga,** den Ort der blauen Hügel. Die Kultur der Häuser zeichnet sich durch große Mauern aus, die fast so groß sind wie die Berliner Mauer. Sie dienten dem Schutz der reichen Bewohner vor Dieben. Aber noch beeindruckender und schöner als die Häuser sind die Gräber. Nach einigen Jahren werden die **Toten neu „gewendet"**, das heißt durchs Dorf getragen und neu gewickelt und die Kinder erzählen den Toten alles Neue aus dem Dorf. Im einem Grab ruhen bis zu 50 Personen. Jeder ist genau über die Familie informiert und zwar weiß man zurückgehend bis zum Jahre 1700 Bescheid., z.B. welchen Charakter der Urgroßvater hatte. Nicht im Familiengrab beerdigt zu werden, ist schlimmer als der Tod selbst.

Im Palast sahen wir auch den „Stecken" auf denen der König nach oben floh, um sich **vor Besuchern zu verstecken.** Er lauschte und wenn in dem Gespräch, das die Königin mit dem Besucher führte, alles ok war, kam er aus seinem Versteck herunter, um zu dokumentierten, dass er der größte und höchste ist, der zu den anderen absteige.

Dann fuhren wir zum botanischen Garten und haben die berühmten **Lemuren** gesehen, schön wie sie auf kleinen Inseln leben ohne Zäune. Abends habe ich mit Herrn Christenn aus dem BMZ ein Gespräch über die Geschichte Madagaskars geführt zusammen mit Madagassen, vor allem über die Herkunft der Vazimbas, der Ureinwohner Madagaskars, die mit Schiff aus Indonesien oder Malaysia nach Madagaskar gekommen sind. Unter Hitler war auch geplant, die Juden auf Madagaskar anzusiedeln.

10.01.: Wir fuhren das Mandraketal mit seiner schönen schlängeligen Eisenbahn hinunter und den verträumen Bahnstationen. Es sieht alles aus wie das Murgtal im Schwarzwald. Wäre was für Max gewesen. Ich bestand darauf, die **versunkene Industriestadt von Jean Laborde** ausfindig zu machen, der 1833 Hochöfen und Gießereien ohne Vorkenntnisse errichten ließ. Zwei reizende Mädchen zeigen uns das Haus von Laborde, sein Grab und auch die Reste des Hochofens. Jean Laborde wurde dann anschließend von Ranavalona, der Königin mit dem berühmten bösen Blick vertrieben. Ständig dachte ich an Marquardt, meinen früheren Chef am IFO-Institut, dessen Lieblingsland Madagaskar war und der einen Aufsatz über diese versunkene Stadt geschrieben hatte.

12.01.: Das **TZ-Fortprojekt** besucht. Die entsprechende Expertengruppe war multikulturell zusammengesetzt: Indonesisch, malaysisch, chinesisch, deutsch, afrikanisch und arabisch und vertrug sich vorzüglich.

13.01.: Was mich vor allem wundert, der Wald besteht meist aus Aufforstungen, aber ohne jegliches Getier. Tiere sind nicht existent.

Madagaskar ist ein Land ohne Einsamkeit, eigentlich heil und ein Land, in dem die Grundbedürfnisse einigermaßen befriedigt werden. Deprimierend ist die kahle Landschaft ohne Wald. Insgesamt beschleicht mich bei dem Forstprojekt ein Gefühl der Vergeblichkeit der Projektaktivitäten. Alles bleibt punktuell und rudimentär. Hinreißend ist die Fröhlichkeit der Madagassen und ihr Humor. Er ist häufig selbstironisch und nach innen gerichtet.

15.01.: Zu Marche Artisanal gefahren und Palisanderbilder gekauft und eine Vanille-Schachtel aus Holz- Steinen gekauft, Blumengeschenke und Palisanderschachteln en masse. Hoffentlich freut es die Lieben daheim. Meine Söhne Hans und Max können vor allem mit den vielen Schachteln bauen und Verbindungen machen.

Rückflug nach Deutschland über Moroni (auf den Komoren).

Fazit: Die **Tropenwaldzusage ist vernünftig,** doch bleibt das Forstprojekt zu rudimentär angesichts der gesamten Abholzungsrate Madagaskars. Das AIDS-Projekt, das wir ebenfalls besuchten, funktioniert gut. Madagaskar ist fast AIDS-frei. Das ebenfalls inspizierte Schulbuch-Projekt leistet einen vernünftigen Beitrag zum Bildungswesen Madagask

Reise nach Bali, Indonesien (Bevölkerungskonferenz)

Vom 09.-13.11. nahm ich in **Bali, Indonesien** an dem Indonesian Ministerial Meeting on **Population of the Non-Aligned Movement** in Nusa Dua teil. Dieses Treffen war ein Vorbereitungstreffen der blockfreien Staaten zur Weltbevölkerungskonferenz, die im Jahr darauf in Kairo stattfinden sollte. Präsident Suharto lobte insbesondere die Vorreiterrolle Indonesiens, denn Indonesien ist führend bei der Umsetzung der Familienplanung. Aber Indonesien ist nicht nur hervorstechend bei der Bekämpfung des Bevölkerungswachstums, sondern Indonesien betont auch die Bewahrung der Familie als Ort der Liebe und als Ort, in dem vor allem auf die Alten geachtet wird und als Ort, in dem die religiösen Fragen noch eine große Rolle spielen. Man muss dazu wissen, dass Bali etwa 94 % hinduistisch ist. Es wurde darauf hingewiesen, dass in der Familienplanung in vielen asiatischen Ländern große Erfolge erzielt wurden, so u.a. in der Volksrepublik China, Korea, Thailand, Indonesien und Malaysia. Auch werden in diesen Ländern mehr Kontrazeptiva hergestellt im Vergleich zur Produktion in Industrieländern. In dem Schlussdokument wird auch betont, dass die Präferenz für Söhne aufzugeben sei und Söhne und Töchter gleiche Wertschätzung einzuräumen sei. Für diesen Kreis von religiös geprägten Ländern eine sensationelle Formulierung.

Fazit der Jahre Mai 1990-1993:

Im Zentrum der Jahre 1990-1993 stand die Tropenwaldproblematik (3 Brasilien-Reisen, 1 Madagaskar-Reise). Positiv zu vermerken ist, dass die Abholzungsrate im Amazonas in dieser Zeit verringert werden konnte, die Abholzung Mdagaskars ist dagegen deprimierend.

Die Konferenz Umwelt und Entwicklung in Rio hat die Klimakonvention, die Konvention zum Schutz der Artenvielfalt und die Wüstenkonvention völkerrechtlich verbindlich auf den Weg gebracht.

Die Bevölkerungskonferenz in Indonesien dokumentierte, dass Familienplanung umgesetzt werden kann. Besonders erfolgreich war dabei Indonesien.

Die Konferenz über afrikanische Kinder im Senegal war relativ sinnlos.

Die Regierungsgespräche, die Minister Spranger in Kenia, Tansania und Simbabwe führte, machten deutlich, dass mit Härte angesprochene Menschenrechtsverletzungen auch Erfolge zeitigen können. In Kenia wurden z.B. politische Gefangene nach unserem Besuch entlassen, nachdem wir Namenslisten übergeben hatten.

1990 wurde ich Leiter der Sektorabteilung des BMZ und beriet überdies Bundesminiaster Warnke in DDR- Fragen.

Fotos 1993

Sektorkonsultationen

Madagaskar

14. - 16. Januar 1993

Hauptstadt
Antananarivo

Palast
der Königin
Ronavabona
1839

114

Fahrt nach Ambohimanga

Ambohimanga

Stadttor von Ambohimanga

Ritueller Steinplatz,
mit Blut beschmiert

Lemuren

Haus von Jean Laborde

Grab von Jean Laborde

Indonesien / Bali , 11-13.11.1993
Konferenz der Blockfreinen zur Vorbereitung der
Weltbevölkerungskonferenz

MINISTERIAL MEETING
ON POPULATION OF THE NON-ALIGNED MOVEMENT
Bali, Indonesia, November 11 - 13, 1993

1994 - 1996

Weltkonferenzen sind keine Papiertiger

kleine Inselstaaten, Barbados

Weltaidskongreß Yokohama, Japan

Weltbevölkerungskonferenz, Kairo

Weltsozialgipfel Kopenhagen

Weltfrauenkonferenz Peking

Weltstädtegipfel Türkei

Welternährungsgipfel Rom

Bangladesh: politisch zerstritten

Philippinen: Vom Vulkan Pinatubu geschädigt

Regierungsgespräche Bangladesh, Philippinen

1994

Weltkonferenzen

Barbados Konferenz Inselstaaten:Verabschiedung eines konkreten Aktionprogramms

Aids-Kongreß Japan: Keine Hoffung auf einen Impfstoff

Kairo- Konferenz: Harte Auseinandersetzungen über Familienplanung

UN-Conference on the Sustainable Development of Small Island Developing States

Vom 23.04.–14.05.1994 nahm ich als Delegierter an der „**UN-Konferenz on the Sustainable Devolopment of Small Island Developing States" in Barbados** teil. Anbei wieder einige kleinere Elemente aus meinem Tagebuch:

24.04.: Flug nach Bridgetown, Barbados. Wir wurden in Bridgetown von Herrn Lehmann, dem Honorarkonsul, abgeholt, ein Mensch, der nie schweigt. Herr Lehmann erzählt vor allem, dass die Flugzeuge, die von Deutschland nach Barbados fliegen, leere Särge hätten, die er dann als Honorarkonsul in Barbados „füllen müsste" mit den in Barbados gestorbenen deutschen Touristen, damit sie ihre Heimreise per Flugzeug wieder antreten könnten.

25.04.: Eröffnung der Konferenz durch Generalsekretär Boutros-Ghali. Es folgten Tänze, die die zusammengebrochene Kultur der Inselstaaten zeigen sollten. Es waren Tänze mit indianischem Einfluss, jamaikanischem Einfluss, französischem Einfluss, spanischem und afrikanischem Einfluss. Die Tänze demonstrierten die

Nicht-Existenz einer eigenständigen Kultur in Barbados.

Die Konferenz wurde von Herrn Christmann aus dem BMZ vorzüglich vorbereitet.

Ich möchte meine Eindrücke über Barbados zusammenfassen: Ich habe noch nie zuvor ein Land gesehen, dessen schwarze Bevölkerung (93 %) ein solch hohen Lebensstandard erlangt hat (6.000 Dollar per capita). Keiner ist arm und hungrig, alle haben ein kleines hübsches Holzhäuschen und ein Auto. Der Schlüssel zum Erfolg scheint in der Bildung zu liegen (98 % Alphabeten). Die Läden sind sauber, ebenso die Straßen, alles wohlhabend und fast homogen. Hier sind die Schwarzen wirklich besser dran als in Amerika.

.

08.05.: Trotz hoher Brandung gebadet und zu schwimmen versucht, doch vergeblich, da die Wellen zu hoch waren. Ich habe mir einen mords Sonnenbrand eingefangen. Es war der erste Tag, an dem ich allein sein konnte. Ich habe Heidi zum Muttertag angerufen, auch mit Hans gesprochen. Erfreut über die Stimmen aus der Heimat.

Zum Inhalt und zum Ergebnis der Konferenz:

Unter fachlicher Federführung des BMZ fand vom 25.04.-07.05.1994 in Barbados die erste Folge-Konferenz von Rio statt. Sie befasste sich mit der nachhaltigen Entwicklung der kleinen sich entwickelnden Inselstaaten. Die kleinen Inselstaaten in Afrika, der Karibik und Ozeanien umfassen 40 Staaten und Territorien. Die Gesamtbevölkerung der kleinen Inselstaaten beträgt 43 Millionen. Bevölkerungsreichster Staat ist Kuba mit 11 Millionen, kleinstes Territorium ist Niue mit 2.000 Einwohnern.

Die kleinen Inselstaaten zeichnen sich durch ökologische Verletzlichkeit, aber auch durch ökonomische Labilität (Schwankungen des BSP bis zu 30 % innerhalb eines Jahres) aus. Sie sind bedroht durch Umweltkatastrophen, was bereits dazu geführt hat, dass sich die Versicherungen zurückziehen bzw. die Versicherungsprämien in verschiedenen Ländern im letzten Jahr um 100 % angestiegen sind.

Auf der Konferenz wurde eine **Aktionsprogramm** verabschiedet, dass die spezifischen Probleme der kleinen Inselstaaten behandelt: Klimaveränderungen und Anstieg des Meeresspiegels, Natur- und Umweltkatastrophen, Abfallbelastung, Zerstörung der Küsten, Erschöpfung der Trinkwasserressourcen, Bedrohung der Artenvielfalt und Gefahren durch Tourismus. Auf deutsche Initiative wurde in dem Programm die wichtige Rolle der Nichtregierungsorganisationen verankert. Verabschiedet wurde auch die **„Barbados-Deklaration",** die die Bewahrung des kulturellen Erbes der kleinen Inselstaaten hervorhebt. Deutschland hat in den Jahren

1991 und 1992 die Inselstaaten mit 430 Millionen DM unterstützt. Wichtige Partnerländer sind u.a. Cap Verde, Papua Neuguinea und Jamaika sowie die überregionalen Organisationen der Karibik.

Staatspräsidenten bzw. Premierminister folgender Länder waren vertreten: Trinidad und Tobago, Bahamas, Nauru, Vanuata, Kuba, Kiribati, Mikronesien, Tonga, St. Kitts und Newis, St. Lucia, St. Vincent und die Grenadinen sowie Niue. Prominentester Redner war Fidel Castro, der für seine im Ton gemäßigte, im Inhalt aber aggressive Rede viel Beifall erhielt.

Ernennung zum Professor an der Universität Duisburg

Am 24.06. wurde mir an der **Universität Duisburg die Urkunde zum außerplanmäßigen Professor** überreicht. In meiner kleinen Dankesrede führte ich u.a. aus: „Magnifizenz, lieber Herr Born, liebe Kollegen.

Für die Überreichung der Urkunde zur Ernennung zum außerplanmäßigen Professor danke ich Ihnen sehr. Nun fühle ich mich Ihnen richtig zugehörig. Als sparsamer Schwabe habe ich darum geben, dass die Feier im kleinen Raum stattfindet, denn wir in Württemberg sagen: Das Geld kann man nur einmal ausgeben.

Ich möchte die Gelegenheit des heutigen Tages nutzen, um sich sehr herzlich bei Ihnen, Herr Prof. Heiduk, zu bedanken. Sie haben den Entstehungsprozess meiner Habilitationsschrift stets konstruktiv-kritisch begleitet. Und manchmal ging es ja zu wie bei der Echternacher Springprozession: 2 Schritte vor, 1 Schritt zurück. Bedanken möchte ich mich auch bei Herrn Prof. Cassel, auch sein kritischer Rat hat mir stets geholfen.

Ich wäre jedoch nicht bei der Universität Duisburg, gäbe es nicht den Fachbereit 1. 1980 traf ich während einer Bahnfahrt Herrn Nuscheler, der mir sagte „Herr Bohnet, Sie sind ein Mann der Praxis, Sie müssen unseren Studenten erzählen, wie das richtige Leben aussieht." Sie werden verstehen, diesem Drängen konnte ich mich nicht entziehen. Herr Nuscheler ist heute in Berlin und kann nicht hier sein. Deshalb freue ich mich umso mehr über die Anwesenheit von Herrn Meyns. Wir haben etliche gemeinsame Prüfungen abgenommen und uns verbindet die Fröhlichkeit gemeinsamer Heimfahrten mit der Bahn von Duisburg nach Köln bzw. Bonn.

Lassen Sie mich kurz das Unerklärliche erklären, was bringt einen hart im Berufsleben stehenden Ministerialen aus Bonn dazu, seit 14 Jahren Lehrveranstaltungen an der Universität Duisburg abzuhalten. 2 Gründe waren es:

a. Die heimliche Liebe zur Lehre, gekoppelt mit dem Gefühl der Exklusivität, jeweils freitags um 17 Uhr eine ruhige und beschauliche leere Universität anzutreffen, in der sich zwischen 17 und 20 Uhr freiwillig noch einige Studenten versammelten, um ein Seminar zu besuchen.

b:-.Die Faszination der Verflechtung von Wissenschaft und Politik. Ich war immer ein Grenzgänger. Während meiner Tätigkeit im BMZ bestand ich auf der Holschuld. Ich warb dafür, dass Politik und die Exekutive die verdammte Pflicht hätten, sich die wissenschaftlichen Ergebnisse zu holen. Es gelang über die Jahre, zahlreiche wissenschaftliche Erkenntnisse aus der Entwicklungsforschung in die deutsche Entwicklungspolitik zu übertragen. Doch zur Holschuld gehört auch die Bringschuld. Ich fühlte mich deshalb auch verpflichtet, das praktische Wissen an die Studenten wieder zurück zu vermitteln und insbesondere ein Verständnis zu wecken für den effektiv vorhandenen Handlungsspielraum politischer Entscheidungen und vor allem für die Interessenlage der Entscheidungsträger, deren Kenntnis letztlich dafür ausschlaggebend ist, ob wissenschaftliche Empfehlungen in die Praxis einfließen oder nicht. Überdies hat mir die Lehre Spaß gemacht, da die unkonventionellen Fragen der Studenten eine Art Gegenwelt darstellen zu ritualisierten politischen Verhandlungsmechanismen auf nationaler und internationaler Ebene. Besonders bedanke möchte ich mich auch bei meiner Frau Heidi, die immer ertrug, dass ich Freitagabend nicht gemütlich zu Hause saß, sondern in Duisburg Seminare gab."

Welt-AIDS-Kongress in Yokohama, Japan

Vom 06.08.-18.08. war ich in **Japan, um am World AIDS Kongress in Yokohama teilzunehmen.** Im Folgenden gebe ich einige kleine Passagen aus meinem Tagebuch wieder:

Ich höre zu Beginn einen Vortrag „The Sexual behaviour of Inhabitents of Cemetries in Kairo". Der Vortrag hat eine absurde Botschaft: Die HIV-Rate sei höher, da die Bevölkerungsdichte auf Friedhöfen, in denen die armen Menschen in Kairo lebten, extrem hoch sei.

Besonders beeindruckend die HIV-angesteckten Herren aus Mexiko und Thailand, Sie berichten, dass sie aus ihren Familien ausgestoßen worden seien und sich nun allein durchs Leben schlagen müssten.

10.08.: Beeindruckend war ich von der Liebe der Hinterbliebenen von AIDS-Toten, überall gab es Fotos von 20-jährigen AIDS-Toten.

Die Vielzahl der Schwulen und Lesben finde ich bedrückend. Eine fröhlich-traurige Gesellschaft, viele davon mit dem sog. Todesengel auf der Stirn.

Zum Inhalt des Kongresses und den Ergebnissen: Der Kongress befasste sich mit dem Stand der wissenschaftlichen Forschung sowie mit der wachsenden AIDS-Problematik Asiens. Es nahmen 10.000 Personen aus 140 Ländern teil, vornehmlich Ärzte, Wissenschaftler, NGO-Vertreter und HIV-Infizierte. Die Teilnahme einer Vielzahl von HIV-infizierten AIDS-Kranken schuf emotionale Betroffenheit, die teilweise die Grenze psychosozialer Erträglichkeit überschritt.

Derzeit sind 17 Mio. Menschen HIV infiziert. Im Jahre 2000 erwartet man 30-40 Mio. HIV-Infizierte.

Medizinischer Diskussionsstand: **Derzeit besteht weder Hoffnung auf einen Impfstoff, noch auf eine medikamentöse Behandlungsmethode.** Das hängt mit der Variabilität des Virus zusammen. In kürzester Zeit passt sich der Virus neuen Bedingungen an, d.h. er entwickelt Resistenzen. Angesichts der hohen Variabilität zweifeln einige Wissenschaftler ohnehin an der Machbarkeit eines funktionsfähigen Impfstoffes. Lediglich das Medikament AZT vermitteln eine gewisse Hoffnung. Man hofft die Überlebenszeit jener, die bei denen AIDS ausgebrochen ist, um 2-4 Jahre zu erhöhen. Da mittel- bzw. langfristig weder ein wirksames Arzneimittel noch eine wirksame Schutzimpfung zur Verfügung stehen wird, rückt die Prävention in den Vordergrund.

Konsequenzen für die BMZ-Politik: Wir führen derzeit in 15 Ländern AIDS-Projekte durch,vornehmlich Präventionsprojekte. Vielmehr kann man nicht machen.

UN-Weltbevölkerungskonferenz in Kairo, die Affaire Höhn

Vom 05.–13.09.1994 fand in **Kairo die internationale Konferenz Bevölkerung und Entwicklung** statt. Prominente Teilnehmer waren Boutros-Ghali, der UN-Generalsekretär sowie El Gore, UN-Vizepräsident. Es nahmen 5.000 Delegierte teil, 7.000 NRO-Vertreter und 3.500 Journalisten. Eine Massenveranstaltung, unübersichtlich und von einer logistischen Absurdität geprägt.

Die deutsche Delegation wurde von Innenminister Kanther geleitet, sowie seinem Unterabteilungsleiter Rosen. Das „Basislager" im BMZ wurde von Blank geleitet. Für das BMZ in Kairo verhandelte ich. Ich war letztlich der Chefverhandler der Konferenz, gleichzeitig Sprecher der EU und zum Teil völlig überlastet und überfordert. Es gab massive Auseinandersetzungen während der Konferenz mit dem Vatikan und dem Iran über die Frage der Familienplanung. Diese beiden hatten eine **unheilige Allianz** eingegangen, ergänzt durch Libyen, Honduras, Nicaragua, Guatemala, Malta,

Marokko und Benin. Letztlich wurde ein Kompromiss erzielt, in dem der Vatikan zustimmte, den Verbrauch von Kondomen im Zusammenhang mit HIV/ AIDS zuzulassen.

Die wesentlichen Ergebnisse der Konferenz: Bei der Kairoer Weltbevölkerungskonferenz ist international das Verständnis gewachsen, dass ein nachhaltiger Entwicklungsprozess eine Stabilisierung der Weltbevölkerung erfordert. Der wichtigste Grundsatz ist, dass alle bevölkerungspolitischen Maßnahmen auf dem Prinzip der Freiwilligkeit beruhen und die Menschenwürde wahren. **Die Notwendigkeit der Familienplanung wurde weltweit gebilligt.** Jeder soll Zugang zu Familienplanungsdiensten haben. Abtreibung als Mittel der Familienplanung wurde ausgeschlossen.

In dem Kairo-Dokument wurde auf deutsche Initiative hin der autonome Status der nichtstaatlichen Organisationen im Süden fest geschrieben, gegen heftigen Widerstand vieler Entwicklungsländer, z.B. Indiens.

In Kairo handelte es sich um ein Aufeinandertreffen von vorwiegend auf individual- und Menschenrechten basierenden Wertvorstellungen der nördlichen Industriestaaten (vor allem der nordischen Staaten, Niederlande und USA) auf der einen Seite und religiös verwurzelten Überzeugungen verschiedener katholischer lateinamerikanischer und islam-geprägter Staaten auf der anderen Seite.

Deutschland hat sich bereit erklärt, 3 Mrd.Dollar für die nächsten 7 Jahre für Familienplanung zur Verfügung zu stellen. Im Jahre 1995, also bereits 1 Jahre nach Kairo, hat das BMZ Familienplanungsprojekte in 28 Ländern vereinbart: Malawi, Tansania, Burkina Faso, Äthiopien, Eritrea, Guinea, Kamerun, Kenia, Madagaskar, Mosambik, Uganda, Kap Verde, Niger, Philippinen, Vietnam, Kambodscha, Indien, Pakistan, Albanien, Bolivien, Honduras, Kolumbien, Paraguay, Peru, Jamaika, El Salvador und Dominikanische Republik.

Während der Weltbevölkerungskonferenz beherrschte die **Affaire Höhn** die deutsche Presse. Prof. Höhn, **Leiterin des Bundesinstituts für Bevölkerungsforschung** in Wiesbaden war Mitglied der deutschen Delegation. Sie hatte in einem Interview ausgeführt, dass „die durchschnittliche Intelligenz der Afrikaner niedriger sei als die anderer Völker". Sie berief sich dabei auf den Bevölkerungswissenschaftler Prof. Mackenroth, einer der früheren Leiter des Bundesinstituts für Bevölkerungsforschung. Höhn betonte, das Mackenroth u.a. den statistischen Nachweis von Intelligenzunterschieden bei einzelnen Völkern zu führen versucht habe und dies bei einer wissenschaftlichen Arbeit nicht unstatthaft sei. Sie persönlich, Frau Höhn, halte ein solches Ergebnis schon aus methodischen Gründen und eine solche Beweisführung für absurd. Ich wurde daraufhin im Spiegel wie folgt zitiert (Spiegel Nr. 37/1994, Seite 168): Der stellvertretende deutsche

Delegationsleiter, Prof. Michael Bohnet, wiegelte sofort ab: „Höhn ist da reingelegt worden, da ist nix passiert. Die muss da durch".

Während der Konferenz musste Frau Prof. Charlotte Höhn auf unser Drängen die Konferenz verlassen.

Fotos 1994

Barbados

UN-Konferenz kleine Inselstaaten

24.4. - 15.3.1994

Konferenzzentrum

Bridgetown

Hafen Bridgetown

Zuckerfabrik

typisches Barbados-Haus

Weltbevölkerungskonferenz
Kairo
5.-13.9.1994

World Aids Kongreß Yokohama
Japan
6. - 19. August 1994

Yokohama

Aids-Forscher
Montagnier bei der
Kongreßeröffnung

Ashi-See

Ärztin Dr. Klee

Bohnet vor Berliner Bär

1995

Weltkonferenzen

Weltsozialgipfel Kopenhagen: Sonderprogramm zur Bekämpfung der Kinderarbeit

UNFPA im Aufwind

Weltfrauenkonferenz Peking: Erbrecht für Frauen verankert

Weltsozialgipfel Kopenhagen

Vom 06.-12. März 1995 fand in **Kopenhagen der Weltsozialgipfel der Vereinten Nationen** statt. Die deutsche Delegation wurde geleitet von **Bundeskanzler Helmut Kohl**, Bundesarbeitsminister **Norbert Blüm** und Klaus-Jürgen Hedrich, dem Parlamentarischen Staatssekretär des BMZ. Aus dem BMZ nahm ich als Verhandler teil sowie Wolfgang Strobel.

Die wesentlichen Ergebnisse waren: Zum ersten Mal wurde das Thema der sozialen Entwicklung auf einem weltweiten VN-Gipfel behandelt. Es wurde festgeschrieben, das Armutsbekämpfung im Zentrum aller entwicklungspolitischen Anstrengungen stehen muss. Es war vor allem den Bemühungen der Bundesregierung zu verdanken, dass gegen den Widerstand einiger EU-Länder das sog. 20/20-Ziel in der EU konsensfähig und damit letztlich im Aktionsprogramm verankert werden konnte. Die 20/20-Initiative besagt: Interessierte Industrieländer und Entwicklungsländer können vereinbaren, jeweils 20 % der öffentlichen Entwicklungshilfe bzw. jeweils 20 % des Staatshaltes für soziale Grunddienste (Grundbildung, Basisgesundheit, Wasser, Ernährung) einzusetzen. Wichtig ist dabei das Prinzip der gegenseitigen Verpflichtung.

Die internationale Schuldenstrategie wurde bestätigt. Die Bundesregierung hat bisher 39 armen Entwicklungsländern rund 9 Mrd.DM Schulden aus Entwicklungshilfekrediten erlassen.

Deutschland ist bereit, neben den „Debt for Nature Swaps" auch „Debt for Social Development Swaps" zu gewähren, d.h. Schulden zu erlassen gegen die Bereitschaft des Entwicklungslandes, die anfallenden Landeswährungskosten für die Finanzierung von sozialen Programmen einzusetzen.

Deutschland hat zugesagt, das **Sonderprogramm der internationalen Arbeitsorganisation (ILO) zur Bekämpfung der Kinderarbeit**, das auf 5 Jahre begrenzt war, fortzuführen. Dazu wurden vom BMZ zusätzlich 50 Mio. DM zur Verfügung gestellt.

Am 12.03. habe ich zusammen mit Regierungssprecher Hausmann und Botschafter Henze vom AA eine Internationale Pressekonferenz in Kopenhagen gegeben. Dabei haben wir insbesondere dargestellt unsere Entwicklungshilfeleistungen im Jahre 1994, die 11 Mrd.DM betrugen, aber auch hingewiesen auf Leistungen Deutschlands an die Staaten in Mittel- und Osteuropa und die neuen unabhängigen Staaten der ehemaligen Sowjetunion (NUS) in der Periode 1989-1994. Die Leistungen an die mittel- und osteuropäischen Länder betrugen 100 Mrd.DM, die Leistungen an die NUS-Staaten 40 Mrd.DM.

Beim Weltsozialgipfel hatte **Präsident Rawlings, Ghana**, darum gebeten, ein Gespräch mit Bundeskanzler Kohl zu führen. Rawlings war früher wagemutiger Pilot der Ghana Airforce. Da der Terminkalender des Bundeskanzlers bereits Wochen vorher durch andere bilaterale Gespräche ausgebucht war, wurde in der deutschen Delegation entschieden, dass ich diesen Gesprächstermin wahrnehmen möge. An dem Gespräch nahmen teil Präsident Rawlings, Präsident der Republik Ghana und seine elegante Frau, ferne einige Minister, Rawlings betonte die guten Beziehungen zu Deutschland und äußerste einige konkrete Bitten, Deutschland möge Ghana bei der Bananenfrage helfen. Die Situation für Ghana stelle sich derzeit so dar, dass sie über 10.000 Tonnen Bananen verfüge, aber diese in Europa nicht absetzen könne, da Ghana über kein traditionelles Bananenkontingent verfüge.

Rawlings bat auch Deutschland, sein Land beim Export von verarbeiteten Produkten zu unterstützen, insbesondere bei verarbeiteten Holzprodukten. Rawlings wies darauf hin, dass einerseits Ghana sich der Notwendigkeit bewusst sei, die Tropenwälder zu schützen, u.a. auch große Aufforstungsprogramm durchführe, andererseits bei der nachhaltigen Nutzung derzeit durch unzureichende Möglichkeiten, geschlagenes Holz effizienz- und exportfähig zu verarbeiten im Nachteil sei. Ich habe die beiden Wünsche nach Deutschland weitergegeben, aber nicht mehr verfolgt, was daraus geworden ist (Asche auf mein Haupt).

Ghana sitzt ja bei den Tagungen der Vereinten Nationen neben Deutschland. Zuerst kommen Germany dann Ghana, so dass also Rawlings mein Partner war. Während der Sitzungen hatte er eine sehr schöne Zeichnung angefertigt, dessen Original ich aufbewahrt habe.

Tagung USA: Reproductive Health (Familienplanung) und Gespräche mit UNFPA und amerikanischer Regierung

Vom 11.06.-22.06. reiste ich nach **New York und Washington. Zweck der Reise war die Teilnahme an der Tagung über Reproductive Health sowie Abstimmungsgespräche mit UNFPA und der amerikanischen Regierung über Familienplanungsprojekte.**

20.06.: Besuch des **Holocaust-Museums** in Washington. Hunderte von Amerikanern schritten schweigend durch die Hallen. Alles war in Form eines Gefängnisses gekleidet, die Gitter waren mit vielen Videokammern düster nachgebaut, in denen man seine eigene ID-Karte eintippen konnte. Ohne Computer-Kenntnisse ist man in den USA ein toter Mann. Ich muss mich endlich anstrengen und Computer lernen. Das Museum wäre etwas für Heidi gewesen. Wie Hitler an die Macht kam, war korrekt dargestellt. Aber sonst fiel mir auf, dass man eine andere Perspektive gewählt hatte, nämlich vor allem die Darstellung der vielen Fluchtmöglichkeiten aus Deutschland in die benachbarten Länder, die Darstellung der Betreuung der Flüchtlinge durch die Amerikaner und der Aufbau des Staates Israel. Mein Eindruck vom Holocaust-Museum bleibt sehr zwiespältig. Auf der einen Seite gibt es eine gewisse Herorisierung der Deutschen, einschließlich der blonden Zopfmädchen, auf der anderen Seite verlässt fast jeder das Museum mit dem Eindruck, alle Deutschen sind Nazis. Es gab den Spruch „einem Deutschen gebe ich nicht mehr die Hand". Es fehlt völlig der Hinweis auf das Nachkriegs-Deutschland. Auf den Widerstand wurde nur kurz hingewiesen im Zusammenhang mit den Geschwistern Scholl und einer Namensliste von Deutschen, die Juden geholfen haben. Aufgrund dieser sehr einseitigen Präsentation von Deutschland verließ ich wütend nach etwa 2 Stunden das Museum. Ich hatte das Gefühl: Wenn jemand wüsste, ich wäre Deutscher, er würde mich erschlagen.

Der **Kern der Dienstreise** nach New york / Washington bestand in vier Punkten:

- Teilnahme am Donor follow up Meeting der Weltbevölkerungskonferenz Kairo
- Abstimmungsgespräch mit USAID im Bereich Bevölkerungspolitik und Familienplanung
- Abstimmungsgespräche mit UNFPA im Bereich Bevölkerungspolitik/Familienplanung
- Sektorpolitische Konsultationen mit der Weltbank und der Interamerikanischen Entwicklungsbank, Washington

Zu allen Punkten habe ich konkrete Vereinbarungen mit den Amerikanern geschlossen.

Weltfrauenkonferenz Peking

Vom 31.08.-16.09.1995 fand die **Weltfrauenkonferenz in Peking** statt. An dieser Konferenz nahmen 189 UN-Mitgliedsstaaten teil. Die deutsche Delegation wurde geleitet von **Claudia Nolte, der Familienministerin,** der Parlamentarischen Staatssekretärin Dempwolf, ebenfalls Familienministerium und von Hand-Jürgen Hedrich, Parlamentarischer Staatssekretär des BMZ. Die Hauptverhandler waren Herr Günther Pleuger, Botschafter aus dem Auswärtigen Amt und ich aus dem BMZ., ergänzt durch den Botschafter Seitz aus dem Auswärtigen Amt und Frau Simon, einer Frau aus dem Familienministerium. Insgesamt umfasste die deutsche Delegation 63 Personen, darunter auch die Abgeordneten Leni Fischer, Kerstin Müller, Ulla Schmidt, daneben auch noch BMZ-Mitglieder wie Frau D'Hondt und Frau Hammerschmidt, ferner Frau Pollmann vom Deutschen Frauenrat. Des weiteren gehörten der Deutschen Delegation auch Walter Nocker vom Außenministerium an.

„31.08.: Erste Fahrt zum Convention-Center, fast leere Straßen. Das System, Straßen frei zu räumen funktioniert durch die Blockwart-Flüsterpropaganda so gut, dass keine offiziellen Sperrungen mehr nötig sind.

Ich lerne bei einer Delegationsbesprechung unsere Frauen- und **Familienministerium Frau Nolte (29 Jahre alt, ein Ziehkind Kohls)** kennen. Sie ist verständlicherweise nicht sehr selbstbewusst, aber nett. Sie hat sich aber während des Konferenzverlaufes immens entwickelt. . Wir verhandelten 14 Tage Tag und Nacht, so gut wie ohne Pause und bis zur physischen Erschöpfung. Ich sah nie den Platz des Himmlischen Friedens, nie die Verbotene Stadt, nie den Himmelstempel.

In den ersten Tagen war es unerträglich heiß, es gab eine große Begrüßungszeremonie in der Halle des großen Volkes, die geprägt war von DDR-Technik aus den 50iger Jahren. Begrüßung durch den Premierminister Zia, Einführungsabend durch Botschafter Seitz, ein alter AA-Kollege, den ich aus meiner Zeit als Planungschef im BMZ kannte (er hatte die gleiche Funktion im AA inne). Er relativierte Chinas Menschenrechtsproblematik permanent. Er stilisierte China in 10 Jahren zur größten Wirtschaftsmacht der Welt hoch (da wollen wir mal im Jahre 2005 nachfragen).

Das tägliche Ritual 6.45 Uhr aufgestanden, 7.45 Uhr Deutsche Delegationsbesprechung, 8.30 Uhr Fahrt mit dem lustigen, effektiven Herrn Pleuger (er wurde später Staatssekretär im AA) zum Konventionszentrum. 9.00 Uhr EU, 80%

verbissene, hässliche Frauen, aber eine effiziente spanische Sozialministerin Alberti (die Spanier hatten die EU Präsidentschaft inne), daneben eine quirillige Belgierin. Wir hielten uns zurück und sagten nur zu entscheidenden Punkten etwas. Pleuger und die meisten Delegationsmitglieder hatten ein Handy. **Handys scheinen etwas ganz modernes zu sein.** Ich hatte so etwas zuvor noch nie gesehen. Ich armes, kleines Wesen bekam auch ein Handy, habe aber nicht gewusst, wie ich es bedienen sollte. Das erst Mal also, dass ich jemals das Wort Handy hörte. Am Ende der Konferenz merkte ich, dass ich 95 unbeantwortete Anrufe auf meinem Handy hatte.

Noch zur EU-Besprechung ins vollgepackte, zu kleine Delegationszimmer. Am emsigsten immer die BMZ-Sekretärin Frau Litterscheid, schnell und nie schlecht gelaunt. Wir haben dort die Rede von Frau Ministerin Nolte umgeschrieben, in der China zweimal wegen Menschenrechtsverletzungen verurteilt wurde. Frau Nolte – ich nannte sie immer das Kind – war vor der Rede extrem nervös, aber sie hat gut in Deutsch vorgetragen. Es gab Beifall von mehreren Stellen. Wir drei älteren Herren saßen direkt neben ihr und wurden im Deutschen Fernsehen und in der Zeitschrift Stern – wie wir später erfuhren – freundlich grinsend gezeigt..

Fahrt ins NRO-Zentrum Huairou. Dort hatte ich vor etwa **600 deutschen angereisten NRO-Frauen,** einschließlich der Lesben und der Fuldauer Professorin Hinkelstein, einen großen Auftritt. Über den gesamten Ausflug wurde in der Illustrierten Stern ein Aufsatz veröffentlicht, in dem ich auch das Vergnügen hatte, mit Bild zu erscheinen.

Mit Pleuger gab ich im 17.00 Uhr jeden Tag ein Presse-Briefing, an dem etwa 20 deutsche Journalisten teilnahmen. Zuweilen war auch das Deutsche Fernsehen dabei. Oft wussten wir um 16.45 Uhr noch nicht, was wir erzählen sollten, doch spielte sich das Zuträgersystem, das wir organisiert hatten, im Laufe der Zeit so gut ein, dass wir in 15 Minuten die Zettel der einzelnen Delegationsmitglieder hatten. Insgesamt frage ich mich, warum ich so irrsinnig gearbeitet habe und den Überblick über die Details der Plattformen und der gesamten Verhandlungsstrategie behielt. **Die deutsche Delegation umfasste 63 Personen, ein Irrsinn von unnützem Beipack.**

Abends traf ich meinen Studienkollegen Walter Nocker mit Frau wieder, fröhlich wie immer. Walter hatte am vorletzten Abend ein großes Fest veranstaltet. Er hatte Schlabberhosen an, wie stets. Nockers wohnten im vierten Stock eines riesigen Mietshauses. .

Manchmal frage ich mich, wozu ich diese sinnlose Kraftanstrengung auf mich nehme. Man ist wie in einer Drogensituation, absoluter Workaholic. Außerdem habe ich seit 4 Wochen keine Zigarette mehr geraucht.

Ich habe noch nachzutragen, dass uns die Abgeordnete Kerstin Müller (von den GRÜNEN, später Staatsministerin im AA) im Delegationszimmer immer belauschte und dann mit deutschen Zeitungen telefonierte (ohne zu bezahlen), um die Kohl/Nolte-Regierung zu beschimpfen. .

Die Ergebnisse der Weltfrauenkonferenz: In wichtigen Bereichen ist die Weltfrauenkonferenz über die vergangenen Weltkonferenzen hinausgegangen und hat neue Perspektiven eröffnet: Das Konzept der sexuellen Selbstbestimmung der Frau ist niemals zuvor definiert und so genau festgeschrieben worden. Niemals zuvor ist Gewalt gegen Frauen in einem Internationalem Dokument so umfassend und konkret geschildert und Wege zu ihrer Beseitigung aufgezeigt worden. Erstmals ist gleicher Zugang zum Erbrecht für Mädchen und Jungen in einem internationalen Dokument festgeschrieben worden. Ferner liefert die Aktionsplattform von Peking eine wirksame Berufungsgrundlage, um Frauen den Zugang zu Entscheidungspositionen in Politik, Wirtschaft und Gesellschaft zu erleichtern.

Bundesfrauenministerin Nolte kritisierte in ihrer Rede vor dem Plenum die Menschenrechtsverletzungen an Frauen, Zwangsabtreibungen, Kindestötungen, die gezielte Abtreibung weiblicher Föten sowie Frauen- und Mädchenhandel. Besonderen bemerkenswert ist dabei, dass Deutschland als erstes Land im Plenum die Beachtung der Menschenrechte in China konkret angemahnt hat. Frau Rodham Clinton, die Frau des amerikanischen Präsidenten Clinton, hat in ihrer Rede Menschenrechtsverletzungen ebenfalls in deutlichen Worten gegeißelt, China jedoch aus Angst nicht ausdrücklich erwähnt.

Zu den deutschen Nichtregierungsorganisationen, die sowohl in der Regierungsdelegation vertreten waren als auch zu den rund 700 aus Deutschland nach Peking angereisten Frauen, die im NRO-Forum in Huairou ca. 60 Kilometer außerhalb von Peking teilnahmen, bestand ein regelmäßiger Kontakt und Austausch, soweit es die Verkehrsverhältnisse zuließen.

Das erst Mal in einem UN-Dokument wurde herausgehoben, dass Religion, Spiritualität und Glauben im Leben von Millionen Frauen und Männern eine zentrale Rolle spielen. Es wurde betont, dass Frauen in der Familie, der Keimzelle der Gesellschaft, die entscheidende Rolle spielen. Es wurde anerkannt, dass in verschiedenen kulturellen, politischen und sozialen Systemen verschiedene Formen von Familie existieren (diese Aussage war besonders umstritten, da die islamischen Fundamentalisten und der Heilige Stuhl ursprünglich darauf bestanden, dass es lediglich nur eine Form der Familie gebe).

Im Peking-Dokument wurde hervor gehoben, dass in einer Reihe von Ländern, die Praxis der vorgeburtlichen Geschlechtsauswahl, hohe Sterblichkeitsraten unter sehr jungen Mädchen und geringerer Schulbesuch von Mädchen als von Jungen vermuten lassen, dass die „Präferenz für Söhne" den Zugang der Mädchen zu Nahrung, Bildung und Gesundheitsvorsorge, ja zum Leben selbst beschneiden. Die

Diskriminierung der Frau beginnt bereits vor der Geburt. Mädchen unterliegen nicht selten sexueller und wirtschaftlicher Ausbeutung, Zwangsprostitution, Gewalt und schädlicher Praktiken wie z.B. der Verstümmelung der weiblichen Geschlechtsorgane und frühe Heirat, einschließlich Kindesheirat, Kindestötung, vorgeburtliche Geschlechtsselektion, Inzest und den Verkauf von Mädchen, um ihrer Organe und Gewebe willen, werden gebranntmarkt.

In Bezug auf die Prävention der Immunschwächekrankheit AIDS konnten weitreichende Formulierungen zur Sexualaufklärung Jugendlicher durchgesetzt werden. Die Benutzung des Wortes **Kondom wurde im Text ausdrücklich festgeschrieben.** Auf die alleinige Erwähnung des Wortes „Enthaltsamkeit" bestand zuerst der Vatikan, durch Vermittlung des Irans konnte gegen anfänglichen Widerstand des Sudans und Jemens auch das Wort Kondom im Text durchgesetzt werden9.

In Peking hat **die Bundesregierung für die Jahre 1996-2000 40 Mio. US-Dollar im Rahmen der bilateralen Entwicklungszusammenarbeit für Vorhaben der Rechtsberatung und sozialpolitischen Beratung** zur Verfügung gestellt.

Die Aktionsplattform wurde im Konsens angenommen. Damit tragen alle 189 Teilnehmenden UN-Mitgliedstaaten die Inhalte und politischen Verpflichtungen mit. Etwa 60 Staaten haben zu einzelnen Paragraphen Vorbehalte (Reservations) angemeldet. Dabei muss aber beachtet werden, dass die prägende Wirkung in den nächsten Jahrzehnten von der Aktionsplattform ausgehen wird, vor allem für jene Gruppen in Entwicklungsländern, deren Kampf um die Frauenrechte bisher unter-drückt wurde. Sie haben nun eine Bezugsgrundlage, auf die sie sich im nationalen und internationalen Dialog berufen können. Dies sog. Vorbehalte (Reservations) werden dem Vergessen der Geschichte anheimfallen. Beigefügt sind zahlreiche Pressedokumente, in denen ich als deutscher Chefverhandler mehr oder weniger positiv, manchmal auch negativ skizziert wurde

Hinzufügen möchte ich noch, dass am 23.01.1995 das **BKA** eine große Gefährdetenanalyse durchgeführt hat, die auch mich umfasste. Hintergrund war ein Brandanschlag auf den PKW des Abteilungsleiters der GTZ, Dr. Korte, der Mitglied der deutschen Delegation bei der Weltbevölkerungskonferenz in Kairo war. Dieser Brandanschlag wurde links gerichteten Organisationen zugeschrieben. Ferner gab es beim Auto von Frau Professor Höhn, der Leiterin des Bundesinstituts für Be-völkerungsfragen Wiesbaden, die ebenfalls Mitglied der Deutschen Delegation war, wenn auch sehr umstritten, eine Sachbeschädigung. Es gab ein Selbstbezichtigungsschreiben der Revolutionären Viren von Ende 1994, die sich massiv gegen Familienplanung ausgesprochen haben und die diese beiden Anschläge durchgeführt hatten. Die Gefährdetenanalyse des BKA diente insbesondere dafür, praktisch weitere Delegationsmitglieder, die in Kairo verhandelt hatten, zu schütze

Fotos 1995

Weltsozialgipfel Kopenhagen März 1995

PST Hedrich, BMZ   Arbeitsminister Blüm   Botschafter Henze   Bohnet

Weltfrauenkonferenz
Peking

4. - 15. September   1995

Frau d'Hondt

Frau d'Hondt   Bohnet

Pleuger (AA)

von links:

Kirner
(Frauenministerium)

Hammerschmidt
(BMZ)

Bohnet

1996

Regierungsgespräche, Weltkonferenzen

Bangladesh: innenpolitisch zerstritten

Philippinen: Katholische Kirche kämpft gegen Familienplanung

Erfolgreiches Reisforschungsinstitut Philippinen

Weltstädtegipfel Türkei: Autonomie kommunaler Stadtverwaltungen festgeschrieben

Jemen: Konsens über Wasserpolitik erreicht

Welternährungsgipfel Rom: Magere Ergebnisse

Vom 17.–23.02. war ich mit **Minister Spranger in Bangladesch und Philippinen**.

Der Abflug nach Bangladesch/Dakar war aufregend. Abflug am Militärflughafen Köln/Bonn um 6.30 Uhr. Nach 10 Minuten Sturm, starke Wolken, **Blitzeinschlag in die Maschine**. Der Pilot entschied zurückzufliegen. Wir kreisten eine Stunde über Köln in Schleifen, um 35 Tonnen Kerosin abzulassen, da die Maschine mit Kerosin befüllt sonst hätte nicht landen können. Unten erwarteten uns Feuerwehrleute und Krankenwagen. Die Delegationsmitglieder hatten panische Angst. Spranger betonte, er hätte keine Angst gehabt. Es handele sich um eine der „typischen alten Mühlen" der Flugbereitschaft.

In Dhaka, der Hauptstadt von Bangladesch erwartete uns die Hölle. Verstopfte Straßen, tausende von Rikschas, die auf Kunden warteten, Gestank und Enge.

Spranger wurde empfangen vom **Staatspräsident Biswas** (erwies sich als Kenner deutscher Geschichte, Bismarck) und der **Premierministerin Begum Zia** sowie der **Oppositionsführerin Hasina** (Vorsitzende der Awami-Liga). Beide sind im Hass vereint. Die Oppositionsführerin Hasina betonte, dass vom Clan der Premierministerin Zia ihr gesamter Clan ermordet worden sei, etwa 25 Personen darunter auch ihr Vater und ihre Geschwister. Premierministerin Zia berichtete ebenfalls von Morden der Gegenseite, insbesondere sei ihr Mann ermordet worden. Deshalb ist bis heute Bangladesch durch Gewalttätigkeit geprägt. Die letzten Wahlen hatte Zia gewonnen, da aber die Wahlbeteiligung nur 15 % betrug, hat die Oppositionsführerin Hasina die Legitimität der Wahl angezweifelt. In Bangladesch herrscht eine destruktive Totalopposition. Es wird behauptet, dass die Inder die destruktive Haltung der Oppositionsführerin Hasina unterstützen. Das Land ist derzeit praktisch nicht regierbar.

Während des Besuches haben wir ein **Ausbildungszentrum für Familienplanung** besucht. Das ist deshalb von Bedeutung, da Deutschland einer der größten Geber im Bereich Familienplanung ist. Es ist gelungen, die Zahl der Kinder pro Frau von 9 auf 6 zu reduzieren. Des weiteren besuchten wir BRAC (eine Art Berufsschule). Große Bedeutung spielte auch der Besuch bei der Grameen-Bank mit seinem berühmten Leiter Professor Junus. Die **Grameen-Bank** gibt Kleinkredite vornehmlich an Frauen, hat 12.000 junge Mitarbeiter, 2,1 Mio. Kreditnehmer. **Yunus:** „Wenn der Mensch immer auf den Staat gewartet hätte, wäre die Menschheit längst ausgestorben" Wichtig ist eine Kultur der Eigenständigkeit".

Die Entwicklungsleistung Deutschlands betrug etwa 90 Mio. DM pro Jahr. Bangladesch ist geprägt durch Armut mit erschreckendem Kinderleid und wuchernder Slumbildung. Bangladesch ist praktisch die Hölle auf Erden. Wir sind in Bangladesch auch mit verrotteten Hubschraubern geflogen und waren im Distrikt Tangail, wo mit deutscher Hilfe Straßen gebaut wurden und ein Großpolderprogramm durchgeführt wurde, d.h. ein Programm zur Verhinderung oder zur Milderung der Folgen der Flut. Da dies aber zu Landenteignungen führte, gab es große Proteste auch der Umzusiedelnden während unseres Besuches.

In den **Philippinen** führte der Minister mit seiner Delegation Gespräche mit **Präsident Ramos** („Probleme werden nicht dadurch gelöst, dass das Volk auf die Regierung schaut"), ferner mit **Außenminister Siazon**. Er betonte „Sich selbst zu versorgen ist schon als Zeichen der Würde unverzichtbar". Daneben gab es ein beeindruckendes Gespräch mit dem **Kardinal Sin**. Man muss dabei wissen, dass die Philippinen zu 83 % katholisch sind. Kardinal Sin hat sich sehr kritisch gegen die Familienplanung ausgesprochen, obwohl das Bevölkerungswachstum auf den Philippinen 2,3 % beträgt. (Er setzte unzulässig Familienplanung mit Abtreibung gleich. Überdies wären Kondome Ausdruck des Verfalls der Kulturen (Untergang des römischen Reiches)) .Kardinal Sin ist aber dennoch eine beachtliche Person, da er Frau Aquino unterstützt hat bei der unblutigen Revolution gegen Präsident Marcos im Jahre 1986. Ein großes Problem in den Philippinen stellt die Kinderprostitution dar, über die auch häufig im deutschen Fernsehen berichtet wurde. Deutschland unterstützt Kardinal Sin mit seinem katholischen Radiosender „Radio Veritas" mit 6 Mio. DM. Die Frage ist, ob dies sinnvoll ist, da dort gegen Familienplanung gewettert wird.

Während der Reise haben wir die **Schäden des Pinatubo-Ausbruches** besichtigt, bei dem 100.000 Häuser zerstört wurden. Der Pinatubo ist ein Vulkan. Wir haben die Kirche besichtigt, die bis zur Hälfte in Asche versunken war. Ferner flog die Delegation nach Mindanao. **Mindanao** ist eine Halbinsel mit sehr **stark islamischem** Einschlag und unruhiger politischer Situation. Es gibt sehr viele Terroranschläge gegen Ausländer und auch gegen Christen. Auch Geiselnahmen von Deutschen waren zu verzeichnen. In der Hauptstadt von Mindanao in Davao haben wir eines der größten deutschen Entwicklungs-Projekte besichtigt, nämlich ein Kokos-Anbau-Projekt.

Zur deutschen Delegation gehörten vom BMZ noch Schweiger, Morbach, die effizienten Kreuz und Zimmer. Die deutschen Entwicklungsleistungen an die Philippinen betragen pro Jahr etwa 77 Mio. DM. Letztlich bleibt das zentrale Problem, wie der Staat und auch die Geber mit den islamischen Rebellengruppen umgehen. Dazu wurde keine Lösung gefunden

Reise in die Philippinen (Internationales Reisforschungsinstitut IRRI, Fischereiforschungsinstitut ICLARM)

Vom 28.04.–09.05. war ich auf den **Philippinen zum Besuch des internationalen Reisforschungs-Instituts IRRI sowie des Fischereiforschungs-Instituts ICLARM.**

Aus dem Tagebuch zitiere ich einige kleinere Abschnitte.:

„30.04.: Empfang durch Dr. Rothschild, Direktor des IRRI. Wir saßen zu zweit in einem riesigen Sitzungssaal, gespenstig. (fast wie Putin heute) Rotschild wenig sympathisch. Letztlich geht es darum, die Reisproduktion der Welt in 30 Jahren zu verdoppeln, damit die Menschheit ausreichend ernährt werden kann. Derzeit werden 6 Tonnen pro Hektar erzielt, die gesamten Forschungsbemühungen sind auf den Superreis von 10 Tonnen pro Hektor ausgerichtet. Das IRRI ist im Aufbau begriffen und hat 1.400 Mitarbeiter. IRRI macht einen sehr wohl geordneten und aufgeräumten Eindruck., alles ist computerisiert und visualisiert. Hier sind wir in Deutschland noch sehr rückständig. Wir prägten den Begriff **NDC = Newly Declining Country = Deutschland.** Am beeindrucktsten ist die Internationale Rice Genbank. Sie speichert Reissorten aus der ganzen Welt, damit Genmaterial nicht verloren geht. Faszinierend sind die 40 Mädchen, die brav und fleißig sitzend mit einem Stäbchen die guten von den schlechten Reiskörnern trennen.

02.05.: Besuch von **ICLARM (International Center for Living Aquatic Resource Management)**. Bei ICLARM in Manila wurde ich mit einer CD-Rom konfrontiert, wusste aber nicht, was das letztlich alles bedeuten solle. Auf dieser CD-Rom sollen 12.000 Fischarten erfasst sein. Werde ich jemals mit der CD-Rom etwas anfangen können? Was heißt überhaupt CD?

Beunruhigend ist das Verpflanzen der Fische weltweit, z.B. zum Lake Victoria nach Uganda. Beunruhigend ist auch die Gentechnik bei Fischen (die Tilapia wachsen heute dreimal so schnell wie früher). Wohin soll das alles führen, die grenzüberschreitende und kontinentüberschreitende Verlagerung von Genen und die Manipulation von Genen?

Das Institut hat eine weltweite Erfassung von Korallenriffen erstellt im Internet, alles strahlt Ordnung, Systematik und Begeisterung aus. Aber was ist Internet? frage ich, das alles sagt mir nichts.

In Manila wieder erschreckt über die vielen armen Kindern an den Auto-Kreuzungen mit den Müttern. Sie betteln dort, ersticken fast an den Autogasen und haben sicherlich nur eine sehr kurze Lebenserwartung.

Zusammenfassend: Die Dienstreise diente zwei Zwecken:

- dem Besuch des Internationalen Reisforschungsinstituts (IRRI)
- dem Besuch des Internationalen Zentrums zum Management von lebenden aquatischen Ressourcen ICLARM

Das Internationale Reisforschungsinstitut wurde 1960 als erstes der heutigen internationalen Agrarforschungsinstitute gegründet. Durch die Züchtung neuer ertragreicher Reissorten trug es zur grünen Revolution bei. Aufgrund der sich anschließenden Kritik konzentriert sich das Forschungsprogramm heute sehr stark auf Ökosysteme und sucht nach umweltverträglichen Lösungen. Züchtungsziel ist die Entwicklung von Hochertragssorten mit Resistenten gegenüber Krankheiten und Schädlingsbefall, der sog. Superreis.

IRRI verfügt über die umfassendste Genmaterial-Sammlung für Reis der Welt. Sie umfasst ca. 76.000 Muster. Reiskörner werden an alle Plätze der Welt verschickt. Alle Informationen über den Reis sind kostenlos.

Das Ziel von ICLARM ist es, einen Beitrag zur nachhaltigen Nutzung der Binnen- und Küstenfischerei sowie der Aqua-Kultur zu leisten. Vor allem geht es um Öko-Systeme der Küsten und der Korallenriffe. Es geht um die Erfassung der Fischereiressourcen und ihrer Ökosysteme. Im Institut wurden Erfolge erzielt bei der genetischen Verbesserung von gezüchteten Bundbarschen, deren Wachstum um 40 % gesteigert werden konnte. In intensiven Diskussion habe ich Zweifel angemeldet in Bezug auf die genetische Verbesserung von Fischen. Auch der weltweite Transfer von Fischarten ist nicht unproblematisch.

Weltstädtegipfel HABITAT, Istanbul, Türkei

Vom 03.–14. Juni 1996 habe ich **Istanbul/Türkei an der UN-Konferenz HABITAT II** teilgenommen. Etwa 130 Staaten und ca. 8.000 Vertreter von NGOs waren vertreten, 14 Staats- und Regierungschefs, alle aus EL und zahlreiche Fachminister. Die deutsche Delegation wurde von **Bundesminister Töpfer** geleitet. Ich habe in Istanbul die deutschen Verhandlungen geführt. In Istanbul haben auch Bürgermeister teilgenommen, so u.a. Herr Böhme, der Bürgermeister von Freiburg und Norbert Burger, der Bürgermeister von Köln, früher Ministerialdirektor im BMZ. Sehr effektiv war auch Dr. Jürgen Wilhelm von BMZ, der bei der Planung und Durchführung der Konferenz mitgewirkt hat.

In Istanbul wurden zwei Dokumente verabschiedet, nämlich die **HABITAT-Agenda** mit einem globalen Aktionsplan und die **Istanbul-Erklärung über menschliche Siedlungen.** Zentrales Problem ist die Herausbildung von Mega-Städten. Im Jahre 2000 werden sich bereits 15 von 17 Mega-Städten (über 11 Mio. Einwohner) in Entwicklungsländern befinden.

In Istanbul wurde das **Recht auf angemessene Wohnung** ausdrücklich als Bestandteil der Menschenrechte anerkannt. Dies ist von besonderer Brisanz, denn der indische Architekt Charles Correa ortete mangelnde Solidarität für die Armen nicht nur im Mithandeln und Mitfinanzieren, sondern bereits im Mitdenken ihrer Existenz.

Das Prinzip der örtlichen Selbstverwaltung, der Dezentralisierung von Verantwortung und der Ausstattung der örtlichen Körperschaften mit eigenen finanziellen Mitteln ist ein wichtiger Meilenstein für eine institutionelle und strukturelle Verbesserung. Neu ist, dass die **Autonomie kommunaler Stadtverwaltungen** als eine Kernvoraussetzung erfolgreicher Stadtentwicklungspolitik auch für Entwicklungsländer und von den Entwicklungsländern anerkannt wurde.

Während der HABITAT-Konferenz gab es eine große Ausstellung von Modellbeispielen (**"Best Practices"**). Dies hat der globalen HABITAT-Konferenz einen sehr konkreten Kern gegeben. Insgesamt fördert das BMZ im Sektor der nachhaltigen Stadtentwicklung weltweit über 100 Projekte mit einem Gesamtvolumen von 855 Mio. DM.

Wir waren auch in Istanbul stolz darauf, dass ein vom BMZ finanziertes Stadtentwicklungskonzept in Voi, Kenia, als eines der weltweit 40 besten Modellvorhaben ausgezeichnet wurde. Bei der Ausstellung „Best Practices" hatte Deutschland 16 deutsche Projekte präsentiert.

Im Goethe-Institut wurde auf Initiative des BMZ ein Film über konkrete Projekte der nachhaltigen Stadtentwicklung in Kenia, Jemen und Indien vorgestellt, die im Rahmen der deutschen öffentlichen Entwicklungszusammenarbeit finanziert wurden. Ich eröffnete im Beisein von Landesministern, und anderen Brusius (NRW), Bundestagsabgeordneten und Oberbürgermeistern, u.a. Frau Diekmann (Bonn), Böhme (Freiburg) etc. die Veranstaltung, an der fast 100 Personen teilnahmen.

Während der Konferenz gab es scharfe Sicherheitsvorkehrungen. Alle Autos wurden wie in alten DDR-Zeiten mit einem in der DDR hergestellten Spiegel von unten kontrolliert, ob sie nicht Sprengstoff oder sonstige terroristische Botschaften enthielten. Es gab Demonstrationen parallel zu HABITAT. Die türkische Regierung bereitete, wie man so schön sagt, HABITAT umfassend ordnungspolitisch vor: Straßenkinder, Schuhputzer verschwanden, viele öffentliche Veranstaltungen politischer und kultureller Art wurden abgesagt, Anschriften von einschlägig bekannten Vereinen wurden gesammelt. Gleichzeitig gingen Dorfräumungen im Osten weiter. Bis März wurden 2.675 Dörfer geräumt. Politische Prozesse wurden geführt, bei denen die Kommunikation mit Rechtsanwälten und Familienmitgliedern nicht möglich war. 3.000 Häftlinge traten in den Hungerstreik. An diesen Äußerungen sieht man, dass das **Unterdrückungssystem in der Türkei „1996" effizient gearbeitet** hat. Ich gab in Istanbul zahlreiche Interviews, das Presseecho war beeindruckend.

Wasserkonferenz Jemen

Vom 07.09.–11.09.1996 war ich auf Bitten von Sahlmann im **Jemen, um an einer Konferenz über die Wassersektorpolitik** teilzunehmen. Dazu gibt es ein ausführliches Tagebuch und ein Dienstreisebericht, zu finden in Tagebücher Band 3, 1996-1998, liegen alle im Archiv der FES. Daraus zitiere ich einige wenige Stellen:

„07.09.: Wir flogen um 10.30 Uhr ab Frankfurt mit Jemeni Airways. Auf dem Rollfeld haben wir 3 Stunden gewartet, die Begründung war fadenscheinig, angeblich habe es einen Fluglotsenstreik in Bulgarien gegeben, weshalb die Strecke über Italien gewählt werden müsste. Der eigentliche Grund – wie wir später erfuhren – bestand darin, dass der Generalsekretär der arabischen Liga mit Mitarbeitern in Kairo zum Flugzeug hinzugestoßen ist und wir auf ihn warten mussten. Ansonsten durften in Kairo keine neuen Passagiere einsteigen.

Sanaa ist eine Stadt über 2.000 Meter, überall sind die Frauen streng verhüllt, nur in schwarz, es werden nur Augenschlitze zugelassen. In Sanaa gibt es wunderschöne Häuser, alle hoch und verziert.

08.09.: Der **Workshop über Wasserreformen** wurde durch den Vizepremierminister eröffnet, der in klassischer jemenitischer Tracht mit Jambjya, einem Krummdolch auftrat. Überhaupt war ich beeindruckt von der Würde der Jemeniten, fast alle erschienen in dieser traditionellen Tracht. Nach dem Vize-premierminister hielt ich meine Rede, das Fernsehen war präsent. Ich konnte mich deshalb abends in der arabisch-sprachigen Tagesschau und in der englisch-sprachigen Tagesschau bewundern. Eindruck mäßig.

08.09.: Beim Mittagessen wird im Jemen viel geschmatzt und viel geschwiegen. Anschließend folgt die dreistündige **„Quat-Zeit"** für die Jemeniten. Quat ist eine grüne Strauchpflanze, eine Droge. Fast 90 % der Bevölkerung kaut das Zeug in der „dicken Backe". Es tut sich nichts im Jemen während der Quat-Zeit. Alles döst und gibt sich seinen Träumen hin und überdies stillt Quat den Hunger. In Sanaa dunkle Gemäuer, völlig statische Gestalten, keinerlei Aggression.

05.09.: Wir fahren nach **Wadi Dhar**. Es handelt sich um eine grüne Oase, in dessen Mittelpunkt auf einem Felsen ein fünfstöckiger Felspalast des Imans errichtet wurde. Wadi Dhar ist zum Symbol für jemenitische Architektur geworden. Wir hatten einen herrlichen Blick ins Tal, in dem überall Quat angebaut wird.

Bei den Gesprächen spielt eine große Rolle das Revolutionsjahr 1962 und der darauf folgende 9-jährigen Bürgerkrieg im Jemen zwischen Süd- und Nord-Jemen. Es gab auch eine interessante Diskussion über die Parallelität der Wiederverein-gungen sowohl des Jemens als auch Deutschlands. Alles vollzog sich 1990. 1994 brach wieder ein Krieg im Jemen aus und deutsche Experten mussten evakuiert werden.

Bei Gesprächen mit Vertretern der GTZ und der KfW gab es erhebliche Spannungen dieser Experten untereinander. und mir war wiederum bewusst worden, dass die **Trennung von FZ und TZ, ein Krebsgeschwür der deutschen Entwicklungshilfe ist.**

11.09.: Beunruhigend ist die Armut der Kinder. Arme Kinder klopfen wie wild an die Scheiben des Autos. Wir werden schrecklich mit dieser Situation konfrontiert, die insbesondere die Kleinsten betrifft.

Im Jemen besuchten wie auch Shibam, eine Stadt am Fuße einer Steilwand. Alte Häuser, alles in der schönen jemenitischen Hochhaus-Architektur gebaut.

Zielsetzung der Tagung war es, einen Konsens über die Wassersektorpolitik im Jemen herbeizuführen und spezifische Themen auszuarbeiten. Der Workshop war mit hoher Professionalität vorbereitet und durchgeführt worden. Alle entscheidenden gesellschaftlichen Gruppen des Jemen nahmen an dem Workshop teil. Es wurde Einvernehmen erzielt, ein Wunder um Jemen.

Welternährungsgipfel Rom

Vom 13.–17.11. war ich beim **Welternährungsgipfel in Rom.**
Die deutschen Teilnehmer waren **Landwirtschaftsminister Borchert,** der Parlamentarische Staatssekretär Hedrich aus dem BMZ und meine Wenigkeit. Am beeindrucktsten waren die Auftritte von **Fidel Castro und von Papst Johannes Paul II.** Der Welternährungsgipfel war schon vorverhandelt, so dass es keine mühseligen Nachtverhandlungen gab, um sog." Brackets"„aufzulösen.

Die Ergebnisse des Gipfels waren wenig spektakulär. Wichtigstes Ergebnis war die Anerkennung des Rechts auf Nahrung gemäß Artikel 11 der Internationalen Konvention über wirtschaftliche, soziale und kulturelle Rechte von 1966.

Bedeutend auch das Drängen auf entsprechende Maßnahmen von Landreformen und die Stärkung internationaler Forschungseinrichtungen, insbesondere der Beratungsgruppe für internationale Agrarforschung (CGIAR). Ferner wurden die Regierungen und die Zivilgesellschaft aufgefordert, strategische Nahrungsmittel-Notreserven auf lokaler und nationaler Ebene einzurichten. Wir konnten bei der Konferenz darauf hinweisen, dass das BMZ den Bereich Land-, Forstwirtschaft und Fischerei mit jährlich 400 Mio. DM unterstützt. Ferner haben wir ein neues Konzept nämlich „Ernährungssicherung und Nahrungsmittelhilfe" der Öffentlichkeit vorgestellt, in dem eindeutig die stärkere Berücksichtigung der lokalen Märkte in den Entwicklungsländern festgeschrieben wurde.

Am beeindruckendsten war der Auftritt von Fidel Castro, der die westlichen Staaten scharf angegriffen hat. Castro, dessen Land Kuba seit 1962 unter einer

Wirtschaftsblockade der USA zu leiden hat, verurteilte Sanktionen als Mittel der Politik, vor allem wenn Lebensmittel und Medikamente darunter fielen. Ziel dieser Sanktionen sei es nur, ganze Bevölkerungen mit Hunger und Krankheiten zu vernichten. Einer solchen Politik fehle jeglicher Respekt vor den grundlegenden Menschenrechten. Sie sei nicht zu rechtfertigen und ohne Moral erklärte Castro. Vom Hunger hätten die westlichen Länder keine Ahnung. Am nächsten Tag **trafen sich Castro und Papst Johannes Paul II zum ersten Mal** und dieses Treffen galt letztlich als ein Höhepunkt des Welternährungsgipfels.

Die Federführung auf deutscher Seite lag am Landwirtschaftsministerium. Doch die FAZ berichtete in ihrer Ausgabe vom 13. November 1996, dass die Handschrift des Entwicklungsministeriums kräftig bei jeder Aktion und bei jeder Formulierung durchschien. Wir haben zahlreiche Presse-Interviews gegeben.

Ich wies insbesondere auf die versteckten Juwelen in dem Aktionsplan hin, die es ermöglichen, in der Zukunft nicht nur" Debt for Nature Swaps" durchzuführen, sondern auch „Debt for Food Security Swaps", d.h. Entwicklungszusammenarbeit zu gewähren mit der Zielsetzung, dass die Entwicklungsländer die Kredite zurückzahlen in Landeswährungskosten.

Fazit der Jahre 1994-1996:

Es waren die Jahre der Weltkonferenzen. Die Konferenz über die kleinen Inselstaaten in Barbados 1994 hat ein Aktionsprogramm und die Barbados Deklaration verabschiedet, die die spezifischen Probleme der kleinen Inselstaaten ins Blickfeld nehmen mit Lösungsmöglichkeiten: Anstieg des Meeresspiegels, Zerstörung der Küsten, Erschöpfung der Trinkwasser-Ressourcen, Bedrohung der Artenvielfalt und Gefahr durch Tourismus.

Der Welt-AIDS-Kongress in Yokohama in Japan im Jahre 1994 befasste sich mit dem Stand der wissenschaftlichen Forschung über AIDS. Der Wissensstand war damals, dass weder Hoffnung auf einen Impfstoff noch auf eine medikamentöse Behandlungsmethode besteht, ein entsprechend deprimierendes Ergebnis für die 10.000 Teilnehmer aus 140 Ländern. Gott sei Dank hat der wissenschaftliche Fortschritt danach diese düsteren Prognosen obsolet gemacht.

Bei der Weltbevölkerungskonferenz in Kairo 1994 gab es massive Auseinandersetzungen mit dem Vatikan und dem Iran zur Frage der Familienplanung (Unheilige Allianz). Letztlich konnte jedoch das Recht auf Familienplanung weltweit durchgesetzt werden.

Der Weltsozialgipfel 1995 hat ein Sonderprogramm der ILO (Internationale Arbeitsorganisation) zur Bekämpfung der Kinderarbeit auf den Weg gebracht.

Bei der Weltfrauenkonferenz 1995 in Peking ist das sexuelle Selbstbestimmungsrecht der Frau festgeschrieben worden, desgleichen gleiches Erbrecht für Jungen und Mädchen. Ferner wurde die vorgeburtliche Geschlechtsauswahl und die Verstümmelung weiblicher Geschlechtsorgane gebranntmarkt.

Beim Weltstädtegipfel in der Türkei 1996 wurde die HABITA Agenda verabschiedet, die das Recht auf angemessene Wohnung als Bestandteil der Menschenrechte verankert hat, zudem wurde die Autonomie kommunaler Stadtentwicklung als eine Kernvoraussetzung erfolgreicher Stadtentwicklungspolitik hervor festgeschrieben.

Der Welternährungsgipfel 1996 in Rom hat eine Lanze gebrochen für Landreformen und die Stärkung Internationaler Agrarforschung. Ansonsten war der Gipfel wenig spektakulär.

Die Reise mit Minister Spranger nach Bangladesch 1996 hat deutlich gemacht, dass das Land aufgrund massiver Konflikte zwischen der Präsidentin Begum Zia und der Oppositionsführerin Hasina derzeit unregierbar ist. Beim unserem Besuch in den Philippinen wurde deutlich, dass in diesem katholischen Land die katholische Kirche massiv die Familienplanung bekämpft. Auf der Halbinsel Mindanao besteht aufgrund starker islamistischer Tendenzen die Gefahr großer Unruhen.

Fotos 1996

**Reise mit Bundesminister Spranger nach Bangladesh und Philippinen
Februar 1996**

Begum Khaleda Zia, Premierministerin von Bangladesh
18.2.1996

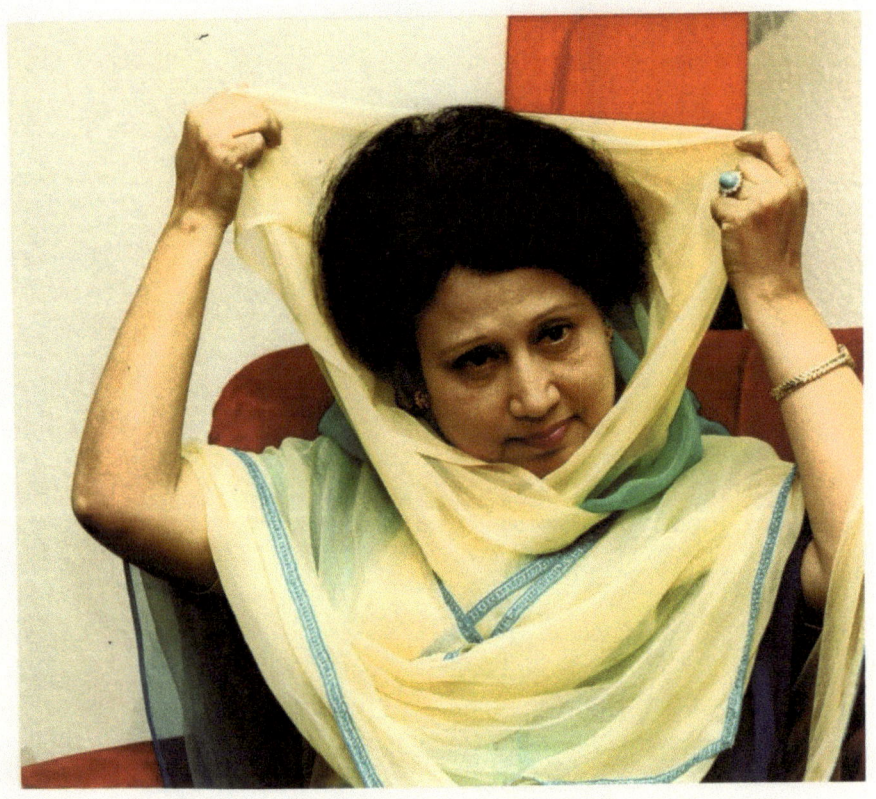

Scheik Hasina, Vorsitzende der Awami- Liga, Oppositionführerin
18.2.2996

Slum Dhaka Bangladesh

Nach Ausbruch des Vulkans Pinatubo, Philippinen

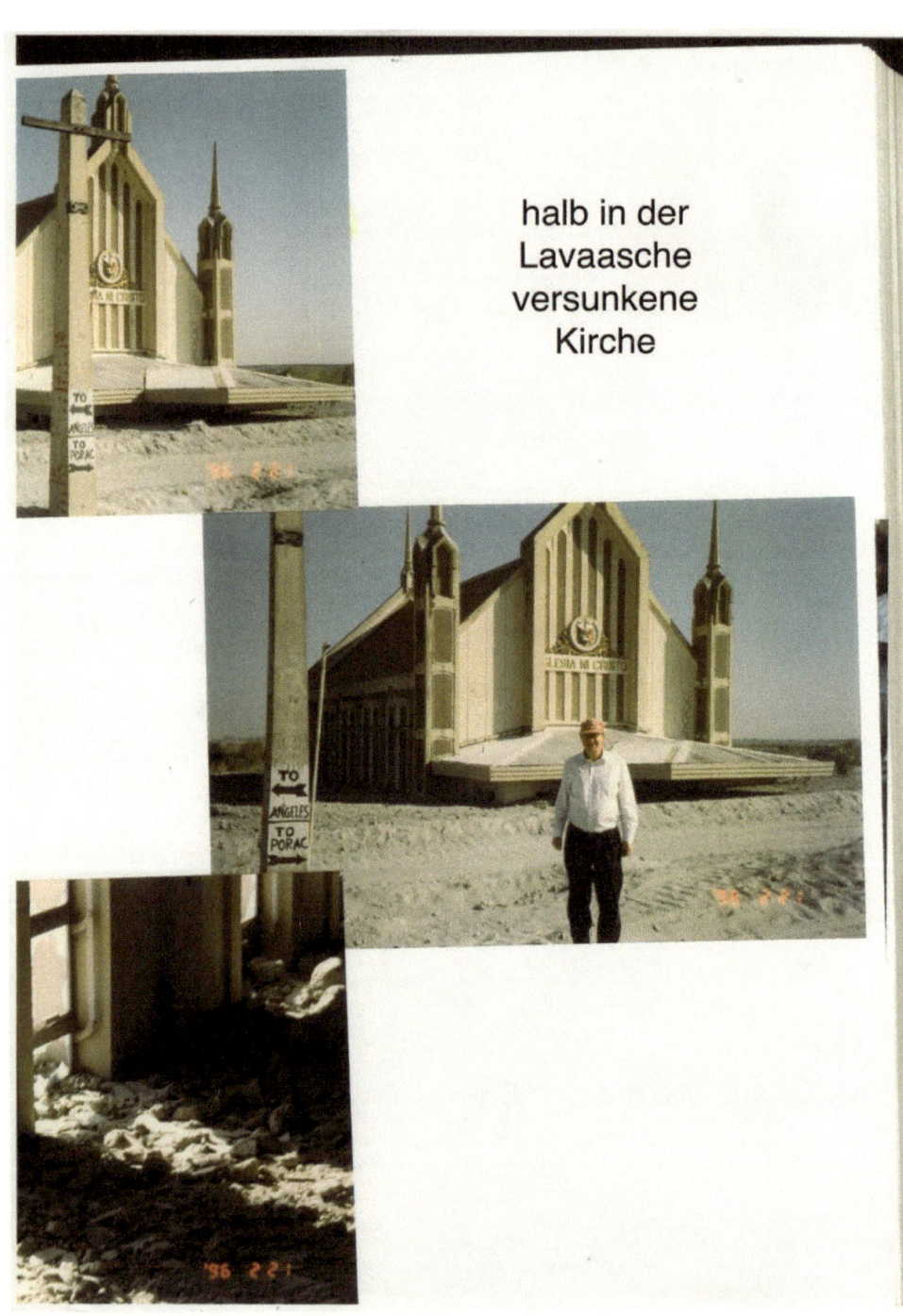

halb in der
Lavaasche
versunkene
Kirche

160

Spranger

Bohnet

Schweiger

Mitte Spranger

Rückflug

van de Sand   Bohnet

Pallmann   Mc Sweeny UNV

Yemen

7. - 11. September 1996

Konferenz über Wassersektorpolitik

modernes Yemen
in der Mitte: Bohnet

traditionelles Yemen

Wadi Dhar
Felsenpalast
des Iman

1997 - 1998

Fachkonferenzen und Projektbesuche

Wüste (Niger)

Wasser (Petersberg)

Umwelt (New York)

Landwirtschaftliche Forschung (Syrien, Jordanien)

Kinderarbeit und -schutz (Bonn)

Drogen (New York)

Armut (Tokio)

FCKW- Ausstieg (Moskau, Russische Föderation)

Sektorkonsultationen und Projektbesuche Äthiopien

Regierungswechsel zu Rot-Grün

1997

Fachkonferenzen und Projektbesuche

Niger nach Putsch isoliert, OSS-Bilanz mäßig positiv

RIO plus 5, Ergebnisse unbefriedigend

Syrien / Jordanien: Landwirtschaftliche Forschung in Trockengebieten eine Erfolgsstory

Gescheiterter Austritt aus der UNIDO

Niger: Generalversammlung des Observatoire du Sahara et du Sahel (OSS)

Ich reiste vom **26.02. bis 03.03.1997 in den Niger.** Zweck der Reise war die Teilnahme an der **Generalversammlung des Observatoire du Sahara et du Sahel** (OSS) und Projektbesuche. Aud meinem Tagebuch wieder einige Bemerkungen:

„26.02.: Flug von Paris nach Ouagadougou (Burkina Faso), dann weiter mit Air Afrique nach **Niamey** im Niger. Es gibt praktisch keine Autos, alles ist extrem arm. Das waren meine ersten Eindrücke. Im Hotel gab es im Zimmer nur heißes Wasser. Kein einziger kalter Strahl, ferner unendliche Mückenschwärme mit schrecklichen Mückenstichen. Ich wurde fast verrückt.

27.02.: OSS-Konferenz eröffnet. **Präsident Bare** hält unter dichtem Militärschutz eine Begrüßungsrede, etwa 600 Soldaten umgeben ihn, schützen ihn und rudern mit

Gewehren auf dem Podium herum. So regieren Militärdiktatoren. In der Rede des Umweltministers wird Deutschland nicht erwähnt. Darüber habe ich mehr sehr geärgert. Wegen des Militärputsches vor etwa einem Jahr haben wir die Entwicklungshilfe an Niger eingestellt und auch keine Neuzusagen gemacht. Die Konferenz, die sich mit der Frage der Wüstenbildung befasste, ist wenig aufregend.

28.02.: Bei der Konferenz habe ich als Dritter auf Französisch meine Rede gehalten, die Strategie der OSS gelobt, aber zugleich die mangelnde Umsetzung scharf kritisiert. Der nigrische Minister erklärte mir daraufhin fast eine halbe Stunde lang die sog. „Demokratie in Niger". Er wollte unbedingt eine Wiederaufnahme der Deutschen Entwicklungshilfe erreichen.

01.03.: Im Musee National mit den schönen blau-weissen Motiven noch ein Grußwort von unserem alten **Bundespräsidenten Lübke gefunden**. Wie nachhaltig doch deutsche Bundespräsidenten wirken können. Ich muss mal schauen, wann Lübke das letzte Mal in Afrika war. Es muss rund 30 Jahre her sein. Er war Präsident von 1959-1969.

Ausflug nach Koure (**Giraffen-Safari**). Bei drei Polizei-Militärposten ohne Probleme durchgefahren. Nach etwa 10 Kilometer sind wir in die „Brousse" gefahren, d.h. querfeldein, dann trafen wir auch tatsächlich vier Giraffen. Nach weiteren 10 Kilometer stießen wir auf ein kleines Dorf mit abgeernteten Hirsefeldern. Hier fanden wir einige dickbäuchige Kinder, d.h. die Kinder mit Hungerbäuchen. Die Giraffen tummelten sich mitten im Dorf.

02.03.: Besuch der **Solarstation Simiri**. Sie macht einen ausgezeichneten funktionsfähigen Eindruck. Wasser wird mit Hilfe der Solarenergie aus 50 Metern Tiefe geholt.

Die Landschaft ist völlig kahl, ich frage mich wie man hier überhaupt überleben kann. Ein paar Hirsehalme und wenig Wasser und Ziegenmilch.

Bei einem Besuch eines landwirtschaftlichen Projektes habe ich mich auf Französisch bedankt, insbesondere die **Grüße von unserer Familie übermittelt, also auch von Max, Heidi und Hans. Es ist absolut notwendig im Niger immer auch die Grüße der eigenen Familie zu übermitteln.** Die Familie ist der Hort der Beständigkeit und die Seele des Lebens. Max, Hans und Heidi sind somit zu Freunden des Niger geworden. Ich hoffe Sie sind im Stande, dies auch ausreichend zu würdigen nach meiner Rückkehr.

Verlauf und Ergebnisse der Konferenz:

5 Jahre nach Gründung der OSS in Paris fand im Niger die erste Generalversammlung statt. Die nigrische Regierung war bemüht, für einen reibungslosen Ablauf der Veranstaltung zu sorgen, um außenpolitisch an Boden zu gewinnen. Dieses Bemühen ist aufgrund der außenpolitischen Isolierung des Nigers nach dem Militärputsch zu verstehen. Deutschland hat seine Entwicklungshilfeleistungen an Niger aufgrund der politischen Lage in Niger eingestellt.

Die OSS-Bilanz der vergangenen Jahre ist überwiegend positiv. Ich wies in meiner Erklärung darauf hin, dass es der OSS gelungen sei, sich binnen kurzer Zeit als wirksame Institution in seiner Region und dem internationalen Umfeld zu etablieren. OSS leistet einen wirksamen Beitrag zur Bekämpfung der Desertifikation in Afrika. Ich habe angekündigt, dass wir für die kommenden drei Jahre 3,9 Mio. DM für OSS bereitstellen.

New York: Sondergeneralversammlung Rio + 5 Jahre

Vom 23.- 27. Juni 1997 fand in **New York die Sondergeneralversammlung der Vereinten Nationen statt.** Sie hatte 2 Ziele:

- eine umfassende Zwischenbilanz der Umsetzung der Ergebnisse der VN-Konferenz für Umwelt und Entwicklung, die 1992 in Rio de Janeiro stattfand, zu ziehen
- **5 Jahre nach Rio** neue Impulse zu geben.

An der Sondergeneralversammlung nahmen 63 Staatschefs und zahlreiche Minister aus 183 Nationen teil. Deutschland war durch **Bundeskanzler Dr. Helmut Kohl, die neue Bundesumweltministerin Dr. Angela Merkel**, Bundesbauminister Dr. Klaus Töpfer und den Parlamentarischen Staatssekretär im Bundesministerium für wirtschaftliche Zusammenarbeit und Entwicklung, Klaus-Jürgen Hedrich vertreten,

Ergebnisse: Die Ergebnisse der Rio + 5 Konferenz sind als nicht befriedigend zu bewerten, dennoch ist der Rio-Prozess unumkehrbar. Die Atmosphäre der Verhandlungen in New York war durch Härte gekennzeichnet. Das Schlussdokument umfasst 50 Seiten. Eine politische Erklärung kam nicht zustande, da Parallelverhandlungen stattfanden und somit das Schlussdokument und die politische Erklärung nicht mehr konsistent waren. Auch Sicht der Entwicklungsländer sind die Industriestaaten ihren finanziellen Verpflichtungen, die sich aus der Rio-Konferenz ergaben, nicht nachgekommen. Die EU-Positionen zum Thema Wald und Klima konnten nur mit Abstrichen (Widerstand insbesondere von Japan, den USA und wichtige Entwicklungsländer) durchgesetzt werden. Es konnte kein Signal für eine Waldkonvention gegeben werden. Für die 3. Vertragsstaatenkonferenz Klima im Dezember 1997 in Kyoto konnte kein politisches Signal gesetzt werden. Widerstand kam insbesondere von den USA, Japan und den OPEC-Staaten.

Eine **Initiative, die von Bundeskanzler Kohl zusammen mit den Staatschefs von Brasilien, Südafrika und Singapur eingebracht wurde**, die die Gründung einer globalen UN-Dachorganisation für Umweltfragen beinhaltet hätte, fand auf der Konferenz bedauerlicherweise nur **geringe Resonanz.**

Als außergewöhnlich ist zu bezeichnen, dass auch die neue **Bundesumweltministerin Frau Merkel** an der Konferenz teilnahm. Ihre Ressortbesprechung zur Konferenz zum Thema „Wasserpreise in Nahost", war von **bewundernswerter Kürze und Präzision**. Sie befragte bei der morgendlichen Besprechung der deutschen Delegation um 8 Uhr die Vertreter des AA, des BMU, des BMF und des BMZ nach ihrer Position zum heutigen Tagesordnungspunkt „Wasserpreise im Nahen Osten". Sie stellte fest, dass alle unterschiedliche Positionen einnahmen. Und sie legte daraufhin innerhalb von 4 Minuten ihre eigene Position und somit die Position der Bundesregierung fest. Die deutsche Delegationsbesprechung war nach 20 Minuten beendet. Wir alle waren beeindruckt von ihrer Verhandlungsführung.

Merkel hat sich auf der Konferenz kritisch gegenüber den USA geäußert: „ Wir erwarten beispielweise von den USA, dass sie bei der kommenden Konferenz in Japan ordentlich vorbereitet sind und die amerikanische Regierung endlich anerkennt, dass es beim Umweltschutz riesige Probleme gibt."

Das BMZ hat im Juni 1997 eine eigene Materialie herausgebracht mit dem Titel „Rio Konferenz Umwelt und Entwicklung- 5 Jahre danach. Der Beitrag der Entwicklungszusammenarbeit", BMZ aktuell.

Jordanien/Syrien: Landwirtschaftliche Forschungsinstitute und Projektbesuche

Vom 01.09.-12.09.1997 war ich in **Syrien und Jordanien**. Ziel der Reise war der Besuch des Internationalen Zentrums für landwirtschaftliche Forschung in Trockengebieten **(ICARDA)** in Aleppo, des Projektes „Sanierung der Altstadt von Aleppo" sowie von Wasserprojekten und UNRWA-Projekten in Jordanien, Dazu gibt es ein ausführliches Tagebuch-Ich zitiere daraus einige wenige kleine Passagen:.

„01.09.: Mit dem Flugzeug Ankunft in Damaskus, eine für mich unheimliche Grenzabfertigung. Man hat das Gefühl eines diktatorischen Systems.

02.09.: Flug von Damaskus nach Aleppo mit Kuwait Airways. Schöner Morgenflug über die Wüste.Vom Visitor-Service von ICARDA, dem internationalen Zentrum für landwirtschaftliche Forschung in Trockengebieten, abgeholt.

Die Gespräche offenbaren die hohe Motivation der Forscher. Auch einige Alt-DDR-Frauen waren dabei, also jene, die in den alten Tagen Syrier geheiratet haben. Syrien hatte ja bekanntlich enge Beziehungen zur DDR. Insgesamt war ich von der Geschlossenheit, der Schönheit und auch dem Wohlstand und der Sauberkeit Aleppos überrascht. Die Geschosszahlen und die Fassadengestaltung ist vom Staat vorgegebl.

Am Nachmittag besuchte ich noch das **Simeon-Kloster.** An Aleppo angrenzend, laden 500 sog. tote Städte zur Entdeckung ein. Es ist das größte Freilichtmuseum spät antiker Architektur, besonders des Kirchenbaus. Es gibt prächtige Basiliken für orientalische Christen aus dem 4. Jahrhundert. Früher war die Region nordwestlich von Aleppo Anbaugebiet für Oliven, Wein und Getreide. Mit der islamischen Eroberung Anfang des 7. Jahrhunderts wurde die Region aber von den Märkten abgeschnitten und geriet ins wirtschaftliche Abseits. Heute herrscht kahler Karst vor. Die Totenstädte wurden nicht durch Kriege oder Naturkatastrophen zerstört, sondern schlicht verlassen.

Ich besuchte das **Simeon-Kloster, das monumentalste Bauwerk der Christen vor den mittelalterlichen Kathedralen.** Simeon saß auf der berühmten Simeon-Säule (386 nach Christus geboren). Er saß angeblich um 500 nach Christus als Einsiedler auf der Säule. Er verbrachte dort 30 Sommer und Winter und zwar genau auf 3 qm. Er konnte die Fußspitzen mit seiner Stirn berühren. Dieses Weltwunder lockt viele Pilger an.

Im Verlauf der Reise überschritten wir auch die arabisch-kurdische Grenze. Die **Kurden** leben im Norden Syriens an der Grenze zur Türkei und in Harmonie mit den Arabern. Sie haben eine eigene Musik und Sprache und schauen ein wenig verächtlich auf die Araber herab. Wir gerieten in etliche Hochzeitsfahrten, die aus 30 hintereinanderfahrenden Autos bestanden. Die Frauen tragen schöne weiß-grüne Kleider (mit Kopftüchern). Die Kurden leben in der Türkei, Syrien und im Irak und wohl auch im Iran. Sie sind ein Volk ohne Staat, ein politischer Sprengstoff wie die Palästinenser. Sie streben ein freies Kurdistan an (PKK). Das Schicksal der Kurden als **Volk ohne Staat** hat mich sehr berührt, welche Ungerechtigkeiten bietet doch die Weltgeschichte.

Syrien hat sich im Golfkrieg auf die amerikanische Seite geschlagen (also gegen den Irak) im Gegensatz zu Jordanien, dass den Irak unterstütz hat.

In Syrien spielt die Wasserfrage die zentrale Rolle. In Folge des Baus des Atatürk-Staudamms in der Türkei hat sich die syrische Wassermenge von einem Tag auf den anderen halbiert. Syrien würde mehr bekommen, wenn es die Unterstützung der PKK aufgäbe. Dies tat Syrien aber nicht. Der Eufrat fließt von der Türkei durch Syrien in den Irak. Somit hat Irak beim Wasser die schlechtesten Karten.

In Syrien leben Sunniten (75 %), einige Schiiten und die Alewiten (diesem gehört Assad, also der Ministerpräsident an). Daneben gibt es noch Drusen sowie 5 %

griechisch-orthodoxe Christen, 3 % Armenier. Die Alewiten umfassen 10 %, die Ismaeliten 1 % und die Drusen 3 % der Bevölkerung.

Die Syrer waren lange Zeit zusammen mit Libanon unter französischer Herrschaft, deshalb heute noch starker französischer Einfluss. Palästina, Irak, und Jordanien waren dagegen unter britischer Herrschaft.

04.09.: Besuch des Projektes **„Altstadt-Sanierung Aleppo"**. Das Aleppo-Projekt hat die Aufgabe, u.a. zinslose Kleinkredite an die Hausbesitzer zu vergeben, denen das alte, aber sehr schöne Dach herunter bricht. Das Projekt war befriedigend.

In Aleppo wohnen Sunniten, etwa 200 Juden, ferne Armenier und Christen.

 Überall in ganz Syrien prankt Assad und sein bei einem Unfall umkommender Sohn sowie dessen Bruder (der noch lebt) an allen Straßenkreuzungen und Häusern. Es fragt sich, ob der vielleicht lebende Sohn der spätere Präsident werden soll? (So ist es dann gekommen).

Assad und seine Geheimdienste durchdringen alles. Andererseits ist das Korrelat die Sauberkeit der Straßen. Ein völlig intaktes Stadtbild, auch viele Neubauten..

In Aleppo gibt es viel russischen, turkmenischen, aber auch georgischen und tadschikischen Einfluss. Es handelt sich um den größten geschlossenen Basar des Orients.

05.09.: Fahrt von Aleppo über Homs nach **Palmyra**. Überraschend die permanente Anwesenheit von syrischem Militär (Panzer, Flakgeschütze sind eingegraben, Soldaten wohnen und kämpfen in der Wüste). Wenn man aufblickt, sieht man in der Wüste Rauchwolken, ein Zeichen dass die Syrer da sind.

 Von Homs geht es weiter nach Palmyra zur irakischen Grenze. Nach etwa 4 Stunden Fahrt Ankunft in Palmyra. Palmyra ist ein Trugbild in der Wüste, eine Fata Morgana. Palmyra gehört zu den bedeutendsten antiken Ruinenstädten überhaupt. Die Stadt heißt auch Tadmur **„Stadt der Datteln"**. In Palmyra mischen sich Aramäer und Nabatäer. Palmyra war weitgehend unabhängig. Es war ein Puffer zwischen den Weltmächten und eine Händlerstadt. 272 wurde Palmyra durch die Römer erobert. Aurelie führte den Gott „Baal" ein. Der Geburtstag von Baal ist der 25. Dezember. Die Christen behielten dieses Datum bei und machten daraus Weihnachten, d.h. legten Weihnachten auf den 25. Dezember.

Ich habe Palmyra in unerträglicher Hitze besichtigt.

Palmyra wurde 1721 vom österreichischen Baumeister Fischer von Erlach wiederentdeckt. In den Grabtürmen schichtete man die Toten in Grabkammern (etwa 10 bis 10 übereinander).

06.09.: Fahrt mit dem **Taxi von Damaskus nach Amman.** Wir hatten erhebliche Probleme beim Grenzübergang. Alles erinnerte mich an DDR-Zeiten. Allein auf syrischer Seite mussten wir siebenmal Militärkontrollen passieren. Die Durchfahrten waren DDR-mäßig eng. Mein Pass bereitete große Probleme, da er nicht normal war, sondern ministerial, d.h. ich hatte einen Ministeriumspass, aber keinen Diplomatenpass. Als Gegenleistung für mein Durchlassen nahm der Fahrer einen jordanischen Polizisten mit zur neuen Grenzstation. Das bedeutete einen Umweg von fast 1 ½ Stunden.

07.09.: **Jordanien** ist over- aided und übernimmt keinerlei Anstrengungen zur Einkommensumverteilung. Die oberen 10.000 in Jordanien schwimmen im Geld und für die Armen wird nichts getan.

08.09.: Fahrt zur Kläranlage Great Irbid Waste Water Projekt. Ein KfW-finanziertes Projekt. Vorzügliche Präsentation durch einen in Aachen ausgebildeten jordanischen Ingenieur. Die Jordanier, die wir in Deutschland ausgebildet haben sind die besten Botschafter und die besten Entwicklungshelfer, die man sich überhaupt vorstellen kann.

Anschließend Fahrt zum **Grenzgebiet Syrien/Israel/Jordanien** von dem mir aus die Wasserproblematik erläutert wurde. Alles spielt sich am Lake Yarmouk ab bei der israelischen Grenze. Aufregend wie klein alles ist. Der Fluss ist etwa so groß wie die Nagold im Schwarzwald. Das gesamte Gebiet ist nicht größer als Villiprott oder Berkum bei Bonn. Alles nur wenige Meter und Kilometer. Fast unbegreiflich wie sich hieraus ein Weltkonflikt entzünden kann über die Wasserfrage. Die Israelis haben die Golanhöhen 1967 im 7-Tage-Krieg besetzt, um das Wasser des Flusses Yarmouk in ihre Gewalt zu bekommen. Es wurde klar, dass sich die Israelis nicht an die Verträge halten.

Besuch des **Berges Neto** (709-800m). **Hier soll Moses gestanden haben** als er auf das gelobte Land blickte, dass er nur sehen aber nicht betreten durfte. Hier soll Moses auch begraben sei.

10.09.: Man gewinnt den Eindruck, dass die Palästinenser, die etwa 60 % der Bevölkerung Jordaniens ausmachen, äußerst dynamisch sind. Im Zentrum stehen Familienfragen. Die Scheidung ist in Jordanien sehr selten, da die Frau vom Mann nur 3 Monate Geld bekommt und dann geächtet in die eigene Familie zurück muss. Schuld oder Unschuld spielen keinerlei Rolle. Es wird in der Familie noch viel geschlagen, aber die Frauen wagen es kaum dies öffentlich zu machen.

Palästinenserlager gibt es im Libanon, im Gaza-Streifen, auf der Westbank und in Syrien und Jordanien. Die Palästinenser bilden einen Staat im Staate.

11.09.: Fahrt mit dem Bus nach **Petra** 3 ½ Stunden. **Ich ritt nach Ankunft mit dem Pferd** bis zum Eingang der Schlucht. Petra ist die Stadt der Nabatäer. Letztlich bleibt rätselhaft, warum solch prächtige Grabmäler entstanden sind.

Die Dienstreise diente 4 Zielen:

- Besuch des internationalen Zentrums für landwirtschaftliche Forschung in Trockengebieten (ICARDA) in Aleppo, das wir bisher mit 40 Mio. DM aus den internationalen Agrarforschungstitel unterstützt haben.
- Besuch des Projektes „Sanierung der Altstadt von Aleppo", das wir mit 5 Mio.DM unterstützt hatten.
- Gewinnung von Informationen über die Wasser- und Abwasserproblematik in Jordanien (Beurteilung des Konfliktes zwischen Trinkwasser und Bewässerungswasser. Beurteilung der Wasserkrisen, die sich durch grenzüberschreitende Problemstellungen ergeben).
- Besuch eines Projektes von UNWRA (von Palästinenserlagern in Amman). Ein Projekt, das wir mit 3,3 Mio.unterstützt hatten.

Zu 1.: ICARDA: Die Forschungsarbeit ist beeindruckend. Eine Hinwendung zur biotechnologischen Forschung ist notwendig. Das Projekt ist überdimensioniert, insbesondere der technische Park. Eine stärkere Verzahnung mit den nationalen Forschungsinstitutionen ist unabdingbar.

Zu 2.: Rehabilitation der Altstadt von Aleppo: Den Bewohnern werden finanzielle Anreize-Kredite vermittelt, um ihre Häuser zu sanieren. Das Projekt ist sehr vernünftig. 170 Kredite wurden an Bewohner bereits vergeben.

Zu 3.: Wasserfrage. Es gibt ständig Streitfragen über das Wasser zwischen Jordanien, Syrien und Israel, insbesondere Fragen der Verwendung der versprochenen Wasserlieferungen aus Israel. Israelis halten ihre Versprechungen nicht ein. Es gibt einen dramatisch ansteigenden Konflikt zwischen Trinkwasser und Bewässerungswasser in Jordanien. Ferner gibt es schwierige innerjordanische Entscheidungsprozesse, die es verhindern, den Trinkwasserpreis zu erhöhen.

Zu 4.: Palästinenserlager in Amman. Insgesamt ein sehr vernünftiges Projekt.

Gescheiterter Austritt aus der UNIDO

Das Jahr 1997 war geprägt über **Auseinandersetzungen zwischen dem BMZ und dem Auswärtigen Amt über die Frage, ob Deutschland Mitglied der UNIDO bleiben soll**. Bundesminister Spranger hatte sich am 26. November 1997 im Parlament dafür ausgesprochen, die UNIDO zu verlassen. Dazu gab es erheblichen Widerstand von Bundesaußenminister Kinkel, vertreten durch Ministerialdirigent Pleuger. Ich war beauftragt worden von Minister Spranger, den Ausschluss Deutschlands aus der UNIDO voranzutreiben. Nach monatelangen Verhandlungen zwischen BMZ und AA mussten wir klein beigeben, da Bundesminister Spranger es nicht gewagt hatte, mit Herrn Kinkel die Frage direkt zu besprechen. Ich musste deshalb am 01.12.1997 bei der 7. Generalkonferenz der UNIDO in Wien als deutscher Delegationsleiter eine Erklärung abgeben, die kritische Äußerungen gegenüber UNIDO enthielt, auch die Aussage, dass Deutschland dem Haushalt nicht zustimmen kann, in der aber letztlich vermieden wurde zu erklären, dass Deutschland aus der UNIDO austritt. Unterstützt wurde ich tatkräftig vom BMZ-Mann Buch.

Bei meinem **Canossa-Gang nach Wien** habe ich erklärt: „Wir hatten Zweifel in Bezug auf die entwicklungspolitische Relevanz einer UN-Institution für industrielle Entwicklung. Wir haben die Aktivitäten von UNIDO kritisiert aufgrund des Mangels an Prioritätensetzung, unzureichender Konzentration auf Schlüsselbereiche und Überlappungen der Arbeit mit anderen UN-Institutionen. Wir können aber heute feststellen, dass unsere Bemerkungen zu einer Intensivierung der Reformanstrengungen von UNIDO geführt haben. Wir waren und sind immer noch der Meinung, dass weitere Budget-Kürzungen möglich gewesen wären, ohne die Funktion von UNIDO zu gefährden. Ich bitte Sie deshalb um Verständnis, das Deutschland dem Haushalt nicht zustimmen kann".

Die monatelangen Auseinandersetzungen zwischen BMZ und AA, wenn auch in freundschaftlicher Form mit Herrn Pleuger, hat sehr an meinen Nerven gezerrt. Es ist eine gewisse Absurdität, dass der jetzige Entwicklungsminister Müller nun ab 2022 neuer Generalsekretär der UNIDO wird. Herr Minister Spranger a.D. wird darüber nicht erfreut sein und sich wahrscheinlich grämen.

Fotos 1997

Niger

26. Februar - 3. März 1997

Generalversammlung des
Observatoire du Sahara et du Sahel (OSS)

hinter Bohnet
Frau Schumacher (GTZ)

Präsident
Baré des
Niger

Fahrt nach Kouré

Giraffenroute

Dorf Kouré

Syrien/Jordanien

1. - 12. September 1997

Landwirtschaftliche Forschungsinstitue und Projektbesuche

ICARDA
Aleppo

Präsident Assad mit Sohn (bei Unfall getötet)

Gräber

Petra (Jordanien)

Bohnet als Reiter

Schatzhaus Petra

1998

Äthiopien, Wasserpolitik, Weltgipfel Drogen

Äthiopien, Hungerregion Tigray bedrückend

Wasserkonferenz Petersberg: Deutschland größter Geber im Wasserbereich

Global March Bonn: Weltweiter Marsch gegen Kinderarbeit spektakulär

Drogenkonferenz New York: Alternative Entwicklung ist machbar

Armutskonferenz Tokio: überflüssig

Russische Föderation: Beeindruckender FCKW-Ausstieg mit deutscher Unterstützung

Regierungswechsel zu Rot/Grün

Sektorkonsultationen Äthiopien

Vom 15.01.-22.01.1998 war ich in **Äthiopien um Sektorkonsultationen** durchzuführen.

Im Folgenden wieder einige Stichworte aus meinemTagebuch:

„16.01.: Mittagessen mit Botschafterin Holik. Auch der Gutmensch **Karl-Heinz Böhm** (bekannt aus den Sissifilmen) war da. Er leitet eine NGO in Äthiopien. Er liest beim Mittagessen ein Gedicht vor und produziert sich vor allem selber.

17.01.: Abflug nach **Mekelle** in die **Tigray-Region**. Geflogen sind wir einer neuen Fokker 50 und auf einer völlig ärmlichen Geröllpiste gelandet, die kaum als Piste zu erkennen war. Fahrt zum Hotel Abraha. Das Zimmer war eine magere Kammer. Mekelle liegt in einer fast baumlosen Ebene. Erstes Gespräch mit einem alten Freiheitskämpfer, eine entscheidende Figur der Tigray Regional Government. Das Gespräch drehte sich vor allem um den Freiheitskampf 1975-1993 der Volks-befreiungsfront von Tigray gegen Mengistu, dem diktatorischen Chef des sozialistischen Staates Äthiopien, der von der Sowjetunion unterstützt worden war.

Tigray war Hungergebiet. 2.000 Menschen starben. Die größte **Hungersnot** herrschte zwischen 1984 und 1988. Die meisten Menschen hier sind im Herzen Maoisten.

 Brenn- Holz muss über Strecken zwischen 16 und 18 Kilometern transportiert werden. Im Skill Development Center viele Maschinen gesehen, die aus China, Italien, Großbritannien und Tschechien eingeflogen worden sind. Die Äthiopier argu-mentieren: „Wenn wir Freiheitskämpfer den Krieg gewonnen haben, so können wir auch noch die paar Maschinen bedienen. Außerdem ist Ethiopian Airlines die beste Fluglinie Afrikas".

Nachmittags noch nach **Nagash** zur ältesten Moschee Äthiopiens gefahren. Moslems und Christen lebten hier stets friedlich zusammen. Die Moslems sind in Tigray in der Minderheit.

Außerdem haben wir noch das Märtyrer-Denkmal gesucht, eine vielgliedrige Säule, die 51 Meter hoch und ausgestattet ist mit realistischen Figuren von Freiheitskämpfern aus der Zeit der Hungermärsche, die von Migs bombardiert worden waren.

18.01.: Von Mekelle nach **Axum** losgefahren. Überall konfrontiert mit der äthiopischen Wirklichkeit: Transport von Feuerholz auf Eseln, Schafen, Ziegen, abgemagerte Kuhherde, Kinder als Hirten und Frauen als Wasserträgerinnen. Alle sehr arm und die Menschen sehr abweisend.

Ich besuchte die **Monolithen (Stelen)**. Der erste Eindruck war überwältigend. Axum soll im 10. Jahrhundert die Hauptstadt zu Zeiten Königin von Sabas gewesen sein. Axum war Hauptstadt des abessinischen Königreichs und liegt an der Kreuzung vieler Handelswege zwischen Afrika und Asien. Die Aksumiter führten eine geistreiche Universalsprache ein, das sog. Geez. Im 4. Jahrhundert bekannten sie sich zum Christentum. Ab dem 7. Jahrhundert Untergang durch die Ausbreitung des Islam. Äthiopien wurde dadurch quasi vom Rest der Welt abgeschnitten. Axum ist heute noch die religiöse Hauptstadt Äthiopiens. Abends erster Eindrücke von Timkat, dem Erscheinungsfest.

19.01.: Zu Fuß zum **Timkat-Fest.** Es ist das größte Fest des Jahres. Das heilige Tabot – eine Tafel aus Holz oder Stein – die sinnbildend für die Gesetzestafel steht – wird in großer Feierlichkeit aus der Kirche herausgebracht und von einem Priester die ganze Nacht hoch über dem Kopf gehalten. Die Priester trugen schöne Prokatroben und schritten mit Prokatschirmen daher. Die Priester schwenkten Handkreuze. Die orthodox-äthiopische Kirche hat ihre Wurzeln im 4. Jahrhundert. Äthiopien war bereits lange vor Mitteleuropa christianisiert.

An den Feierlichkeiten nahmen etwa 1.000 Personen teil: Viele Blinde, Krüppel und Bettler, Männer und Frauen getrennt, Frauen ganz in weiß, mittelalterlich anmutend. Es gab keine Drängelei. Im Wasserbecken der Königin von Saba schwammen Kinder, sie schöpften das heilige Wasser, da es vor Krankheiten schützen soll.

Anschließend etwa 2 Kilometer außerhalb Axums, den Palast der **Königin von Saba** besucht, es handelt sich um eine Ruinenstadt.

Zurück zu den Stelen. Es handelt sich um 7 Granatsäulen, die größte davon 33 Meter und der größte Monolit der Welt zugleich. Sie zerbrach jedoch beim Aufstellen. Die zweite Stele wurde von Mussolini nach Rom gebracht und steht dort vor dem FAO-Gebäude. Sie soll in Kürze nach Axum transportiert worden und dort wieder aufgestellt werden. Die dritte Stele steht noch (23 Meter hoch). Die Stelen sind aus einem Stück Granit gehauen.

19.01.: Fahrt zum Ilri **(International Lifestock Research Institute).**

Zur Stadtrundfahrt in **Addis Abeba** aufgebrochen. Zuerst zu einer Art Obelisken gefahren, eine Skulptur, bei dem **Äthiopier Italiener erschießen und zwar von hinten, wobei die zu Tötenden mit Kapuzen bedeckt sind**. Auch ein aufgehängter Italiener wurde gezeigt.

Viele schreckliche Armut auf der Straße, Bettler, Kinder etc.

Zeit spielt in Äthiopien keine Rolle. Äthiopien ist ein **Land der Zeitreichen.**

22.01.: Fahrt zu einer **NGO (Mary Joy Aid).** Eine staatliche Textilfabrik mit etwa 600 Arbeiterinnen besucht, in denen eine Gruppe **Theaterszenen zur AIDS-Prävention** aufführte und vor allem dafür warb, AIDS-Kranke nicht zu diskriminieren und auszustoßen. Einige der Arbeiterinnen lachten, die anderen – möglicherweise HIV-infiziert – schwiegen betreten. Auf drei großen Penissen wurden Kondome befestigt und ein kleiner Wettbewerb veranstaltet. Welche Frau kann ein Kondom am schnellsten auf den Penis ziehen, ohne dass der Penis zerstört wird? Ich war verstört.

Noch das **Nation Museum besucht. „Lucy"** gesehen, den ältesten Menschen der Welt, der angeblich 3,5 Mio.Jahre alt ist. Er sah wie ein Affe aus. Ansonsten ein wenig interessantes Museum.

Inhalt der Dienstreise und Ergebnisse: Die Dienstreise war vorzüglich organisiert worden. Sie umfasste folgende Komplexe

- Die Prüfung des Sektorinvestitionsprogramms Bildung
- Die Landwirtschaftspolitik und die Agrarforschung (ILRI),
- Die Überprüfung des Biodiversity Instituts und der Forstwirtschaftsprojekte
- Die Förderung von Selbsthilfeaktivitäten
- Die Überprüfung der UNHCR-Treuhandvorhaben.

Zur Nr. 1.: **Sektorinvestitionsprogramm Bildung**

Das BMZ sollte weiterhin aktiv am Sektorinvestitionsprogramm Bildung mitarbeiten. Erfolg wird aber nur erzielt werden, wenn die Geber bereits sind, bei den Verfahrensvereinfachungen auch über den eigenen Schatten zu springen. Parallelfinanzierung ist die einzige realistische Perspektive, Gemeinschaftsfinanzierung wird derzeit von keinem Geber akzeptiert.

Zur Nr. 2.: **Internationales Lifestock Research Institute (ILRI)**

Äthiopien weist die größte Tierhaltungspopulation Afrikas aus. Eingerichtet wurde eine Genbank mit Saatgut. Es handelt sich um die größte Sammlung afrikanischer Gräser und tropischer Hochland-Futterpflanzen. ILRI verteilt jährlich etwa 3.000 Saatproben aus der „Forage Genebank" an Forschungsinstituten in Entwicklungseinrichtungen. Die Arbeit von ILRI macht einen ausgezeichneten Eindruck.

Zur Nr. 3.: **Biodiversität und Forstwirtschaftsprojekte**

Das Biodiversitäts- Institut dient der Erhaltung der pflanzengenetischen Vielfalt. In Äthiopien befinden sich 7.000 Baum- und Straucharten. Im Bezug auf die Forstwirtschaft bilden die Baumschulen die Kernzellen von Aufforstungsmaßnahmen, die auch während des Bürgerkriegs in Äthiopien fortgeführt wurden. Insgesamt wurden bisher 37 staatliche Baumschulen rehabilitiert.

Zu Nr. 4.: **Selbsthilfeaktivitäten**

Das Schwergewicht liegt auf der Familienplanung und HIV-Prävention. Ich konnte ein Theaterstück in der staatlichen Textilfabrik beiwohnen, bei dem die Mitarbeiter der NGO ins spielerischer Form die Textilarbeiterinnen, die in hohem Maß von AIDS bedroht bzw. bereits infiziert sind, über AIDS-Prävention (Kondom-Benutzung) aufgeklärt wurden.

Zu Nr. 5.: **UNHCR**

UNHCR informierte zuerst über die Flüchtlingssituation in Äthiopien. Derzeit gäbe es noch **350.000 Flüchtlinge in Äthiopien, vornehmlich aus Somalia und Sudan aber auch aus Djibouti,** insgesamt existieren 8 Flüchtlingslager. Kern der BMZ-Unterstützung ist die Anlage von Baumschulen, die Produktion von Setzlingen, die Wasserkonservierung und die Unterhaltung von Wasserpumpen und Bodenerosionsschutzmaßnahmen. Zielgruppe sind etwa 100.000 Flüchtlinge aus Somalia.

Globale Wasserpolitik, Petersberg

Vom 03.-05. März 1998 fand in Bonn das erste **Petersberg-Gespräch für globale Wasserpolitik** (Zusammenarbeit bei grenzüberschreitendes Gewässermanagement) statt. Das Forum wurde gemeinsam vom BMZ, AA, BMU, der Weltbank und der DSE durchgeführt. **Bundesminister Spranger** hielt zwei Reden, die sog. **Petersberger Erklärung zur globalen Wasserpolitik** wurde verabschiedet.

Hintergrund ist, das etwa 80 % der Krankheiten in Entwicklungsländern und ein Drittel der Todesfälle auf verschmutztes Wasser und mangelnde Hygiene zurückzuführen sind.

Überdies ist der Wassermangel das Kernproblem der Konflikte zwischen Israel, Jordanien und den Palästinensern. Wir haben erreicht, dass **israelische, jordanische und palästinensische** Fachteams sowie offizielle Vertreter dieser Länder unterstützt werden, das Wasserproblem im Nahen Osten gemeinsam anzugehen. U.a. wurde der Bau einer Meerwasserentsalzungsanlage und eine institutionalisierte Zusammenarbeit aller drei Länder beschlossen. Das **Ergebnis des Petersberger Gespräches** war:

a) Durch grenzüberschreitende Zusammenarbeit im Wasserbereich können regionale Auseinandersetzungen um Wasserressourcen erfolgreich friedlich und zum Nutzen aller gelöst werden. Unsere europäische und deutsche Erfahrung lehrt uns, dass stabile präventiv arbeitende nationale und regionale **Flusskonventionen** ein entscheidendes Element sind, denn Flüsse und Gewässer haben an sich keine politischen Grenzen. Gerade   Es gibt weltweit 215 grenzüberschreitende Flüsse.Deutschland verfügt über enorme Erfahrungen an Rhein, Donau, Oder und Elbe. Diese Erfahrungen wurden in die Konferenz eingebracht. Es wurde beschlossen, zur Lösung von regionalen Wasserproblemen globale Wasserpartner-schaften zu gründen, um den Informationsaustausch zu verbessern. Mit einem Budget von 1 Mio. DM wird Deutschland den Aufbau und Unterhalt eines weltweiten Informationsnetzes zur integrierten Wasserbewirtschaftung initiieren fördern mit dem Schwerpunkt Nahen Ostens. Außerdem haben wir uns entschieden, der Weltkommission für große Dämme beizutreten und dafür 1 Mio. DM zur Verfügung zu stellen.

b) Mit rd. 7 Milliarden DM für ca. 800 laufende Projekte ist Deutschland einer der **größten bilateralen Geber im Wasserbereich.** Letztlich wurde deutlich hervor gehoben, dass Wasser ein knappes Gut ist und deshalb einen angemessenen Marktpreis haben muss, nicht zuletzt um die wirtschaftliche Überlebensfähigkeit von Wasserversorgungs- und Abwasserversorgungsbetrieben zu gewährleisten. Ferner wurde beschlossen, die personelle Zusammenarbeit und die Aus- und Fortbildung grenzüberschreitend zu fördern, insbesondere zur Ressourcenbewirtschaftung, zur Verlustreduzierung und zur Wassereinsparung einschließlich von Hygienemaßnahmen.

Global March und Kinder- Parlament in Bonn

Am 25.5.1998 fand der **sogenannte Global March** statt. Von Manila aus startete eine Gruppe von ehemaligen KinderarbeiterInnen zu einem Protestzug durch Asien bis nach Europa. Zwei andere Gruppen gingen im Februar/März 1998 vom südafrikanischen Kapstadt und von Sao Paulo in Brasilien aus los. Ziel des Marsches rund um den Globus war Genf, allerdings sind die TeilnehmerInnen auch nach Bonn gekommen und haben vor dem alten Rathaus zu einer Kundgebung aufgerufen. 43 Kinder aus Asien, Afrika und Latein-Amerika bildeten in Bonn den Kern des Sternmarsches. Auf dem Podium vor dem Rathaus haben Herr Hedrich, Staatssekretär im Entwicklungsministerium, Herr Lawo, Geschäftsführer von Miseri-or und Kai Lash Satyarthi, der Begründer und der Motor des Global March aus Indien, mit den Kindern diskutiert. Ich habe ebenfalls mitdiskutiert. Herr Satyarthi schilderte sein Leben: „Eines Tages kam ein Mann in unser Dorf und versprach mei-nen Eltern, mir eine Schulausbildung zu verschaffen," erzählte der 15Jährige. Dann nahm er mich mit. Die schönen Versprechungen erwiesen sich als Lüge. Statt der Schule wartete auf den indischen Jungen harte Fronarbeit in einer Teppichfabrik, sieben Tage in der Woche, 12 bis 14 Stunden am Tag. Nach fünf Jahren versuchte er, mit Freunden zu fliehen, wurde erwischt, an einen Webstuhl angekettet und von seinem Chef mit glühenden Eisenstangen gequält Aktivisten einer indischen Aktionsgruppe gegen Kinderarbeit befreiten ihn schließlich und kümmerten sich um ihn.

International gibt es etwa 250 Millionen Kinder zwischen 5 und 15 Jahren, die als KinderarbeiterInnen bezeichnet werden können. Zu der Veranstaltung in Bonn waren auch 5.000 Bonner SchülerInnen gekommen und haben der Geschichte der KinderarbeiterInnen interessiert gelauscht.

Am 26.5. fand im **Bonner Wasserwerk ein sogenanntes Kinder-Parlament** statt. Dieses Kinder-Parlament bestand darin, dass **Blüm, der Bundesarbeitsminister, und ich** uns den Fragen der etwa 25 Kinderarbeiter aus den verschiedenen Ländern Latein-Amerikas und Asien stellten. Es war eine sehr bewegende Anhörung, bei der wir häufig sprachlos blieben. Wir konnten auf RUGMARK hinweisen, ein Warenzeichen, das wir eingeführt haben, um Teppiche zu bezeichnen, die ohne Kinderarbeit hergestellt wurden. Heute tragen etwa 30 % der aus Indien importierten Teppiche das Warenzeichen RUGMARK. Deutschland hat versprochen, das ILO-Programm zur Bekämpfung der Kinderarbeit mit DM 10.000.000 zu unterstützen. Wann das Wirkung zeigen wird, wissen die Götter.

Sondergeneralversammlung Drogen, New York

Vom 08.06.-10.06.1998 fand in **New York die Sondergeneralversammlung der Vereinten Nationen zu Drogen** statt.

In der politischen Erklärung verpflichten sich die Staats- und Regierungschefs, auf der Grundlage gemeinsamer Verantwortung sowohl das Angebot als auch die Nachfrage nach Drogen bis zum Jahre 2008 wesentlich zu reduzieren. Hierzu wurden Resolutionen und Aktionspläne in 6 Bereichen verabschiedet

 - Zur alternativen Entwicklung und zur Vernichtung illegalen Drogenanbaus

 - Zur Senkung des Drogenkonsums

 Zur Verringerung der Geldwäsche

 - Zur Reduzierung des Missbrauchs von synthetischen Drogen

 - Zur verbesserten Zusammenarbeit der Justizbehörden sowie
 - Zur Kontrolle chemischer Grundstoffe, die der Herstellung von Drogen dienen

Das BMZ hat sich aktiv an den Verhandlungen beteiligt und insbesondere seine **Konzeption zu „Drogen und Entwicklung"** vorgestellt. Insbesondere der Aktionsplan der Generalversammlung zur alternativen Entwicklung wurde durch einen BMZ-Resolutionsentwurf geprägt.

Von besonderer Bedeutung ist die internationale Einigung, dass Kleinbauern, die aufgrund von Armut Drogen anbauen, durch umfassende Entwicklungsmaßnahmen eine Abkehr vom illegalen Anbau ermöglicht werden soll. Maßnahmen dieser alternativen Entwicklung sollen Vorrang haben vor Maßnahmen der gewaltsamen Vernichtung. Weiterhin soll in Gebieten der alternativen Entwicklung keine gewaltsame Vernichtung stattfinden, so lange die Entwicklungsmaßnahmen noch keine nachhaltigen Perspektiven geschaffen haben.

Diese Gedanken beruhen auf den fast 20 Jahren Erfahrungen des BMZ im Bereich der alternativen Entwicklung. Das große Engagement des BMZ wird auch durch den Beitrag von über 400 Mio. DM deutlich, den das BMZ seit 1989 für die Drogenbekämpfung im Rahmen der Entwicklungszusammenarbeit ausgegeben hat. Jährlich werden auch 5 Mio. DM zur Unterstützung des Drogenkontrollprogramms der Vereinten Nationen bereitgestellt.

Das BMZ (die kreative und fleißige Frau Gerhardus und ich) hat am 08.06. in einer gut besuchten Sonderveranstaltung seine Konzeptionen, Erfahrungen und Perspektiven für die alternative Entwicklung gemeinsam mit der thailändischen Drogenkontrollbehörde vorgestellt. Das mit Unterstützung der Deutschen Gesellschaft für Technische Zusammenarbeit (GTZ) durchgeführt Projekt „Bergregionen Entwicklung Nord-Thailand" hat gezeigt, dass die alternative Entwicklung der einzige Weg ist, nachhaltig den kleinbäuerlichen Anbau zu verringern. Dabei wurde auch deutlich, dass solche Maßnahmen Zeit und Geld erfordern. In 17 Jahren wurde die Opium-Produktion im Projektgebiet von 9 Tonnen auf 0,2 Tonnen massiv reduziert. In Thailand insgesamt hat sich die produzierte Menge von Opium von 146 Tonnen im Jahre 1979 auf 7 Tonnen 1997 verringert. **Fazit: Alternative Entwicklung ist machbar.**

Einige Bemerkungen aus meinem Tagebuch::

„8.6. Die Konferenz wurde eröffnet durch Sondergeneralsekretär Annan. Ferner haben der amerikanische und französische Präsident **Clinton und Chirac** Reden gehalten. Deutscher Delegationsleiter war Bundesaußenminister Kinkel. Vom BMZ haben teilgenommen ich und Frau Gerhardus, die sehr effizient alles vorbereitet hatte und eine wichtige Stütze in New York war.
.

10.6. **Bundesaußenminister Kinkel** spricht auf deutsch auf der Sondergeneralversammlung zum Thema Drogen. Nachmittags fand die Einweihung des **Deutschen Hauses (unsere UN-Vertretung)** mit viel Aufwand und Presse statt. Kinkel erklärte auf Deutsch: Er habe als Schwabe darauf gedrängt, dass DM 2 Mio. beim Bau gespart worden waren. Das interessierte natürlich das internationale diplomatische Publikum in „höchstem Maße".

Auf der Drogenkonferenz wurden mir wieder einmal die negativen gesundheitlichen Gefahren von Drogenkonsum überdeutlich ins Bewusstsein gerückt. In Deutschland gibt es alleine jährlich 1.500 Drogentote.

Anbei einige Fakten zur Drogenproblematik:

- ca. 8 Mio. Menschen sind heroinabhängig. Das Heroin, das sie konsumieren, stammt zu über 90 % aus Afghanistan und Myanmar.
- 13 Mio. Menschen nehmen Kokain
- 30 Mio. synthetische Drogen
- 150 Mio. Cannabis
-

Armutskonferenz, Tokio

Vom 22.7.-1.8.1998 fand in Japan in Tokio die „ **Tokyo International Conference on African Development**" und eine **Konferenz über Armutsbekämpfungsstrategien** statt.

Die Bemühungen Japans sind konzeptionell zu verstehen vor dem Hintergrund dramatisch abnehmender japanischer Entwicklungshilfeleistungen (von 14 Mrd. $ 1995 auf 9,4 Mrd. $ in 1996). **Japan will jedoch seine Zusagen für Afrika** südlich der Sahara in einer Größenordnung von 1 Mrd. Euro jedes Jahr in etwa aufrecht erhalten. Japan fühlt sich frei jeglicher kolonialer Belastungen..

Die Konferenz über Armutsbekämpfungsstrategien fand in **Tokio und in Awashima** statt. Es war interessant, dass die kulturellen Rahmenbedingungen für Armutsbekämpfung stärker als früher diskutiert wurden; ferner die Verbindung von Armutsbekämpfung und Umwelt eine prominente Rolle spielte und zuletzt nicht nur ein Armutsbericht, sondern auch ein Bericht über die Reichen gefordert wurde. Auch öffentliche Beschäftigungsprogramme wurden als wichtig angesehen.

Interessant war, dass China vor einer zu starken Geberkoordinierung warnte („lasst viele Blumen blühen"). Nur dadurch könne Flexibilität gewahrt werden.

Aufschlussreich war, dass Peru den Begriff der „Economic Corridors" geprägt hat. Gemeint sind damit Zugangswege, um insbesondere die extrem Armen in abgelegenen Regionen zu erreichen.

Die Tagung über Armutsreduzierung in Japan hat in einem informellen Dialog dazu beigetragen, die Notwendigkeit der Verbindung von Mikropolitik und makropolitischen und makroökonomischen Veränderungen der Rahmenbedingungen stärker als sonst ins Blickfeld zu rücken. Auch eine stärkere Verknüpfung von Armut mit kulturellen Bezügen und mit ökologischen Bedingtheiten wurde herausgestellt.

Die Konferenz war vorzüglich organisiert, führte jedoch in der typisch japanischen Überorganisation zu zuweilen fast grotesken Entmündigungen angereister Minister, die sich sklavisch an Minutenpläne zu halten hatten. Überdies offenbarte die Auswahl des Konferenzortes zum Thema Armutsbekämpfung – ein extrem teures Hotel auf einer Privatinsel – nur unzureichende Sensibilität. Der dichte Konferenzablauf ließ den TeilnehmerInnen noch nicht einmal Zeit für einen Rundgang um die Insel, was zu erheblichem Unmut bei den von weither Angereisten führte. Auch hätten sich viele TeilnehmerInnen eine gestraffte Kurzinformation zur japanischen Finanz- und Wirtschaftskrise gewünscht, wurden jedoch von japanischer Seite abschlägig beschieden. Zu der Konferenz war auch auf eigene Kosten meine Frau mitgereist. Wir trafen in Japan auch Dr. Martin Ney, der Sohn eines Nachbarn, der zu jener Zeit bei der Deutschen Botschaft in Japan arbeitete

Ablauf der Reise in Japan:
Folgende Stationen habe ich mit Heidi, die ihre Reise selbst bezahlt hatte, durcheilt: Kyoto, Goldener Tempel, Kaiserpalast, Nara, Kobe, Hiroshima, Tokio, Kamaqura mit Daibutsu = großer Buddha, Ashi-See.

Ernennung zum Ministerialdirektor

21.08.1998: Gespräch mit **Minister Spranger.** Er betonte, er wolle das Vertrauen, die gute Zusammenarbeit sowie Verlässlichkeit würdigen, deshalb sein Vorschlag, mich zum **Ministerialdirektor B9** durch das Kabinett ernennen zu lassen. Dazu sei auch die Zustimmung des Bundeskanzlers Kohl erforderlich und diese versuche er in einem persönlichem Gespräch mit dem Kanzler einzuholen (hat nach zwei Anläufen geklappt. **Das erste Mal hatte Kohl abgelehnt**).

FCKW-Ausstieg in der Russischen Föderation, Moskau

Vom 06.-08.10.1998 fand in **Moskau/Russische Föderation eine Geberkonferenz unter Federführung der Weltbank zum FCKW-Ausstieg der Russischen Föderation** statt. Sie diente dem Ziel, Russland bei seinen konkreten Maßnahmen zum Ausstieg aus der Produktion von ozonabbauenden Substanzen zu unterstützen. Ich habe bei der Konferenz für die Bundesregierung zugesagt, Russland bei seinen konkreten Maßnahmen zum Ausstieg aus der Produktion von ozonabbauenden Substanzen mit 1,5 Mio. DM zu unterstützen. Russland erzeugt in 7 Fabriken derzeit noch 15 % der weltweiten FCKW-Produktion. Die Fabriken befinden sich in St. Petersburg, Kirovo-Chepepsk, Perm, Slavogorud, Volgograd und Redkino. Die Mittel sind für die Umstellung der Produktion auf FCKW-freie Stoffe bzw. für die soziale Abfederung der von Arbeitnehmern zu tragenden Anpassungslasten bestimmt. Die FCKW-Produktion Russlands soll im Jahre 2000 vollständig stillgelegt sein.

Neben Deutschland beteiligten sich auch die USA, Großbritannien, Japan, Schweden, Norwegen, Dänemark, Finnland, Italien, Österreich und die globale Umweltfazilität (GEF) mit insgesamt 40 Mio. DM an dieser für den Schutz der Ozonschicht zentralen Umstellungsaktion der russischen Fabriken. Die Überwachung der in Moskau beschlossenen Maßnahmen wird durch unabhängig Inspekteure der Weltbank und der Geberländer,in Zusammenarbeit mit russischen Fachleuten erfolgen.

Die Konferenz war von der russischen Seite gut und präzise vorbereitet worden, insbesondere die Statements der Generaldirektoren der sieben betroffenen Fabriken war überzeugend. Es herrscht der einmütige Wille, die FCKW-Produktion still zu legen. Die äußeren widrigen Umstände der Konferenz (keine Heizung, Delegierte in Mänteln) führten zu einer erfreulichen Kürze der Veranstaltung, die termingemäß am Abend des 7. Oktober 1998 endete. Herr Dr. Müller, der Wissenschaftsreferent der Deutschen Botschaft in Moskau, hat tatkräftige Unterstützung geleistet sowohl inhaltlich als auch organisatorisch.

Während der Konferenz habe ich einer Übergangswohnung auf dem Botschaftsgelände gewohnt.

Russland befindet sich in einer schwierigen politischen Übergangslage, der wirtschaftliche Niedergang der Russischen Föderation kam im Jahre 1997 ein wenig zum Stillstand. Russland leidet unter dem Verfall der Weltmarktpreise für Erdöl massiv. Die politische Lage in Russland ist äußerst labil. Zu jener Zeit war Jelzin Ministerpräsident. Er wurde 1999 abgelöst durch Putin. 1998, zu der Zeit, als ich in Moskau war, war Russland zahlungsunfähig. Die ökonomische Krise Russlands und die miserable Kartoffelernte des Jahres hatten verheerende Folgen für die Bevölkerung des Landes. Den Russen stand der härteste Winter seit Jahrzehnten bevor. Auch die westeuropäische Export-Landwirtschaft leidet darunter. Seit der schweren Wirtschaftskrise in Russland kann dort kein Rind- und Schweinefleisch mehr abgesetzt werden, denn Russland war bisher nach den USA der wichtigste Markt für Agrarprodukte der Europäischen Union,

Die Russland-Reise war im BMZ von Herrn Christmann vorzüglich vorbereitet worden.

Regierungswechsel zu Rot/Grün

Im Jahre 1998 wurde die schwarz-gelbe Regierung unter Helmut Kohl (CDU/CSU / FDP) durch eine rot- grüne Regierung (SPD/ Grüne) unter Gerhard Schröder abgelöst. Heidemarie Wieczorek-Zeul (SPD) wurde Entwicklungsministerin. Sie behielt dieses Amt auch während der großen Koalition CDU und SPD (2006-2009 unter Merkel)

Für Frau Wieczorek- Zeul habe ich die Antrittsrede geschrieben, die fast inhaltlich kohärent war zur Abschiedsrede von Bundesminister Spranger, dessen Rede ich ebenfalls geschrieben hatte.

Das BMZ übernahm 1998 nach dem Regierungswechsel nach harten Koalitionsverhandlungen sowie nach schwierigen Verhandlungen mit anderen Ressorts, folgende zusätzliche Aufgaben.

1) Die umfassende Zuständigkeit für die Beratungshilfen für die Reformländer in Mittel- und Osteuropa (Transformprogramm)

2)Die volle Zuständigkeit für das Lome- Abkommen der Europäischen Union mit den AKP Staaten (Staaten Afrikas, der Karibik und des Pazifik)

3)Die Federführung für den Weltsozialgipfel und die UN Organisation Habitat (nachhaltige Stadtentwicklung)

Im Vorfeld des Koalitionswechsel 1998 hatte ich am 25.9.1997 ein Papier geschrieben zu: **„Künftige Struktur der Entwicklungspolitik"**. Ich hatte dieses ausführliche Papier sowohl dem parlamentarischen Staatssekretär als auch dem Staatssekretär der noch amtierenden CDU-Regierung gegeben und darum gebeten, dass ich einen Vortrag darüber halten dürfe, und zwar nicht in meiner Funktion als BMZ-Vertreter, sondern als geladener Experte. Dem wurde zugestimmt. Das Hearing leitete Henning Scherf. Daneben trugen Deutscher und Hilliges ihre Gedanken vor.

Im Vorfeld des Regierungswechsels fanden zahlreiche Sitzungen der Fraktion der SPD statt, an der u.a. teilnahmen Bohnet, Deutscher, Gabbe, Hilliges, Holtz, Oehliger, Sahlmann und der Abgeordnete Schuster sowie die Abgeordnete Adelheid Tröscher von der SPD. Es gab dazu auch ein ausführliches Gespräch mit Rudolf Scharping, dem Fraktionsvorsitzenden der SPD am 15.09.1998, sowie mit Henning Scherf, dem Vorsitzenden des Forums „Eine Welt".

Am 01.10.1998 übermittelte ich der neuen Ministerin Elemente eines **Sofortprogramms für die ersten 100 Tage** sowie ein Papier zur Neuorientierung zum Thema „Agrarpolitik-Entwicklungspolitik"

Am 11.10 1998 übermittelte ich der neuen Ministerin ein Papier zum Thema **„Möglichkeiten der Entwicklungspolitik zur Krisenprävention"**

Am 02.11.1998 legte ich der Ministerin einen **Beitrag zur Regierungserklärung** vor, der weitgehend übernommen wurde.

Aphorismen über den Regierungswechsel im Oktober 1998

Zwischen dem 05. und 09.10.1998 bekam ich einen Anruf von Möller, ich möge Wieczorek-Zeul anrufen. Sie hatte eine sehr aufgeregte Stimme. Sie bat mich, ihr Unterlagen zuzuschicken, z.B. Organisationspläne und meine Überlegungen zum Kanzlererlass. In den Unterlagen „Regierungswechsel 1998" finden sich die entsprechenden Dokumente bei der FES. Zahlreiche Telefongespräche mit ihr unter ihrer Wiesbadener Nummer zu Fragen der Weltbankzuständigkeit sowie der EU-Zuständigkeit. Dann kam es zu einer ersten Begegnung an einem Samstag oder Sonntagabend in ihrem Abgeordnetenbüro neben dem Tulpenfeldhochhaus. Zuerst musste ich warten, da sie mit Lafontaine telefonierte. Während der Wartezeit führte ich Gespräche mit der Sekretärin und dem Fahrer. Dann ein etwa 2-stündiges Gespräch über Koalitionsvereinbarungen und Kanzlererlass. Nachts besuchte ich auch noch Herrn Kloke wegen Zuständigkeit für das Transformprogramm.

 Dann gab es die Verabredung, dass ich nach der Amtsübergabe in der Kunst- und Ausstellungshalle ein Gespräch mit Altstaatssekretär Härdtl, Ministerin, Frau PSts Eid und Herrn Möller führen soll, evtl. auch mit Herrn Stather und Herrn Lehmann. Ministerin wurde von der Presse an ihrem neuen Schreibtisch fotografiert. Rührend dann die Frage der Vereidigung von Frau parlamentarischer Staatssekretärin Eid. Kabinettsreferent Weiter klärte die Frage der Eidesformel. Frau Eid sprach die Formel mit religiösem Zusatz. Beide Frauen, d.h. Wieczorek-Zeul und Eid, fielen sich ob dieses geschichtlichen Aktes in die Arme .

Ein gewisser Geniestreich vom BMZ-Mann Kenneweg war der Vorschlag, der akzeptiert wurde, die EZ mit Pakistan und Indien wegen der Atombombenversuche nicht wieder aufzunehmen.

 Ich schlug kurzfristig ein Klimaschutzprogramm vor. In 1 ½ Tagen - unter Mithilfe von KFW und von Herrn Kloke - schafften wir es, eine Projektliste zusammenzustellen, auch in Abstimmung mit Herrn Gördeler und Herrn Fuchs, die dann von Staatssekretär Stather an Herrn Flassbeck, den neuen Staatssekretär im Finanzministerium, gesandt wurde. . Nach mühseligen Gesprächen mit dem Auswärtigen Amt und dem Wirtschaftsministerium wurde Zustimmung zu einem Klimaschutzprogramm und zur Wiederaufbauhilfe Honduras und Nicaragua (nach Mitch- Wirbelsturm) erkämpft.

Bei der Amtsübergabe sprach zuerst Härdtl, dann der Personalratsvorsitzende Schneider und danach Wieczorek-Zeul. Spranger bedankte in seiner Abschiedsrede bei seiner Frau. Frau Wieczorek-Zeul hat in etwa genau die Stichworte vorgetragen, die ich ihr aufgeschrieben hatte. Ich hatte ja die seltsame Aufgabe, sowohl die Rede für Spranger zu schreiben, nämlich seine Abschiedsrede, als auch die für Frau Wieczorek-Zeul, d.h. ihre Antrittsrede. Ich war noch am Samstagmorgen mit Frau Kampmann im Büro und habe die entsprechenden Reden diktiert. Außerdem habe ich mehrmals mit Herrn Müller von Moskau aus telefoniert (6.-9.10.). Zu jener Zeit stand noch nicht fest, wer Staatssekretär wird. Ich war von der Truppe um die Abgeordnete Frau Troescher zum Staatssekretär vorgeschlagen worden (von Holtz, Deutscher, Gabbe, Sahlmann, Schuster). Außerdem brachte sich während der DSE-Tagung „Knowledge" Herr Elshorst als Staatssekretär ins Gespräch.

Fazit der Jahre 1997-1998:

Die Jahre waren geprägt durch Fachkonferenzen und am Ende 1998 durch den Regierungswechsel zu Rot- Grün.
Die Sondergeneralversammlung der Vereinten Nationen 1997 in New York diente der Überprüfung der Ergebnisse des Rio Gipfels" fünf Jahre danach" unter Anwesenheit des Bundeskanzlers Kohl und der neuen Bundesumweltministerin Merkel, die von beeindruckender Kürze und Präzision war. Das Ergebnis der Konferenz war mäßig.
Im Jahre 1997 gab es eine Tagung zur Frage der Desertifikation im Niger. Deutschland stand dabei im Zentrum der Kritik, da wir ein Jahr davor aufgrund des Militärputsches von Barre die Entwicklungshilfe an Niger gestrichen hatten (übrigens zu Recht).

1997 überprüfte ich das Zentrum für landwirtschaftliche Forschung in Trockengebieten (ICARDA) in Syrien, das beeindruckende Ergebnisse aufwies und koppelte diese Reise mit Projektbesuchen in Aleppo (Syrien) und Amman (Jordanien).

1998 überprüfte ich das International Livestock Research Institute in Äthiopien, ebenfalls mit positivem Ergebnis, gekoppelt mit einem Besuch der umstrittenen Tigray-Region im Norden Äthiopiens.

Ein weiterer Schwerpunkt war der sog. Global March von Kinderarbeitern aus der ganzen Welt 1998 nach Bonn, gekrönt durch ein Kinderparlament im Bonner Wasserwerk, in dem Bundesarbeitsminister Blüm und ich Fragen zur Kinderarbeit beantworten sollten, was uns nur mäßig gelang.

1998 fand die Sondergeneralversammlung der Vereinten Nationen zu Drogen statt, in der unser BMZ-Konzept der alternativen Entwicklung im Zentrum stand, ein Konzept das wirksamer ist als die gewaltsame Vernichtung von Drogenfeldern.

Im Jahre 1997 gab es eine völlig überflüssige Konferenz zur Armutsbekämpfung in Tokio.

Hingegen war die Geberkonferenz in Moskau zum FCKW-Ausstieg der Russischen Föderation 1998 ein großer Erfolg (alle 7 großen FCKW-Fabriken der Russischen Föderation wurden stillgelegt).

Das Jahr 1997 war geprägt durch Auseinandersetzungen zwischen dem BMZ und dem Auswärtigen Amt über die Frage eines deutschen Austritts aus der UNIDO, die Minister Spranger gefordert hatte, bei der er sich aber letztlich gegenüber Außenminister Kinkel nicht durchsetzen konnte.

Im Herbst 1998 gab es den Regierungswechsel von schwarz-gelb (Kohl) zu rot-grün (Schröder).

Fotos 1998

Freiheitskämpfer
(schon lange erschossen)

Wasserkonferenz Petersberg Bonn 3.-5-März 1998
mit Minister Spranger, Umweltministerin Merkel, Außenminister Kinkel

vordere Reihe / Mitte

Kinkel   Merkel   Spranger   Preuß   Bohnet

Armutskonferenz Japan 19.21. 10. 1998
Hotel Awashima

Heidi Michael

1999 - 2000

EU/ AKP, Einweihung von Großprojekten, Regierungsgespräche, Regierungsverhandlungen

Staatsbesuche

EU-AKP Dakar/ Senegal

China (U-Bahn Kanton), Kambodscha (Telekommunikation)

Regierungsgespräche in Israel, Palästina, Jordanien

Regierungsgespräche in Bulgarien

Regierungsgespräche in Yemen, Ägypten, Kuba, Brasilien

Regierungsgespräche in Vietnam, Kambodscha

Regierungsverhandlungen in Marokko

Staatsbesuch in Israel, Palästina, Ägypten,
Bundespräsident Rau

Staatsbesuch in Georgien, Bundeskanzler Schröder

Kulturerbekonferenz Florenz

Regierungsverhandlungen mit Usbekistan, Kirgistan,
Kasachstan

1999

Dakar: Verantwortungsvolle Regierungsführung im AKP Abkommen verankert

Bulgarien: Berufliche Bildung im Zentrum

Letzte U Bahnfinanzierung in China mit deutschen Steuermitteln

Kambodscha: Von Deutschland finanziertes Telekommunikationsprojekt eingeweiht

Naher Osten: Hoffnung auf Frieden durch regionale Kooperation

Deutschland unterstützt kulturelles Erbe in fünf Ländern

Usbekistan: Staatlich gelenkte Wirtschaft, Kirgistan: liberaler Kurs, Kasachstan: Sozialistisches Erbe

Am 28.1.1999 fanden deutsch-dänische Konsultationen über entwicklungspolitische Zusammenarbeit statt (Entwicklungsminister Nielson)

Nachfolgeabkommen EU und AKP, Dakar / Senegal

Am 8. und 9. Februar 1999 fand ich Dakar/Senegal eine Verhandlungskonferenz auf Ministerebene über ein **Lome-Nachfolgeabkommen zwischen EU und AKP-Staaten** statt. Beim Hinflug gab es Auseinandersetzungen zwischen Ministerin Wieczorek-Zeul und Außenminister Fischer über die Frage, wer die deutsche Seite vertreten solle. Man einigte sich schließlich darauf, dass Fischer die EU-Präsidentschaft Deutschland repräsentiert, Wieczorek-Zeul die deutsche Verhandlungsposition. Die Auseinandersetzungen im Flugzeug waren äußerst unangenehm und unerfreulich. Ständig wurden die Mitarbeiter aufgefordert zu klären, wer am Verhandlungstisch wo sitzen könne und solle.

Teilnehmer aus dem BMZ: die aktiven und gut vorbereiteten d'Hondt, Lehne, Kreuz, Tantz, ferner die Minister Claire Short, GB und Josselin, Frankreich.

In Dakar gelang es wesentliche Abkommenselemente einvernehmlich neu zu definieren: Menschenrechte, Demokratie und Rechtsstaatlichkeit. Als **Durchbruch** kann bezeichnet werden, dass es gelang als weiteres Kernelement **„verantwortungsvolle Regierungsführung"** zu verankern.

Als zentral kann verbucht werden, dass beide Seiten sich auf eine Aussetzungsklausel einigten, die eine Suspendierung vorzieht, wenn wesentliche Elemente des Abkommens verletzt werden. AKP-Staaten bestanden auf die Beibehaltung von Mechanismen für Exporterlösschwankungen und Unterstützungen für den Bergbau (STABEX /SYSM)

Leiter der Abteilung Bilaterale Entwicklungspolitik

Am 08.03.1999 übernahm ich die **Leitung der Abteilung „Bilaterale Entwicklungszusammenarbeit" des BMZ** und übergab die Abteilung Multilaterale Entwicklungszusammenarbeit an Herrn Hofmann. Ich betonte, dass ich auf ein gutes Zusammenspiel im „Orchester" hoffe. Ich dankte meinem Vorgänger Herrn Schweiger für die gute Zusammenarbeit während vieler Jahre. Ich wies darauf hin, dass die Zusammenarbeit in der Zukunft vom Prinzip der transparenten und stetigen Informationen getragen sein solle. Ich kündigte an, alle 18 Referate der Abteilung in nächster Zeit aufzusuchen, um jeweils ein Gespräch mit ihnen zu führen. Jeden Montag um 09:00 Uhr finde eine (UAL) Besprechung unter meinem Vorsitz statt. Jeden Freitag werde ein Jour fixe bei Herrn Staatssekretär stattfinden, an dem die Abteilungsleiter teilnehmen. Ich nannte die bilaterale Entwicklungszusammenarbeit das Herzstück der Entwicklungszusammenarbeit.

Regierungsgespräche in Bulgarien

Vom 14.-16.04.1999 war ich zu **Regierungsgesprächen in Bulgarien.** Zur Unterstützung der Reformpolitik und Stabilisierung Bulgariens trägt die Bundesregierung nach der Übernahme Bulgariens in das Transform-Programm bei, insgesamt derzeit mit 25 Mio. DM. Ich vereinbarte die drei zukünftigen Schwerpunkte unserer Förderung:

- Unterstützung der Wirtschaftsreformen unter besonderer Berücksichtigung von kleinen und mittleren Unternehmen
- Förderung der Landwirtschaft
- Berufliche Bildung, Beschäftigungsförderung

Das Protokoll wurde unterzeichnet in Gegenwart des deutschen Botschafters Metzger und des bulgarischen Handelsministers Vassilev.

Wichtige Projekte der Zusammenarbeit mit Bulgarien sind:

- Aufbau von Vermarktungsstrukturen für Obst und Gemüse
- Integrierter Beratungsdienst für die Wirtschaft
- Förderung des Messewesens
- Kammerpatenschaften zwischen der HWK Koblenz und der bulgarischen Wirtschaftskammer
- Modernisierung der bulgarischen Sparkasse

Im Zuge der Neuordnung des Transform-Programms ist Bulgarien ab 1998 in die Alleinzuständigkeit des BMZ übergegangen.

Ich wurde in Sofia begleitet von Herrn Spanier, BMZ vom Referat 205 (leider viel zu früh verstorben), Dr. Glaubitt von der KFW und Herrn Gasteier von der GTZ.

China (U-Bahn Kanton) und Kambodscha (Telekommunikation)

Vom 27.06.-03.07.1999 war ich in **China und Kambodscha.** Ziel der Reise war die **Einweihung der U-Bahn Kanton sowie die Einweihung eines Telekommunikationsprojektes in Kambodscha.** Aus meinem Tagebuch gebe ich einige Notizen wieder:

27.06.: Erstes Treffen mit den Leuten von Siemens, Anschließend Pressekonferenz vor etwa 400 Personen, davon 100 Deutsche und 300 Chinesen. Ich habe als erster gesprochen, danach haben Bott, Vorstandsmitglied von Siemens und Vogt, der Siemens-Chef gesprochen. Auf Nachfrage erklärte ich deutlich und un-missverständlich, dass wir nicht bereit seien die U-Bahn Kanton Nr. 2 zu finanzieren. Dies, so argumentierte ich, könnten wir dem Steuerzahler nicht zumuten. Abends noch Einladung der deutschen Firmen.: Die Siemesleute nur an deutschen

Steuergeldern interessiert. Ihr Motto: Nichts für den Staat tun, alles vom Staat holen, vor allem seine Steuergelder zur Subventionsfinanzierung.

28.06.: Beginn der großen Zeremonie zur **Eröffnung der U-Bahn Kantons.** Dr. Wild, Deutsche Botschaft in Peking und ich sitzen in der ersten Reihe. Drei Reihen hinter uns sitzt die chinesische Prominenz. Anschließend relativ ungeordnete Fahrt mit der neuen U-Bahn (18 Kilometer Länge). Die Deutschen spielen in den Reden keine Rollen, werden auch vom Protokoll nicht wahrgenommen. Warum unterstützen wir diese chinesischen Kerle mit DM 365 Mio. aus deutschen Steuergeldern? (Never again). Die U-Bahn ist glänzend sauber und modern (gebaut von Siemens „ADTRANS"). Nachmittags Gespräch mit dem Oberbürgermeister von Kanton mit der klassischen chinesischen Sitzordnung.

18.30 Uhr Festbankett des deutschen Konsortiums. Riesiger Saal, etwa 400 Personen. Ich saß mit Bott von Siemens am Ehrentisch. Ich sprach nach Wild deutlich und klar auf Deutsch und habe keine Zweifel an unseren späteren Nicht-Finanzierungs-Absichten gelassen. Die gesamte deutsche Industrie war sauer auf mich. Das beeindruckte mich aber wenig und ich sehe nicht ein, warum wir Deutsche Steuergelder für privatwirtschaftliche U-Bahn-Bauten in China ausgeben sollen.

In einer **Pressekonferenz** an 27. Juni 1999 haben wir in China anlässlich der **Einweihung der U-Bahn-Linie 1 in Kanton** folgendes mitgeteilt. Die Bundesregierung hat mit Steuermitteln aus dem Haushalt des BMZ maßgeblich zum Erfolg des U-Bahnprojektes Kanton Linie 1 beigetragen. Für die U-Bahn Kanton haben wir 351 Mio. DM aus öffentlichen Steuermitteln zur Verfügung gestellt. Die Stadt Kanton verfügt damit über eine hoch moderne U-Bahnlinie und ich freue mich, dass ein wichtiger Teil der technischen Ausrüstung die für den sicheren Betrieb der U-Bahn besonders wichtig ist, mit deutscher Unterstützung gebaut werden konnte. Die U-Bahn Kanton ist damit Ausdruck der Leistungsfähigkeit der deutschen Eisenbahnindustrie. Die Volksrepublik China gehört zur Gruppe der wichtigsten Partnerländer des BMZ. Wir haben bisher finanziert U-Bahn Shanghai 1 mit 421 Mio. DM, U-Bahn Shanghai 2 mit 456 Mio. DM und nunmehr die U-Bahn Kanton mit 351 Mio. DM. Dies war die letzte Finanzierung aus Steuermitteln.

29.06.: Flug mit Royal Air Kambodian nach **Phnom-Penh**. Sehr unruhiger Flug. Abgeholt am Flughafen von Löschner, unserem Botschafter.. Im Hotel Le Royal abgestiegen. Es ist eines der schönsten Hotels, das ich je gesehen habe.

30.06.: Abfahrt von Phnom-Penh nach **Kampong Chnang** zur Einweihung des Telekommunikationsprojektes. Große Tribüne. Für mich war ein Platz neben dem Ministerpräsidenten von Kambodscha reserviert. Ich schaute ein wenig nervös und schätzte die Masse der vor uns sitzenden Zuhörerschaft auf über 5.000., und vor denen soll ich nachher eine Rede halten. Hinter mir saßen etwa 10 Reihen Honorationen. Endlich und mit großem Getöse erschien der **Ministerpräsident Hun Sen** mit Hubschrauber. Ich begrüßte ihn ungelenk und sagte unpassender weise, dass ich aus China käme, während er mich fragte, ob er rauchen dürfe. Wir saßen im Freien, links neben ihm saß seine Frau. Zuerst gab es ein Gebet der Mönche, dann nahmen wir stehend die kambodschanische und die deutsche Nationalhymne ab. Dann kam der feierliche Khmer-Tanz, langsam und mit beweglichen Händen. Zehn schöne Mädchen blicken versonnen, eine fixierte mich, ohne mit der Wimper zu zucken, stets unverwandt sah sie mir ins Auge. Dies gilt als eine besondere Ehrung. Ich wurde rot dabei.

Ich sprach dann vom Hauptpodium in Englisch. Ich trug mein Manuskript ruhig und deutlich vor, dann kam der Premierminister. Er wich nach 10 Minuten vom Manuskript ab. Ich dachte er hätte Drogen genommen, da er den Gouverneur wegen der Überfischung in der Region grob angriff. Er redete sich in Rage. Mir wurde es unheimlich. Doch dann kam das Lachen des Publikums. Die Situation bei den 5.000 Zuhörern entspannte sich. Er lobte Deutschland ständig und warf mit Zahlen nur so um sich.

Anschließend Gang durch die riesige Menschenmenge zum **Telekommunikationshaus.** Erstes offizielles Telefongespräch Kambodscha-Deutschland. Ich tat so, als ob ich den Außenminister in Deutschland anrufen würde, sprach aber lediglich mit dem überraschten Lagezentrum des Auswärtigen Amtes in Berlin. Jedenfalls fingierte ich und Botschafter Löschner ein Gespräch mit einem bedeutenden Deutschen. Welche Ehre für einen Amtsrat im Auswärtigen Amt. Es war in Berlin 5 Uhr morgens. Für uns war das Wichtigste, das AA in Berlin zu beruhigen und Ihnen klar zu machen, dass es in Kambodscha nichts schlimmes gäbe, keine Überschwemmung, keinen Putsch. Dann verabschiedete ich mich vom Ministerpräsidenten, der mir erzählte, dass sein Sohn die amerikanische Militärakademie gerade abgeschlossen habe und er stolz auf seinen Jüngling sei. Danach Durchschneiden des Bandes und Eintragung ins goldene Buch.

Zur Einweihung des **Telekommunikationsprojektes in Kambodscha** haben wir folgende **Presseerklärung** am 2. Juli 1999 herausgegeben:" Am 30. Juni 1999 wurde ein deutsch-kambodschanisches Telekommunikationsvorhaben in Kampong Chnang eingeweiht. Da Vorhaben umfasst die Verlegung eines modernen Glasfaserkabels von der vietnamesischen Grenze über Phnom Penh bis an die thailändische Grenze (ca. 600 Kilometer). Das Entwicklungsministerium hat dieses Vorhaben mit 15 Mio. DM unterstützt. Bei der öffentlichen Einweihung würdigte der kambodschanische Ministerpräsident Hun Sen die entwicklungspolitische Unterstützung Deutschlands für Kambodscha. Von deutscher Seite war Abteilungsleiter Prof. Bohnet aus dem Entwicklungsministerium mit einer Rede vertreten".

Nachmittag Besuch des **Tuol-Sleng-Museums,** das Schrecklichste, dass ich je gesehen habe. In dieser alten Schule sind 20.000 Menschen zuerst fotografiert und dann grausam gefoltert und anschließend auf den sog. „killing-fields" getötet worden. Schreckliche Knebelungen auf den Eisenbetten. Die Foltermethoden der roten Khmer waren mittelalterlich: Elektroschocks, Herausreißen der Fingernägel bzw. der Geschlechtsteile, Kinder in die Luft werfen und abschießen mit einem Gewehr wie Tontauben, Kinder und Säuglinge an Bäume schlagen, bis sie zerfetzt waren. Köpfe in Urin tunken etc. Am schrecklichsten war die Präsentation der Landkarte Kambodschas, die aus Totenköpfen hergestellt worden war. Es war ein ideologisches Töten in Kambodscha. Alle die getötet haben, tragen grüne Mützen. Beeindruckend die Erzählungen des Führers, der ausführt, dass seine Eltern von Pol-Pot (dem Führer der roten Khmers) getötet wurden, auch die Eltern seines Vaters. Die 13-14jährigen waren so indoktriniert, dass sie auch ihre Eltern mit der Axt erschlugen. Beeindruckend ein großes Gemälde der Tortouren einer der Befreiten. Viele Menschen wurden einfach geköpft oder mit Äxten erschlagen. Manchmal töteten Kinder ihre Eltern, da ihre Eltern einer sog. kapitalistischen Klasse angehörten. Opfer waren Anhänger des **Lon Nol-Regimes,** aber auch rote Khmers, die sich verdächtig gemacht hatten. Am schrecklichsten bei allem war die eichmannsche Präzision. Alle Opfer wurden fotografiert, bevor sie getötet wurden. Der Fahrer sagte zu mir: Gesundheitsprojekte brauchen in Kambodscha nicht gefördert zu werden, denn wer käme auf die Idee, Kranke zu heilen..

02.07.: Flug mit Air Kambodia von Phom-Pneh nach **Siemreap**, sehr wackelig, zum Grand Hotel D-Angkor über überflutete Straßen und Dämme gefahren

Fahrt nach **Angkor-Wa**t. Dies ist eine bewundernswerte Tempelanlage. Sehr verfallen aber mit herrlichen Apsaras, weibliche Figuren mit schmalen Hüften und schönen Brüsten. Sie schmücken ganz Angkor-Wat. Angkor-Wat wurde im 12. Jahrhundert gebaut und im 15. Jahrhundert wieder aufgegeben. Während des Pol-Pot-Zeit war Angkor-Wat ein Waffenlager und zeigt somit viele Einschläge. Es gibt viele hinduistische Einflüsse, kombiniert mit buddhistischen Einflüssen. Die Menschen waren als ideologisierte Kommunisten auf alles Kapitalistische hasserfüllt, dazu gehören logischerweise auch die Eltern. Der Fahrer hatte panische Angst, ein Trauma vor Landminen und dem Khmer Rouge. Gewalt prägte das Leben auch gegen Frauen. Der Führer sagte: „Wenn man einmal seine Frau schlägt, dann schlägt man sie immer wieder. Es gehört dazu, dass sie gehorchen." Er sagte dies völlig ohne Gefühl und Schuldbewusstsein. Später zum Ta Prohm gefahren, das ist eine Tempelanlage, die vom Joungle völlig überwuchert ist. Hier sieht man Riesen - Wurzeln von Bäumen sich über das Mauerwerk ranken, es befestigen und gleichzeitig sprengen.

Abends noch im schrecklichen Minenmuseum gewesen. Ein alter Kämpfer, etwa 30 Jahre, hat in seiner Hütte russische, chinesische, vietnamesische und amerikanische Minen gesammelt, daneben Gewehre, Bomben etc.. Er hat jahrelange selber Minen gelegt und entschärft. 21 seiner Freunde sind durch Panzerminen umgekommen. Er lacht nur darüber wie auch über die Soldaten, die er in die Luft gesprengt hat. **Kambodscha ist eine Gesellschaft der Gewalt.** In seinem Garten hat er Minenfelder für die Besucher angelegt. Übrigens tagsüber viele bettelnde Minenkrüppel. Unser „Freund" legt und entschärft heute Minen als Privatunternehmer. Eine Mine kostet ungefähr 3 Dollar. Ich bin völlig durcheinander ins Hotel zurückgefahren.

Reise mit Bundesministerin Wieczorek Zeul nach Israel, Palästina und Jordanien

Vom 31.08.-04.09.1999 nahm ich an einer Reise der **Bundesministerin Wieczorek-Zeul in den Nahen Osten teil. Besucht wurden Israel, Palästina und Jordanien.**

Die Reise erfolgte in der entscheidenden Phase der Verhandlungen zu Beginn der Phase einer Vereinbarung über die Verwirklichung des Wye- Abkommens und des Beginns der endgültigen Status- Verhandlungen zwischen Israel und Palästina. Es wurden Kränze am Grab vom **Ignaz Bubis** und in der Gedenkstätte Yad Vashem niedergelegt. In dem Gespräch mit dem **Handelsminister Cohen** sicherte jener zu, sich für gemeinsame Industrieparks mit den Palästinensern und Jordaniern einzusetzen. Dabei habe der von Deutschland geförderte Industriepark Jenin hohe Priorität. Im Gegensatz zu den bisherigen israelischen Behinderungen bei der Realisierung deutsch-palästinensischer Projekte werde die neue israelische Regierung jetzt jede erdenkliche Hilfe leisten. Ich sollte noch hinzufügen, dass der Handelsminister Cohen erläuterte, er sei einer der ersten Kämpfer für zwei unabhängige Staaten gewesen. Zu den damit verbundenen Gebietsabtretungen bemerkte er, dass die **Zukunft seiner Kinder wichtiger sei als die Vergangenheit seiner Eltern.** Die Gespräche unterstrichen unsere Vorstellung, dass die Regierung Barak bereit sei, den Friedensprozess voranzutreiben, allerdings ließen alle Gesprächspartner keinen Zweifel daran, dass die Verhandlungen in entscheidenden Fragen sehr schwierig sein könnten.

Beim Gespräch mit dem Minister für Regionale Zusammenarbeit, **Shimon Peres**, erläuterte dieser die Barak-Strategie für die Endstatusgespräche. Ministerpräsident **Barak** strebe ein Rahmenabkommen bis zum 15.02.2000 und den Abschluss der Verhandlungen bis Ende 2000 an, wobei die schwierigsten Fragen Jerusalem und Flüchtlinge ganz am Schluss aufgegriffen werden sollen. Peres bevorzuge eine Strategie der schrittweisen Annäherung. Präsident **Arafat** wolle die Staatsausrufung schon am 04.05.2000, was taktisch unklug sei.

Wieczorek-Zeul unterstrich, dass die grenzüberschreitende Kooperation zwischen Israel und den arabischen Nachbarn für die Absicherung des Friedens entscheidend sei. Wieczorek-Zeul zog bei einer Veranstaltung zum Thema „Regionale Kooperation – Konfliktminderung durch Entwicklung" Parallelen zur Ostpolitik Willy Brandts.

„Entspannung durch schrittweise Annäherung – Kooperation statt Konfrontation". Bei Gesprächen in Palästina wurde das hohe Ansehen Deutschlands und der Dank für die entwicklungspolitischen Leistungen für Palästina ins Zentrum gerückt. In Gesprächen mit Präsident Arafat und weiteren Ministern sicherte Wieczorek-Zeul zu, dass Palästina ein Schwerpunkt der deutschen EZ bleibe, insbesondere wolle Deutschland helfen, den Wasserkonflikt der Region zu mindern.

In den Gesprächen mit **Arafa**t beklagte sich dieser über die unnachgiebige Verhandlungsführung von Barak. Es scheine aber so, dass die Amerikaner eine volle Unterstützung der weitgehend ausgehandelten Ergebnisse nun billigen würden.

Die Delegation besuchte auch die Städte Bethlehem, Hebron und Gaza.In Hebron weihte Wieczorek-Zeul gemeinsam mit den Palästinensern zwei Tiefbrunnen im palästinensischen Autonomiegebiet ein. In Al Bireh wurde das GTZ-KFW-Büro in Anwesenheit von Frau Matthäus-Maier von der KFW und Dr. Eylers von der GTZ eröffnet. Ferner besuchten wir die evangelische Schule Talitha-Kumi, die intensiv israelisch-palästinensische Begegnungen fördert. Ferner wurden Flüchtlingslager im Gaza-Streifen, insbesondere das Flüchtlingslager Jabalia besucht, ein bedrückender Besuch.

Vom neuen Gaza-Flughafen, für den Deutschland die meisten technischen Ausrüstungen geliefert hat, flog die Delegation weiter nach Petra, Jordanien, wo Deutschland die Wasserversorgung fördert sowie ein Steinkonservierungsprojekt in der eindrucksvollen Nabatäer-Stadt **Petra**. In Jordanien gab es ein politisches Gespräch mit dem **König Abdullah**, in dem die Perspektiven des Nahost-Friedensprozesses aus jordanischer Sicht besprochen wurden. Ich saß bei Tisch direkt gegenüber dem König, der vornehmlich über die Frage sprach, inwieweit in Deutschland gezüchtete Rehe nach Jordanien exportiert werden könnten und was sie von der Jagd in Deutschland lernen könnten.

Bundesministerin Wieczorek-Zeul bot Jordanien eine Schuldenerleichterung für Verbindlichkeiten aus der bilateralen Entwicklungszusammenarbeit in Höhe von 50 Mio. DM an. Die Gelder sollten für Projekte der Armutsbekämpfung und des Umweltschutzes eingesetzt werden.

An den Gesprächen nahm auch Botschafter Theodor Wallau teil sowie aus dem BMZ Herr Sahlmann (der die ganze Reise vorbereitet hatte), Pressesprecher Dunnzlaff und der persönliche Referent Gehlen.

Am meisten haben mich beeindruckt die Gespräche mit Shimon Peres, dem Handel-minister Cohen und auf palästinensischer Seite das Gespräch mit Arafat. Alle machten einen sehr präzisen und letztlich auch verhandlungsbereiten Eindruck.

Konferenz „Culture Counts" in Florenz

Vom 04.-07.10.1999 nahm ich in **Florenz an der Konferenz „Culture counts"**, also „Kultur zählt" teil. Die von der Weltbank und von der italienischen Regierung mit logistischer Unterstützung der UNESCO veranstaltete Konferenz, zu der sich 1.000 TeilnehmerInnen aus rd. 100 Ländern und internationalen Institutionen einfanden, hat mit Sicherheit dazu beigetragen, die Rolle der Kultur im Entwicklungsprozess zu festigen. Die italienische Regierung nutzte – nicht zuletzt durch den Standort Florenz – die Möglichkeit, sich im Bereich „Kulturerhalt" öffentlichkeitswirksam zu präsentieren. Die Konferenz wurde eröffnet durch den italienischen Außenminister Dini und Weltbankpräsident Wolfensohn. Wolfensohn zeigte mit großem Engagement, dass er der komplexen Relation Kultur und Entwicklung große Bedeutung zumisst. Ich hatte in einem eigenen Vortrag, von Herrn Willingshofer vorbereitet, die Chance, unsere Bemühungen soziokulturelle Aktivitäten in die Entwicklungszusammenarbeit zu integrieren, vorzutragen. Auch dokumentierte ich konkret, bei welchen Projekten wir in der Vergangenheit mit entwicklungspolitischen Maßnahmen kulturelles Erbe gefördert hatten. So skizzierte ich unsere Aktivitäten in

- der Stadt Sansibar, Tansania
- bei der Stadtentwicklung Bhaktapur, Nepal
- bei der Bewahrung des Ohridsee, Mazedonien
- bei der Bewahrung von Maya, Peten, Guatemala
- dem Erhalt des Natursteinmonuments Petra, Jordanien

An der Konferenz nahm auch der Ministerpräsident von Sachsen, Professor Biedenkopf teil, der das Ignorieren der kulturellen Dimension u.a. am Beispiel der deutschen Wiedervereinigung verdeutlichte. Auch sein Vortrag fand große Beachtung.

Usbekistan, Kirgistan, Kasachstan, Regierungsverhandlungen

Vom 21.11.-04.12.1999 war ich in **Usbekistan, Kirgistan und Kasachstan**. Zweck der Reise waren **Regierungsverhandlungen mit Usbekistan und Konsultationen mit Kirgistan und Kasachstan.** Wieder hier einige Elemente aus meinen Tagebüchern:

21.11.: Etwa 6-stündiger Flug nach **Taschken**t. Mit Polizeieskorte wurden wir zum Hotel Shodlik Palace, gefahren.

22.11.: Einführung in die schwierige politische Situation Usbekistans: Menschenrechtsverletzungen, makroökonomische Verzerrungen, Devisenbewirtschaftung. Ein Beispiel dafür war der Besuch einer Pharma-Firma. Die Firma stellt medizinische Tabletten her, verfügt aber aufgrund knapper Rohstoffe über keine aktuellen Produktionsmöglichkeiten. Sie haben uns ein Potemkinsches Dorf vorgeführt und extra Arbeiterinnen bestellt, um so zu tun, als ob sie produzieren würden. Wir bekamen weiße Kittel an, auch Plastikverkleidungen für die Füße, um keine Keime nach innen zu tragen. Es gab ein Rundgespräch, das offenbarte, dass die Firma beliebig absetzen könnte, wenn sie nur produzieren könnte. Aber wie gesagt, man kann aufgrund der Devisenbewirtschaftung keine Rohstoffe importieren.

2.11.: Im Freien unter Beteiligung des Fernsehens Einweihung des KfW/GTZ-Büros. Durchschneiden des roten Bandes. Ich redete zu langatmig und hatte noch keine Übung mit der Übersetzung. Mit mir zusammen eröffnete mein Verhandlungspartner Muradow das Büro.

23.11.: Beginn der **Regierungsverhandlungen im Ministerkabinett**. Es handelt sich um eine Art Bundeskanzleramt. Dieses war im Februar 1969 durch terroristische Anschläge, verübt von tadschikischen Islamisten, in die Luft gesprengt worden. Es gab damals zwischen 10 und 15 Tote. Das Gebäude ist inzwischen wieder hergestellt, doch wird es ständig von der Polizei überwacht. In den Verhandlungen habe ich ein Telekommunikationsprojekt über 15 Mio. DM zugesagt sowie ein Tuberkulosebekämpfungsprojekt über 5 Mio. Bei den Verhandlungen war auch Frau Achralowa dabei, eine Germanistik-Professorin, die jetzt bei der KfW arbeitet. Sie arrangiert alles: Fahrten, Flüge, Termine und wusste alles, eine Art Allzweckwaffe. Sie riss mir stets die Wagentüre auf und war eine Kombination aus Unterwürfigkeit und herrisch. Abends noch mit dem Generaldirektor einer Wasserfirma in einem eiskalten Restaurant in einem sozialistischen Großpalast gegessen. Wir aßen „Blow", das usbekische Nationalgericht. Er erzählt den Witz, dass der Usbeke den Kasache, der gerade den letzten Baum abhackt, nach dem Grund fragt: „Der Baum stört den Wind". Viel Wodka getrunken um warm zu bleiben.

24.11.: Treffen mit **Premierminister Sultanow.** Ein gutes Gespräch auch über Flugzeuge und Frankreich (das waren seine Spezialitäten sowie meine früher: ich glänzte mit meinen Flugzeugbauerfahrungen, die ich als Assistent an der TU Berlin erworben hatte). Bei Sultanow sprach ich auch die Verletzung der Menschenrechte in Usbekistan an. Leider ohne Reaktion.

Um 15.00 Uhr das Starereignis: In einem Raum sitzen etwa 200 uniformierte Steuerbeamte mit starren Gesichtern. Vorgestellt wird das deutsch-usbekische Buch „Steuern". Zusammen mit dem Hochschulminister halte ich eine Rede „Steuern und Blutkreislauf, Steuern und Steuergerechtigkeit, Steuern und Bürgerkultur". Alles habe ich sehr schön ironisch gemacht. **Bindseil, unser Botschafter,** spricht auf meine Bitte hin ebenfalls und erzählt die schöne Geschichte, dass in Deutschland nach Abgabe einer Steuererklärung manchmal sogar noch Geld von Finanzamt zurückerstattet wird. Da staunen die Usbeken ungläubig.

25.11.: Morgens zur staatlichen usbekischen Eisenbahngesellschaft Usbekistan Temi Jollani. Alle Generaldirektoren traf ich in den schönsten Uniformen an. In einem Stucksaal verhandelt. Alle großen Usbeken: Amir Timor, Ulughbek etc. an den Wänden. Alle großen Wissenschaftler, Astronomen, Mediziner, Mathematiker sind dort in Wandgemälden verewigt. Anschließend haben wir noch den Lieblingswunsch des Botschafters erfüllt, nämlich der Besuch des Bahnhof Taschkent. Der Bahnhof war in einem Buch von vor 50 Jahren als herrlich und schön geschildert worden wie Bindseil anhand einer Fotokopie erläuterte. Es gibt derzeit noch 10 Züge pro Tag, z.B. nach Moskau, nach Almati und nach Buchara. Überall gesäuberte Steine und viele Frauen, die fegen. Nachmittags Standrundfahrt. Taschkent heißt steinere Stadt und ist seit 1865 russisch. 1966 wurde die Stadt durch ein Erdbeben völlig zerstört (75.000 Obdachlose).

Wir besuchten das Denkmal, einen gespalteten Stein und erfuhren, dass alle sowjetischen Brüdervölker geholfen haben Taschkent wieder aufzubauen (Russen, Ukrainer, Weissrussen etc.). Wir besuchten das Denkmal von Amir Timor, dem Nationalhelden. Vor 660 Jahren hat er 23 Länder erobert, angeblich friedlich. Er nannte sich der Lahme, da angenommen wird, dass er Kinderlähmung hatte. Wir besuchen die Medresse Barok-Khona, es ist die Verwaltung der sunitischen Muslime Zentralasiens. Von hier aus wird auch kontrolliert, dass die Mullas nicht zu fundamentalistisch werden, also eine Gefahr für das gegenwärtig Regime Karimow darstellen.

In Usbekistan ist die Inflation so hoch, dass man immer mit einem großen Paket Geldscheine rumlaufen muss, welches nicht in eine Jackentasche, sondern nur in eine Aktentasche passt, also genau wie bei uns nach dem 1. Weltkrieg. Die Inflationsrate ist weit höher wie 30 %.

26.11.: Flug nach Buchara mit Usbekistan Airlines. Sie hatten speziell für mich die gute englische Maschine zur Verfügung gestellt (etwa 40 Sitze).

Buchara liegt in einer dicht besiedelten Oase inmitten der Sandwüste Kisilkum. Sie trägt den Namen „Die Edle". Buchara liegt an der Seidenstraße (syrisches Palmyra, Samarkand, Fergana Tal, China). Gegründet wurde Buchara im Jahre 700. 1220 marschierte Dschingis Khan ein. 30.000 Menschen wurden enthauptet. 1868 wurde Buchara dem russischen Reich einverleibt.

Dann besuchen wir das Mausoleum der Samaniden, das ist das wertvollste islamische Bauwerk Zentralasiens. Es stammt aus dem 9. Jahrhundert. Dann erklommen wir das Minarett Kalan, das Wahrzeichen der Stadt. Es diente als Ort für die Muezzins, aber auch als Richtstätte für die zum Tode verurteilten. Die Art der Hinrichtung bestand darin, die Deliquenten in einen Sack zu stecken, diesen festzubinden, ihn auf das Minarett zu bringen, um ihn dann samt Inhalt hinabzuwerfen. Natürlich bestiegen wir deshalb den Turm. Dann besuchten wir die Medresse Ulughbek und fanden den Spruch: „Streben nach Wissen, das ist die Pflicht aller Muslime, eines jeden Mannes und einer jeden Frau". Dieser Spruch ist revolutionär, was die Frauen anbelangt, alles 15. Jahrhundert.

Buchara, diese ehrwürdige Stadt, die Jahrhunderte von jeglicher Begegnung mit der europäischen Zivilisation abgeschottet war, ist ein unverfälschter Ort. Alles ist Ruhe, ein orientalisches Märchen.

27.11.: Flug nach **Samarkand**. Der usbekische Gastgeber Ganijew formuliert: „Wenn Du in dieses Zimmer eintritts, wird es heller". Er meint mich damit. Die Usbeken lieben die schönen Sinnbilder.

28.11.: Samarkand gehört zu den ältesten Städten der Welt. Unter Timor (1385) wurde Samarkand Hauptstadt des Reiches und galt als die schönste und bedeutendste Stadt der Welt. 1868 kam es zum russischen Reich.

In Rigistan sahen wir an der Außenfassade einen Tiger, der sich auf eine Hirschkuh stürzt. Im Hintergrund sieht man eine Sonne, die Züge eines menschlichen Antlitzes aufweist. All dies ist eine Ausnahme im Islam, wo ja Tiere und Menschen normalerweise nicht abgebildet werden dürfen. Dann fanden wir wieder den Spruch **„Glücklich ist, wer auf die Welt verzichtet, bevor die Welt auf ihn verzichtet"**. Dann besuchten wir das Observatorium von Ulughbek mit einem berühmten Sechstanten. Mit dem Sechstanten konnte man Sternpositionen bestimmen.

Aus einer **Presseerklärung** über die deutsche Entwicklungszusammenarbeit mit Usbekistan zitiere ich: „Usbekistan befindet sich in einem schwierigen Transformationsprozess in einer noch staatlich gelenkten Wirtschaft. Wir betonten die Notwendigkeit makroökonomischer Reformen, insbesondere die Liberalisierung des Außenhandels und des Devisenverkehrs. Bohnet sagte für das Telekommunikationsprojekt Namangan 15 Mio. FZ zu, für die Tuberkulose-Bekämpfung in der Aral-See Region 5 Mio. DM."

29.11.: Flug nach **Bischkek, Kirgistan**. Viele Gespräche mit den Experten über den liberalen politischen und ökonomischen Kursus Kirgistans, völlig im Gegensatz zu Usbekistan. Wir waren zum Mittagessen beim ständigen Vertreter der Deutschen Botschaft, Herrn Schlaudraff. Er klagte über die Kälte in seinem Haus und auch über die Tatsache, dass er keinen Strom habe, da es die Usbeken abgeschaltet hätten. Es gibt einen ständigen Streit zwischen Usbekistan und Kirgistan über die Stromlieferungen.

Ich sagte 100.000 DM für die Partnerschaft zwischen der Industrie- und Handelskammer Bischkek und der Handelskammer Südwest-Sachsen zu.

Abends ein Gespräch mit dem Gesundheitsminister. Auch alle Direktoren des Gesundheitsministers mussten sprechen. Isaev, der Gesundheitsminister, bezeichnete mich als Prinzen, auf den sie schon lange gewartet hätten. Ich antworte mit dem Märchen von der Prinzessin auf der Erbse, wenn auch ein wenig verfremdet. Auch zitierte ich das kirgisische **Heldenepos Manas** (im Original).

01.12.: Abfahrt zur **Rotfront**, einer Siedlung etwa 1 ½ Stunden außerhalb Bischkeks. In dieser Siedlung sprechen Wolgadeutsche noch deutsch mit hinreißendem Akzent, dies war wohl der bewegendste Tag unserer Reise. Wir fuhren zum Dorf, das in der Nähe der Berge liegt. Empfangen wurden wir von Bauer Sascha mit einfachem Bauernmahl und im Gemeindehaus mit schön bemalten, gardinenähnlichen Wänden. Dann besichtigten wir eine Mühle, bestaunten ein Motorrad mit Beiwagen, auf das ich mich natürlich sofort setzte, besuchten eine Molkerei und inspizierten den Geräte- und Lastwagenpark. Alles hatten wir mit KfW-Mitteln finanziert. Es fanden sich auch noch DDR-Lastwagen. Am ergreifendsten war der Besuch des Gebetshauses der Baptisten. Das Gebetshaus wurde in einem halben Jahr aus Holz errichtet, bevor die große Auswanderungswelle nach Deutschland begann. Der Hausmeister und Prediger stellte seine blitzblanke Kirche vor, unten war der Aufenthaltsraum und der Raum für die Gesangsstunden der Kinder, die gerade übten (Deutsche zusammen mit Kirgisen, Russen- und Ukrainekindern). Vor Rührung konnte ich meine Tränen nicht zurückhalten

Rotfront, Berghotel genannt, wird ebenfalls durch Deutschland unterstützt. Der Küster erzählte von der Zerrissenheit, gehen oder bleiben? Bisher sind etwa 800 Menschen nach Deutschland gegangen, vornehmlich nach Detmold, Bielefeld, Gifhorn und Waldbröl. Etwa 35 Familien sind noch da. Wichtig für die Baptisten ist die Arbeit. Sie alle haben das Recht auf die Aussiedlung, fürchten aber, dass dieses Recht bald verwirkt oder erschwert wird. Auch fürchten sie Unruhen, vornehmlich durch islamistische Fundamentalisten. Es zerriss mir das Herz wie der Küster schilderte, dass seine Eltern bereits in Deutschland seien, dort 800 DM Rente bekommen würden, aber er doch die Wärme und Freundschaft in Rotfront so liebe. Die Kirgisen sind gastfreundlich. Es ist beschämend, wie wir Deutschen uns benehmen, wenn Sie in ihr „Heimatland" kommen. In Deutschland erleben die Aussiedler viele Enttäuschungen, da sie als Russen und nicht als Deutsche angesehen werden.

Wir fuhren noch in die Berge zum Eingang des **Jagdgebiets des Präsidenten**. Hier gibt es Füchse, Schneeleoparden, Bären und Wildschweine. Der Abschied von den braven Männern werde ich nicht vergessen. „Kommt wieder" riefen sie uns zu. Bei der Rückfahrt redeten wir fast kein Wort. Wie schwierig muss es sein, die Heimat zu verlassen, um als Deutscher nach Deutschland zu kommen und hier dann doch in der Fremde zu sein, obwohl es ja Heimat ist.

Abends in Bischkek. Ich lud 3 Frauen, die Übersetzerin (eine Russin), eine Kirgisin (eine GTZ-Mitarbeiterin) und Frau Häfele (eine KfW-Mitarbeiterin), (auch Wolga-

Deutsche aus Kirgistan) zum Essen ein. Es war das interessanteste Gespräch der ganzen Reise, da wie ohne Dolmetscher arbeiten konnten. Die blasse Russin (3 Kinder, zweimal verheiratet) erzählte, dass sie über Hermann Hesse promoviert habe. Sie war blass, aber sie hatte schöne Augen. Ich war ganz hingerissen von ihrer klaren, schönen und intelligenten Sprache. Sie alle sprachen vom Verlust der Langsamkeit, von dem heutigen Leben im Kapitalismus in Kirgistan und von der zerbrochenen Sicherheit in Kirgistan. Z.B war die Kirgisin 10 Jahre beim Jugendverband tätig, dann zerbrach alles durch Perestroika und sie musste sehen, wo sie bleibt. Sie fand dann zufällig eine Stelle bei der GTZ. Lustig, auch warm, Frau Häfele, die nun in Deutschland lebt (ihre Tochter wird aber in der Schule als Russenkind beschimpft). Auch sie zerbricht fast daran. Trotz der Enttäuschung sind fast keine Deutschen nach Kirgistan zurückgekehrt, da dort die schreckliche Angst vor Krieg herrscht und die ökonomischen Aussichten im liberalisierten Kirgistan sehr schlecht sind.

02.12.: Fahrt nach **Almaty, Kasachstan** durch schneebedeckte einsame Landschaft und über Gebirgskämme, etwa 4 Stunden mit dem Auto. Nach einer Stunde die kirgisisch/kasachische Grenze ohne Probleme durchfahren. Es gab viele Polizeikontrollstationen, die aber für den normalen Bürger gedacht sind, nicht für einen Jeep mit CD-Nummer. In der Stadt Almaty im Hotel Saltanat abgestiegen, altes Gästehaus in traditionellem DDR-Stiel, Vorhänge, Teppiche, Sofas, Stuckdecken etc.. Es sollte unter Naturschutz gestellt werden. In wenigen Jahren werden ganze Touristenströme nach einem solchen Hotel suchen, um den sozialistischen Charme noch zu sehen.

Ich initiierte ein Gespräch über den Vergleich Kasachstan mit Usbekistan und Kirgistan. Ich war überrascht, wie wenig man über die beiden Nachbarländer hier weis. Haben die Menschen in den beiden anderen Ländern, also in Usbekistan und Kirgistan Angst vor Konflikten und Kriegen, ist es in Kasachstan vor allem die Angst vor dem Morgen, die Existenzangst.

Die Bevölkerung Kasachstans ist durch die Auswanderung der Russland-Deutschen (Wolga-Deutschen) von 17 Mio. auf 14 Mio. zurückgefallen. Der Botschafter Libal erzählte, dass Saudi Arabien die eigentliche Gefahr darstelle, da sie tadschikische Rebellen finanziere. Metzler, ein anderer Mitarbeiter erzählte von Angriffen und Toten im Süden Usbekistans während unseres Besuches in Usbekistan, was nachträglich die scharfen Sicherheitsmaßnahmen in Usbekistan erklärt.

03.12. In Almaty besuche ich das Eisstadion in Medeo, eine Arena mit 12.000 Plätzen und einigen Schlittschuhläufern, ein imposantes Erbe aus der Zeit der Sowjetunion.

Dann Fahrt zur Botschaft. Der Pförtner machte einen extrem „gesicherten" Eindruck und war mit Pistolen bewaffnet. Dann dreifache Sicherung auch innerhalb der Botschaft. Eintritt nur mit geheimer Code-Nummer. Die armen Botschaftsleute sitzen dort wie im Gefängnis. Das Gespräch mit den Botschaftsangehörigen konzentrierte sich auf die Holzmann-Sanierung in Deutschland und den Rücktritt Glokowskis (Ministerpräsident in Niedersachsen) und die Parteispendenaffaire von Kohl.

Mit Herrn **Metzger**, einem Mitarbeiter der Botschaft, auch über seine Frau und Tochter gesprochen. Seine Tochter (23 Jahre) ist so alt wie Hans. Sie hat bereits eine Ausbildung im Auswärtigen Amt hinter sich und ist inzwischen in der Botschaft im ehemaligen Stalingrad tätig. Metzger, ein Marathonläufer, Botschaftsrat und stellvertretender Referatsleiter ist sehr nett.

Auch Herrn **Metzler** getroffen, Herr Metzler ist GTZ-Experte und ist hier für unsere Aktivitäten der GTZ verantwortlich. Lange Zeit war er in Usbekistan und Tadschikistan tätig, er ist ein **alter Stasi-Mann,** der nach kurzer BMZ-Tätigkeit als Stasi-Mann enttarnt wurde, aber von der GTZ aufgefangen wurde. Ich hielt das für völlig gerechtfertigt, denn auf einen solchen alten DDR-Mann mit so viel Erfahrung und Russisch-Kenntnissen können wir nicht verzichten.

Metzler informierte mich darüber, dass während unseres Aufenthaltes in Usbekistan im Feranga Tal 14 Terroristen erschossen worden waren. 1.400 usbekische Sicherheitskräfte hätten sie erledigt. Die erkläre die strengen Sicherheitsvorkehrungen, die wir in Usbekistan angetroffen haben bzw. erdulden musste

Es folgt noch ein kleines Gedicht von Aitmatov, dem kirgisischen National-Schriftsteller:

Ich fliege und weine, fliege und weine
Fliege und weine,
Ich beschwöre Menschen und Götter,
bedenkt was ihr tut,
das ihr unbedacht nicht die Erde vernichtet.
Genießt doch, ihr Menschen.
Wenn Kranichtränen Euch netzen.
Was kümmert es Euch, wischt sie weg.
Und dennoch, ja dennoch.

Es war ein Gedicht über die Kraniche. Und noch eine Zeile:

„Nur ein Vogel bin ich in diesem fliegenden Schwarm,
ich fliege mit den Kranichen und bin selbst ein Kranich.
Auch ich orientiere mich nachts nach den Sternen.
Tags nach den Fluren und Städten
und ich mache mir meine Gedanken."

Ergänzung: In Kirgistan gab es seit Jahren einen **Beratungsauftrag der GTZ für den kirgisischen Staatspräsidenten. Dieser Beratungsauftrag wurde durchgeführt von Dr. Ernst Albrecht, dem früheren Ministerpräsidenten von Niedersachsen und Dr. Karl Horst Hahn, früherer VW-Vorstandsvorsitzender.** Ich habe mich am 24.04.1999 ausdrücklich gegen die Verlängerung dieses Beratungsauftrages für Herrn Albrecht und Herrn Hahn ausgesprochen., da die von den beiden Herren eingegangenen Berichte unzulänglich waren. Das Bundeskanzleramt (Hombach) bat mich – auf Bitten des Bundeskanzler Schröder – , den Vertrag zu verlängern: Ich habe der Bitte nicht entsprochen. Der Vertrag wurde beenden.

Fotos 1999

**Deutsch-Dänische Konsultationen 28.1.1999 Bonn
Minister Nielson**

Einweihung des Telekommunikationsprojektes

und Projektbesuche

Kambodscha

26. Juni- 3. Juli 1999

Ankunft Hotel Le Royale Phnom Penh

Frau	Frau		Müssig
Feskau	Hammer-		(KfW)
(Deutsche	schmidt		
Botschaft)	(BMZ)		

Kampf gegen Aids   Schützt den Wald

Beyon
Tempel

Ta Prohm Tempel (überwucherter Tempel)

Minenmuseum

Minenexplosionsversuche

Regierungsverhandlungen mit Usbekistan,
Konsultationen mit Kirgistan und Kasachstan
21. November - 4. Dezember 1999

Hebisch (KfW)	Stellvertr. usbekische Außenministerin	Hanse-mann (GTZ)	Bohnet	Muradow usbekisches Außenministerium

Einweihung des Steuerbeamten-Ausbildungsprojektes Taschkent

Einweihung
des Steuer-
beamten-
Ausbildungs-
projektes

Botschafter Bindseil

Kirgisischer Reiter

Im Jagdgebiet des Präsidenten Akajew gestrandet

Genossenschaft "Rot-Front"

"Genossen"

Wamp (BMZ)   Bohnet   Hefele (KfW)

Lastwagen
aus der
DDR-Zeit

2000

Yemen: Wasserknappheit im Zentrum, Steinigung in Ibb

Ägypten: Beschränkung der NRO Aktivitäten

Israel: erste deutsche Rede durch Bundespräsident Rau vor der Knesset,

Palästina: Grundsteinlegung Industriepark Jenin,

Georgien: Ehrung Schewardnadse durch Bundeskanzler Schröder; Konflikte in Abchasien, Südossetien

Kuba: Aufnahme der bilateralen Zusammenarbeit, Fidel Castro war präzise über die Lage in Europa informiert

Brasilien: Schutz indigener Minderheiten, Tropenwald

Marokko: Schwerpunkt Wasser und Abwasser

Bolivien: Nationaler Dialog zum Schuldenerlass

Vietnam: Deutsche Hilfe angesichts der Mekong-Flutkatastrophe, DDR Erbe

Kambodscha: Schweres Erbe durch Pol -Pot Regime

Umweltkonferenz China: Energieeffizienz, Biologische Vielfalt und umweltgerechte Stadtentwicklung im Zentrum

Expo 2000: Ansprache bei 8 Nationentagen

BMZ: Zahl der Kooperationsländer reduziert

Reise mit Ministerin Wieczorek- Zeul in den Yemen

Vom 29.01.-01.02. war ich mit **Ministerin Wieczorek-Zeul im Jemen**. Mitglied der deutschen Delegation waren neben mir: Herr Dunnzlaff, Herr Sahlman, Herr Riad; dann als Sondergäste: Frau Ingrid Matthäus-Maier von der KFW, Herr Fumetti von der GTZ, Herr Kinnemann von der DEG, Herr Hermle von Venro und die Abgeordneten Frau Adelheid Tröscher und Antje Hermenau. Begleitung Botschafter Zimprich. Herr Sahlmann hatte die ganze Reise gut vorbereitet.

Am 20.05.1990 kam es zum Zusammenschluss der konservativen jemenitischen-arabischen Republik mit der ehemals Sozialistischen Demokratischen Volksrepublik Jemen. Anmerkung. Der **Jemen, ähnlich wie Deutschland 1990 in einem Staat**

vereinigt, hat sich erst vor 30 Jahren der Außenwelt geöffnet. In den letzten drei Jahrzehnten hat Deutschland dem Jemen insgesamt rd. 1,45 Mrd. an bilateraler Entwicklungszusammenarbeit zugesagt. Die Projekte fügen sich zu Programmen in den Schwerpunktbereichen Trinkwasserversorgung und Abwasserversorgung, Gesundheit und Familienplanung sowie Bildungsbereich zusammen. Der Beitrag zur Demokratisierung, zur Dezentralisierung und zur Stärkung der Rolle der Frau in der Gesellschaft sind integraler Bestandteil aller Maßnahmen. Über tausend deutschsprechende ehemalige Stipendiaten, überwiegend in der DDR ausgebildet, bilden ein wertvolles Kapital, das für die jemenitische Entwicklung genutzt werden sollte.

Im Kern steht die zunehmende **Wasserknappheit**, die Auseinandersetzungen zwischen städtischer und ländlicher Bevölkerung hervorrufen kann. Privatinvestitionen müssen helfen, umfangreiche Investitionen zum Sparen von Wasser, vor allem in der Bewässerungslandwirtschaft zu finanzieren.

Es wurden Gespräche in Sanaa geführt mit **Präsident Saleh,** Premierminister Al-Iryani, dem Planungsminister Sofan und weiteren Kabinettskollegen.

Es gibt gewisse Fortschritte bei der Demokratisierung. Es gibt **2.200 NGOs** im Jemen.

Im Jemen spielt die Kultur eine große Rolle. Goethe: „Wenn Du in seelischer Bedrängnis bist, gehe in den Orient, dann wirst Du Dich wohl befinden." Der Gesundheitszustand ist der schlechteste in der arabischen Welt. Es gibt viele Malaria-Kranke und ein hohes Bevölkerungswachstum von 3,5 %.

Die Wasserversorgung unterstützt das BMZ in 14 Städten. Wichtig ist, dass der Wasserpreis für alle gilt, auch für Reiche. Ein Problem ist der hohe Wasserverbrauch bei der **Qat-Produktion**.

Es wurden ständig Vergleiche zur Wiedervereinigung in Deutschland gezogen, denn auch im Jemen wurde Nord und Süd vereinigt (parallel zu Deutschland). Präsident Saleh erkannte an, dass Deutschland Verpflichtungen gegenüber dem Osten hat, desgleichen habe Jemen Verpflichtungen gegenüber dem Süden des Jemens.

Wir haben **Medikamente und medizinisches Gerät gegen Malaria im Wert von 50.000** DM überreicht.

Besucht wurde neben Sanaa auch **Taiz** (Flug). Dort besuchten wir eine Gesundheitsstation und legten den Grundstein für eine Schule, die von der KFW finanziert wird. Ich möchte noch darauf hinweisen, dass Taiz als die heimliche Hauptstadt Jemens angesehen wird. Taiz ist mit intensiven Aktivitäten des Privatsektors zu einer geschäftigen Großstadt geworden

Ferner besuchten wir die **Shaab-Grundschule in Ibb**.

Von Taiz flogen wir nach **Aden**. Aden liegt im Süden und war früher ein selbständiger kommunistischer Staat. Dort besuchten wir die Universität und waren sehr beeindruckt von der kleinen deutschen Bibliothek und dem Wiederaufstieg von Aden. In Aden haben uns insbesondere die Stadt und der Hafen beeindruckt. Auch waren wir stolz, dass Deutschland in zwei wichtigen Bereichen, nämlich der Entwicklung der Universität von Aden und mit dem National Institute for Technicians and Instructures eine beeindruckende Ausbildungsstätte finanziert hat.

Beim Gespräch mit dem Präsidenten der Republik Jemen, Herrn Saleh, sprachen wir auch den **Steinigungsvorgang in Ibb** an.

Der Sachverhalt war wie folgt: Zum ersten Mal in der modernen Geschichte des Jemen hat die Islamische Republik ein Todesurteil durch öffentliche Steinigung vollstrecken lassen. Ein großer Teil der mehrere Hundert Menschen umfassende Menge, die 4 Stunden lang Steine warfen, waren Frauen, denn der Hinrichtungskandidat war eines besonders grauenhaften Sexualmordes überführt worden. Mohammed Al Sumi (46 Jahre) hatte seine eigene 12jährige Tochter vergewaltigt. Anschließend schlitzte er ihr mit einem Messen den Unterleib auf. Das Mädchen quälte sich noch mehrere Stunden, ehe es an den inneren Blutungen starb. Ein Gericht in seiner Heimatstadt Ibb sprach den Täter 1992 schuldig. Der Oberste Gerichtshof bestätigte das Urteil. Sowohl auf Vergewaltigung als auch auf Mord steht im Jemen die Todesstrafe. Aus Gründen der Abschreckung wird das Urteil öffentlich vollstreckt. Normalerweise kommt der zum Tode Verurteilte vor ein Erschießungskommando. „Wegen der besonderen Schwere des Verbrechens, so die Staatsanwaltschaft von Ibb, habe das Gericht in diesem Falle jedoch die Hinrichtung durch Steinigung angeordnet. Al Sumi musste in einer Grube stehen, die ihm bis zur Brust reichte. Dann brach der Steinehagel los." Die gesamte Bevölkerung, insbesondere Frauen, waren über das schreckliche Verbrechen eines Vaters an seiner eigenen minderjährigen Tochter so aufgebracht, dass die politische Führung keinen Spielraum für eine Begnadigung bei diesem Verfahren sah. Die Sharia als göttliches islamisches Recht ist Bestandteil der jemenitischen Verfassung. In der Sharia ist die Steinigung als höchste Strafe für schwere Kapitalverbrechen ausdrücklich vorgesehen. Wieczorek-Zeul sprach nun diesen Vorgang mit folgender Diktion an ."Bundesdeutsche Tageszeitungen mit bundesweiter Verbreitung haben in der letzten Woche über die Steinigung eines Jemeniten berichtet. Die Grausamkeit des Verbrechens des Täters hat in der deutschen Bevölkerung Abscheu ausgelöst. Dies gilt aber auch für die Form der Bestrafung. Das deutsche Grundgesetz verbietet die Todesstrafe. Es ist ausdrückliche Politik der Bundesregierung, sich weltweit für eine Abschaffung dieser Strafform einzusetzen. Auch der Jemen hat vor wenigen Jahren das Übereinkommen gegen Folter und andere grausame unmenschliche oder erniedrigende Behandlungen oder Strafen ratifiziert. „Herr Präsident, ich bitte Sie, wenn Sie mir aus Ihrer Sicht das Geschehen näher darstellen könnten. Wir halten eine Steinigung für einen grausamen nicht-tolerierbaren Akt." Präsident Saleh hat zugesagt, die Frage der Steinigung mit einem Rechtsgelehrten in Jemen zu beraten.

Beim Gespräch betonten wir häufig, dass die Lösung unserer struktur- und vereinigungsbedingten Probleme weder Jemen noch Deutschland leicht fällt..

Ich sollte noch hinzufügen, dass aufgrund der Vollstreckung des Todesurteils durch Steinigung im **Vorfeld überlegt worden ist, die gesamte Reise abzusagen**, wenigstens das Besuchsprogramm in Ibb. Andererseits wussten wir, dass die jemenitische Führung unter erheblichem Druck der gesamten Bevölkerung gestanden haben dürfte. Die in weiten Teilen des Landes archaischen Gesellschaftsstrukturen sind wichtig (islamische Sharia einschließlich). Es wäre also besser, die Reise durchzuführen und den Fall der Steinigung direkt auf höchster Ebene anzusprechen, was dann auch geschehen ist.

Im Jemen leistet die **Außenstelle des Deutschen Archäologischen Instituts** in Sanaa einen wesentlichen Beitrag zur Erforschung und Bewahrung des reichen kulturellen Erbes im Jemen.

Aber wir erfahren auch, dass seit der Vereinigung Nord- und Südjemes vor 10 Jahre der soziale Druck zugenommen hat, den Schleier zu tragen. Im Parlament, das 301 Sitze zählt, gibt es nur eine weibliche Abgeordnete. Im früheren sozialistisch regierten Südjemen gab es kaum Verschleierungen, aber heute sind die Jemenitinnen insgesamt angehalten, sich der konservativeren Hauptstadt Sanaa anzuschließen und den **Schleier zu tragen**. Als eine Art „Arbeitskleidung" wird der Schleier von den Frauen häufig" erklärt." Die Männer im Lande laufen vornehmlich mit Krummdolchen und Kalaschnikows herum. Die Zuwachsrate der Bevölkerung ist groß, mehr als 7 Kinder bekommt jede Frau.

Dann gibt es das Problem der Wasserknappheit. Verschärft wird die Wasserknappheit durch den weit verbreiteten **Qat-Konsum**. Für dieses leicht stimulierende Rauschmittel werden nach Schätzungen bis zu 25 % des Bruttoinlandsproduktes aufgewendet und für seinen Anbau rd. die Hälfte der bewässerbaren Fläche eingesetzt. Deshalb forderten wir den Qat-Anbau zu reduzieren. Die Jemeniten behaupteten, dass der Qat-Konsum im öffentlichen Dienst und beim Militär während der Dienstzeit nun verboten sei.

Ich sollte noch hinzufügen, dass wir während der Reise ständig von **bewaffneten Eskorten** beschützt wurden. Die Lebenserwartung im Jemen beträgt 54 Jahre. Noch 57 % sind Analphabeten. Beim Besuch der **Grundschule in Ibb** brachten die SchülerInnen der Ministerin sogar ein Ständchen. Zur Melodie von „Bruder Jakob" sangen sie:" Liebe Heidi, liebe Heidi, komm' bald wieder, es war so schön!" Ich sollte noch erwähnen, dass es extrem heiß und schwül im Jemen war. Die Abgeordnete

Hermenau (Grüne) aus der früheren DDR hatte verschiedene Schwächeanfälle, so dass wir sie teilweise stützen und fahren mussten.

Reise mit Ministerin Wieczorek-Zeul nach Ägypten

Vom 01.-04.02.2000 besuchte **Wieczorek-Zeul Ägypten.** Zur offiziellen Delegation gehörten vom BMZ: Bohnet, Gehlen, Dunnzlaff, Sahlmann und Riad. Die beiden letzteren hatten die Reise vorzüglich vorbereitet. Als Sondergäste waren dabei: Matthäus-Maier von der KFW, Fumetti von der GTZ, Kinnemann von der DEG, Hermle von Venro und die Abgeordneten Tröscher und Hermenau.

Die Ministerin führte Gespräche mit dem **Premierminister Ebeid**, ferner mit dem Planungsminister, dem **Außenminister Moussa**, dem Wirtschaftsminister Ghali und dem Energieminister und dem Transportminister. Außerdem kam es zu einem Meinungsaustausch mit den in Kairo vertretenen vier politischen Stiftungen als auch mit den Repräsentanten der ägyptischen NGOs, die sich insbesondere für Menschenrechte und Demokratisierung einsetzten. Ferner wurde ein FZ und TZ-Abkommen unterzeichnet.

Die Schwerpunkte des deutschen Engagements in Ägypten liegen im sozialen Bereich und bei der Förderung und Stärkung der Zivilgesellschaft. Ein wichtiges Thema war die Tendenz der ägyptischen Seite, die **NRO-Aktivitäten zu beschränken.** Die ägyptische Seite machte klar, dass die ausländischen NROs und insbesondere die Stiftungen für ihre Tätigkeiten kein Genehmigungsverfahren brauchten, sondern sie seien nach dem neuen NRO-Gesetz nur zur Notifizierung ihrer Aktivitäten verpflichtet. Das neue Gesetz bringe Klarheit hinsichtlich der Finanzierung von außen. Finanzielle Beiträge von außen müssten dem Sozialministerium auf jeden Fall vorgelegt und dort notifiziert werden. Es war das erste Mal, dass eine ausländische Ministerin ausführlich mit NRO-Vertretern Ägyptens sprach, da die Gefahr besteht, dass die Tätigkeiten der NROs in Ägypten weiter eingeschränkt werden.

Der Kern der deutschen EZ ist die Unterstützung des Social Fund for Development, mit dem in Ägypten die negativen sozialen Auswirkungen der Reform- und Privatisierungspolitik aufgefangen werden sollen.

Die ägyptische Seite sagte, die Aufrechterhaltung von Frieden habe für sie absoluten Vorrang. Man wisse, dass jede abgefeuerte Kugel ein Prozess der Kapitalflucht in Gang setze. Fünf Kriege in fünfzig Jahren hätten dem Land mehr als genug geschadet.

Am 01.02. hatten wir die Chance, den **Karnak-Tempel** zu besuchen, am 02.02. eine Konditorei sowie eine Dreherei in Luxor. Außerdem wurde eine Grundschule eingeweiht.

Am 04.02. konnten die **Pyramiden** besichtigt werden, begleitet vom deutschen Botschafter Peter Dingens.

Ein Gespräch mit Präsident Mubarak kam nicht zustande.

Wichtige EZ-Projekte in Ägypten sind: Berufsbildung, insbesondere Förderung duale Berufsbildung, Förderung von Grundschulen, Bilharziose-Bekämpfung, Familienplanung, insbesondere Nutzung von Windenergie, der Windpark Zafarana, Kläranlagen in Kairo, Müllentsorgung bei Assuan, viele Sozialfonds, Düngemittelfabriken, Kraftwerk Suez.

Deutschland ist nach den USA und Frankreich der drittwichtigste bilaterale Geber für Ägypten. Ägypten ist nach China zweitwichtigstes Empfängerland der deutschen Entwicklungszusammenarbeit. Alleine die Entwicklungszusammenarbeit betrug 2000 etwa 185 Mio. DM.

Reise mit Bundespräsident Rau nach Israel, Palästina und Ägypten

Reise als **Delegationsmitglied anlässlich des Besuchs des Bundespräsidenten Rau in den palästinensischen Gebieten, Israel und die Arabische Republik Ägypten vom** 15.-25.02.200.

Zur Delegation der Reise nach Israel, Palästina und Ägypten gehörten Prof. Hans Küng, Präsident der Stiftung Weltethos, Manfred Lahnstein, Vorsitzender der deutsch-israelischen Gesellschaft, Klaus Schütz, ehemaliger Regierender Bürgermeister von Berlin, und Frau Friedel Springer. Dies waren die sogenannten Sondergäste; zur offiziellen Delegation, die 21 Personen umfasste, gehörten neben Herrn Ischinger der Botschafter Wallau etc., auch ich als Vertreter des BMZ.

Zu **Israel**: Höhepunkt des Staatsbesuchs in Israel war die Rede des Bundespräsidenten Johannes Rau vor der Knesset. Es war die erste Ansprache eines Bundespräsidenten vor der Knesset; zum ersten Mal wurde eine Rede in der Knesset auf Deutsch gehalten. Die Knesset-Rede des Bundespräsidenten ist als historisch zu bezeichnen. Die Bitte um Vergebung aus dem Munde des wohl letzten zur Kriegsgeneration gehörenden deutschen Staatsoberhauptes war ein wichtiger Beitrag zur Versöhnung beider Völker.

Der inhaltliche Höhepunkt des Staatsbesuches war die Unterzeichnung eines Abkommens über die **Errichtung eines Koordinierungsbüros für den deutsch-israelischen Jugendaustausch.**

Prägend für den Erfolg des Besuches war auch das herausragende persönliche Ansehen, welches Bundespräsident Rau hier genießt. Es war sein zweiunddreißigster offizieller Besuch in Israel.

Bei den Gesprächen mit Premierminister Barak und Außenminister Levy wurde klar, dass ein Friedensabkommen in weiter Ferner liegt.

Der Bundespräsident nahm an einem Symposium anlässlich des 100. Gründungstags des Deutsch-Evangelischen Instituts für Altertumswissenschaften des Heiligen Landes teil. Im Rahmen dessen diskutierten 30 israelische, palästinensische und deutsche Wissenschaftler über das Thema „Wissen und kulturelle Identität aus israelischer und palästinensischer Perspektive". Hier gab es erhebliche Spannungen, denn man konnte sich nicht auf den gemeinsamen Text eines Geschichtsbuches zwischen den israelischen und den palästinensischen Wissenschaftlern einigen.

Unter dem Thema „Interreligiöse Koexistenz und interreligiöser Dialog" gab es ein Gespräch mit zwei Vertretern der Kirchen der Rabbinate und des Islams, der jedoch keine Einigung hervorbrachte.

Beim Besuch der Gedenkstätte **Yad Vashem** trug Rau ins Gästebuch ein: „Mag sein, dass der Jüngste Tag morgen anbricht, dann wollen wir gerne die Arbeit für die bessere Zukunft aus der Hand legen, vorher aber nicht."

Der Besuch in **Boker** galt der Grundsteinlegung für das im Aufbau befindliche inter**nationale Wüstenbekämpfungszentrum**, das auch Deutschland mit 50 Mio. FZ unterstützt.

Der Staatspräsident Israels, nämlich Ezer Weizman, hatte ein Abendessen zu Ehren von Johannes Rau gegeben, an dem ich auch teilnahm.

Zu **Palästina**: Es war der erste offizielle Besuch eines Bundespräsidenten in den palästinensischen Gebieten. Die palästinensische Seite räumte dem Besuch des Bundespräsidenten und von Frau Rau allerhöchste Bedeutung ein, die in dieser Form bisher nur Präsident Clinton im November 1998 zuteil wurde. Die Versicherung von Rau, die Palästinenser gerade in einer schwierigen Phase nicht im Stich zu lassen, tat den nicht gerade von Gleichbehandlung, Gesichtswahrung und Mitsprache verwöhnten Palästinensern spürbar gut.

Mit der **Grundsteinlegung für den Industriepark Jenin** – in Anwesenheit des israelischen Ministers Cohen und Perez vor gut 300 Gästen – unterstrich Bundespräsident Rau das auf regionale Zusammenarbeit angelegte deutsche Engagement für den Friedensprozess. Auch die Eröffnung der Kläranlage Al Bireh machte das herausragende deutsche entwicklungspolitische Engagement in den palästinensischen Gebieten deutlich.

Am 19.02. nahm Rau an einem israelisch-palästinensischen Seminar über Friedens-erziehung und Geschichtsvergleich sowie anschließend an einer Diskussion mit israelischen und palästinensischen StudentInnen in der Talitha-Kumi-Schule in Bethlehem teil. Er beglückwünschte die SeminarteilnehmerInnen zu dem freimütigen Meinungsaustausch sowie zu ihrer offenen Aussprache über die teils schmerzliche Vergangenheit. Man müsse konstatieren, dass die TeilnehmerInnen sich nicht auf ein einheitliches Geschichtsbuch und Schulbuch für Israel und Palästina verständigen konnten. Rau verwies auf seine Erfahrungen, die er als Ministerpräsident von Nordrhein-Westfalen mit einer deutsch-französischen und einer deutsch-polnischen Schulbuchkommission gemacht habe. Die Arbeit der SeminarteilnehmerInnen sei schwierig, da noch kein israelisch-palästinensisches Friedensabkommen bestehe, auf dem aufgebaut werden könne. Die Diskussion dafür könne aber den Weg ebnen und werde auf jeden Fall das gegenseitige Verständnis wecken: „Man hasst einen Fremden leichter als jemand, den man kennt." Die Diskussion mit den israelischen und palästinensischen SchülerInnen offenbarte einerseits den unbestreitbaren Willen zur Annäherung, machte zugleich aber die Schwierigkeiten eines Dialogs deutlich. Während die palästinensischen Studenten die politische Lage, die sie in ihrem tagtäglichen Leben hautnah beeinträchtigt (Einschränkung der Bewegungsfreiheit, Kontrollen, Siedlungsbau, Häuserzerstörungen), in den Mittelpunkt rückten, versuchten die israelischen StudentInnen, persönliche Kontakte unter Ausklammerung politischer Themen zu knüpfen.

Arafat präsentierte sich in einem guten Gesundheitszustand, ließ aber keinen Zweifel an seinem Pessimismus. „Er habe großes Misstrauen gegenüber dem, was Barak sage mit dem, was er wirklich meine und durchzusetzen in der Lage sei." Ba-rak bemühe sich nicht um ein partnerschaftliches Vertrauensverhältnis, sondern setze auf seine Stärke als Besatzer und übermächtiger Verhandlungspartner Barak habe den Neubau von mindestens 4.120 Wohnungseinheiten in illegalen Siedlungen zugelassen. Erkennbares Ziel: Einkreisung Bethlehems und Jerusalems.

 Rau hob insbesondere den mit deutscher Unterstützung gebauten Flughafen Gaza hervor.

Rau betonte, dass vor 10 Jahren sich niemand die trilaterale deutsch-israelisch-palästinensische Initiative zur Gründung eines Industrieparks hätte vorstellen können. Die Grundsteinlegung für diesen Industriepark in Anwesenheit zweier israelischer Minister sei ein wegweisendes Beispiel. „Dies sei ein Land der Hoffnung. Ich wünsche mir, dass es ein Land der Zuversicht werde."

Zu **Ägypten**: Vom 21.-25.02. besuchte Rau Ägypten zusammen mit seiner Frau. Der Staatsbesuch bot Gelegenheit zu ausführlichen Gesprächen mit Präsident Mubarak, zu Begegnungen mit dem Generalsekretär der Arabischen Liga und dem Großscheich der Al-Azhar Moschee und dem koptischen Papst Shenuda, dem III. Der Bundespräsident stattete außerdem der deutsch-evangelischen Oberschule in

Kairo, dem Katharinenkloster auf dem Sinai sowie GTZ-Projekten in Assuan Besuche ab.

Noch kleine Anekdote zu Ägypten. Beim Besuch in Luxor traf der Bundespräsident auf eine Gruppe deutscher Touristen. Sie begrüßten ihn herzlich und betonten, dass sie aus Wuppertal seien. Rau war hoch erfreut und fragte natürlich spontan nach, ob sein Friseur Schmigolo auch dabei sei. Hier zeigte sich, dass Rau über eine große Fähigkeit verfügt, mit Menschen ins Gespräch zu kommen. Er kann sich Personen und Menschen im Detail merken.

Von dem Besuch sind mir noch nachträglich folgende Episoden besonders in Erinnerung:

- Rau versuchte in einem Gespräch mit den drei monotheistischen Religionen, eine gemeinsame Grundlage zu finden, was jedoch scheiterte, da die eigene Geschichte zwischen Muslimen, Juden und Christen völlig unterschiedlich gesehen wurde.
- Die Hubschrauberflüge, die in Israel und Palästina durchgeführt wurden, waren extrem gefahrvoll und für mich beängstigend.
- Ich fuhr immer in einem Begleitwagen zusammen mit dem Ex-Bürgermeister von Berlin Klaus Schütz, mit Frau Friedel Springer, der Gattin des berühmten Medienzars Springer, und Prof. Küng, dem Professor für Weltethos, ehemals Universität Tübingen. Die Gespräche, die ich im Auto führte, besonders die mit Küng waren immer erhellend und interessant.
- Sehr bewegt war ich als Zuhörer der Rede, die Herr Rau vor der Knesset, dem israelischen Parlament, gehalten hat, wo er sich noch einmal eindeutig zur deutschen Schuld bekannt hat.

Reise mit Bundeskanzler Schröder nach Georgien

Vom 30.-31.03.2000 gehörte ich der **Delegation des Bundeskanzlers Gerhard Schröder bei seinem Staatsbesuch in Georgien** an. Zur Delegation gehörten ferner Außenminister Genscher a.D., Dr. Andreas Schockendorff MDB (spielte später eine betrübliche Rolle als Alkoholabhängiger im Deutschen Bundestag) und der Malerprofessor Jörg Immenhoff. Zur Delegation gehörten ferner Ministerin Wieczorek-Zeul, Staatsminister Naumann und der Botschafter der Bundesrepublik Deutschland,Wolff Dietrich Vogel. Vom BMZ waren außer mir Frau Ursula Schäfer-Preuss dabei. Am 30.03. unterzeichnete Bundesministerin Wieczorek-Zeul das Abkommen über die finanzielle Zusammenarbeit zwischen Deutschland und Georgien, das ich einige Monate zuvor in Deutschland verhandelt hatte. Wieczorek-Zeul hat d 50 Mio. DM, die ich in den **Regierungsverhandlungen** im Frühjahr zugesagt hatte, vor Ort noch um 10 Mio. DM erhöht. Unsere Entwicklungszusammenarbeit konzentriert sich auf

- Fortsetzung des Aufbaus des Rechts- und Justizwesens
- Rehabilitierungsmaßnahmen bei der Stromübertragung
- Rehabilitierungsmaßnahmen in der Wasserver- und -entsorgung sowie bei der Müllbeseitigung
- Finanzierung von Krediten der Mikrokreditbank
- Aus- und Aufbau des landesweiten Katasters, um ein Grundbuchregister einzurichten

Die zusätzlichen 10 Mio. DM, die in Tiflis zugesagt wurden, dienen der Förderung regenerativer Energien (Wasser, Sonne, Windkraft).

Abends gab es im Regierungsgästehaus Krtsanisi ein Abendessen des Präsidenten von Georgien, **Schewardnadse,** den früheren Außenminister der Sowjetunion, der unermessliche Verdienste um die Deutsche Einheit erworben hatte.

31.3. Das **Kinderkrankenhaus Laschwilli,** das die Ministerin mit Frau Schewardnadse besuchte, dient der Behandlung von Kindern im Hämatologischen Zentrum. Deutschland hat dieses Zentrum bisher mit 2 Mio. DM unterstützt. Inzwischen können viele Kinder in diesem Krankenhaus geheilt werden. Als Geschenk für das Hämatologische Zentrum wurde ein Blutanalysegerät übergeben. In dieser Klinik können chemotherapeutische Maßnahme durchgeführt werden, insbesondere auch zur Problematik des Blutkrebses. Es war ein bedrückender Besuch.

Anschließend haben wir **Mzcheta** besichtigt, eine Stadt; 21 km von Tiflis entfernt. Die Stadt Mzcheta wurde im dritten Jahrhundert v. Chr. zur Hauptstadt des ersten ostgeorgischen Königreiches erkoren. Die malerische Stadt ist bis heute geprägt durch die majestätische Swetizchoweli-Kathedrale.

Die Bundesrepublik war das erste Land mit dem Georgien nach Erlangung seiner Unabhängigkeit 1991 diplomatische Beziehungen aufnahm. Die herausragende Rolle von Schewardnadse bei der Herstellung der Deutschen Einheit ist unvergessen.

In der Rede des Präsidenten **Schewardnadse** zu Ehren des Bundeskanzlers Gerhard Schröder am 31.03.2000 findet sich folgende interessante Passage: „Mit dem Sieg von Herrn Putin bei den Präsidentschaftswahlen und überhaupt mit den neuen Gesichtern in der russischen Führung verbinden wir unsere Zukunftshoffnungen. Am Ende des letzten Jahres haben er und ich ein Gespräch unter vier Augen geführt. Es ist zu bedenken, dass sich Russland jetzt in Händen jener Menschen befindet, die ihr Land als einen vorhersehbaren, starken, demokratischen, auf die allgemeinmenschlichen Werte orientierten Staat sehen möchten." (Eine makabre Aussage angesichts der aktuellen Ukraine-Probleme). Aber wir müssen bedenken, wir schreiben das Jahr 2000.

Die georgische Zentralregierung besitzt nach wie vor keine Regierungsgewalt über die **autonome Republik Abchasie**n und das südossetische autonome Gebiet (**Südossetien)**. Beide Regionen haben ihre Unabhängigkeit nach der Auflösung der Sowjetunion von Georgien erklärt. Wenngleich zurzeit – wir sprechen über das Jahr 2000 – keine größeren Kämpfe stattfinden, gehen die Friedensgespräche nur langsam voran. Die Russen haben kein Interesse an einer Konfliktlösung, weil der Status quo die Unentbehrlichkeit fortgesetzter russischer Präsenz in diesen beiden Gebieten sichert. In Südossetien herrschen Altkommunisten. Dem Konflikt in Südossetien, der sich auch unabhängig erklärte, fehlt die Schärfe des Abchasien-Problems, weil Georgier und Südosseten einander weniger entfremdet sind und Russland strategisch stärker an Abchasien interessiert ist

Seit 1993 ist eine VN-Militärbeobachter-Mission mit 136 Mann in Georgien; Deutschland ist mit 10 Soldaten auch vertreten. Der deutsche Diplomat Dieter Boden ist Sonderbeauftragter des VN-Generalsekretärs für Abchasien.

Von dem Besuch habe ich noch das völlig entspannte Abendessen im Kreise des Präsidenten Schewardnadse und des Außenministers Genscher in Erinnerung; ferner den Abend, bei dem Kanzler Schröder mit dem Maler Jörg Immendorff und anderen Mitgliedern der Delegation „einen feucht-fröhlichen Abend verbracht hatten".

Reise mit Ministerin Wieczorek-Zeul nach Kuba

Vom 19.-23.05.2000 besuchte Bundesministerin **Wieczorek-Zeul Kuba.** Ich gehörte zur Delegation ebenso wie meine Kollegen Dehn und Lotz, Frau Schäfer-Preuss sowie der Pressesprecher Dunnzlaff. Die Vorbereitung lag in den Händen von Dehn. Zur deutschen Delegation gehörten noch: Herr Brökelmann und Herr Simon von Miserior, Herr Preuss von der Deutschen Welthungerhilfe sowie Herr Wolfgang Schmit von der GTZ und Herr Wilhelm vom Deutschen Entwicklungsdien

Die **wesentlichen Ergebnisse des Besuches:** Es wurde ein intensiver Politikdialog betrieben, auch mit Fidel Castro, insbesondere über die Beziehungen Kubas zu Europa, Menschenrechte und Demokratie. Als konkretes Ergebnis des **Besuches wurde ein Vertrag, nämlich die Aufnahme der bilateralen staatlichen Entwicklungszusammenarbeit,** mit dem TZ-Projekt „Unterstützung des nationalen Programms zur Bekämpfung der Wüstenbildung und der Trockenheit" unterzeichnet. Im Bereich der Gesundheit wurde eine Dreieckskooperation zunächst mit einem lateinamerikanischen und einem afrikanischen Entwicklungsland ins Auge gefasst, konkret Honduras und Niger.

Auf deutscher Seite begleitete der Botschafter Dr. Huber das Besuchsprogramm. Es umfasste den Besuch eines Instituto Finlay, das einen bemerkenswerten Einblick in den Bereich Forschung und Entwicklung, insbesondere im Bereich der Impfstoffe (z.B. gegen Meningitis), ergab, u.a. mit einer bedenklichen Anpreisung Kubas als Standort mit vielen potentielle Freiwilligen zur klinischen Impfstoffe-Erprobung. Ferner wurden die Ergebnisse eines 5tägigen Workshops zu dem vorgesehenen TZ-Projekt im Bereich Desertifikationsbekämpfung vorgestellt.

Es gab auch Gespräche mit **regimekritischen Personen**, vor allem mit dem Rat der Evangelischen Kirche Kubas sowie dem Direktor der kubanischen Caritas. Während der evangelische Kirchenrat jegliche Kritik an der Regierung vermied, berichteten Vertreter oppositioneller Gruppen über eine innenpolitische Verhärtung ab November 1999.

Während des Besuches wurde ein Ausflug in die Provinz Holguín durchgeführt, um ein Projekt der Welthungerhilfe zu besichtigen, das Wasser aus Tiefbrunnen mit Hilfe von Windmühlen fördert.

Ein Schlüsselpunkt der Gespräche war der **Status der entsandten Fachkräfte** von GTZ und DED, wobei es insbesondere um die Erteilung von Mehrfachvisa, um Haftungsfreistellung und Haftungsverschonung sowie um die Anstellung lokaler Fachkräfte ging. Es konnte keine Einigung erzielt werden. Letztlich herrscht auf kubanischer Seite immer die Vorstellung, ja geradezu eine Obsession, „for not losing control".

Am beeindruckendsten war der Besuch der lateinamerikanischen medizinischen Hochschule in der Nähe von Havanna. Im Vergleich zu den meisten Entwicklungsländern hat Kuba einen hohen Stand des Gesundheitswesens mit Schwerpunkt auf die dezentralen Landesteile und die Einführung des Systems von Familienärzten. Alleine 3.500 ausländische StudentInnen studieren an der latein-amerikanischen Medizin-Hochschule in Havanna. Sie sollen später die in den Entwicklungsländern arbeitenden kubanischen Ärzte ersetzen. Seit dem Wirbelsturm Mitch im Jahre 1998 wurden bisher 2.500 kubanische Ärzte in die Entwicklungsländer entsandt, vornehmlich nach Afrika.

Bei der erbetenen Unterstützung im Gesundheitsbereich geht es vor allem darum, mit deutschen Beiträgen für Medikamente und medizinische Geräte den Einsatz kubanischer Ärzte in unterversorgten ländlichen Gebieten wirksam zu unterstützen.

Wenige Tage nach unserem Besuch wurde in Havanna ein Umschuldungsabkommen in Höhe von 130 Mio. DM mit Kuba unterzeichnet.

Gespräche wurden geführt mit der Ministerin Marta Lomas, Vizepräsident Carlos Lage, Außenminister Peres Roque und Fidel Castro. Im Vorfeld der Reise gab es natürlich in Deutschland handfeste Auseinandersetzungen, da die CDU diese Reise im Vorfeld heftig kritisierte.

Bei dem Gespräch mit dem Außenminister Roque haben wir insbesondere auf eine unbürokratische Praxis der Visaerteilung für MitarbeiterInnen von politischen

Stiftungen, kirchlichen Hilfsorganisationen und anderen Nichtregierungs-organisationen gedrängt.

Es gab ein intensives Gespräch über Menschenrechte; die **Freilassung von drei hohen politischen Gefangenen konnte erreicht werden.**

Eine große Rolle spielte der mögliche **Beitritt Kubas zum EU-AKP-Abkommen**. Sowohl Castro, Vizepräsident Lage als auch der Außenminister Roque machten die kubanische Position deutlich, dass man zwar bereit gewesen wäre, dem EU-AKP-Abkommen ohne Vorbehalte beizutreten, dass man aber die Abfolge des EU-Verhaltens in der UN-Menschenrechtskommission in Genf und die als Prüfung der Beitrittswürdigkeit Kubas durch die für Ende April angekündigte Troika-Mission als zusätzliche diskriminierende Bedingung verstanden habe, die ansonsten keinem AKP-Staat auferlegt wurde. Kuba habe die Troika-Mission absagen und den Beitrittsantrag deshalb zurückziehen müssen.

Am dramatischsten war das Gespräch mit **Fidel Castro**. Man weiß grundsätzlich nicht, ob Fidel Castro jemanden empfängt. Die deutsche Seite wurde nur kurz vorab informiert. Das ist immer so, wenn der Líder Máximo einen ranghohen ausländischen Besucher empfängt. Der Tagesablauf, die Termine, die Bewegungen Castros auf Kuba werden geheim gehalten. Längst nicht allen ausländischen Ministern wird die Ehre erteilt, ein langes Gespräch mit Castro zu führen. Es kam überraschend ein Anruf, dass heute Abend um 21:00 Uhr ein Gespräch im Revolutionspalast stattfindet. Abfahrt in der Residenz um 20:00 Uhr. Die Ministerin solle pünktlich sein. Teilnehmen sollten nur Ministerin, Botschafter, Bohnet, Pressesprecher Dunnzlaff und der AA-Diplomat Boomgarten. Es wurde darauf hingewiesen, dass der Presse nichts zu sagen sei.

Aus dem Gespräch habe ich in Erinnerung, dass Fidel Castro fast nichts zu Lateinamerika und zu Kuba sagte, sondern sich vornehmlich erkundigte über die deutsche Wiedervereinigung, mich bzw. Boomgarten bat, eine Karte Deutschlands in den Grenzen von 1937 zu zeichnen, was uns nur unzulänglich gelang. Ferner war er sehr interessiert am Schicksal der **sogenannten Aussiedler aus Russland** in Deutschland. Fidel Castro war extrem informiert über die Lage in Europa. Er wusste auch, dass die Ministerin im Kabinett Schröder nie eine kritiklose Verehrerin des Führers der kubanischen Revolution gewesen war. Dennoch dauerte das Gespräch vier Stunden. Letztlich war bei Fidel Castro die Obsession zu spüren, hinter allem Bösen auf der Welt den großen Nachbarn aus dem Norden zu sehen. Die Ministerin sprach von ihrer Seite natürlich auch alle heiklen Themen an, einschließlich die **Todesstrafe**, betonte aber, dass Dialog die einzige Möglichkeit sei, Verhärtungen aufzuweichen. Castro betonte, dass sie die Todesstrafe deshalb noch hätten, da die Terroristengruppen aus den USA sie bedrohten. Castro ließ wissen, dass er auch grundsätzlich ein Gegner der Todesstrafe sei.

Er hätte immer die Meinung vertreten, dass ein geteiltes Deutschland schlecht wäre. Man müsse Kohl für die Wiedervereinigung beglückwünschen.

Die 500 Jahre Kriege wären vornehmlich immer religiöse Kriege gewesen. Im Sozialismus gäbe es keine Arbeitslosen. Kuba schicke 6000 Ärzte in die Dritte Welt sowie 34.000 Sportlehrer. Kultur und Kunst spiele in den Schulen eine große Rolle.

Castro: Wir haben gelernt, alles, was wir haben, zu teilen. Über Menschrechte sind wir uns nicht einig. In Bezug auf die EU sprach Castro sich gegen jegliche politische Bedingungen aus.

Wieczorek-Zeul überbrachte die Grüße des Bundeskanzlers Schröder und sprach dann die Todesstrafe an. Castro betonte, er wäre gegen jegliche Todesstrafe. Seit 10 Jahren würden keine Todesstrafen mehr verhängt. Es hätte aber 600 Attentatspläne gegen seine Person in den letzten Jahren gegeben. Deshalb sei sein Land noch nicht vorbereitet auf die Abschaffung der Todesstrafe. Lediglich für Drogenhändler gäbe es die Todesstrafe. In den USA würden vornehmlich Unschuldige verurteilt. Castro plädierte für die Süd-Süd-Zusammenarbeit. Kubanische Aktivitäten vornehmlich von Ärzten gäbe es in Haiti, Belize, Guatemala, Ecuador und Surinam. Alleine 300 Ärzte wären nach Afrika geschickt worden, und zwar nach Sambia und Simbabwe. Sie arbeiteten dort kostenlos. Ferner gibt es kubanische Ärzte in Nigeria und Burkina Faso.

Auch wenn **keine nennenswerte Veränderungsbereitschaft bei kubanischen Politikern wie Fidel Castro oder Carlos Lage festzustellen war**, nahmen sie doch immerhin die Argumente der Gegenseite wahr.

Beim Gespräch mit dem Gesundheitsminister wurde betont, dass die Lebenserwartung heute 75 Jahre ist, früher war sie 60 Jahre. Letztlich gilt aber immer noch „leben wie die Armen und sterben wie die Reichen".

Der Vizepräsident Lage betonte immer, es gäbe keine existenzielle Armut in Kuba, keine Kinder auf der Straße und keine Arbeitslosigkeit.

Wieczorek-Zeul sprach auch mit drei Oppositionellen, d.h. den Vorsitzenden oppositioneller Parteien in Kuba.

Die Kubaner betonten immer wieder, sie seien kein Entwicklungsland, sie seien 40 Jahre unabhängig. Am Schluss des Besuches überreichte mir Fidel Castro eine große Schachtel mit kubanischen **Zigarren Marke Cohiba.** Es sind die besten Zigarren der Welt; eine Zigarre kostet 45 Euro. Ich hüte die Kiste bei mir Zuhause wie eine Reliquie.

In dem Gespräch mit Fidel Castro betonte er, dass es seit Tausend Jahren klimatische Veränderungen gibt. Ihm machen diese klimatischen Veränderungen Sorge. Castro betonte, dass es in Latein-Amerika keine Stabilität gäbe, die sozialen Probleme wachsen würden und Korruption herrsche.

Unsere Haltung: Nachdem sich die Politik der Blockade und Isolierung über vier Jahrzehnte als ungeeignet erwiesen hat, um in Kuba Verbesserungen in den Bereichen Demokratie, Menschenrechte und Rechtsstaat zu bewirken, setzt die Bundesregierung auf Wandel durch Zusammenarbeit. Die Aufnahme der staatlichen Entwicklungs-zusammenarbeit mit Kuba verbessert die Möglichkeiten zu einem freimütigen Politikdialog über die genannten Probleme und bietet längerfristige Ansatzpunkte.

Es wurde ein Aide-Mémoire unterzeichnet über 3 Mio. DM für ein Projekt „Unterstützung des nationalen Programms zur Bekämpfung der Wüsten-bildung und Trockenheit" in der Rio Cauto Region.

Reise mit Ministerin Wieczorek- Zeul nach Brasilien

Vom 23.05.-26.05.2000 (Brasilia, Santarem, Manaus)

Delegationsmitglieder waren neben der Ministerin: Bohnet, Frau Schäfer-Preuss, Herr Dunnzlaff, Herr Lotz, Herr Vollmer und Herr Dehn., ferner eine große Delegation von Abgeordneten, Ressortvertretern, Experten, Journalisten und NRO-Vertretern.

Die thematische Reise galt insbesondere Fragen des Schutzes und der **nachhaltigen Nutzung des Tropenwaldes und des Schutzes indigener Minderheiten**. Sie diente darüber hinaus der Überprüfung von Projekten der Entwicklungszusammenarbeit im Amazonas-Gebiet. Am wichtigsten war das Gespräch mit Vizepräsident **Marco Maciel.** Ausführliche Gespräche wurden mit **Vertretern der Zivilgesellschaft** geführt, insbesondere den Repräsentanten von einigen Hundert indigenen Völkern und einigen Hundert Nichtregierungs-organisationen.

Bei den Gesprächen wandte sich Ministerin mit deutlichen Worten gegen jüngste Versuche im brasilianischen Parlament, das Umweltgesetz **Codigo florestal** abzuschwächen. Sie bestärkte und würdigte das energische Eintreten der brasilianischen Regierung sowie auch der brasilianischen Bevölkerung gegen den Änderungsversuch. Deutschland lehne jene Aufweichung des bisherigen Schutzzieles mit Nachdruck ab.

Ministerin Wieczorek-Zeul und Delegation konnten im Rahmen ihres Besuches einige Projekte, die im Rahmen des **Pilotprogramms zur Bewahrung der brasilianischen Regenwälder** durchgeführt werden, überprüfen und besuchen. Bereits in Brasilia wurden Informationsgespräche mit verschiedenen Indianern und Umwelt-organisationen geführt. Bei den Besuchen in Santarem und Manaus wurden verschiedene Subprojekte des Pilotprogramms präsentiert.

Am 25.05. gab es eine Schifffahrt nach San Domingos und in der Flora Tapajos die Vorstellung des Projektes Promanejo. Am gleichen Tag noch Weiterflug nach Manaus, einchecken im Hotel Tropical, die Vorstellung des Projektes Demarkierung von Indianergebieten und Gespräche mit Indianervertretern.

Am 26.05. einen aufregenden Charterflug nach Itacoatiara und eine Fahrt nach Mil Madeiras. Es handelt sich um ein privates Projekt der nachhaltigen Tropenwaldbewirtschaftung. Mil Madeiras ist im gesamten Amazonas-Raum das einzige durch Forest Stewardship Council (FSC) zertifizierte Unternehmen und gilt als Modell für die nachhaltige Nutzung des Tropenwaldes.

Deutschland ist nach Japan der größte Entwicklungshilfe-Geber in Brasilien. Das größte deutsche Projekt ist das Pilotprogramm zur Erhaltung der Regenwälder Brasiliens (Gesamtzusage: ca. 500 Mio. DM). Den Kern des Schutzes von Indianergebieten stellt die Demarkierung dieser Gebiete dar. 231 Indianergebiete wurden bisher demarkiert, 510 Indianergebiete noch nicht demarkiert. Es gibt in Brasilien etwa 100 NROs und 184 Indianervölker. 85 % der Abholzung ist illegal. Alle demarkierten Gebiete zusammen umfassen 11 % des gesamten Staatsgebietes Brasiliens. In Brasilien leben 350.000 Indianer und es werden 170 Sprachen gesprochen.

Es bleibt festzuhalten, dass mich das **Engagement der NROs** und auch der **Indianervertreter** zum Schutz des Tropenwaldes, aber auch die Bemühungen z.B. des Gouverneurs von Amazonien Mendez, den Tropenwald zu schützen, am meisten beeindruckt hat. Er wies z.B. darauf hin, dass in seinem Staat Manaus der Waldbestand noch 96 % betrage.

Regierungsverhandlungen mit Marokko

Vom 20.-25.06.2000 führte ich **Regierungsverhandlungen mit Marokko.** Dazu gibt es ein ausführliches Tagebuch, aus dem ich zitiere:

20.06.2000 Um 15:00 Uhr in Rabat begannen die Verhandlungen im holzgetäfelten Saal. Wir saßen etwa 40 Verhandlungspartnern gegenüber. Ich bekam einen ordentlichen Schrecken. Ich habe zwei Statements auf Französisch vorgetragen und dann über die Sektoren Wasser, Umwelt und ländliche Entwicklung gesprochen. In Marokko spielt König Mohammed VI eine große Rolle, von dem man aber nicht genau weiß, welches Geschlecht er besitzt.

Abends Einladung von Minister de l'Équipement Monsieur Laazizi. Er trug die traditionelle lange Tracht. Es wurde ein Film über die Routes Rurales gezeigt. Ich wurde aktiv gedrängt, diese zu finanzieren. Dieses habe ich dezidiert abgelehnt.

Bei allen Gesprächen war **Botschafter Dr. Scheel** dabei. Auch Herr Posselt aus dem BMZ war anwesend, daneben auch der aktive Reiner Kraetsch, der die Verhandlungen vorzüglich vorbereitet hatte.

Abends gab es ein Abendessen bei dem Botschafter in seiner prachtvollen Residenz. Frau Scheel (unsere frühere Nachbarin auf dem Heiderhof) habe ich „grüß Gott" gesagt. Abends war die Vorführung einer Volkstanzgruppe aus Schleswig-Holstein, denn es gibt enge dänisch-deutsche Beziehungen. Der Botschafter kommt aus Schleswig-Holstein und hatte diese Gruppe wohl eingeladen.

22.6. Dann fuhren wir nach **Casablanca** und eröffneten ein Projekt „Wettbewerbsfähigkeit der marokkanischen Industrie". Es handelt sich dabei vornehmlich um Textil- und Baumaterialien. Dann Besichtigung einer Textilfabrik. Die Arbeiterinnen wurden fast SSmäßig bewacht. Sie produzierten Jeans und Jacken, äußerst effektiv, aber unter schrecklichen Arbeitsbedingungen. Der Vertrag wurde mit dem Otto-Versandhandel geschlossen. Hier sieht und erfährt man, was Ausbeutung durch deutsche Firmen bedeutet.

23.06.2000: Fahrt nach Khenifrah und Besuch eines Trinkwasserprojektes. Ferner haben wir das Projekt „Berufsständische Organisationen ANOC" (Association Nationale des Eleveurs ouvins et caprins) besucht. Wir haben Schafzüchter und Schafherden besucht, im **Zelt gegessen, wobei ich die Ehre hatte, ein rohes Hammelauge zu schlucken.** Auf der Rückfahrt habe ich die Kolonne umdirigiert, um die **Jugendherberge Azrou** besuchen zu können, in der mein **Sohn Max** anlässlich seiner Fahrradtour nach Marokko gewohnt hatte. Dies war der südlichste Ort der Fahrradtour von Max; unglaublich, was Max bei seiner Fahrradtour Deutschland/Spanien/Marokko geleistet hat. Der Jugendherbergsleiter erinnerte sich sogar noch an ihn. Ich habe die Eintragung von Max nachprüfen können und war stolz auf meinen Sohn, der etwas so Vorzügliches geleistet hatte.

24.06.2000: Fahrt nach **Fez**, alles sehr verwinkelt, aber nicht so archaisch wie das in meiner Vorstellung verankert war. Ich habe einen blauen Teppich für 993,-- DM als Geschenk für die Familie gekauft.

25.06.2000: Besuch der Riesenmoschee in **Casablanca**, wohl einer der größten Moscheen der Welt überhaupt.

Das Ergebnis der Regierungsverhandlungen lässt sich kurz zusammenfassen: Schwerpunkte der Entwicklungszusammenarbeit zwischen Marokko und Deutschland sind die Trinkwasserversorgung und Abwasserentsorgung, der Umweltschutz und die ländliche Entwicklung sowie die Wirtschaftsförderung. Es wurden Marokko Vorhaben der TZ in Höhe von 28 Mio. DMt und Vorhaben der finanziellen Zusammenarbeit in Höhe von 90 Mio. DM zugesagt. Im Zentrum stand die Finanzierung des Laufwasserkraftwerkes Tanafni-El Borj, das Sektorprogramm Wasserversorgung, die Finanzierung kleiner und mittlerer Bewässerungsperimeter und die Förderung des landwirtschaftlichen Umweltschutzes in Sousse-Massa und des Wasserkraftwerks Matmata. Ferner wurden Projekte zur Förderung der Wettbewerbsfähigkeit der marokkanischen Wirtschaft, ein Projekt der Familienplanung sowie zur Berufsausbildung und zur Lehrerbildung zugesagt. Zum positiven Ergebnis der Verhandlungen hat beigetragen, dass das BMZ kurz zuvor Marokko als Schwerpunktland deutscher Entwicklungszusammenarbeit bestätigt hat. Das Radio, Fernsehen und die Zeitungen haben ausführlich über das Ereignis berichtet. Zur deutschen Delegation gehörte Herr Kraetsch, der die Verhandlungen vorzüglich vorbereitet hatte, sowie von der GTZ Dr. Fumetti.

Reise mit Journalisten nach Bolivien

Vom 03.-08.07.2000 (Nationaler Dialog zum Schuldenerlass)

Eine Journalisten-Delegation unter meiner Leitung besuchte Bolivien (La Paz, Yancachi, Trinidad) mit dem Ziel, sich über den derzeit laufenden sogenannten **„Nationalen Dialog" zur Armutsbekämpfung** und seiner Bedeutung für die Erstellung einer Armutsstrategie einen unmittelbaren Eindruck zu verschaffen. Der „Nationale Dialog" ist Teil des partizipativen Prozesses, der für den **Zugang Boliviens** zur erweiterten Entschuldungsinitiative HIPC II, eine der zentralen Bedingungen darstellt. Hieraus soll eine konzentrierte Armutsstrategie hervorgehen, die Grundlage und Referenzrahmen für die Verwendung von freiwerdenden Mittel aus dem Schuldenerlass werden soll. Die Delegation hatte Gelegenheit zu Gesprächen auf politischer Ebene mit dem bolivianischen Vizepräsidenten Quiroga, dem bolivianischen Finanzminister MacLean, dem stellvertretenden Vorsitzenden der wichtigsten Oppositionspartei und dem Bischof der Stadt El Alto. Mittelpunkt des Besuches war die Teilnahme als Beobachter an den in dieser Zeit in der Departamento-Hauptstadt Trinidad laufenden Veranstaltungen des nationalen Dialogs auf Landkreis und Departamento-Ebene.

In Trinidad wurden auch Projekte der deutschen EZ besichtigt, insbesondere das Projekt der FZ zur Verbesserung der Trinkwasserversorgung und Abwasserentsorgung der Stadt Trinidad.

Im Folgenden einige kleine Bemerkungen aus meinem Tagebuch I.

3.7. Bei dem Flug nach **La Paz** flogen wir über die Anden; die schneebedeckten Berge waren zum Greifen nahe. Bei der Landung an vielen Kirchen sehr nahe vorbei geflogen. Es wird behauptet, dass der katholische Pater Obermaier alle Kirchen zu seinen Ehren habe errichten lassen. Wir landeten auf **4.000 Meter Höhe.** Ich habe mich nur langsam aufgestützt und habe **kaum Luft bekommen.** Mit langsamen Schritten gingen wir durch herrliches Licht. Abgeholt wurden wir vom **Botschafter Kausch,** einem sehr netten Mann. Fahrt durch die Stadt. Die Hänge nach oben zeigen die sehr ärmlichen Hütten. Es ist ein aufregendes Bild. Im Hotel Europa habe ich mich langsam an die **dünne Luft** zu gewöhnen versucht. Bei einer

Einführungsdiskussion mit JournalistInnen erläuterte ich den 694 Mio. $ Schuldenerlass. Ich betonte, dass Bolivien ein Musterschüler sei, es hätte eine Poverty Reduction Strategy ausgearbeitet und auch umgesetzt. Ich sah dort auch meinen **alten Kollegen Petersen** vom DIW wieder.. Wieder gesehen habe ich auch den sehr kompetenten BMZ-Kollegen Garaycochea. Nach meiner Rede abends vor den JournalistInnen wurde mir **schwach in den Beinen**. Ich musste mich setzen und danach liegen. Da es nicht besser wurde, brachte man mich mit dem Diplomatenwagen ins Hotel. Dort wurde ich an die **Sauerstoffflasche** gehängt und habe mich dadurch langsam erholt. Im Sitzen, im Liegen konnte ich relativ gut schlafen. Mich beschützt hat der Botschafter Kausch.

04.07. – Ich hatte ein Gespräch mit dem bolivianischen Vizepräsidenten Quiroga, ein junger Mann von etwa 40 Jahren. Er ist alert und präzise. Ich war erstaunt, welche gesellschaftlich akzeptierte Rolle die katholische Kirche in Bolivien spielt. Bei dem Gespräch mit **Finanzminister MacLean** war ich beeindruckt über seine Kenntnisse der Steuerpolitik. Er hat bei Musgrave studiert und vertritt den Leitsatz: „If you tax, you govern". Abends noch ein Gespräch mit der Hauptoppositionspartei in Bolivien, MNR, außerdem noch ein Gespräch mit der sozialdemokratischen Opposition. Sehr beeindruckt hat mich der Satz „Wir müssen unsere Armut abschaffen, sonst schafft uns die Armut ab".

05.07. – Fahrt auf schlechten Autostraßen nach **Yanacachi, ein Andendorf** in den Yungas. **Botschafter Kausch und ich wurden zu Ehrenbürgern von Yanacachi ernannt**. Ich bekam eine „Frauendole" aufgesetzt, also einen Frauenhut. So weit ist es mit mir jetzt gekommen! Es handelte sich um ein ärmliches, ländliches Dorf mit hübschem Innenplatz, sonst aber nichts. Die Bürgermeisterin sagte, dass das Dorf aufgrund unseres Besuches nun zu einem neuen Morgen erwache. Ferner besuchten wir eine Gäste-Internatsschule. Hier geben Eltern, die bis zu 10 Stunden weit entfernt leben, ihre Kinder in Pension bei liebevollen alten Eltern, die sehr ärmlich dran sind und auf diese Weise ein paar Groschen verdienen können. Danach langer Abstieg zu Fuß zur Suche eines Platzes, wo uns ein **Aptapi,** ein ländliches Essen, bereitet wurde. Es gab Bohnen und undefinierbares Fleisch. Gespräche mit Bauern, die sich beklagten, dass sie in ihrem Coca-Anbau beschnitten würden, ohne dass ihnen irgendwelche Ausgleichsmaßnahmen angeboten würden.

Bei der Diskussion in dem Andendorf nützen die Bauern die Möglichkeit des „Nationalen Dialoges", um Tacheles zu reden. Die Regierung in La Paz sei korrupt, heißt es da, sie habe Gelder aus dem Entwicklungsfond unterschlagen, der für den Bau einer Schule und einer neuen Straße gedacht war.

Bolivien hat eine **große Zivilgesellschaft**. Es gibt alleine 13.000 Nachbarschafts- und lokale Gewerkschaftsorganisationen sowie Bürgerkomitees, die nun alle mitreden. Doch der „Nationale Dialog" gerät dadurch außer Kontrolle, er entartet zur permanenten Diskussion.

06.07. – Flug nach **Trinidad** mit der **Convair, Baujahr 1956.** Ich betone **1956**, eine altmodische, 44jahre alte Maschine mit zerfetzten Sitzen am Ende. Trinidad ist eine verschlafene Stadt mit **ungeklärtem Abwasser.** Es herrscht das Freiburg-System: In dem Bächlein fließen nicht wie in Freiburg schöne Gewässer, sondern es fließt dort Scheiße! Ich nahm dann an der Dialog-Veranstaltung auf lokaler Ebene mit gestelzten Fragen und Antworten teil. Der Vizepräsident lobt und würdigt unsere Anwesenheit; wir wurden dringend gebeten zu bleiben, um die Würde des Augenblicks nicht zu stören. Es gab die Nationalhymne, die Landeshymne und die Gemeindehymne. Es gab einen lauten und inbrünstigen Gesang, alles war sehr bunt und würdig. Dann ging es in ein Restaurant, wo sogenannte persönliche Interviews stattfanden, leider etwas gestelzt wie in einer Tanzstunde (ein deutscher Journalist und ein Bolivianer wurden jeweils zusammengesetzt).

07-07. – Vorstellung des **TZ-Projektes „Beratung der Departamento-Verwaltung" von meinem früheren DIW- Kollegen Petersen.** Anschließend gab es etwas Konkretes, nämlich eine riesige Baustelle des FZ-Projektes **Wasser- und Abwasserentsorgung Trinidads,** auch dringend nötig, da die Scheiße, wie bereits oben notiert, offen durch die Stadt fließt. Netter rumänischer Ingenieur, der uns alles erklärte, auch die hohe Zahl der Todesfälle bei Kindern. Die Kinder werden alle durch die Verseuchung des Wassers getötet.

Fazit: Die JournalistInnen konnten sich einen authentischen Eindruck vom Dialogprozess verschaffen, vor allem konnte der mit HIPIC II Konditionalität angestrebte Konnex zwischen Schuldenerlass und Armutspolitik anhand des bolivianischen Beispiels verdeutlicht werden. Es gab eine intensive Berichterstattung in deutschen Zeitungen über die Reise sowohl in der Welt als auch in der FAZ, in der Frankfurter Rundschau und in verschiedenen Zeitungen Boliviens. In der Welt ist z.B. zu lesen „In jedem Dorf, in jeder Stadt und in jeder losen Hüttenansammlung diskutieren die rd. 8 Mio. BolivianerInnen bereits seit Wochen, wie sie der größten Plage des Landes, nämlich der Armut, Herr werden können." Bolivien ist in eine richtige Quasselbude verwandelt worden.

Die FAZ berichtet: Im Gegensatz zu früheren Entschuldungsinitiativen ist die Streichung der Schulden dieses Mal mit der Bedingung verknüpft, die freiwerdenden Mittel für die Bekämpfung der Armut einzusetzen und die Bevölkerung bei der Erfül-lung dieser Aufgabe direkt zu beteiligen.

Einem nahezu **unlösbaren Konflikt sind die Coca-Bauern ausgesetzt**, die durch die vom Staat betriebene Beseitigung der Coca-Felder ihre Existenzgrundlage einbüßten, da ihnen kein Ausgleich gegeben wird. Dies soll aber durch Gelder aus der Entschuldungsinitiative geschehen. Letztlich werden die nächsten Monate zeigen, wie die Ergebnisse der Gesprächsrunden in politische Schritte umgesetzt werden. Die Länder und die Gemeinden wollen Taten sehen.

Ergänzend ist darauf hinzuweisen, dass im September der „Nationale Dialog" zu konkreten Ergebnissen führte. In dem umfangreichen Dialogprozess mit der Zivilgesellschaft und der Regierung wurden nun Beschlüsse gefasst, die beinhalten, dass die durch den Schuldenerlass freigesetzten lokalen Mittel direkt von den Landkreisregierungen verwaltet werden und diese nun über ein staatliches Sonderkonto automatische Mittelzuweisungen erhalten sollen. D.h. die Gemeinden bekommen Geld und können künftig selber darüber entscheiden, für was sie die Mittel einsetzen.

Reise mit Ministerin Wieczorek-Zeul nach Vietnam

Vom 04.-07.10.2000 besuchte ich mit der **Ministerin Wieczorek-Zeul Vietnam.** Die Gespräche mit Vietnam konzentrieren sich auf wirtschaftliche Frage und auf die Armutsbekämpfung. Insbesondere mahnten wir an, den Reformprozess voranzu-treiben. Mit der Zusage für Nothilfe und die großzügige Unterstützung bei den Wiederaufbauarbeiten im Zusammenhang mit der Flutkatastrophe setzten wir ein politisches Signal unserer Hilfsbereitschaft.

Die Delegation umfasste 32 Köpfe, darunter die Abgeordneten Brauksiepe, den Asienbeauftragten Dr. Sommer vom Auswärtigen Amt, Vertreter der KFW, GTZ und DEG und meine Wenigkeit.

Der auf den 14.10. verlegte **Empfang zum 10. Jahrestag der Deutschen Einheit** fand bei den ungewöhnlich zahlreich erschienen Gästen überaus großen Anklang, nicht zuletzt dank des musikalisch gelungenen Auftritts des Markus Schinkel Trios aus Bonn (Blues over Beethoven).

Es wurden zwei **völkerrechtliche Abkommen über die finanzielle Zusammenarbeit in Höhe von 65 Mio. DM unterzeichnet. Zusätzlich gab es eine Sonderhilfe in Höhe von 1,5 Mio. DM für akute Nothilfe und 15 Mio. für Wiederaufbaumaßnahmen angesichts der Mekong-Flutkatastrophe**.

Wir haben eine Lehrerfortbildungsstätte besucht, einen Kleinbetrieb eines vietnamesischen Rückkehrers und ein Ausbildungsprojekt für Straßenkinder.

Die deutsche Zusammenarbeit konzentriert sich insbesondere auf die Wirtschaftsreformen, auf die Reform von Verwaltungs- und Justizwesen sowie auf Gesundheit, insbesondere Familienplanung und HIV-Aids-Prävention.

An den Gesprächen nahmen auch Botschafter Dr. Massing, der Asien-Beauftragter des Auswärtigen Amtes Dr. Sommer, Herr Gehlen, Herr Dunnzlaff und Herr Zimmer sowie Frau Richter und Herr Kadel vom BMZ teil.

Der **Generalsekretär der Kommunistischen Partei Vietnams Phieo** legte besonderen Wert auf die Entfaltung der Privatwirtschaft (zu unserer Überraschung).

Der UNDP-Vertreter bemerkte, dass allein im Bereich der ländlichen Entwicklung dem zuständigen Ministerium insgesamt **428 Geberprojekte vorliegen.** Dies zeige **die völlig mangelnde Transparenz und Koordinierung der verschiedenen Geber** untereinander. Es wurde ein verhalten optimistisches Bild der wirtschaftlichen Entwicklung skizziert, und betont, dass große Erfolge bei der Familienplanung erzielt worden seien.

Deutschland fördert auch ein Rückkehrer-Programm (Rückkehr von Vietnamesen, die früher in der DDR gelebt und gearbeitet haben) und eine Orthopädie-Schule.

Der gesamte Besuch stand unter dem Eindruck der **schweren Überschwemmungskatastrophe in Vietnam.** Dazu haben wir 1,5 Mio. DM an Nothilfe zur Verfügung gestellt. Dieses Geld wurde eingesetzt, um 125.000 Menschen zwei Monate zu ernähren. Die Überschwemmungsgebiete waren insbesondere am Mekong-Fluss.

Beim **Empfang der deutschen Botschaft in Hanoi zum 10. Jahrestag der Deutschen Einheit** am 04.10.2000 **sagte Bundesministerin Wieczorek-Zeul:** „Der 3. Oktober 1990 war für Vietnam ein schwieriger Tag. Im Krieg und in den schweren 15 Jahren danach war die **DDR fest an der Seite Vietnams gestanden.** In der DDR hat es eine echte und starke Solidarität der Bürger mit Vietnam und seinen Menschen gegeben, die nicht von oben angeordnet war. Tausende von StudentInnen aus Ihrem Land sind in der DDR offen aufgenommen worden, es sind Freundschaften und Ehen geschlossen worden, Zehntausende Vietnamesen sprechen Deutsch. Unseren Wunsch nach Wiedervereinigung in Frieden und Freiheit hat man in Vietnam gewiss verstanden, da man dort die Teilung des Volkes von vielen Familien über Jahrzehnte ebenfalls erdulden musste. Aber man fragt sich auch: „Was wird von den vielfältigen Beziehungen zur DDR bleiben?" Wir waren uns einig, das vietnamesische Volk sollte und durfte nicht zum Verlierer der deutschen Einheit werden. **Die Programme und Projekte der DDR haben wir 1990 zunächst abgestützt und später übernommen,** ebenso wie die kulturelle wissenschaftliche Zusammenarbeit. Vietnam mit seiner alten Tradition demokratischer Dorfgemeinschaften und einer traditionell starken Stellung der Frauen, nicht nur in der Familie, sondern auch in diesen Dorfgemeinschaften, hat gute Voraussetzungen für unsere Zusammenarbeit geliefert. Besonders erfolgreich ist unsere Zusammenarbeit bei der Wiederaufforstung, dem Schutz der Wälder und der Artenvielfalt.

Für viele von uns war Vietnam lange Zeit weniger der Name eines Landes als der Name eines Krieges. Vietnam hat im Westen eine ganze Generation politisiert. Das war auch im Osten Deutschlands so, wo es eine echte, starke Solidarität der Bürger mit Vietnam gab. Tausende haben in der DDR studiert, Zehntausende sprechen Deutsch. Wir sind glücklich darüber, dass wir unser Stipendienprogramm für Vietnam auf hohem Niveau fortsetzen können."

1990 hat unsere entwicklungspolitische Zusammenarbeit begonnen. Für die unmittelbare Nothilfe haben wir 3.300 Wasserkanister geliefert, ferner Nahrungsmittelhilfe, humanitäre Hilfe für insgesamt 1,5 Mio. DM. Wir haben konkret Reis zur Verfügung gestellt, der im Süden aufgekauft wurde und mit angemieteten Booten verteilt wird. Ferner haben wir 370.000 DM an das Rote Kreuz zur Lieferung von Tausend Tonnen Reis überwiesen. 50.000 Personen konnten dafür für 2 Monate versorgt werden. Alles hatte der gute Dr. Mohs vorbereitet. Die Flutkatastrophe in Vietnam hat bisher 187 Tote gefordert; es ist bestürzend, dass hiervon 155 Kinder waren. Vietnam hat bisher insgesamt 31.000 Familien evakuiert, aber nach wie vor verbleiben 56.000 Familien in überfluteten Gebieten. Jede Evakuierung in trockene Gebiete hat zurzeit höchste Regierungspriorität. Bei den Reformen, die fast zum Stillstand gekommen sind, scheint selbst bei Hardlinern ein Umdenken eingesetzt zu haben.

Deutschland hat Mittel zugesagt für **Aufforstung, ländliche Entwicklung, Familienplanung, Berufsbildung sowie Wasser und Abwasser**. Ferner unterstützen wir den **Aufbau des Staatsrechnungshofes.**

An Bord unseres Regierungsflugzeuges haben wir mehrere **Tausend Wasserkanister** mitgenommen, die von den evakuierten Menschen dringend gebraucht werden.

Unsere Entwicklungszusammenarbeit beträgt etwa 100 Mio. DM jährlich. Es werden insbesondere Mittel zur Verfügung gestellt für die **Wiederaufforstung** nach der Zerstörung des Krieges in derzeit 8 Provinzen. Es sollen rd. 50.000 Hektar Wald neu entstehen, so die Ministerin in ihrer Ansprache.

Für Vietnam gilt aber auch im Jahre 2000 immer noch die **Todesstrafe**. Sie ist noch nicht abgeschafft. Es gibt zahlreiche politische Gefangene. Das Recht auf Meinungsfreiheit ist eingeschränkt. Die vietnamesische Regierung lässt nach wie vor keine unabhängigen Menschenrechtsbeobachter ins Land. Es wurden auch zahlreiche Todesurteile verhängt, und es fanden öffentliche Hinrichtungen durch Erschießungskommandos statt. Deshalb hat die Ministerin in zahlreichen Gesprächen auch die Menschenrechtsfrage in Vietnam angesprochen.

Mich hat am meisten beeindruckt, dass ein Land, das einen jahrzehntelangen Krieg gegen die Vereinigten Staaten gewonnen hat, heute in der Lage ist, eigenständig weiter zu existieren, freundschaftliche Beziehungen zu Deutschland aufzunehmen bereit ist und mit der Hilfe von Dorfgemeinschaften besonders aktiv ist, die Folgen der Flut- und Überschwemmungskatastrophe zu bekämpfen. Bei alledem darf nicht vergessen werden, dass es sich in Vietnam um ein Einparteiensystem handelt, geführt von der Kommunistischen Partei Vietnams.

Ein historischer Rückblick: 1945 wird die Demokratische Republik Vietnam unter dem Präsidenten Ho Chi Minh ausgerufen. 1946 gab es ein militärisches Eingreifen der Franzosen (Indochinakrieg), 1954 haben die Franzosen eine schmähliche

Niederlage bei Dien Bien Phu. erlitten. Vietnam wurde dann in Nordvietnam und Südvietnam zweigeteilt: 1954 wurde das sozialistische Nordvietnam gebildet und daneben das kapitalistische Südvietnam, d.h. Vietnam zerfiel in zwei Teile. 1964-1973 scheiterten die Amerikaner mit ihrem Vietnam-Krieg und erlitten eine Niederlage gegen Nordvietnam., 1975 fiel Saigon. 1976 wurden beide Staaten unter kommunistischer Führung wiedervereint, Hanoi wurde Hauptstadt.

Reise mit Ministerin Wieczorek- Zeul nach Kambodscha

Vom 07.-09.10. begleitete ich Ministerin Wieczorek-Zeul bei ihrem offiziellen Besuch in **Kambodscha.** Wir führten offizielle Gespräche mit den führenden Persönlichkeiten Kambodschas - darunter eine Audienz bei König Sihanouk - sowie Gespräche mit Ministerpräsident Hun Sen, dem Parlament und NROs. Ein Feldbesuch in der eine Helikopterstunde entfernten Provinz Kampong Thom vermittelte uns Eindrücke vom Ausmaß der Flutkatastrophe in Kambodscha, aber auch von der Qualität unserer Zusammenarbeit insbesondere in den Bereichen Straßenbau, Gesundheitswesen und Demobilisierung. Die Delegation umfasste 31 Köpfe, darunter die Abgeordneten Brigitte Adler und Dr. Brauksiepe. Im Zentrum aller Gespräche stand die Flutkatastrophe, die bilaterale Entwicklungszusammenarbeit und das Khmer-Rouge-Problem. Deutschland hat für die Überschwemmungskrise etwa 17 Mio. DM zur Verfügung gestellt sowie Hilfe in Höhe von 7,5 Mio. DM für die Gleichstellung der Frau. Die kambodschanischen Gesprächspartner erklärten übereinstimmend, dass die Verbrechen verantwortlicher Khmer-Rouge-Führer mittels einer gerichtlichen Verfügung verfolgt werden sollten und dass sie keine Verzögerungen wünschten. Zugleich betonten sie das vitale Interesse des Landes an der Bewahrung des mühsam erreichten Zustandes des inneren Friedens und der inneren Stabilität. Die Politiker der beiden Koalitionsparteien CPP und FUNCINPEC kamen ausgewogen in den Gesprächen zu Wort. Der König Sihanouk verstand sich als konstitutioneller Monarch, der keine Macht habe, aber seinen moralischen Einfluss als Vater der Nation gelten machen könnte. Er beschrieb seine Rolle bei der Annäherung der beiden verfeindeten großen politischen Parteien FUNCINPEC und CPP und er lobte Premierminister Hun Sen, da es ihm gelungen sei, die Khmer-Rouge in den Staat und in die nationale Gemeinschaft einzugliedern. Es zeige sich, dass die ehemaligen Khmer-Rouge Kämpfer am Wiederaufbau des Landes, z.B. beim Bau von Schulen und Krankenhäusern aktiv teilnähmen. Durch den Vietnam-Krieg habe das Land 800.000, durch das Pol-Pot-Regime 2 Millionen und durch die vietnamesische Besatzungszeit noch einmal 1 Mio. Menschen verloren, mithin also die Hälfte der damaligen Bevölkerung von 8 Millionen. Der König betonte, dass einige der Khmer-Rouge-Führer im Gefängnis seien und gerichtlich verfolgt würden, dass aber einige andere Führer wie z.B. Leng Sary nach Hun Sens Auffassung nicht vor Gericht gestellt werden sollten, weil er hier die Gefahr sähe, dass sie in den

Dschungel zurückkehren und die Infrastrukturen des Landes zerstören würden. Sie hätten Tausende von gut trainierten Soldaten. Entscheidend sei es Frieden zu sichern und Stabilität. Der König bedankte sich auch für die deutsche Hilfe zum Erhalt des Königspalastes, ein kambodschanisches Kulturdenkmal.

Im Gespräch mit dem Premierminister Hun Sen betonte dieser, dass Kambodscha derzeit von der schlimmsten Überflutung seit 70 Jahren heimgesucht sei. Das Welternährungsprogramm leiste durch seine „Food for Work" Programm sinnvolle Hilfe. Darüber hinaus werde die Ausrüstung für den Straßen- und Brückenbau benötigt. Es seien 70 km Nationalstraßen und 1.500 km andere Straßen und Dämme zerstört. Ein zentrales Problem sei die Demobilisierung der früheren Kämpfer. Dieses Jahr werden 10.000 Soldaten demobilisiert; weitere 10.000 müssten in den folgenden Jahren folgen.

Die Ministerin erinnerte an die seinerzeit fehlende Verantwortung der internationalen Gemeinschaft in Kambodscha-Periode des Genozids –, und deshalb habe sich die internationale Gemeinschaft nunmehr eingeschaltet. Es gäbe eine Spannung zwischen interner Wiederaussöhnung und gerichtlicher Verfolgung von Khmer-Rouge-Führern. Hun Sen führte aus, dass bei dem Tribunal auch nicht-kambodschanische, internationale Richter und Staatsanwälte beteiligt werden. Das Land habe nunmehr inneren Frieden erreicht, gäbe es aber gerichtliche Verfolgung ohne Wiederaussöhnung, so gäbe es wieder Krieg.

Während des Besuches haben wir am 07.10. eine Sendung der humanitären Hilfe für die Flutopfer übergeben sowie die ACLEDA-Bank feierlich eingeweiht. Am 08.10. wurde das Museum Toul-Sleng-Genozid-Museum besucht, in dem die Schrecklichkeiten des Pol Pot-Regimes dargestellt werden. Anschließend mit einem sehr wackeligen Hubschrauber in die Provinz Kampong Thom geflogen und dort Gesundheit- und Familienplanungsprojekte besichtigt. Beunruhigend und für mich am beeindruckendsten war der Hubschrauberflug über die Flutgebiete, bei denen wir ungefähr nach einer halben Stunde darüber informiert wurden, dass man gar nicht landen könne, weil die kleine Insel, die als Landeplatz vorgesehen war, jetzt schon wieder überflutet sei. Daraufhin drehten wir ab, wobei wir nicht wussten, ob wir unseren ursprünglichen Abflugplatz mit dem vorhandenen Sprit überhaupt erreichen könnten. Ferner in Kampong Thom das Projekt Demobilisierung und Reintegration von Exkombattanten besucht und weiter mit einem Helikopter – sehr wackelig und aufregend – in das Dorf Phnom Chi geflogen, um an der Demonstration einer Entminungsaktion teilzunehmen. Kambodscha ist das Land mit den meisten Minen und Minenopfern. Der Aktion der Entminung konnten wir bei der Gelegenheit beiwohnen.

Deutschland leistet viel für die Überwindung der Vergangenheit Kambodschas, insbesondere für die Demobilisierung und Reintegration der ehemaligen Soldaten.

Deutsch- Chinesische Umweltkonferenz Peking 12/13.12.2000

Die Konferenz war von den beiden Regierungschefs, **Bundeskanzler Gerhard Schröder und Ministerpräsident Rongji,** angeregt worden. Es nahmen 1000 deutsche und chinesische TeilnehmerInnen aus Politik, Verwaltung, Parlament und Wissenschaft teil sowie 100 deutsche und chinesische Journalisten. Die Konferenz behandelte in mehreren Plenarsitzungen und drei Arbeitsgruppen wichtige Fragen des Umweltschutzes und der Umweltpolitik. Zentrale Ziele der Konferenz waren eine **Bestandsaufnahme der deutsch-chinesischen Umweltzusammenarbeit** und die Formulierung von Strategien für die Zusammenarbeit für die nächsten Jahrzehnte. Zum Abschluss der Konferenz wurde eine **gemeinsame Erklärung** verkündet, die die gemeinsamen Positionen zu umweltpolitischen Fragen formulierte und eine Intensivierung der Zusammenarbeit beider Seiten vorsah. Insbesondere sollen die Bedingungen für die weitere Intensivierung der Zusammenarbeit von Unternehmen der Umweltwirtschaft von beiden Seiten verbessert werden. Dem Erfahrungsaustausch beim Einsatz marktwirtschaftlicher Instrumente soll dabei besondere Bedeutung zukommen.

Vor der Eröffnung der Konferenz empfing der **stellvertretende Ministerpräsident Wen Jiabao den Bundesminister Trittin** sowie die **Entwicklungsministerin Wieczorek-Zeul** zu einem kurzen Gespräch. Die Plenarsitzungen der Konferenz wurden von deutscher Seite abwechselnd von Minister Trittin und Ministerin Wieczorek-Zeul geleitet. Die Fachdiskussionen fanden in drei Arbeitsgruppen statt:

- Arbeitsgruppe I: Schutz der natürlichen Ressourcen, Erhalt der biologischen Vielfalt, effiziente Verwendung von Energie und Wasser
- Arbeitsgruppe II: Vermeidung von Umweltbelastungen und Umweltmanagement
- Arbeitsgruppe III: umweltgerechte Stadtentwicklung, Städteplanung und Verkehr

Jede Arbeitsgruppe wurde von einem deutschen und einem chinesischen Vorsitzenden geleitet. Die **deutschen Vorsitzenden waren in der Arbeitsgruppe I Bohnet vom BMZ, in der Arbeitsgruppe II Ruchay vom Umweltministerium** und **in der Arbeitsgruppe III Schipulle vom BMZ.** Die Vorsitzenden hatten die deutschen Grundsatzpapiere zu erläutern und Beiträge der Panellisten sowie die Diskussions-beiträge der TeilnehmerInnen zusammenzufassen und vorzutragen.

In der **gemeinsamen Erklärung** wurden insbesondere für eine Kooperation genannt:

- Steigerung der Energieeffizienz
- Schutz der Boden- und Wasserressourcen
- nachhaltiges Management von ökologiefreundlicher Urbanisierun

Fazit: Die Konferenz war ein wenig zu formalistisch, zu gehetzt, im Kern relativ vernünftig. Dabei: Bundesminister Trittin – ständig zu spät kommend – und Bundesministerin Wieczorek-Zeul. Auf der Konferenz sagte Deutschland einen Zuschuss von 20 Mio. DM für Investitionsmaßnahmen im Bereich „erneuerbare Energien" sowie weitere 10 Mio. DM für ein Programm für nachhaltige Stadtentwicklung

Mitwirkung an Expo 2ooo, Hannover

Das Jahr 2000 war geprägt durch viele Vorbereitungen und Mitwirkungen bei der Expo 2000 in Hannover. Ich habe die Bundesregierung bei der Expo 2000 bei den sogenannten Nationentagen in einer Vielzahl von Fällen vertreten und eine entsprechende Reden auf der Expo gehalten, und zwar zum

-   12.07.: Nationentag Mongolei
-   16.08.: Nationentag Sri Lanka
-   25.08.: Nationentag Philippinen
-   26.08.: Nationentag Madagaskar
-   27.08.: Nationentag Kirgistan
-   17.09.: Nationentag Caricom (Karibische Gemeinschaft, ihr gehören 14 Staaten an)
-   12.10.: Nationentag Mosambik
-   21.10.: Nationentag Pazifische Inseln (Fidschi, Tonga, Westsamoa, Cook-Inseln)

Die Expo 2000 war von Herrn Dr. Schetting aus dem BMZ monatelang vorzüglich vorbereitet worden.

Neue Länderliste des BMZ

Das ganze Jahr 2000, aber auch schon im Vorfeld das Jahr 1999, war geprägt durch ausführliche Besprechungen und Abstimmungen über die **neue Länderliste des BMZ**. (Festlegung der Partnerländer) Diese Abstimmungen waren sehr intensiv im BMZ. Dazu gab es verschiedene Leitungsklausuren; ferner intensive Gespräche mit den Ressorts, insbesondere dem Auswärtigen Amt und dem Wirtschaftsministerium, aber auch mit der Opposition, der CDU. Darüber hinaus wurde die Länderliste in ausführlichsten Gesprächen erörtert mit der KFW, der GTZ, der DEG und dem GED sowie der Zivilgesellschaft, insbesondere Venro. Die Zahl der Partnerländer wurde massiv reduziert. Die fertige Länderliste wurde dann den anderen europäischen Geberländern übermittelt und dem Bundestag.

Fazit der Jahre 1990-2000

Diese Jahre waren geprägt durch die Einweihung von Großprojekten in China (U-Bahn Kanton) und Kambodscha (Telekommunikation).

Außerdem fanden zahlreiche Regierungsgespräche in Begleitung von Wieczorek-Zeul statt: Israel, Palästina, Jordanien (Nahost-Konflikt), Jemen (Wasser, Steinigung in Ibb), Ägypten (soziale Fragen, Beschneidung der NRO), Kuba (Fidel Castro, Wiederaufnahme der EZ), Brasilien (Tropenwald) und Vietnam/Kambodscha (Flutkatastrophe, DDR-Erbe, Erbe Rote Khmer).

Außerdem führte ich Regierungsverhandlungen mit Bulgarien (kleinere und mittlere Unternehmen, Landwirtschaft, Berufsbildung) und Marokko (Trinkwasser, Abwasser, Umweltschutz) und Usbekistan, Kirgistan sowie Kasachstan (Usbekistan: Devisenbewirtschaftung; Kirgistan: DDR-Erbe, Rotfront, Kasachstan: Auswanderung der Russland-Deutschen, Stasi-Erbe).

Höhepunkte waren die Begleitung von Bundespräsident Rau zum Staatsbesuch in Israel, Palästina, Ägypten (Rede vor der Knesset, Arafat, Luxor) und Begleitung des Bundeskanzlers Schröder beim Staatsbesuch in Georgien (zu Ehren von Schewardnadse, dem Vater der Deutschen Einheit, Problem Süd Ossetien, Abchasien.).

Des weiteren habe ich mit Wieczorek-Zeul in Dakar/Senegal 1999 das EU/AKP-Abkommen neu verhandelt (Neuaufnahme der verantwortungsvollen Regierungsführung) und 1999 in Venedig bei einer Kulturerbe-Konferenz die Projekte vorgestellt, in denen das BMZ das kulturelle Erbe zu bewahren hilft (in Tansania, Nepal, Mazedonien, Guatemala und Jordanien).

Fotos 2000

Reise mit Bundesministerin Wieczorek- Zeul nach Ägypten
1.-4-2 2000

Luxor 1.12.2000

Schäfers FAZ	Bohnet	Wieczorek-Zeul	Dunnzlaff

Reise mit Bundesministerin Wieczorek -Zeul nach Kuba
19.-23.5 2000

Fidel Castro , links Ministerin Wieczorek-Zeul

264

Expo 2OOO Hannover Nationentag Madagaskar 26.8..2000

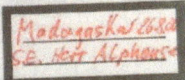

Expo 2OOO Hannover Nationentage   Kirgistan 27.8.2000

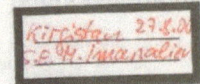

Expo 2000 Hannover Nationentage Caricom 17.9..2000

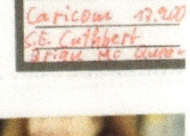

Caricom 17.9.00
S.E. Cuthbert
Brian Mc Quee...

Expo 2000 Hannover Nationentage Mozambique 12.10.2000

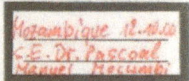

Expo 2OOO Hannover Nationentage Sri Lanka   16..8..2000

Abteilungsleiterbesprechung bei Wieczorek- Zeul April 2000

Schipulle   Lehmann

Bohnet   Gehlen

Böhmer   Wieczorek-Zeul

unbekannt

Regierungsverhandlungen mit Marokko
Rabat
20. - 25. Juni 2000

Bohnet   Staatssekretär Bouhlal
                          (marokkanisches
                          Außenministerium)

Schafzuchtprojekt
(Azron)

Leitung einer Journalistendelegation nach

Bolivien

3. - 8. Juli 2000

Gespräch mit dem bolivianischen Vizepräsidenten Jorge Quiroga

Bohnet   Vizepräsident   Botschafter
                Quiroga   Kausch

Willkommen durch
Andendorf
Yungas Yanacachi

Ernennung
zum Ehrenbürger
von Yanacachi

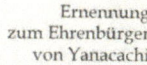

1. von links
Botschafter Kausch

2. von links
Bügerbeisterin

3. von links
Bohnet

Flug
La Paz - Trinidad
mit Convair,
Baujahr 1956

Kambodscha König Sihanouk 7.10.2000

278

Kambodscha Provinz Kampong Thon
8.10.2000 Fluthilfe

2001

Kaukasus, Transformprogramm, Balkan,

11. September, Afghanistan

Kaukasusreise (Aserbaidschan, Georgien, Armenien)

Rumänien Regierungsgespräche

Konferenz Brüssel LDC

Polen, Lettland, Estland, Litauen (Transformprogramm)

Venedig, Balkankonferenz

Petersberg-Konferenz Nil

Festakt 40 Jahre BMZ

Sonderbeauftragter Afghanistan

- Washington Konferenz

- Islamabad-Konferenz

- Kabul / Islamabad mit Ministerin

2001

Kaukasus: Konflikt um Berg-Karabach zwischen Aserbaidschan und Armenien, Georgien: Einweihung Nationalpark Borjomi, Armenien: marodes Atomkraftwerk Mezamor

Rumänien: Deutschland unterstützt mittelständische Wirtschaft

LLDC- Konferenz Brüssel: Quoten- und zollfreier Zugang für alle Waren aus LLDC- Länder zum europäischen Markt durchgesetzt

Transformprogramm in Lettland, Litauen und Estland: beachtlicher Erfolg, Einweihung des von Deutschland finanzierten Berufsbildungszentrums Valmeira in Lettland

11.September 2001, Petersberg- Konferenz Nil: Evakuierung der Teilnehmer aus den Anrainerstaaten des Nils

Balkan-Konferenz Venedig: Konzentration der Hilfe auf Serbien (nach dem Sturz von Milosevic)

Kontroverser Deutsch – Chinesischer Rechtsstaatdialog

40 jähriges Bestehen des BMZ mit Wischnewski, Eppler, Warnke und Spranger

Ernennung zum Sonderbeauftragten des BMZ für Afghanistan

Kaukasusreise (Aserbaidschan, Georgien, Armenien) mit Ministerin Wieczorek-Zeul

Vom 08.-14.04.2001 besuchte ich in Begleitung der Ministerin Wieczorek-Zeul den **Kaukasus (Aserbaidschan, Georgien, Armenien).**

Dazu gibt es ausführliches Tagebuch, aus dem ich kurz zitiere. Das Tagebuch befindet sich in „Tagebücher, Band IV, 1999-2001" bei der FES.

08.04.2001: Im Flug nach **Baku, Aserbaidschan.** Briefing der JournalistInnen über den Zweck der Kaukasus-Initiative und über Aserbaidschan., Briefing durch Botschafter Siebeck

09.04.2001: Besuch des Flüchtlingslagers Yemi-Yashma. In das Flüchtlingslager Jeni Yashma sind von 1990 bis 1994 viele Flüchtlinge nach Aserbaidschan gekommen. Sie sind geflohen aus der von Armenien bewohnten Enklave Bergkarabach. Sie wurden nur notdürftig, meist in unfruchtbaren Gebieten untergebracht. Bei der Fahrt zu diesem Flüchtlingslager prägender Eindruck: zerstörte Industrielandschaft in Aserbaidschan, verlassene Ölfelder, verlassene Fabriken, verrostete Gleise und Hunderte von uralten Eisenbahnwagen, alles ungenutzt. Alles sieht aus wie nach dem Abwurf von Bomben. Früher muss dies eine blühende Industrielandschaft in der Sowjetunion gewesen sein. Heute ist alles Schrott.

Im Flüchtlingslager wird gesungen und die Kinder tragen deutsche Gedichte von Goethe und Heine vor. Alles ist noch immer sozialistisch organisiert. In den Schulgebäuden sitzen die Kinder „ordentlich", die Hände vorne verschränkt, alle aufrecht sitzend und die Beine richtig angewinkelt. Wenn man die Klasse betritt, springen sie hoch. Es herrscht ärmliche Ordnung und schöne Kleidung.

Später vorbei an der Wasserversorgungsanlage nach **Xisi;** eine Fahrt bis ins hohe Gebirge. Dort besichtigten wir ein Krankenhaus (Mutter-Kind-Station). Das Projekt wird von Prof. Saidi, einem Iraner, vorgestellt. Diskussion mit Frauen, die aber brav hereingebeten werden müssen. Die Frauengruppen müssen fast mit Gewalt gezwungen werden, ihre Probleme zu schildern: Saatgut, Straßen, Food for Work. Dann pflanzt die Ministerin 3 Bäume im deutsch-aserbaidschanischen Freundschaftsgarten.

15:30 Uhr: Gespräch mit dem Präsidenten des Verfassungsgerichtes, anwesend war auch Prof. Knieper von der Universität Bremen. Die Universität in Aserbaidschan ist Hort der Konservativen.

16:30 Uhr: Gespräch mit dem stellvertretenden Premierminister Abid **Sharifov.** Er redet ohne klare Gedankenführung.

17:30 Uhr: Gespräch mit Premierminister **Artur Rassi-Zade.** Er ist ein harter Brocken. Es war ein sehr emotionales Gespräch. Er sagt, Aserbaidschan sei seit 10 Jahren unabhängig und strebe nun die Integration nach Europa an. Die ersten Jahre wären sehr schwierig gewesen, es hätte Putschversuche 1994/1995 gegeben und die Inflation hätte im Jahre 1996 100 % betragen. 20 % des Territoriums blieben aber besetzt (Stichwort **Berg-Karabach von Armenien besetzt).** Der Premierminister ist sehr aggressiv. Armenien würde von den USA, Iran, Russland und Frankreich unterstützt, aber wer unterstützt Aserbaidschan? Waffen müsse er vornehmlich durch Korruption kaufen, während Armenien Waffen unentgeltlich bekäme. Wieczorek-Zeul: „Nicht Waffen seien entscheidend, sondern die ökonomische Kraft". Premierminister: „Nicht einverstanden!" Er sei ein friedlicher Mensch, aber manchmal müsse man zu Waffen greifen. Wieczorek-Zeul erzählt die Geschichte Bohnet-Bonnet. Ich interpretiere auf ihren Wunsch hin meine eigene Geschichte des Namens Bohnet, der früher Bonnet hieß und schildere die Konflikte zwischen Frankreich und Deutschland vor dem I. Weltkrieg. Ich sagte, dass es damals nicht möglich gewesen sei, den Namen Bonnet aufgrund unserer Franzosen-Feindlichkeit zu tragen. Aber nach dem I. - und vor allem nach dem II. Weltkrieg - hätten wir unsere Feindschaft überwunden und heute gäbe es eine enge deutsch-französische Freundschaft.

20:00 Uhr: Einladung in **deutsches Kapellhaus.** Dies ist eine alte Kirche, die mit unendlicher Mühe vom deutschen Botschafter neu eingerichtet worden ist. Es ist ein gutes Gefühl, in einer alten christlichen Kirche zu sein. Diese Kirche ist wohl die einzige in einem muslimischen Land und Aserbaidschan ist, wie bekannt, muslimisch.

Mein Eindruck von Baku: Ein wenig wie Paris, was die Häuser und Straßen angeht, sonst habe ich leider nichts vom Land gesehen.

10.04.2001: Ruhiger Flug von Baku nach **Tiflis (Georgien).** Herzlicher Empfang durch Außenminister Menagarischwili und Botschafter Vogel. In Georgien sind alle Menschen stark, kräftig und sehen ein wenig wie schöne Athleten aus. Fahrt zum Außenministerium. Als erstes bleiben wir (4 Personen) im Aufzug stecken, und zwar fünf endlose, schweigende Minuten lang. Danach habe ich in allen anderen Gebäuden in Georgien die Treppe benutzt, manchmal sogar 10 Stockwerke hoch. Ich will nie wieder im Aufzug stecken bleiben!

Wir überreichen ein Aide-Mémoire, sprechen aber auch die Verfolgung von Zeugen Jehovas an und die kriminellen Angriffe auf Deutsche.

Zentrales Thema: 10 Jahre deutsche Einheit, 10 Jahre georgische Unabhängigkeit.

12.00 Uhr: Ende des 19. Jahrhunderts kamen Deutsche ins Land und haben zwei und drei Dörfer gegründet. Es besteht eine enge Freundschaft zwischen dem Saarland und Georgien. Lob deutscher Juristen! Der Vorsitzende des Obersten Gerichtshofes von Georgien hat in Göttingen und Bremen studiert. Problem: Die **Russen haben die Gaslieferungen nach Georgien gesperrt.**

Nachmittags Besuch der Leukämie-Station. Bedrückend blasse Kinder, vor einem Jahr habe ich sie schon anlässlich des Besuchs des Bundeskanzlers besucht, an dem ich ebenfalls teilnahm. Das von uns vor einem Jahr gelieferte Gerät funktioniert immer noch. Es hat bereits 33 Kindern das Leben gerettet. Die Heilungsrate bei Leukämie hat sich wesentlich verbessert. Es ist ein eindeutiger Zusammenhang zwischen Tschernobyl und dem Anstieg der Leukämie bei georgischen Kindern nicht zu leugnen. Alles sehr bedrückend. Viele Ärztinnen sind anwesend und Pflegepersonal. Auch haben wir Kinder besucht, die an Tuberkulose erkrankt sind. Das Krankenhaus machte im Vergleich zum Vorjahr einen besseren Eindruck. Wir hatten im Vorjahr Zuschüsse in Höhe von 400.000 DM geleistet. Am Ausgang kam uns eine schreiende Frau mit einem Wasserkopfkind entgegen. Dies werde ich so schnell nicht vergessen.

18:00 Uhr: Präsident **Schewardnadse.** Aufmerksam blickt der Präsident jedem in die Augen, so auch mir. Eine beeindruckende Figur, auch wenn er letztlich nicht einzuschätzen ist. Er lobt die deutsche Hilfe als unschätzbar und nicht ersetzbar. Die **Russen hätten das Gas abgedreht.**

11.00 Uhr: **Außenminister Oskanian** besucht. Er war gerade aus den USA zurück braucht auch Russland. Direkt nach Brasilien käme Georgien in der Korruptionsliste von Transparency International. Der Präsident betont, er habe alles studiert und würde einen ernsthaften Kampf gegen die Korruption führen.

11.04.2001: Etwa 1stündiger Hubschrauberflug nach **Borjomi.** Wir überfliegen den Nationalpark, sind dabei Flüssen, Dörfern und kleinen Städten nachgeflogen. Schöne Blicke auf die Schluchten des Kaukasus. Der russische Hubschrauber hatte keine Ohrstöpsel. Mein Gott, welche Sicherheitsmaßnahmen herrschen hier vor? Wir sind wohl nur mit Gottes Segen überhaupt angekommen. Empfang auf dem Sportplatz, wo auch gelandet wurde. Am Vortag hatten wir uns gefragt, ob der Flug wegen der sogenannten tiefen Wolken und wegen des Wetters überhaupt noch stattfinden würde. Nach einer Stunde kommt Schewardnadse. Beim Ort des Treffens handelt es sich um einen schönen Ausstellungsraum mit ausgestopften Bären und Wölfen, der vom WWF eingerichtet worden ist. In schöner Zeremonie **Nationalpark eingeweiht**.

Fahrt nach **Likane (Romanovpalast)**. Der Romanov-Palast wurde 1892 gebaut. Die Romanovs sind ein russisches Adelsgeschlecht, aus der die russischen Zaren hervorgegangen sind. Mitte des 17. Jahrhunderts war der Bruder des Zaren Alexander II, Herr Romanov so von der Schönheit der Borjomi-Schlucht beeindruckt, dass er entschied, in Borjomi seine Sommerresidenz zu bauen. So begann die Geschichte des Borjomi-Nationalparks, den wir heute nach genau 130 Jahren eröffnen werden. Hier an der Nahtstelle zwischen Europa und Asien sind Flora und Fauna der beiden Kontinente in einzigartigem Reichtum vereint. Was haben wir als Deutsche getan? Die Grenzen des Parks sind festgelegt und markiert, Unterkünfte für Förster und BesucherInnen sind gebaut sowie Wanderpfade innerhalb des Parks angelegt. Ein umfangreiches Ausbildungsprogramm hat das Parkpersonal auf seine Aufgaben vorbereitet. Die Parkverwaltung verfügt über eine Ausrüstung, um illegalen Jagd-, Wald-, Weide- und Holzeinschlag einzudämmen. In diesem Borjomi-Nationalpark gibt es auch die Zapfen des Saatgutes für die Nordmanntannen, die Zapfen dieser Bäume werden für Weihnachtsbäume nach Westeuropa exportiert, auch nach Bonn.

Tatarda ist ein großer Abgeordneter sowie Literat und Dichter. Er lässt alle hochleben. Die Frauen in Georgien werden absolut diskreditiert. Viel Wodka, viel vergnügliche georgische Geschichten. Tatarda erzählt die Geschichte von einem russischen und einem deutschen Soldaten, die sich im Krieg mit der Waffe begegneten und wieder auseinander gingen. Plötzlich fällt dem russischen Soldaten die Dienstanweisung ein; er dreht sich um und schießt dem deutschen Soldaten in den Rücken.

15:00 Uhr: Abflug nach **Eriwan (Armenien)**. Armenien ist das korrupteste, fast rückwärtsgewandteste Land. Armenische Sicht: Die Sowjetunion hat den Wohlstand geschaffen; Gorbatschow hat dem Kaukasus Elend gebracht, aber Deutschland Glück.

11.04.2001: Abgeholt von Botschafter Seitz, ein unsicherer und ängstlicher Mann.

Alle Armenier sehen aus wie Italiener. Ein großes Thema ist die Einstellung des Atomkraftwerkes 2004, was aber nicht realistisch ist. Armenien eifersüchtig auf Georgien. Das **Atomkraftwerk Mezamor**, das 2004 hätte eigentlich eingestellt werden sollen, arbeitet weiter. Es wurden auch mit russischer Hilfe Verbesserungen vorgenommen (diese Information stammt von heute 2022). Das Atomkraftwerk Mezamor gilt als ein recht unsicheres Kernkraftwerk nicht nur, weil es technisch veraltet ist, sondern auch, weil es in einer stark erdbeben-gefährdeten Region liegt. Der Grund für den Bau war die Armut an fossilen Energieträgern in Armenien. 1976 wurde der Reaktor das erste Mal kritisch, das zweite Mal 1980. 2014 wurde die Betriebserlaubnis für Mezamor bis 2019 verlängert. Mit einem russischen Darlehen wurde das Atomkraftwerk verbessert. Mit den Nachrüstungen könnte Mezamor bis 2026 weiterbetrieben und somit viel später vom Netz genommen werden als die baugleichen Einheiten in den EU-Ländern wie das Kernkraftwerk Greifswald, das Atomkraftwerk in Bulgarien und das Atomkraftwerk in der Slowakei, die alle wegen massiver Sicherheitsbedenken bereits vom Netz abgekoppelt wurden.

12.04.2001: **Einweihung des Deutschen Hauses**. Ein Teil des Hauses sollte eröffnet werden, das deutsch-armenischen Projekten als Unterrichts- und Verwaltungszentren dient. In diesem deutschen Haus sind bereits GTZ-Vorhaben, FZ-Vorhaben und Vorhaben von CIM untergebracht. Weitere Flächen des Gebäudes sollen angemietet werden, um die Ausweitung der Aktivitäten sicherzustellen. Eriwan ist eine kleine und schöne Stadt. Bei der Einweihung des Deutschen Hauses bricht eine Art kleiner Revolution aus, da 40 Chemiefacharbeiterinnen uns in das Gebäude nicht hineinlassen wollen. -Zwei keifende Lehrerinnen unterstützen sie. Grund: die oberen zwei Stockwerke sind bereits in deutscher Hand, die unteren gehören doch der Chemiefabrikschule. Protest und Aggression gibt es, weil die Deutschen die Chemiefacharbeiter angeblich aus dem Gebäude vertrieben hätten oder vertreiben würden. Die Bildungsministerin Tklazaija kann sich nicht durchsetzen. Es gibt ein handfestes Gerangel mit viel Geschubse und Hin und Her Boxen. Wieczorek-Zeul verhält sich sehr geschickt. Sie schafft es, alle an einen Tisch zu bringen, auch die drei keifenden Frauen. Wieczorek-Zeul löste das Problem auf ihre Weise: Sie diskutierte mit StudentInnen und ProfessorInnen und sicherte ihnen zu, dass sie keinesfalls von den Entwicklungsprojekten der Deutschen aus ihrem College vertrieben würden. Als ein gutes Zeichen für funktionierende Demokratie kommentierte die Ministerin die Demonstrationen der StudentInnen. Es wird ein guter Kompromiss erarbeitet. Deutschland vertreibt niemand. Über die Demonstrationen gegen das Deutsche Haus in Eriwan wurde sowohl in der armenischen Presse als auch in der deutschen Presse ausführlich berichtet.

12.04.2001: **Präsident Kotscharjan**. Er schritt in eleganter Form. Man wartete auf ihn wie auf einen König. Beeindruckend Figur. Auch die Ministerin war von diesem schönen Mann angetan.. Schon die Sesselanordnung war respektheischend. Er saß uns gegenüber als Gesprächspartner, allerdings gegenüber der Ministerin erhöht.

14:00 Uhr: Goerdeler leitete ein Treffen mit Vertretern der Zivilgesellschaft und der Menschenrechtsgruppen. Kern: Auswanderung aus Armenien geschieht nicht aus wirtschaftlichen, sondern aus politischen Gründen.

Die JournalistInnen beim Rückflug völlig auf die Ministerin und mich konzentriert. Dies ist eine Perversion des politischen Geschäfts. Diejenigen, wie z.B. Goerdeler und Muser, die die Arbeit machen, bleiben unbeachtet.

Nach der Reise haben wir eine Presseerklärung mit dem Thema „Wieczorek-Zeuls Kaukasus-Initiative" veröffentlicht. 100 Mio. DM zur Stärkung regionaler Kooperationen wurden bereitgestellt.

Mit der **Kaukasus-Initiative** will das BMZ einen Impuls für eine stärkere regionale Kooperation setzen. Nach der Rückkehr von der Reise haben wir 100 Mio. DM für die drei Kaukasus-Länder zur Verfügung gestellt, und zwar für länderübergreifende Ansätze der Entwicklungszusammenarbeit. Die Kaukasus-Initiative könne die Versuche einer politischen Lösung des Konflikts zwischen Armenien und Aserbaidschan um Nagorny-Karabach hervorragend ergänzen. Regionale Zusammenarbeit bietet politische und wirtschaftliche Vorteile für alle. In der **Kaukasus-Initiative wurden 5 thematische Eckpfeiler** festgeschrieben:

- Auf- und Ausbau des Rechtsystems und Stärkung der kommunalen Demokratie
- überregionale Förderung des Energiesektors
- überregionale Förderung von kleinen und mittleren Unternehmen
- Unterstützung beim grenzüberschreitenden Schutz von Bioreservaten
- Hilfe beim Kampf gegen neuaufkommende Krankheiten, wie z.B. Tuberkulose

Seit Anfang der 90iger Jahre gibt es die Entwicklungszusammenarbeit zwischen der Bundesrepublik und den Ländern der ehemaligen Sowjetunion, die inzwischen in einem Transformationsprozess zu einer Marktwirtschaft und Demokratie herangereift sind. Im Zuge dieses Prozesses sind die Länder in ihrer Wirtschaftskraft teilweise dramatisch zurückgefallen, im Vergleich zum Ende der 80iger Jahre um teilweise über 50 %.

Es folgen nun einige **Übersichtsinformationen zu den Ländern Armenien, Aserbaidschan und Georgien.**

Armenien hat 4 Mio. Einwohner und ist so groß wie Rheinland-Pfalz. **Aserbaidschan** hat 8 Mio. Einwohner und ist so groß wie Niedersachsen. **Georgien** hat 5 Mio. Einwohner und ist so groß wie Sachsen.

Der Rückgang des BSP von 1990 bis 1999 betrug in Armenien 42 %, in Aserbaidschan 47 % und in Georgien 34 %.

In **Armenien** gibt es überwiegend Angehörige der armenisch-apostolischen Kirche. In **Aserbaidschan** sind 75 % Schiiten, 25 % Sunniten und nur wenige Christen. In **Georgien** gehört die Mehrheit der Bevölkerung der georgisch-orthodoxen Apostelkirche an.

Konflikte gibt es in Armenien mit Aserbaidschan wegen **Bergkarabach**. Die beiden früheren Sowjetrepubliken streiten seit Jahren um die Enklave Bergkarabach. Sie liegt auf aserbaidschanischem Gebiet, wird aber fast nur von Armeniern bewohnt und vom armenischen Militär kontrolliert. Von 1991 bis 1999 führten beide Länder einen Krieg um die Enklave, bei dem rd. 30.000 Menschen ihr Leben verloren und mehrere Hunderttausend vertrieben wurden.

In **Georgien** gibt es abtrünnige Gebiete, insbesondere Abchasien und Südossetien, die Russland zuneigen.

Die deutsche Kaukasus-Initiative zielt auf den Auf- und Ausbau des Rechtssystems, Alle 3 Länder streben zum kontinentaleuropäischen Recht und sind dabei, ihre Staats-, Privat- und Wirtschaftsrechtsysteme in Richtung Demokratie und Marktwirtschaft umzustellen.

Zur Förderung des Energiesektors unterstützt Deutschland

- die Rehabilitierung von Übertragungsleitungen
- die Rehabilitierung von überregionalen Lastverteilern
- die Förderung von regenerativen Energiequellen

Bei der Bekämpfung der Tuberkulose gibt es in allen drei Ländern Engpässe im Bereich der Medikamentenversorgung und der unterlassenen Wartung der Infrastruktur. Hier unterstützen wir ebenfalls.

a) In **Armenien** haben seit der Unabhängigkeit rd. 1 Mio. Armenier ihr Heimatland verlassen. 80 % gingen nach Russland, 20 % nach Europa. Es gibt Familien, die ihre Kinder in Waisenhäuser geben, weil sie sie nicht mehr ernähren können. 60 % der Kinder in den Waisenhäusern Armeniens sind keine wirklichen Waisen, sondern Kinder armer Leute.

b) In **G**eorgien verlassen ebenfalls die Menschen das Land. 1 Mio. Georgier arbeiten in Russland. Die schönsten Tourismusgebiete an der östlichen Schwarzmeerküste um Suchumi sind leer. Sie liegen im abtrünnigen Abchasien, aus dem im Zuge der Sezessionskämpfe 250.000 Georgier vertrieben wurden.

c) **Aserbaidschan** mit seinen Öl- und Gasvorkommen hat die größten wirtschaftlichen Potenziale aller drei Länder. Doch der erwartete Ölboom lässt immer noch auf sich warten. Alle geostrategischen Überlegungen der Interessenten am kaspischen Öl kreisen um die Risiken der ethnisch-politischen Konflikte im Kaukasus und um mögliche Terroranschläge auf die Transportwege des Öls. In Aserbaidschan gibt es 1 Mio. Flüchtlinge. Es handelt sich um Aseris, die 1993 von Armenien aus ihren Dörfern in der Region um die armenische Enklave Bergkarabach vertrieben wurden. Armenien hält seitdem 20 % des aserbaidschanischen Territoriums besetzt.

Die Zahlungen im Rahmen der bisherigen **bilateralen Entwicklungszusammenarbeit** mit Deutschland belaufen sich auf 163 Mio. DM für **Armenien**, 177 Mio. DM für an **Aserbaidschan** und 370 Mio. DM für an **Georgien**.

Rumänien Regierungsgespräche

Vom 23.-27.04.2001 besuchte ich **Rumänien**. Zweck der Reise war die Erörterung der **zukünftigen entwicklungspolitischen Zusammenarbeit mit Rumänien sowie Projektbesuche.**

Dazu gibt es ein ausführliches Tagebuch, zu finden in der FES bei Michael Bohnet, Tagebücher, Band IV, 1999-2001.

Daraus zitiere ich wieder einige kleine Elemente:

23.04.: Flug mit dem netten und guten **BMZ-Mitarbeiter Spanier**; von München nach Bukarest (sehr turbulent, vor allem über den Alpen und den Karpaten). Herr Spanier ist bereits wenige Jahre danach gestorben.

Sofort zur Deutschen Botschaft. Erster Eindruck: trüb und schön zugleich; hohe Sicherheitsmaßnahmen bei der Deutschen Botschaft; viele Schlösser und Codenummern; eine unendlich lange Schlange von Leuten, die ein Visum für Deutschland beantragten.

Gespräch mit **Botschafter Borchardt,** der einen gehetzten Eindruck machte.

Fahrt zum Industrieministerium, Gespräch mit dem Staatssekretär Berinda. Großes Problem: technische Handelshemmnisse. Die Rumänen wollen die 14 EU-Richtlinien übernehmen und importieren so die Bürokratie der EU nach Rumänien - schon eine absurde Welt.

18:30 Uhr: Gespräch mit dem Bürgermeister von Timisoara. Timisoara (früher Temesburg) liegt im Westen Rumäniens nahe der Grenze zu Ungarn und Serbien. Der Bürgermeister schildert begeistert, dass sich viele Deutsche in der Zwischenzeit dort angesiedelt hätten, natürlich auch deutsche Unternehmen. Einer seiner Tricks sei: einfach Bürokratie vereinfachen.

19:30 Uhr: Sehr beeindruckt von dem Gespräch mit etwa 30 deutschen Experten, die in Rumänien arbeiten. Sie schildern engagiert ihre einzelnen Projekte. Alles von bunter Vielfalt, so dass man sich fragt, ob dies alles gerechtfertigt ist. Konzentration tut Not.

24.04.: Gespräch mit dem Abteilungsleiter im Außenministerium Herrn Mahler. Er besteht darauf, dass Europa ein Muss ist, er beschwört die europäische Wertegemeinschaft und die europäische Integration. Mir wird klar, welche Anziehungskraft das alte Europa hat, ökonomisch, aber auch emotional. Während des Besuches wurde seine Ministerin herausgerufen, die den **Besuch des EU-Kommissars Verheugen** vorbereiten muss. Ich beginne zu ahnen, welche große Bedeutung Verheugen als Erweiterungskommissar zukommt und letztlich die Perspektive Rumäniens, in die EU einzutreten.

Später Fahrt zum **Ceausescu-Parlamentspalast**, nach dem Pentagon das zweitgrößte Gebäude der Welt! Absurdes, schönes Gebäude, alles Marmor, aber funktionslos. Wie gemacht für und von Diktatoren. Hitler hätte seine hellste Freude an diesem schönen Palast gehabt. Ceausescu änderte den Bau während der Bauphase ständig, auch seine Frau intervenierte. Im ganzen Gebäude gibt es nur drei Klos, dafür aber sehr viele Konferenzsäle mit hässlichen Boxen. Ein Teil des Palastes ist mit Bildern ausgestattet wie im Vatikan. Verständlich, dass dort vor kurzem ein Papstfilm gedreht wurde. Wir besichtigten einen riesigen Raum, der allein das Ziel hatte, perspektivisch den ausländischen Gast klein zu machen, wenn er eintritt und auch wenn er Verträge unterschreibt. Der Palast liegt auf einer Anhöhe; für ihn wurde ein ganzes Viertel von mehr als 20.000 Sklaven abgerissen.

Um 19:00 Uhr: **Konzert** im kleinen Saal im sogenannten **Athenaeum**. Gespielt wurde zuerst Vivaldi, ZuhörerInnen vor allem RentnerInnen und junge MusikstudentInnen. Musik aus dem 12. Jahrhundert mit alten Instrumenten, gefolgt von Musik der Renaissance. Wir, Herr Spanier und ich, sind ganz ergriffen und dies mitten in Europa. Anschließend in das **Caruruberu**, Bukarests berühmtestes Bierlokal, eine der gemütlichsten und schönsten Lokale, die ich je gesehen habe.

25.04.: Fahrt nach **Hermannstadt (Sibiu)**, Hoch in die Karpaten gefahren. Uns fährt ein netter Betriebswirtschaftsstudent (23 Jahre alt). So etwas wäre was für Hans.

15:00 Uhr: Treffen mit dem **deutschstämmigen Bürgermeister von Hermannstadt Herrn Johannis,** etwa 40 Jahre alt, deutsch und effizient. Hinweis: Herr Johannis wurde später Präsident von ganz Rumänien. Wir saßen im alten Rathaus, das geschmückt mit einem schönen gerichteten Vorplatz ganz gut herausgeputzt war. Gespräch über Tourismus und das GTZ-Stadtsanierungsprojekt. Aktiv sind auch die Firmen Pfaff und Siemens. Ferner gibt es eine Kooperation mit der Bonner Beamtenakademie. Na, wenn das mal sinnvoll ist (Ärmelschoner grüßt Ärmelschoner). Ein netter, aber zurückhaltender Bürgermeister, der aber auch sehr gestresst schien.

26.04.: Fahrt nach **Alba Iulia**. Auf dem Weg dorthin durchquerten wir **schreckliche Industrieruinen, Geisterstädte** und Fabriken, in denen früher Kupfer gewonnen wurde. Auf den Hügeln waren alle Bäume abgestorben. Die Krebsrate bei den Kindern soll bei 60 % liegen. Die Umwelt war total verseucht. Dann ins schöne Alba Iulia mit schönen Kirchen. Anschließend Besuch eines GTZ-Projektes. Förderung landwirtschaftlicher Kredite an Bergbauern, die aber keiner will. Projektleiter Dr. Jakob, ein Schweine-Spezialist, sieht auch selber aus wie ein Schwein, ist aber dennoch sympathisch. Totaler Einzelkämpfer.

Wieder zurück nach Hermannstadt. Auf dem Weg dorthin den **Ehrenfriedhof** besucht. Dort sind sowohl die im Zweiten Weltkrieg Gefallenen begraben (bis 1944 kämpften die Rumänen mit Hitler, danach dagegen) als auch die Märtyrer des Aufstandes gegen Ceausescu im Jahre 1989 (bei diesem Aufstand gab es viele Tote). Abends Einladung beim **Bürgermeister Johannnis. Er erzählt seine Lebensgeschichte.** Seine Eltern seien in Deutschland, etwa bei Nürnberg/Ansbach, doch er sei bewusst zurückgeblieben. Er sprach von der Massenausreisepsychose, die auch nach 1989 fortdauere, die dazu führe, dass ca. 80 % der Deutschen in Rumänien nach Deutschland gingen. Deutschland wird idealisiert. Im Gespräch wird ständig daran erinnert, wie schrecklich doch die Kommunisten seien.

27.04.: Morgens das Erfreulichste: Besuch des Stadtsanierungsprojektes. Dynamischer Projektleiter, hatte Raumplanung in Kaiserslautern bei Prof. Speer studiert. Er erinnerte mich sehr an Max. Das Projekt wäre ganz im Sinne von Max.

Später bestiegen wir den **Stadtturm** und bewunderten dort die von einem alten **Uhrmacher** (auf Anregung unseres guten BMZ-Kollegen Spanier) reparierte Uhr und genossen einen herrlichen Blick auf die Altstadt. Mit einer 30sitzigen Maschine 2 ½ Stunden nach München mit der rumänischen Fluggesellschaft Romag zurück-geflogen. In München gab es auf dem Flughafen Bombendrohung; etwa 800 Menschen verließen wohlgeordnet die Hallen.

Zuhause spät angekommen, keinen Schlüssel gefunden. Dieser war im Koffer, doch der Koffer war nicht mitgekommen, er war wohl im Flugzeug verloren gegangen. Ich habe bei Gädekes geklingelt, wo Geburtstag gefeiert wurde, und habe noch ein Glas Wein getrunken. Völlig erschöpft ins Bett; Heidi war bereits morgens nach Calciano, Italien, geflogen.

Es wurde dann von der Botschaft eine **Pressemitteilung** herausgegeben, in dem mitgeteilt wurde, dass Deutschland Rumänien bei seinen Wirtschaftsreformen, bei der Förderung der mittelständischen Wirtschaft, der beruflichen Bildung und der Landwirtschaft einschließlich dem Bau eines Großmarktes für Frischnahrungsmittel in Bukarest seit Anfang der 90iger Jahre unterstützt. Insgesamt wurden von 1990 bis 2000 über 500 Mio. DM für bilaterale Hilfe zur Verfügung gestellt.

Konferenz Brüssel LDC

Vom 14.-20.05.2001 fand in **Brüssel** die 3. **Konferenz der Vereinten Nationen über die am wenigsten entwickelten Länder** statt.

Diese 3. UN-Konferenz zu LDCs (**L**east **D**eveloped **C**ountries) knüpft an die erste in 1981 und die zweite in 1990 beide in Paris an. Die Lage der LDCs hat sich seit 1990 insgesamt verschlechtert.

Auf der Konferenz in Brüssel sprachen UN-Generalsekretär Kofi Annan, der Kommissionspräsident Prodi, Präsident Chirac und die Premierministerin von Bangladesch Sheikh Hasina. Alles fand statt unter Anwesenheit des belgischen Königs. Auf deutscher Seite verhandelten außer mir sehr effizient Herr Fähnel und Herr Klinger vom BMZ.

Ergebnis: Nach schwierigen Verhandlungen hat die internationale Staatengemeinschaft ein Aktionsprogramm für die 49 am wenigsten entwickelten Länder für die Dekade 2001 bis 2010 verabschiedet. Die Konferenz ist vor allem wegen des Durchbruchs im Handelsbereich als Erfolg zu werten. Es ist gelungen, die USA, Kanada und Japan auf das Ziel zu verpflichten, auch ihre Märkte für Produkte der ärmsten Entwicklungsländer zu öffnen. Die EU war die treibende Kraft bei den Verhandlungen.

Folgende wichtige Punkte möchte ich nennen:

1. Grundsätzliches
Festschreibung der Armutsbekämpfung als überwölbendes Ziel für die LDCs. Wichtige Rolle der Zivilgesellschaft und des Privatsektors anerkannt.

2. Durchbruch im Handelsbereich. Deutschland hatte innerhalb der EU die „Everything but Arms Initiative" mit durchgesetzt, die den quoten- und zollfreien Marktzugang für alle Waren aus LDCs zum Europäischen Markt beinhaltet. Eine Studie der Weltbank zeigte, dass die 49 ärmsten Entwicklungsländer ihre Exporte damit um etwa 11 % ausweiten können.
3. Verankerung der von Deutschland in der OECD vorangetriebenen **Lieferaufbindung** für die Entwicklungszusammenarbeit für LDCs. In der letzten Verhandlungsphase hat auch Japan zugestimmt. Nach Prognosen wird die Lieferaufbindung den Wert der Waren um 25 % erhöhen.
4. **Verstärkung der öffentlichen Entwicklungszusammenarbeit für die ärmsten Entwicklungsländer**. Deutschland hat im Vorfeld den Anteil der LDCs an der bilateralen deutschen EZ von 25 % im Jahre 2000 auf 30 % im Jahre 2001 gesteigert. Davon profitieren insbesondere die Länder Jemen, Tschad, Malawi, Lesotho, Mosambik, Nepal und Bangladesch.

5. **Wirksame Umsetzung der erweiterten HIPC-Initiative.** Die Schuldenerleichterungen für die 17 LDCs, die von der HIPC-Initiative profitieren,

betragen 23 Mio. US$. D.h., durch diesen Beschluss können die freigesetzten Mittel für Gesundheit und Erziehung eingesetzt werden, deren Budget sich damit um durchschnittlich 20 % erhöht. Die 17 LDCs sind:

Uganda,
Mauretanien
Tansania
Mosambik
Burkina Faso
Senegal
Benin
Mali
Sambia
Gambia
Guinea Bissau
Niger
Sao Tome / Principe
Guinea
Madagaskar
Malawi
Ruanda

Die Bundesregierung hat den LDCs alle Schulden aus der finanziellen Zusammenarbeit erlassen.

6. Zusätzliche Anstrengungen im Kampf gegen HIV/Aids, Malaria und Tuberkulose. Die EU hat am 15.05. ein konkretes 5-Jahres-Programm gegen HIV/Aids, Malaria und Tuberkulose beschlossen einschließlich der Zurverfügungstellung von erschwinglichen Medikamenten
zu ihrer Bekämpfung. Das BMZ stellt dafür im Jahre 2001 130 Mio. DM zur Verfügung.

Polen, Lettland, Estland, Litauen, (Transformprogramm)

Vom 02.-11.07.2001 besuchte ich **Polen, Lettland, Estland und Litauen**, um das sogenannte **Transform-Programm** zu überprüfen. Dazu gibt es sowohl einen ausführlichen Dienstreise- als auch einen Tagebuchbericht, der sich in der Friedrich-Ebert-Stiftung befindet, und zwar unter: Michael Bohnet, Tagebücher, Band V, 2001-2004.

Ich zitiere daraus in kleineren Auszügen:

„03.07.: Morgens zur Plattenbausiedlung Bemovo bei Warschau; Gespräch mit dem Bürgermeister, Altkommunist. Sie erwarten den Sturz der gegenwärtigen Regierung (Buzek, liberal konservativ, effektiv gestürzt 19.10 2001)

Danach eilten wir zum Privatisierungsprojekt. Herr Eggers, ein Windhund, präsentiert Bilder, vor allem mit Power Point, dabei vor allem Bilder von Sitzungen, in denen angeblich Entscheidungen getroffen worden sind. Alles ist Schau! Der einheimische Partner kommt gar nicht vor; angeblich Beratung auf neutralem Boden. Mein Gott, wo führen die deutschen Berater die armen Polen noch hin?

Abends Stadtrundgang durch die **Altstadt von Warschau.** Warschau liegt an der Weichsel. 1795 fiel Warschau an Preußen (preußische Teilung), dann ab 1807 an Russland, 1939 Einnahme durch die Deutschen. Jüdisches Ghetto 500.000 Menschen, Deportationen. 60.000 übten 1944 den Aufstand; nach zwei Monaten kapitulierten sie.

Die **Altstadt wurde zwischen 1949 und 1963 originalgetreu wieder aufgebaut.** Sie wurde in die Liste der Kulturerben der UNESCO aufgenommen. Besuch des Denkmals des Warschauer Aufstandes gegen die Deutschen (am 01.09.1944).

Warschau war vor dem Zweiten Weltkrieg die Stadt mit dem größten jüdischen Bevölkerungsanteil der Welt. 1988 wurde die Straße des Erinnerns, der Leiden und des Kampfes der Juden gebaut, die an die Leiden der jüdischen Bevölkerung (1940-1943) und an den Ghetto-Aufstand von 1944 erinnern soll. Beeindruckend der sogenannte Umschlagplatz. Von dort aus fuhren die Züge in die Konzentrationslager (vor allem Treblinka); 300.000 tote Juden.

In der Nähe gibt es ein zu groß geratenes Denkmal für den kniefallenden Willy Brandt 1970. Unsere Reiseführerin wollte uns das Denkmal von Willy Brandt gar nicht zeigen. Sie war völlig fixiert auf die Russen, die vor Warschau lagerten, aber nicht eingriffen, als die Deutschen mit der Judenvernichtung begannen.

04.07.: Flug nach, **Riga, Lettland.** Die EU-Integration hat zentrale Bedeutung für Lettland. Die Russen machen 42 % der Bevölkerung Lettlands aus. 2.500 Deutsche gibt es noch in Riga. Am ersten fällt einem die Schönheit der Mädchen auf, der jungen vor allem. Sie eilen über den Domplatz schön gekleidet, ästhetisch; man könnte meinen, man sei in eine Traumwelt versetzt worden.

1940-1943 beherrschten die Deutschen Lettland, dann wieder die Russen. Unter den Nazis wurden 27.000 Juden in den Wäldern um Riga erschossen.

Riga besticht durch seinen Jugendstil, entworfen von Michael Eisenstein, dem Vater des Filmregisseurs Eisenstein. In Riga ist ganz groß das Musikleben. Hier arbeiteten Franz Liszt und Belioz. Auch das Theater spielte eine große Rolle. Der **Natio-naldichter heißt Rainis**: „Ich höre den Wind, er weht nach Kurland, ich spüre schon am Gesicht den Sand, den duftenden Hauch, Söhne der grünen Kiefer, ihr

Birkenmädchen so weiß". Abends im Dom von Riga ein Orgelkonzert gehört, sie ist die größte Orgel der Welt. Abends kam noch der BMZ-Kollege Friedrich dazu. Er kam aus Berlin.

05.07.: Die Zustimmung der Letten zum EU-Beitritt sinkt. Besuch der Molkerei „Rigas Piena Kombinats" gespenstisch. Es wird nichts produziert, ein wenig Eis wird serviert, ansonsten handelt es sich um eine potemkinsche riesige Molkerei mit einem bulligen Geschäftsführer.

Später besuchten wir das **Museum der Okkupation Lettlands** (1940-1991). Lettland war von 1940-41 von der Sowjetunion besetzt, dann von 1941-1944 von Deutschland und dann wieder von der Sowjetunion.

Das Museum zeigt die sowjetische Massendeportation 1941 und den nationalsozialistischen Holocaust 1941/1942. Am schrecklichsten die Deportationen der Letten 1941 bis 1949 nach Russland in die Arbeitslager (Gulag). Am beeindruckendsten die Videoaufnahmen der Deponierten. **Stalin „Kein Volk, keine Probleme".**

06.07.: In Valmiera Eröffnung des Berufsbildungszentrums. Davor noch Besuch der Musikschule Valmiera mit reizenden Kindern (Jungen und Mädchen, die noch knicksen und einen Diener machen können). Gespielt wird Corelli, Telemann, Beethoven in einem Garten wie in den 20iger Jahren. Verzückte Mütter schauen zu, friedliche ZuhörerInnen, eine filmreife Szene, alles zu Ehren des scheidenden Botschafters Kraus, der als zweiter Mann nach Moskau geht. Welch heile Welt!

Anschließend feierliche Eröffnung des Berufsbildungszentrums Valmeira mit der Staat-präsidentin von Lettland, Vaira Vike-Freiberga (schicke Frau), dem Botschafter Kraus, dem Bürgermeister Kuzinski und dem Pastor der evangelischen-lutherischen Gemeinde. Die Präsidentin sprach Deutsch, ich ebenfalls Deutsch und ein wenig Lettisch, aber am schönsten spricht der Pfarrer, der das Gebäude segnet (wo gibt es das noch in Deutschland?). Ich habe das Band zerschnitten und anschließend eine halbe Stunde mit der unruhigen Präsidentin diskutiert. Darüber hinaus hatte ich ein Gespräch mit dem Bürgermeister von Valmeira, der uns seinen Stadtentwicklungsplan erläuterte. Ich verwies natürlich auf meinen Sohn Max, den Stadtplaner, dem ich den Plan auch noch nachsenden werde. Das Programm wurde vorbereitet von Dr. Vogt von der KFW und Herrn Friedrich aus dem BMZ; alles vorzügliche Leute.

Am 13.07. hat das BMZ eine **Presseerklärung** mit folgendem Inhalt veröffentlicht: "Mit der Eröffnung eines Berufsbildungszentrums in Lettland wurde ein wichtiger Teil der deutsch-lettischen Zusammenarbeit im Rahmen des Transform-Programms abgeschlossen. Bis einschließlich 2001 wurde Lettland im Rahmen dieses Programms mit rd. 52 Mio. DM unterstützt. Das Zentrum wurde von der Staatspräsidentin der Republik Lettland, Frau Vike-Freiberga, und Ministerialdirektor Prof. Michael Bohnet vom BMZ eröffnet.

Die Investitionen für das Berufsbildungszentrum wurden durch eine öffentlich-private Partnerschaft ermöglicht; mit dabei waren die Industrie- und Handelskammer Hagen, deutsche Unternehmen, die Staatskanzlei Nordrhein-Westfalen, der Kreis Gütersloh sowie die lettische Industrie- und Handelskammer. Die Kosten beliefen sich auf 5 Mio. DM.

Anschließend Fahrt nach **Estland;** unproblematische Grenzabfertigung; Fahrt über ruhiges, flaches Land, wenig Autos, keine Besiedlung, keine Dörfer, nur einzelne Gehöfte. Auf der Fahrt nach Tallinn fahren wir durch Tartu, ein Kleinod an Friedlichkeit. Auf dem Marktplatz ein Folklore-Fest mit SängerInnen aus verschiedenen nordischen Ländern. Versonnen lauschten wir und fühlten uns in ein anderes Jahrhundert zurückversetzt. Tartu ist eine Universitätsstadt, ein geistiges Zentrum. Tartu wäre meine Stadt. Da muss ich nochmal hin, insbesondere mit Heidi. Weiter nach Tallinn.

07.07.: Stadtführung durch Tallinn; Estland: 60 % Esten, 40 % Russen, Ukrainer und Weißrussen. Nach dem Hitler/Stalin-Pakt wurde Estland dem Einflussbereich der Sowjetunion zugeordnet. Tallinn ist ein Gemisch aus Gotik, Renaissance und Klassizismus. Auch hier wieder wie in Lettland die Hanse- und Gilde-Häuser.

Das Rathaus: „Abgeordneter: Wer Du auch immer sein magst, wenn Du das Rathaus betrittst, um öffentliche Pflichten zu erfüllen, lasse Dein Privatleben vor der Tür!" Auch hier das Haus der **Schwarzhäupter-Gilde:** sogenannte unverheiratete Kauf-leute.

Abends zum Gesangsfestgelände. Hier sangen wir mit 20.000 Esten zusammen Folklore. Der Gesang ist die Seele des Volkes Estlands. Es war wie das Oktoberfest, nur ergreifender. Abends in der Oper Rae Kojas. Gesungen wurde Mozart, Beethoven und Wagner.

09.07.: Fahrt nach **Litauen.** Friedliche Grenzabfertigung. Ankunft in **Kaunas.** Schönes Rathaus, das wie eine Kirche aussieht. Es heißt der Weiße Schwan. Gespräche in der Industrie- und Handelskammer Kaunas. Die Zinnexpertin benutzte ihre litauischen Counterparts als Servierinnen zum Kaffeekochen; das rüge ich scharf.

10.07.: Gespräch mit einem Jüngling etwa im Alter von Max über EU-Hilfe. Gespräch mit Botschafter von Berg, ein blasiger Mann. Er sprach vornehmlich von seiner Lieblingsidee: ökologische Landwirtschaft. Er hat ein Grundstück am See gekauft und hat Heidi und mich eingeladen, ihn zu besuchen.

Nachmittags Stadtführung durch **Vilnius,** das Jerusalem des Nordens. Vilnius hatte einen hohen Judenanteil. Vilnius gehörte früher zu Polen und ist katholisch. Beeindruckend die Kathedrale von Vilnius. Sie war früher, d.h. während der Sowjet-zeit, Reparaturwerkstatt für Lastwagen; heute wieder Kirche. Dann Besuch der

Anna-Kirche. Napoleon: „Wenn ich könnte, würde ich diese Kirche auf meine Handfläche nehmen und nach Paris tragen".

11.07.: Bernsteinkette für Heidi gekauft, für Max einen Geldbeutel.

Die **Hauptziele des Besuches in Polen, Lettland, Estland und Litauen** waren, sich vor Ort ein Bild zu folgenden Aspekten des Transform-Projektes zu machen:

- Politische Bedeutung der Transformmaßnahmen in den besuchten EU-Beitrittskandidatenländern
- Stand der EU-Vorbereitungen (Verhandlungen, EU-Mittel-Absorption)
- Einblick in den Stand und in den Erfolg der Transformmaßnahmen

Zusammenfassende Ergebnisse: In allen drei Ländern wird eindeutig die Frage des EU-Beitritts als oberste politische Priorität angesehen. Die EU-Beitrittsverhandlungen laufen planmäßig.

Die Transform-Beratung wird von allen Partnern im politischen Zusammenhang mit der Annäherung an die EU gesehen.

Die Entscheidung der deutschen Seite, das Transform-Programm in den EU-Beitrittskandidaten auf diesen Schwerpunkt, nämlich Beitritt zur EU, umzuorientieren, erscheint allen sinnvoll.

Es handelt sich um Regierungsberatungen zu Beitrittsverhandlungen und um Beratung zur Unterstützung der EU-Mittel-Absorption.

Das Transform-Programm wurde als sehr flexibel angesehen. Die EU-Prozeduren sind demgegenüber zu kompliziert und zu zeitaufwändig, sodass die Transform-Förderung als komplementär zur EU-Förderung zu sehen ist. Wir haben die Partner auch über den Rückgang der Mitteleinsätze informiert. Dies war auch notwendig, denn der EU Beitritt war am Horizont.

Kurzinformationen:

Das Transform-Programm ist ein Programm, mit dem die BRD seit 1993 die Entwicklung von Demokratien und Marktwirtschaft in 11 Ländern Mittel- und Osteuropas unterstützt. Das Transform-Programm konzentriert sich dabei auf die Verbesserung der Rahmenbedingungen für eine soziale Marktwirtschaft, auf Maßnahmen zur Förderung des Unternehmenssektors und auf die Unterstützung der Vorbereitung zum EU-Beitritt. Erfreulicherweise sind die meisten EU-Beitrittsländer in ihrer Annäherung an die Europäische Union so fortgeschritten, dass die Förderung durch das Transform-Programm zugunsten der Förderinstrumente der EU zurücktreten kann.

Die Unterstützung der Beitrittsländer im Verwaltungsaufbau erfolgt durch einen Partnerschaftsprozess, dem sogenannten **Twinning,** bei dem Langzeitberater aus den Verwaltungen der Mitgliedländer die Beitrittsländer auf der Grundlage spezifischer Projekte unterstützten.

Polen ist hinter Russland und der Ukraine das drittgrößte Empfängerland im Rahmen des Transform-Beratungsprogramms. Von 1994 bis 2000 wurden in Polen Projekte mit einem Gesamtvolumen von 124 Mio. DM befördert, vornehmlich in den Bereichen

- Regierungsberatung
- Förderung des Unternehmenssektors
- Kammerpartnerschaften
- Zusammenarbeit im Agrarbereich.

Polen hat 36 Mio. EinwohnerInnen.
Litauen: Im Rahmen des Transform-Programms wurde Litauen 1994-2000 mit 45 Mio. DM unterstützt. Die Schwerpunkte des Programms waren

- Regierungsberatung, vornehmlich im Rechtsbereich und im Bereich Steuer und Zollwesen
- Unternehmenssektor: Aufbau einer Partnerschaft zwischen der IHK Offenbach und der IHK Vilnius
- Förderung des Agrar-Sektors
- Beratung im Bereich Sozialversicherung.

Litauen hat 3,7 Mio. EinwohnerInnen.

Lettland: Im Rahmen des Transform-Programms wurde Lettland von 1994-2000 mit 48 Mio. DM unterstützt, vornehmlich in den Bereichen

- Regierungsberatung, vor allem Beratung zur EU-Integration
- Im Bereich Unternehmenssektor und Privatisierung
- Im Bereich Landwirtschaft
- Beratung im Bereich Soziales und Arbeitsmarktpolitik

Lettland hat 2,4 Mio. EinwohnerInnen.

Zu **Estland** keine Informationen zur Hand.

Petersberg- Konferenz Nil (11. September)

Vom 09.-12.9.2001 fand auf dem **Petersberg ein DSE-Forum** statt zum Thema „**Der Nil: Erfahrungen teilen, Zukunft gestalten**". Der runde Tisch hat sich mit Fragen der Entwicklung grenzüberschreitender Flussläufe und der regionalen Zusammenarbeit als Motor für nationales und regionales Wirtschaftswachstum beschäftigt. Die deutsche Seite hat dabei ihre positiven Erfahrungen und ihre Fachexpertise vorstellen können, insbesondere vor dem Hintergrund der eigenen Erfahrungen an europäischen, grenzüberschreitenden Flüssen (Rhein, Oder, Elbe etc.). Der Aufbau von Flusskommissionen ist in Europa und international ein bewährtes Instrument, um integriertes Wasserressourcen-Management erfolgreich zu gestalten.

Die **Region des Nils hat mit seinen 10 Anrainerstaaten** (Äthiopien, Sudan, Ägypten, Burundi, Demokratische Republik Kongo, Kenia, Ruanda, Tansania, Uganda und Eritrea) ist eine höchst heterogene und in weiten Teilen arme, ökologisch sensible, regional desintegrierte und politisch instabile Region. Das Einzige, was zwischen den Nilanrainern bisher **positiv fließt, ist der Ni**l: der wichtigste Produktionsfaktor für die landwirtschaftlich geprägte Region, für Stromproduktion und Warenverkehr. Der Nil kann angesichts des zunehmenden Nutzungsdruckes Hindernis für nachhaltige Entwicklung und Ursache für zunehmende politische Konflikte sein. Er kann aber auch ein Ansatzpunkt für regionale Kooperation bilden. Die **Nilbecken-Initiative** wurde mit Unterstützung der Weltbank von UNDP und Kanada ins Leben gerufen und ist eine politische Vision zur Verbesserung der Kooperation am Nil.

Der Round Table zum Nil auf dem Petersberg im Auftrag des BMZ wurde durchgeführt vom Entwicklungspolitischen Forum, dem BMU und dem AA. Die Wasserminister der Nil-Anrainerstaaten waren vertreten.

Ziel, Programm und Teilnehmer sind identisch mit der für Mai geplanten Konferenz zum Nil, die wegen der kriegerischen Auseinandersetzungen zwischen Äthiopien und Eritrea von deutscher Seite abgesagt worden war. Im Rahmen des Politikdialogs ging es darum, Erfahrungen im Management von Flusseinzugsgebieten auszutauschen u.a. an dem Beispiel der erfolgreichen Arbeit der Rhein-Kommission sowie der Nilbecken-Initiative. Für die Konferenz vorgesehen war eine Eröffnungsansprache der Parlamentarischen Staatssekretärin Eid. Um politische Risiken zu minimieren – derzeit hat Sudan den Vorsitz des Nil-Ministerrates – hat Frau Eid (Eritrea-Freundin) jedoch abgesagt. Die Folge: die geplante Konferenzeröffnung durch Frau Eid erschien nicht im Programm.

Das BMZ hat die Projekte der Nil-Anrainerstaaten zur gemeinsamen Nutzung des Nils mit 6 Mio. DM unterstützt. Konkrete Projekte zur gemeinsamen Wasserbewirtschaftung, zum Ressourcenschutz, zur Wasserkraft und zum Stromhandel sollen in Zukunft dazu beitragen, den Nil nachhaltig zu nutzen.

Der Nil ist der längste Fluss der Welt, in den Anrainerstaaten leben 300 Mio. Menschen. 7 der 25 ärmsten Länder der Welt sind Nil-Anrainer. Deutschland unterstützte auch die grenzüberschreitende Kooperation an Flüssen und Seen in weiteren Regionen, so wird z.B. die Flusskommission des Limpopo im südlichen Afrika oder die Bestrebungen am Mekong im Rahmen der deutschen Entwicklungszusammenarbeit unterstützt.

Mitten in der Konferenz am 11.09.2001 hörten wir (**Frau d'Hondt und ich leiteten die Sitzung**) **von dem Angriff auf die Twin Towers in New York.** Wir brachen die Konferenz sofort ab, besorgten einen Fernsehapparat und die etwa **30 Vertreter der Nil-Anrainer-staaten schauten erstarrt zu. Einige begannen auch zu zittern, insbesondere die Vertreter von Ägypten, Äthiopien, Sudan, Uganda und Demokratische Republik Kongo,** denn sie fürchteten, dass der Terroranschlag in New York dazu führen könnte, dass sie nicht mehr in ihre Heimatländer zurückkehren können. In Eile organisierten wir private Transportverbindungen zum Flughafen nach Köln. Alle Teilnehmer versuchten, sofort in das nächste Flugzeug in ihr Heimatland zu kommen, was den meisten auch gelang. **Jegliches Büffet und jegliches Essen bzw. das Abendessen wurden rigoros abgeräum**t. Das **Bundeskriminalamt** wurde informiert, war aber so überlastet, dass sie beim Abtransport der Teilnehmer nicht helfen konnten. Deshalb nahmen wir die Dinge selber in die Hand. Besonders hilfreich waren dabei Frau d'Hondt, Herr Konukewitz, Herr Spitzer und Herr Sahlmann vom BMZ sowie Frau Kochendörffer-Lucius von der DSE. In meiner Schluss-bemerkung zitierte ich das Bild von Frau **Msuja, der Exekutivsekretärin der Nilbecken-Initiativ**e, die von der Hochzeit zwischen Rhein und Nil sprach. In Deutschland würden wir vom Vater Rhein sprechen, während in Tansania gesprochen wird von der Mutter Nil.

Ich betonte, dass die Kooperation entlang des Rheines nicht immer leicht war. Kriege in Europa blockierten die Kooperationen häufig, machten sie unmöglich.

Mein Statement nach dem Angriff auf die Türme in New York: „After the attack in the USA yesterday we now face a horrifying example of a huge crisis. As the Minister Rugunda from Uganda and David Gray said: We have to speed up our efforts, we have to be more ambitious and more visionary to avoid a crisis".

„Sitting together around one table we are a group of people who share various values and visions. It is like a family, so without any intention we have reached a situation quite similar to that of a couple, Father Rhine and Mother Nile. We don't know what the attack yesterday will mean for the future. We can only hope and pray."

Als äußerst effizienten Mitarbeiter will ich nochmal Hanno Spitzer vom BMZ erwähnen, der die wesentliche Vorarbeit zur Konferenz geleistet hatte und auch die Konferenz mitgestaltet hat.

Venedig, Balkan-Konferenz

Vom 05.-07.10.2001 nahm ich in **Venedig an der internationalen Konferenz „The Balkans and the European Union"** teil, organisiert vom ASPEN-Institut, Italien und dem Stabilitätspakt Südosteuropa. Die Konferenz fand statt im Palast in Venedig auf der Insel Lido und im Hotel Excelsior Venice. Auch **meine Frau** war eingeladen und nahm ebenfalls an der Konferenz teil.

 An der Konferenz nahmen politische Führer statt, die Medien, Wirtschaftsführer aus Europa, USA und Russland sowie natürlich internationale Institutionen. Die Presse war nicht zugelassen. Schwerpunkte der Konferenz waren

- Justiz: Menschenrechte, organisierte Kriminalität
- Politische Parteien: Bildung, Erziehung
- EU und regionale Organisationen: politische Implikationen für die Region nach dem demokratischen Wandel in Serbien
- Ziele für ausländische Investitionen

Die Konferenz wurde geleitet vom **Sonderbeauftragten (Bodo Hombach**) des Stabilitätspaktes Südosteuropa. Ich nahm in Vertretung der Ministerin Wieczorek-Zeul an dieser Konferenz teil. Als Vorbemerkung möchte ich folgende Daten nennen:

- Serbien: unabhängig 1878
- Albanien: unabhängig 1912
- Bundesrepublik Jugoslawien: 1992-2003, dann 2003-2006 Restjugoslawien
- Mazedonien: unabhängig 1991, ab 2019 Nordmazedonien
- Bosnien-Herzegowina: unabhängig 1992
- Montenegro: unabhängig 2006
- Kosovo: unabhängig 2008
- Bulgarien: unabhängig 1909
- Rumänien: unabhängig 1877
- Kroatien: unabhängig 1991

An der Konferenz nahm auch teil **Solana, der hohe Repräsentant für den Stabilitätspakt für Südosteuropa der EU**. Die Konferenz fand statt ein **Jahr nach dem Sturz von Milosevic in Serbien.** Es wurde betont, dass sich die Amerikaner in absehbarer Zeit aus Europa zurückziehen und deshalb der **Balkan für Europa zum zentralen politischen Einfluss-Bereich** wird. Diskutiert wurde auch die Zukunft Kosovos (Kosovo wurde erst 2008 unabhängig und die Zukunft der jugoslawischen Föderation, wurde erst 2003-2006 zur Republik Restjugoslawien). Im Kern der Diskussion über den Stabilitätspakt stand die Forderung nach regionaler Kooperation der Balkanländer untereinander. Die **Konzentration der Hilfe für Serbien nach dem Sturz von Milosevic sollte nun abgefedert werden durch stärkere regionale Beachtung auch der anderen Balkanländer.** Dabei spielt die Europäische Investitionsbank eine große Rolle. In Bezug auf die Privatwirtschaft wurde festgestellt, dass die italienischen Firmen in Rumänien eine spezifische Vorbildrolle einnehmen.

Kernaussage war, dass der **Balkan europäisiert werden muss,** anderenfalls wird Europa balkanisiert. Zum Zeitpunkt der Konferenz stand noch nicht fest, ob Montenegro unabhängig wird. Dies wurde in Venedig als Gefahr bezeichnet. Faktisch wurde Montenegro 2006 unabhängig. Auch die Perspektiven von Mazedonien und Kosovo wurden diskutiert (Hinweis: Kosovo wurde erst 2008 unabhängig, Mazedonien als Nordmazedonien 2019). Eine große Rolle spielte nach dem 11. September 2001 bei dieser Konferenz, dass sich die Terroristengruppe nun in den Balkanländern festsetzen, insbesondere in Mazedonien, aber auch in Bosnien-Herzegowina. Insbesondere wurde die **Gefahr islamischen Gesellschaften in Bosnien** heraufbeschworen. Betont wurde insbesondere, dass der **Westen mit Russland eng zusammenarbeiten muss; immerhin wären es die russischen Geheimdienstpersonen, die als erste terroristische Zellen in den Balkanländern identifiziert hätten.**

Als politische Zielsetzung wurde ausgegeben: Dezentralisierung auf der einen Seite und regionale Kooperation auf der anderen. Als relativ gut ausgewiesen wurden die Strukturen in Rumänien, Bulgarien und Kroatien, hingegen jene in Bosnien, Albanien und Kosovo als äußerst fragil bezeichnet.

Insbesondere Rumänien sei ein positives Beispiel im Gegensatz zu Bosnien-Herzegowina. In Rumänien wären immerhin schon 10.000 Unternehmen in Timisoara aktiv. Der Stabilitätspakt habe große Erfolge erzielt, insbesondere bei der Infrastruktur, beim Straßenbau, bei der Herstellung der Energieleitungen, bei Wasserressourcen und im Bereich verkehrsübergreifend. Besonders Deutschland und Italien hätten sich im Balkan engagiert. Letztlich hinge alles im Balkan von den positiven Beziehungen zwischen Russland und der EU ab.

Zum **Ablauf der Reise:** Wir waren (**Heidi und ich**) in **Cervo in Urlaub** und sind von Cervo nach Venedig gefahren. Am 29.09. waren wir noch bei Serafino essen; am 30.09. in Casa Tommasini; am 01.10. in Passo Rolle; am 02.10. in Diano Marina; am 03.10. in Colle Castelleretto, desgleichen am 04.10.; am 05.10. mit dem Auto nach Venedig gefahren (fast 570 km), abgestiegen im Hotel Excelsior Venice und noch Carl Bildt, den Spezialbeauftragten für den Balkan getroffen (früherer schwedischer Ministerpräsident); am 06.10. nahm ich an der Konferenz teil. **Heidi verbrachte einen schönen Tag in Venedig** ab 09:00 Uhr mit einer Damengruppe. Dabei waren auch Frau Solana, die Frau des hohen Repräsentanten für den Stabilitätspakt aus Brüssel, und die Engländerin Paddy Ashdown aus dem House of Lords in London.

In Venedig verschiedene Kirchen angesehen; abends ein Konzert mit jungen, unglaublich guten Künstlern. Dann gab es noch ein Essen mit **Theo Sommer** von der Zeit – freundlich, aber ein unwahrscheinlich eitler Mensch.

Am 07.10. gab es für Heidi wieder eine Damengruppe mit einem Ausstellungsbesuch Balthus mit einer schlechten Führung. Mit einer Frau Reha (15/16 Jahre) hat Heidi sich über Serbien ausgetauscht; das Mädchen war beängstigend fanatisch

08.10. Rückflug nach Köln; von Herrn Kannenberg, dem Fahrer des BMZ, abgeholt.

Hinweis: Vom 27.-29.09. **musste ich von Cervo in Italien nach Bonn fliegen und wieder zurück, um im Vorfeld der Balkan-Konferenz teilzunehmen an der erweiterten Leitung (Leitungsklausur in Bonn).** Die Leistungsklausur fand am 28.09. statt. Ich flog am 27.09. von Nizza nach München, von München nach Bonn und am 29.9. wieder zurück.

Deutsch- Chinesischer Rechtsstaatdialog

Vom **08.-12. Oktober 2001** nahm ich in **Berlin am deutsch-chinesischen Rechtsstaatdialog t**eil. Das Rechtsstaatsymposium befasste sich mit dem Thema Staat – Bürger – Marktwirtschaft insbesondere mit der Frage rechtsstaatliche Ord-nungsfragen für die unternehmerische Tätigkeit, Schutz des Rechtes und Interessen des Bürgers und der Unternehmen. Ich habe dazu neben der Bundesministerin der Justiz, Frau Prof. Dr. Herta Däubler-Gmelin, einen Vortrag gehalten, in dem ich darauf hinwies, dass die Förderung von Demokratie und Menschenrechten ein eigenständiges Ziel der Entwicklungspolitik sei. Ich habe die 1999 erfolgte Aufnahme des Rechtsstaatsprinzips in die Verfassung der Volksrepublik China nachdrücklich betont und darauf hingewiesen, dass der Rechtsstaat nach modernem Verständnis mehr ist als ein formaler Gesetzesstaat, er ist gleichsam Gerechtigkeitsstaat. Nur in einem Staat, der Gleichheit und Freiheit vor dem Gesetz garantiert, kann es einen nachhaltigen wirtschaftlichen Aufschwung und damit auch einen Wohlstand für die Bürger geben. Ende 1966 vereinbarte Bundespräsident Herzog bei einem Staatsbesuch in der VR China mit Staatspräsident Jiang Zemin, dass der Rechtsaustausch Verfassungs- und Verwaltungsrecht zwischen beiden Ländern verstärkt werden sollte. Mit der Umsetzung dieser sog. **„Herzog-Initiative"** wurde das BMZ beauftragt. Eine Vielzahl von konkreten Projekten in China wurden durchgeführt:

- Beratung des Arbeitsministeriums zur Arbeits- und Sozialgesetzgebung
- Beratung des Wirtschafts- und Finanzausschusses des Nationalen Volkskongresses auf dem Gebiet des Wirtschaftsrechts
- Beratung des Ministeriums für Außenhandel und wirtschaftliche Zusammenarbeit auf dem Gebiet des Wirtschaftsrechts
- Beratung der Rechtskommission des Ständigen Ausschusses des Nationalen Volkskongresses auf den Gebieten des Verwaltungsrechtes.

Ferner habe ich auf das sog. **Bürgermeisterprogramm** hingewiesen. Seit 1982 besteht eine Zusammenarbeit mit der Vereinigung von Bürgermeistern aus chinesischen Groß- und Mittelstädten. Ein bis zwei Seminare in Deutschland werden ergänzt durch Entsendung von deutschen Fachreferenten zu Veranstaltungen des Partners in China, um insbesondere eine bürgerorientierte Kommunalverwaltung im Kontext des demokratischen Rechtsstaats zu fördern.

Festakt 40 Jahre BMZ

Am 07.11.2001 fand ein **Festakt zum 40jährigen Bestehen des BMZ** statt. **Bundeskanzler Schröder** betonte, dass mit Blick auf die Tower-Anschläge vom 11.09. und ihre Folgen man beachten müsse: **„Eine vernünftige Entwicklungszusammenarbeit reduziert die Möglichkeit von Fanatikern, Massen für ihre verbrecherischen Ziele zu mobilisieren".** Konkret sagte der Bundeskanzler zum Krieg in Afghanistan, der Kampf gegen den Terror könne „nie mit militärischen Mitteln allein gelöst" werden. Nach der Überwindung des Taliban-Regimes werde es große und lange Anstrengungen erfordern, eine neue afghanische Regierung beim Wiederaufbau des Landes zu unterstützen. „Wir halten fest an der Idee der Einen Welt, in der Sicherheit nicht teilbar ist."

Kardinal Lehmann mahnte eindringlich, in der Überwindung der Armut nicht nachzulassen und forderte mehr finanzielle Ausstattung für das BMZ. **Wieczorek-Zeul** betonte, dass die Anschläge in New York und Washington einen tiefen Einschnitt in der Weltpolitik markieren. Die Welt stehe an einem Scheideweg zwischen neuer Kooperation und einer Weltunordnung. Entweder wir bringen Sicherheit und Stabilität in die Welt oder die Unsicherheit kommt zu uns. Zu dem Festakt waren auch gekommen die Vorgänger von Wieczorek-Zeul, nämlich Hans-**Jürgen Wischnewski, Erhard Eppler sowie Jürgen Warnke und Carl-Dieter Spranger.** Der Festakt fand im Bundeshaus in Bonn statt. Angesichts der Terroranschläge vom 11.09. in den USA wollte keine rechte Stimmung aufkommen. Diese Terroranschläge belasteten auch das Fest im ehemaligen Plenarsaal in Bonn. Das Schlusswort sprach Bärbel Dieckmann, Bürgermeisterin von Bonn. An ihrer Rede hatte ich mitgearbeitet.

Sonderbeauftragter Afghanistan (2001-2002)

Zur Einordnung des folgenden hier zuerst eine zeitliche Liste:

11.09.2001: Terroranschläge in New York und Washington um 08:46 Uhr

07.10.2001: Nordallianz und amerikanische und britische Truppen stürzen das Taliban-Regime in Kabul. In Kandahar können sie noch ein paar Tage weiter ausharren

31.10.2001: Die ersten Bodentruppen werden in Kabul eingesetzt

13.11.2001: Die Nordallianz übernimmt Kabul

20.11.2001: Washington-Konferenz; Wiederaufbau Afghanistans

27.-29.11.01: Islamabad-Konferenz Afghanistan, NRO; zeitgleich am 27.11. Petersberger UN-Konferenz Afghanistan

05.-06.12.01: Berlin: Afghanistan-Support-Group

07.12.2001: Afghanistan-Konferenz Steuerungskomitee in Brüssel

23.01.2002: Afghanistan Wiederaufbau-Konferenz in Tokio

Washington Konferenz Afghanistan

Vom 19.-22.11. nahm ich in **Washington an der Konferenz zum Wiederaufbau** teil. Mir ist noch sehr deutlich in Erinnerung, dass es eine große Rednerliste vieler NATO-Mitglieder gab. Dann stürmte der amerikanische Außenminister Powell in den Konferenzsaal, eilte zum Podium, durchbrach die Rednerliste und hielt seine Rede aus amerikanischer Sicht. Er betonte vornehmlich, was die Amerikaner alles zum Wiederaufbau tun, erwähnte mit keiner Silbe die großen Leistungen, die Deutschland oder die Briten durchführen. Es war wieder ein **Lehrstück amerikanischer Überheblichkeit und amerikanischen Führungswillens.**

Kernaussagen der Konferenz waren: Die Internationale Gemeinschaft hat sich verpflichtet, dem afghanischen Volk beim Wiederaufbau seines Landes zu helfen, die Vereinten Nationen werden auch in Zukunft eine zentrale Rolle spielen. NGOs werden beim Wiederaufbau vor Ort eingebunden. Wichtig sind vor allem einkommensschaffende Beschäftigungsprogramme einschließlich Food-for-Work-Programme und die Entminung, denn Afghanistan ist eines der am stärksten verminten Länder der Welt. Die Humanitäre Hilfe und der Wiederaufbau müsse nahtlos miteinander verknüpft werden. Auf der Konferenz sprach Außenminister Powell, Außenminister der Vereinigten Staaten, in dem er brutal unter Missachtung der Rednerliste das Wort ergriff und betonte, dass Präsident Bush zusätzlich 320 Mio. Dollar speziell für afghanische Flüchtlinge bereitgestellt hat, also für afghanische Flüchtlinge, die in den Nachbarregionen ausharren.

Die deutsche Delegation wurde geleitet von Herrn Mützelburg vom Auswärtigen Amt und von mir. Herr Mützelburg verwies insbesondere auf die am Montag, dem 26.11.2001 in Berlin stattfindende afghanische Allparteien-Konferenz. Ich wies in meiner Intervention darauf hin, dass Deutschland in den 60er- und 70er-Jahren für Afghanistan der wichtigste Geber gewesen sei. Auch in der jetzigen Situation haben wir schnell gehandelt: Deutsche Unterstützung für Humanitäre und Nothilfe einschließlich Flüchtlingshilfe betragen 96 Mio. DM. Für den Wiederaufbau Afghanistans hat Bundesministerin Wieczorek-Zeul im Bundestag rd. 160 Mio. DM angekündigt. Auf der Konferenz spielte auch Japan eine entscheidende Rolle. Aber wiederum die Brutalität der Amerikaner insbesondere des Außenministers Powell, die sich überall vordrängen. In Washington nahm von deutscher Seite auch teil Herr Matthias Moos vom BMZ.

Islamabad Konferenz Afghanistan

Vom 27.-29.11.2001 nahm ich in **Pakistan / Islamabad an der Konferenz zum Wiederaufbau Afghanistans teil.** Neben mir Herr Dr. Mohs und Herr Müller vom BMZ.

Zusammenfassung der Ergebnisse:

Zu der Konferenz hatten die Weltbank, UNDP und die Asiatische Entwicklungsbank eingeladen. An ihr nahmen etwa 350 Personen teil, davon fast die Hälfte Afghaninnen und Afghanen. Es ist die Fortsetzung der Washington-Konferenz, die die politische Guidance geschaffen hatte. Ziel war es, vornehmlich zuzuhören, was die afghanischen Experten vorzuschlagen hatten. Eine Übergangsverwaltung ist unabdingbar, um entsprechende makropolitische und makroökonomische Rahmen-bedingungen zu schaffen. Es wurden Vorschläge für den Wiederaufbau in 16 Bereichen erarbeitet:

-   Frauen
-   Erziehung
-   Gesundheit
-   Landwirtschaft
-   Privatwirtschaftsförderung
-   Gemeindeentwicklung
-   Entminung
-   Flüchtlingsrückkehr und Rückkehr der intern Vertriebenen
-   Demobilisierung von Soldaten
-   öffentlicher Sektor
-   Straßennetz und Transportwesen
-   Bewässerung und Wassermanagement

- Wohnungsbau
- Energie
- Telekommunikation
- Umwelt

Übergreifend war wichtig:

- die Notwendigkeit, auf bestehende Realitäten und auf vergangene Erfahrungen aufzubauen
- die schnelle Rückkehr von Flüchtlingen und die Nutzung ihrer Kapazitäten
- nicht die langfristige Nachhaltigkeit zu gefährden, z.B. durch Subventionen

In der Eröffnungssitzung wurde insbesondere betont, dass eine Finanzierung der Gehälter durch eine Übergangsverwaltung erforderlich sei. Die humanitäre Lage von 6 bis 7 Millionen Menschen sei in Afghanistan extrem verwundbar. Es gäbe etwa 1,4 Mio. intern Vertriebene. Die aktuelle Lieferung von 52.000 Tonnen Getreide pro Monat müsste bis Mitte nächsten Jahres aufrechterhalten werden.

Notwendig wäre ein Aufbau monetärer Institutionen, um die internationalen Hilfsgelder wirksam zu kanalisieren. Der IWF solle beim Aufbau einer interimistischen, zentralen, monetären Institution Hilfe leisten. Es müsse eine Wiederaufbau-Agentur beschaffen werden und ein ungebundener Trust Fund geschaffen werden müssen, aus dem die laufenden Staatsausgaben finanziert werde müssten.

In den **Arbeitsgruppen** wurde u.a. vorgeschlagen:

- Arbeitsgruppe Frauen: Die Frauen sind die „Agents of change", aber man dürfe ihre kulturellen Werte nicht über Bord überwerfen. Wichtig wäre auch Trauma-Arbeit und Anreize für Eltern zum Schulbesuch von Mädchen. Darüber hinaus wäre es wichtig, Frauen, die unter dem Taliban-Regime Zugang zu Bildungsmaßnahmen verwehrt wurden, durch Alphabetisierungsprogramme zu fördern

- Landwirtschaft: Wichtig wäre es die „Alternative Entwicklung" zu fördern, um den Mohnanbau zu reduzieren. Mohn wird derzeit noch auf 18.000 Hektar angebaut.

- Privatwirtschaftsförderung: Wichtig ist die Schaffung eines Rückkehrer-Programms für im Ausland lebende Afghanen, wobei unterschieden werden muss zwischen ausgebildeten Afghanen (z.B. die in Deutschland lebende Community von etwa 80.000) und die Flüchtlinge in den Nachbarstaaten Pakistan und Iran, die ohne Ausbildung sind.

- Gemeindeentwicklung: Hier deutet sich ein Konflikt zwischen den sich neubildenden Gemeindeverwaltungen und den afghanischen NROs an. Darauf müsse man achten.

- Entminung: Afghanistan gehört zu den am meisten mit Minen und Kampfmitteln belasteten Ländern der Erde. Das resultiert aus dem afghanisch-sowjetischen Krieg, aber auch aus den Konflikten zwischen den unterschiedlichen Bürgerkriegsparteien in den letzten 20 Jahren. Vor allem britische NROs helfen bei der Entminung. Insgesamt hat Deutschland seit 1995 mit 22 Mio. DM Minenräumaktivitäten in Afghanistan unterstützt. Afghanistan hat das größte Entminungsprogramm der Welt. Es existiert seit 1989. 4.800 Afghanen arbeiten seit Jahren im Entminungssektor. Man geht davon aus, dass zusätzlich zu den 12 Jahren, in denen schon gearbeitet wurde, weitere 12 Jahre notwendig sind, um die Entminung durchzuführen.

- Flüchtlinge: Es gibt 4 Mio. Flüchtlinge (vornehmlich in Pakistan und im Iran) und 1,5 Mio. intern Vertriebene, also insgesamt 20 % der Bevölkerung. Wichtig sind Beschäftigungsprogramme für die Rückkehrer, vornehmlich im beschäftigungsintensiven Straßenbau (18.000 km Straßen sind zerstört).

- Demobilisierung von Soldaten: Zurückgegriffen werden sollte auf die Erfahrungen in Kambodscha. Wichtig wäre ein „integrated approach", also Eingliederung der Exsoldaten in den Arbeitsprozess zusammen mit zivilen Personen.

- Öffentlicher Sektor: Notwendig ist die Gründung einer Zentralbank. Auf das Kabul University College of Law and Political Science sollte zurückgegriffen werden. Die Übergangsgehälter müssten bezahlt werden aus einem Trust Fund, zu dem wir uns positiv geäußert haben.

- Straßenbau: 12.000 km müssten gebaut werden, insbesondere zwischen Afghanistan und dem Ausland.

- Bewässerung: Bewässerungseinrichtungen haben höchste Priorität, vornehmlich die traditionellen horizontalen Brunnen (Karese).

Mitgewirkt an dieser Konferenz haben Dr. Mohs und der Nothilfebeauftragte des BMZ, Herr Müller. Sehr beeindruckt war ich von der schönen Stadt Islamabad mit wunderschönen Parkanlagen und Gärten.

Vom 05.-06. Dezember 2001 nahm ich an der Afghanistan Support Group in Berlin teil.

Die 2-tätige Sitzung der Afghanistan Support Group diente einem Informationsaustausch über die aktuelle humanitäre Lage und den Prioritäten für Nothilfe und Wiederaufbau. Die deutschen Diskussionsbeiträge während der

Konferenz wurden anteilig vom **AA (Humanitäre) und vom BMZ (Bohnet)** (Wiederaufbau) geleistet.

Große Probleme gibt es im Norden Afghanistans aufgrund der Kälte und der akuten Unsicherheit. Sofern keine rasche Verbesserung der Rahmenbedingungen eintritt, drohen massive Fluchtbewegungen sowie tausende von Toten (auch in Kandahar und Herat). Prioritäre Maßnahmen müssten sein der Aufbau von Polizei und Justiz, die Einsammlung von Kleinwaffen, Minenräumung und die Finanzierung der Übergangsverwaltung. Ich erläuterte in meinem Beitrag die wichtigsten Prinzipien des Wiederaufbauprogramms, insbesondere die Führungsrolle der Afghanen, regionale und ethnische Ausgewogenheit, die besondere Berücksichtigung von Frauen sowie die Berücksichtigung der regionalen Dimension.

Ich betonte, dass Deutschland bereits 100 Mio. für Humanitäre Hilfe und für die Unterstützung der Rückkehr von Flüchtlingen bereitgestellt hat. Ferner verwies ich auf die deutsche High School in Kabul, in der in den 70er-Jahren tausende von Afghanen ausgebildet wurden. Ferner trat ich für ein Weltbank Trust Fund ein, um auch administrative Kosten und Gehälter zu finanzieren, vor allem für Lehrer. Ich unterstütze auch den Vorschlag von Herrn **Brown vom UNDP**, einen Code of Conduct zu formulieren, um sicherzustellen, dass die Gehälter der internationalen Organisationen nicht zu hoch sind, um nationale Afghanen nicht von ihren normalen Regierungsaktivitäten abzusaugen. Auf der Sitzung der Afghan Support Group in Berlin sprachen auch der **Außenminister Fischer sowie der UN-Sonderbeauftragte Brahimi**, der insbesondere den Petersberg-Prozess und den deutschen Beitrag würdigte.

Kabul/Islamabad mit Ministerin Wieczorek-Zeul

Vom 12.-15.12. reiste ich mit der Ministerin Wieczorek-Zeul nach Islamabad (Pakistan) und nach Kabul (Afghanistan)

Im Vorfeld hatten wir die Task Force BMZ/GTZ/KFW „Wiederaufbau Afghanistan" ins Leben gerufen. Ein gemeinsames Büro GTZ/KFW zur effizienten Abwicklung der Maßnahmen wird im Januar in Kabul seine Tätigkeit aufnehmen und eine WZ-Referentin an die Botschaft Kabul zur Koordinierung der Maßnahmen entsandt.

Deutschland hat als erstes Geberland überhaupt eine Erkundungsmission vom 22.11.-02.12. nach Kabul entsandt, um schnellstmöglich Not- und Wiederaufbauhilfe leisten zu können. Deutschland hat bisher an humanitärer Hilfe (AA) und an entwicklungsorientierter Nothilfe (BMZ) 2001 für Afghanistan 97 Mio. DM bereitgestellt. Das integrierte BMZ-Programm Wiederaufbau Afghanistan enthält folgende Komponenten:

- entwicklungsorientierte Nothilfe
- Grundbildungsprogramm
- Kleinprojekte-Fonds
- Unterstützung privater Träger und politischer Stiftungen
- Unterstützung von UNDP und Weltbank

13.12. Zuerst flogen wir mit dem Hubschrauber von Taschkent nach **Baghram,** dem Militärflughafen bei Kabul. Als erstes auf Straßen gefahren, die total vermint waren, so dass wir das Auto auf keinen Fall verlassen durften, auch nicht, um einmal auszuschnaufen. Die erste Fahrt fuhr zum **Waisenausbildungszentrum**, der Aschiana Association. Es folgten Gespräche im Außenministerium, im Gesundheits-ministerium, mit den Vereinten Nationen, insbesondere mit der UN-Organisation für humanitäre Hilfe und Entwicklung, mit dem **Innenminister Quanouni** und abends mit deutschen Hilfsorganisationen. Der Innenminister Quanouni plädierte dafür, Taliban-Kriegsverbrecher und ausländische Söldner sofort streng zu verfolgen, aber für Taliban-Mitläufer eine Amnestie zu gewähren. Er forderte eine rasche deutsche Hilfe für die Polizeiausbildung. Der Innenminister Quanouni äußerte sich kritisch zur Rolle des pakistanischen Geheimdienstes. Er wünsche sich, dass es Präsident Muscharraf gelingt, den pakistanischen Geheimdienst zu kontrollieren. Er betonte, dass Osama Bin Laden und die Führer von Alkaida vor Gericht gestellt werden müssen. Den normalen Taliban-Anhängern sollte eine allgemeine Amnestie gewährt werfen. Auf Nachfrage erklärte er, dass sich Osama Bin Laden und die Alkaida-Führer mit einer Wahrscheinlichkeit von 80 % nicht mehr in Afghanistan befinden. Abends ein Büfett auf Einladung des Leiters des deutschen Verbindungsbüros, Herrn Rainer Eberle. Übernachtung in der zerstörten Botschaft auf matratzenähnlichen Notbetten.

Im Gespräch mit Karsai betont jener, dass er seit 5 Jahren das erste Mal in Kabul sei. Auch er plädierte für Amnestie für Taliban-Mitläufer, aber für gnadenlose Justiz für den Rest. Die Machtübernahme in Kabul ist für den 22.12. vorgesehen. Der Besuch wurde begleitet vom Leiter des deutschen Verbindungsbüros, Rainer Eberle.

Die Lage in Kabul war ruhig. Die Stimmung ist insgesamt von Hoffnung und Aufbruch gekennzeichnet. Die Ministerin besuchte Kabul mit einer dreizehnköpfigen Delegation unter Einschluss von Vertretern von KfW, GTZ, FES und VENRO.

Am 13.12. hatte die Ministerin auch ein Gespräch mit der **Gesundheitsministerin** der afghanischen Übergangsregierung, Frau **Dr. Seddiq**i, geführt. Sie gehört zur Gruppe der Nordallianz, die auf der Petersberger-Konferenz durch den Innenminister Quanouni vertreten wurde. Frau Seddiqi war zurzeit der sowjetischen Besatzung politisch aktiv

Besonders beeindruckt waren wir von einer älteren deutschen Dame, die die Botschaft auch während der Taliban-Zeit bewacht hat und einigermaßen in Stand gehalten hatte.

14.12.: Fahrt zur **Rahman Baba School** und Verteilung von Winter-Kits.

Bei unserer Reise nach Afghanistan nahmen wir bei unserem Flug nach Islamabad 30 Minendetektoren des Typs UPEX 740m mit zur Suche von Minen und Blindgängern. Der Wert der Lieferung beträgt ca. 200.000 DM, finanziert vom Auswärtigen Amt. Die Detektoren sind besonders geeignet, um Blindgänger der letzten Luftangriffe der USA aufzuspüren. Die USA haben in großer Zahl Streumunition verwendet. Jeder Streubombe enthält 202 „Bomblets", die sich in der Fläche verteilen. Man schätzt das 5-7 % dieser Bomblets nicht explodiert sind, aber nach wie vor explosiv sind. Die Suchgeräte sollen dem Mine Action Programm Afghanistan übergeben werden, dem größten und ältesten landesweiten operierenden Minensuchsystem der Welt mit 4.000-5.000 Mitarbeitern. Die Lieferung wurde in Islamabad entladen aus technischen Gründen. Desweiteren wurden in Kabul ein Paket des deutschen roten Kreuzes übergeben mit dringend benötigten Breitband-Antibiotikas.

In Kabul trafen wir auch zusammen mit dem französischen Minister für Wirtschaftliche Zusammenarbeit, Monsieur Josselin. Zur deutschen Delegation gehörten neben mir Herr Uwe Gehlen, Frau Annette Kaiser, Herr Dunnzlaff, Herr Schlemminger, Herr Frank von der KFW und Herr Hermle von VENRO.

Die Afghanistan Reise fand statt nach der Petersberger UN-Konferenz, die am 27.11.2001 stattgefunden hatte.

In Kabul konnten wir betonen, dass Deutschland bereits 105 Mio. DM an humanitärer und entwicklungsorientierter Nothilfe geleistet hat, insbesondere für Flüchtlinge und hungernde Menschen in Afghanistan selbst und in den Nachbarländern (überwiegend Pakistan, aber auch Iran). Als einziges Land haben wir uns schon in Washington für einen Trust Fund von der Weltbank und UNDP zur Finanzierung der laufenden Kosten der Übergangsverwaltung sowie zur Finanzierung prioritärer Projekte ausgesprochen.

Das Gespräch in Kabul am 13.12. mit der deutschen Hilfsorganisation umfasste

- Friedensdorf International
- das Hammer Forum
- Caritas
- Diakonie
- Welthungerhilfe
- Die Christusträger Bruderschaft (Kloster Triefenstein)

Die meisten davon sind schon seit vielen Jahren vor Ort und haben ihre Projekte selbst unter dem Regime der Taliban fortgesetzt

Die Christusträger Bruderschaft ist hoch angesehen und betreibt ein Krankenhaus. Vor Ort sind Bruder Gerolf und Bruder Jacques. Die Organisation hat während der

Taliban-Zeit durchgehend gearbeitet. Sie arbeitet mit dem Hammer Forum und dem Friedensdorf International zusammen.

Informationen zum Hammer Forum: Das Hammer Forum hat seit 1992 ca. 304 Kindern die medizinische Behandlung in Deutschland ermöglicht.

Christusträger Bruderschaft: Sie betreibt in Kabul zwei Kliniken und zwei kleinere Stationen zur Behandlung von Lepra und Tuberkulose.

Friedensdorf International ermöglicht die medizinische Behandlung von Kindern.

Die Welthungerhilfe ist vertreten durch Erhard Bauer in Afghanistan und leistet Nothilfe für Dürropfer in Nordafghanistan.

14.12.: Um 08:30 Uhr UNHCR-Verteilung von Winter-Kits; 09:00 Uhr Fahrt nach Bagram; Rückflug.

Zu der Reise Afghanistan gibt es eine beeindruckende Fotodokumentation, insbesondere zur Fahrt vom Flughafen Baghram nach Kabul, an Friedhöfen, zerstörten Panzern und ärmlichen Hütten vorbei. In Kabul Besuch einer Waisenschule, Besuch einer Schule für Jugendliche mit Handwerker-Ausbildung, angeschaut Bilder vom total zerstörten Kabul etc.

Vom **20.-21. Dezember 2001 nahm ich Brüssel teil an der Afghan Reconstruction Steering Group**. Neben mir nahmen noch teil Herr Mützelburg vom Auswärtigen Amt sowie Herr Mohs vom BMZ. Zentrale Aufgabe der Brüsseler Konferenz war es, Prioritäten für sog. schnellwirkende Maßnahmen zu identifizieren (Quick Impact Project), ferner die Kapazität der NGOs in Afghanistan einzuschätzen. Die Konferenz wurde eröffnet von Luis Michel, Vizepremierminister und Außenminister von Belgien. Es gab einen großen Konflikt mit dem Auswärtigen Amt, nämlich zur Frage, wer das Recht hat, für Deutschland zu sprechen. Nach vielen Streitereien einigten wir uns darauf, dass sowohl das Auswärtige Amt als auch ich auf der Konferenz zu Afghanistan sprechen konnten.

Am 17.09.2001, **6 Tage nach den Terroranschlägen in New York,** haben wir (Sahlmann und ich) ein **Denkpapier** vorgelegt mit dem Titel „Die Vernunft gebietet: Interkultureller Dialog statt globaler Rache". Darin habe ich ausgeführt: „Die Ursachen liegen im ungelösten Nahost-Konflikt. Der Friede war vor zwei Jahren zum Greifen nahe. Barak hat seine historische Stunde nicht genutzt. Das Bild des monumentalen Kampfes zwischen Gut und Böse (Bush) wird der Komplexität der Situation nicht gerecht. Wir müssen endlich begreifen, dass **globale militärische**

Optionen keine Optionen mehr sind. Terroristen sind wie Fische im Wasser. Sie sind schwer angreifbar wie Schemen. Wenn sie getötet werden, erzeugen sie als Märtyrer massenhaft neue Terroristen. Der Terror kann nicht mit militärischen Mitteln des Tötens besiegt werden. Es ist ein Irrsinn der Geschichte, dass diejenigen Staaten gegen Afghanistan möglicherweise militärisch zuschlagen, die für das Elend des Landes mitverantwortlich sind. Amerika schuf und förderte mit der Aufrüstung und Ausbildung der afghanischen Taliban erst die radikal islamistische Hydra", Soweit Auszüge aus meinem Denkbar vom 19.09.2001.

Fazit zum Jahr 2001:

Das Jahr 2001 war bestimmt durch die Kaukasus-Reise mit Wieczorek-Zeul (Aserbaidschan/Flüchtlingslager, Georgien/Einweihung des Naturparks Borjomi, Armenien/ Proteste bei der Einweihung des Deutschen Hauses, insgesamt: Kaukasus-Konzept des BMZ, Konflikte um Berg Karabach).

Ferner reiste ich nach Polen, Lettland, Estland und Litauen zur Überprüfung des Transform-Programms, u.a.: Eröffnung des Berufsbildungszentrums in Valmeira/Lettland: Ergebnis zum Transform-Programm: Gut.

Ferner führte ich Regierungsverhandlungen in Rumänien (Hermann Stadt, Bürgermeister Johannes). Des weiteren nahm ich an der Balkan-Konferenz in Venedig teil (Stabilitätspakt Südost-Europa).

Während der Petersberg-Konferenz zum Nil und seinen 10 Anrainerstaaten am 09.11.2001 wurde der terroristische Anschlag auf die Türme in New York verübt (Panik bei den Teilnehmern aus den Nil-Anrainerstaaten, die alle in ihre Heimatländer zurück wollten, was auch gelang).

Der Höhepunkt des Jahres 2001 war meine Arbeit als Sonderbeauftragter des BMZ für Afghanistan, u.a. Reise mit Wieczorek-Zeul nach Islamabad und Kabul.

Fotos 2001

Kaukasusreise

8. - 12. April 2001

(Aserbaidschan, Georgien, Armenien)

Aserbaidschan
Ölfelder
bei Baku

Flüchtlingslager
Jeni-Jaschma

Georgien

Hubschrauberflug Tiflis
Nationalpark Borjomi

Botschafter   Gehlen
von Georgien   (GTZ)
Gabaschwili

Blick vom
Hubschrauber
auf Tiflis

Empfang von Präsident Schewardnaze (Georgien) in Borjomi

Polen, Lettland, Estland, Litauen

Überprüfung des Transformprogramms

2. - 11. Juli 2001

Polen

Altstadt
Warschau

Bohnet Voigt
(KfW)

Militärkirche Warschau

Einweihung des Berufsbildungszentrums Valmeira mit Staatspräsidentin
Vike-Freiberga

Botschafter Kraus   Bohnet

Venedig Balkan- Konferenz 5.-8.10. 2001

Deutsch- Chinesisches Rechtsstaatsymposiumn Berlin
8-.9.10.2001

Afghanistan 12.-15.12. 2001

Fahrt vom Flughafen Bagram nach Kabul 12.12.2001

Strassenszene Kabul 13.12.2001

Mädchenschule

2002

Afghanistan, Mongolei, Ukraine, China

Sonderbeauftragter Afghanistan

- Tokio-Konferenz

- Kabul

Mongolei

Ukraine

China (Umweltbeirat)

Kasachstan

Verabschiedung von Frau D'Hondt in den Ruhestand (nur Fotos)

Verabschiedung von Michael Bohnet in den Ruhestand (nur Fotos)

China (Einweihung Transrapid)

2002

Sonderbeauftragter für Afghanistan

Rechtsstaatsymposium Peking:Dialog ohne Ergebnisse

Mongolei :Beeindruckende Projekte, Fahrt mit der transsibirischen Eisenbahn, starkes DDR Erbe

UNDP/ Weltbank :New York nach dem 11. September (Ruine des Nichts)

Ukraine:Balanceakt zwischen Ost und West unter Kutschma scheint zu gelingen

Shanghaier Organisation :Terrorismusbekämpfung durch Kooperation von Rußland, China, Kasachstan, Usbekisten, Kirgistan und Tadschikistan mit ersten Erfolgen

Berufung in den Chinesischen Umweltbeirat

Kasachstan mit DDR Erbe

Einweihung des Transrapids in Shanghai durch Bundeskanzler Schröder

Sonderbeauftragter Afghanistan

Am 14. Januar 2002 wurde ich zum **Sonderbeauftragten des BMZ für den Wiederaufbau Afghanistans** ernannt und eine Arbeitsgruppe Wiederaufbau Afghanistan im BMZ gegründet. Die Arbeitsgruppe besteht aus Herrn Dr. Mohs, Frau Annette Kaiser, sowie Vertretern von GTZ und KfW, Herr Neuweger (GTZ) und Herr Gerding (KfW) sowie Frau Kroemer. Es wurde beschlossen, in Kürze ein gemeinsames GTZ-KfW-Büro in Kabul zu eröffnen.

Tokio Konferenz Afghanistan

Teilnahme an der **Wiederaufbau-Konferenz Afghanistan** vom 20.-23.01.2002 **in Tokio mit Ministerin Wieczorek-Zeul**.

Ergebnis der Konferenz war, dass die Internationale Gemeinschaft sich finanziell verpflichtet hat, Afghanistan beim Wiederaufbau nachhaltig zu helfen. Die Teilnehmerstaaten haben in Tokio 4,5 Mrd. US-Dollar für den Wiederaufbau Afghanistans angekündigt.

Deutschland hat auf der Konferenz 80 Mio. Euro für 2002 und insgesamt 320 Mio. Euro für die kommenden 4 Jahre zugesagt.

Die 80 Mio. Euro deutscher Anteil für 2002 teilen sich folgendermaßen auf:

20 Mio. Euro sind für die beiden multilateralen Treuhandfonds, den **Afghan Interim Funds und den Trust Fund von Weltbank/UNPD** vorgesehen. Der Afghan Interim Fund ist auf deutsche Initiative hin eingerichtet worden, um die Arbeitsfähigkeit der afghanischen Übergangsregierung in den ersten Monaten zu sichern, beispielsweise Lehrergehälter zu finanzieren. Der Weltbank/UNDP Trust Fund dient zur Finanzierung längerfristiger laufender Kosten und ist vor allem für kleinere Gebernationen ohne bilaterale Entwicklungszusammenarbeit mit Afghanistan eine effiziente Möglichkeit, sich zu engagieren. Die verbleibenden 60 Mio. Euro des deutschen Beitrags sind für bilaterale deutsch-afghanische Entwicklungsprojekte geplant. Deutschland hat als einziges Land auf der Tokio-Konferenz ein Grundlagenpapier vorgelegt, in dem ausgeführt wird, dass Deutschland sich engagieren wird in den Bereichen: Gesundheit, Bildung, Aufbau rechtsstaatlicher

Strukturen, Ausbildung der afghanischen Polizei und Kampf gegen Drogenanbau. An der Konferenz haben 61 Staaten und 21 internationale Organisationen teilgenommen.

In Tokio haben wir gewohnt im Takanawa Prince Hotel, zur deutschen Delegation gehörten neben der Ministerin, ich, Herr Mohs, Herr Dunnzlaff und Frau Urban sowie Frau Kaiser. Vom Auswärtigen Amt waren dabei Herr Daerr und Herr Mützelburg. Die Konferenz wurde eröffnet durch den japanischen Ministerpräsidenten Koizumi. Bericht erstattet hat Herr Brahimi, der UN-Sonderbeauftragte für Afghanistan. Ferner sprach Herr Karzai, der Interimspräsident von Afghanistan. Auf der Konferenz sprach auch die Ministerin Wieczorek-Zeul und hat die deutschen Beiträge angekündigt.

Präsident Karzai in Berlin

Teilnahme an dem **Besuch des Premierminister Karzai von Afghanistan in Berlin bei der KfW am 14.3.2002**

Bei dem Gespräch der Ministerin mit dem Präsidenten wurde auch die technische und logistische Unterstützung für die Durchführung der Loya Jirga. zugesagt. Karzai betonte, dass sie die Ministerin, die erste Vertreterin einer ausländischen Regierung gewesen sei, mit der er nach seiner Rückkehr im Dezember letzten Jahres in Kabul zusammentraf. Er strebe für Afghanistan eine Zukunft ohne „Warlordism" und Waffen an. Beunruhigend sei die Ermordung des Verkehrsministers. Man müsse noch härter gegen Aufständler und Warlords vorgehen. Wichtig sei zudem die Unterstützung des Straßenbauprojektes Jalalabad-Kabul. In dem Gespräch habe ich kurz die Kernelemente unseres 100-Tage-Sofortprogramms vorgetragen.

Die **Ministerin** erläuterte, dass die **Übergangsregierung ein Konto in den Vereinigten Arabischen Emiraten** eingerichtet habe. Es verfüge über 150 Mio. Dollar in bar und 200 Mio. US Dollar in Goldreserven. Viele Länder geben nun die eingefrorenen afghanischen Gelder frei. Die Bundesministerin bestätigte, dass die auf Konten in Deutschland eingefrorenen Gelder ebenfalls freigegeben werden. Ich hatte in einem Vorgespräch erreicht, dass die bei der Deutschen Bank eingefrorenen 20 Mio. DM nun ebenfalls freigegeben werden für Afghanistan.

Daneben gab es Gespräche mit dem **Minister für Wiederaufbau, Herr Farhang**, der insbesondere die Unterstützung des Straßenbauprojekts Jalalabad/Kabul. forderte. Bei dem Empfang in Berlin bei der KfW waren auch der Botschafter Eberle und Herr Kroh, der Geschäftsführer der KfW dabei.

Reise nach Kabul (mit Frau Kaiser)

Vom 15.-24. März 2002 war ich in Kabul zusammen mit Frau Kaiser vom BMZ.

Ergebnisse der Reise:

1. Zehn Schulen wurden rechtzeitig zum Beginn des neuen Schuljahres am 23. März rehabilitiert und fertig gestellt. Die **erste Schule, die MIR AHMED SHAAID Primery School wurde von mir am 20. März eingeweih**t. Es war sehr heiß und ich ging bei meiner Eröffnungsansprache mit Kreislaufproblemen zu Boden, wurde ins deutsche Militärlazarett (ein Zelt) transportiert, mit tatkräftiger Hilfe von Frau Kaiser. Das Zelt war erst 2 Tage vorher aufgebaut worden, das Ersatzklo hatten die Bulgaren gebaut. Dort lag ich drei Tage mit Schüttelfrost und wurde auf Bitten der Militärärztin Frau Dr. Schulze vom Gefreiten Männle, der aus Stuttgart stammte, von ihm persönlich im Bett gewärmt (es war saukalt). Die Militärärztin: „Ha, gange Sie zu ihm ins Bett, der Kerle friert". Männle machte auch für mich Tee. Da er anschließend krank wurde, habe ich ihn mit der gleichen Methode im Bett gewärmt und ihm Tee gemacht (militärisch-zivile Kooperation). Übrigens: Mit mir im Zelt lag ein Italiener, dem sie ein Bein abgeschossen hatten, und noch ein weiterer Verwunderter. Wir waren die „Erstbewohner".

Für drei Krankenhäuser in Kabul wurden Geräte und Medikamente geliefert. Dabei handelt es sich um ein Kinderkrankenhaus, ein Krankenhaus zur Behandlung von Tuberkulose und eine Augenklinik.

2. Es wurde mit der Rehabilitierung der Wasserversorgung in Kabul begonnen. Damit werden 30.000 Haushalte sowie Schulen und Krankenhäuser mit sauberem Trinkwasser versorgt. Als nächstes folgt die Rehabilitierung der Wasserversorgung in Herat.

Um einen sichtbaren Beitrag zur Sicherheit Kabuls zu leisten, wird in den nächsten Wochen auf 90 Kilometer Straßenbeleuchtung installiert. Auch wird kurzfristig die Stromversorgung in Kabul verbessert.

3. Ich vereinbarte mit dem Sonderbeauftragten des UN-Generalsekretärs für Afghanistan, Brahimi, die sofortige Umsetzung der von Bundeskanzler Schröder zugedachten Hilfe Deutschlands für die **logistische Unterstützung der Durchführung der Loya Jirga**. Diese soll eine neue Regierung wählen, die die Interimsverwaltung ablöst. Wir werden für diesen Zweck 3 Mio.Dollar zur Verfügung stellen.

Die Loya Jirga wird vom 05.-16. Juni 2002 in Kabul stattfinden. Mit der logischen Durchführung wird die GTZ und das Technische Hilfswerk beauftragt.

Die Loya Jirga ist die traditionelle Stammesversammlung Afghanistans mit 1.500

Teilnehmerinnen und Teilnehmern. Es ist die erste Zusammenkunft seit 25 Jahren. Die Loya Jirga ist der einzige politische Prozess, der von allen ethnischen und religiösen Gruppen Afghanistans akzeptiert wird, um eine breit getragene Regierung einzusetzen. Aufgabe der künftigen Loya Jirga wird es sein, über die Zusammensetzung der bis Mitte 2004 amtierenden Übergangsregierung zu entscheiden und Verfassungsjustiz- und Menschenrechtskommissionen aufzustellen.

4. Die Koordinierung der internationalen Unterstützung für den Wiederaufbau läuft an. In einem Gespräch mit dem neuen Berater von Premierminister Karzai, Herr Aschrafgahni, wurde deutlich, dass die afghanische Seite bereits eigene Vorstellungen für den Wiederaufbau entwickelt hat und sich aktiv um eine Koordinierung bemüht.

5. Ich hatte auch ein Gespräch mit dem **Außenminister Abdullah**. Abdullah betonte, dass die Aga Khan Stiftung ebenfalls 2 Mio. US Dollar für die Loya Jirga zur Verfügung stellt.

6. Ferner hatte ich Gespräche mit der **Deutschen Welthungerhilfe, der Adventist Relief Agency, dem Technischen Hilfswerk, dem Mine Doc Center, der Kinderberg International, der Deutschen Welthungerhilfe, dem German Medical Service, dem Hammerforum, der Friedrich-Ebert-Stiftung und dem Verein zu Unterstützung für Schulen für afghanische Flüchtlingskinder**. Ferner besuchte ich das **ISAF-Kontingent**, Oberst Freers. Die internationale Brigade besteht aus derzeit 4.000 Mann. Ferner besuchte ich das Indira-Ghandi-Krankenhaus, ferner das Tuberkulosenkrankenhaus des German Medical Service. Ferner eröffnete ich die Mir Ahmad Shaaid Grundschule in Kabul. (Schule für 1.000 Schüler und 80 Lehrer).

7. In Anwesenheit des Bürgermeisters von Kabul **eröffnete ich das Büro der Deutschen Entwicklungszusammenarbeit (Zusammenschluss KfW, GTZ und DEG)**.

Das Büro der deutschen Entwicklungszusammenarbeit wurde auch von Frau Böhringer von der GTZ und Herrn Frank von der KfW miteröffnet.

Reise nach Kabul (Implementierungsgruppe)

Vom **10.-11. April 2002 tagte in Kabul die Implementierungsgruppe für den Wiederaufbau Afghanistans u**nter Vorsitz des Präsidenten Karsai und fast des gesamten Kabinetts. Die deutsche Delegationsleitung lag bei mir. Der afghanische

Finanzminister Arsala hat die Umsetzungszügel fest in der Hand. Dies bezeugten die Vorlage eines umfassenden Entwicklungskonzeptes, des ersten Haushalts des neuen Afghanistans und die Einrichtung einer wirksamen Koordinierungsgruppe vor Ort.

Der **Wiederaufbauminister Farhang lo**bte insbesondere Deutschland wegen seines raschen Handelns. Deutschland hat bereits zahlreiche Projekte begonnen bzw. fertiggestellt z.B. 10 Schulen, Ausrüstungen für Krankenhäuser, Wasserversorgung Kabul, Lieferung von Polizeifahrzeugen, Aufbau der Polizeischule und vor 14 Tagen Eröffnung eines German Development Cooperation Office.

Präsident Karsai betonte, das Afghanistan nach Jahren der Diskriminierung nun ein geachteter Partner der internationalen Gesellschaft sei. Die Sicherheitsfrage müsse im Zentrum aller Bemühen bleiben, man solle sich nicht durch die häufigen Anschläge und Bombenattentate verursachen lassen (keine Panik jeden Tag), sondern die Perspektiven sehen und die stetigen Gesamtfortschritte bei der Sicherheitslage beachten. Aufgrund der prekären Ernährungslage haben wir auf der Konferenz einen Sonderbeitrage von 2,2 Mio.Dollar für das Welternährungsprogramm der Vereinten Nationen zur Verfügung gestellt. Damit soll insbesondere die Nahrungsmittelversorgung von Kindern und Müttern verbessert werden. Auf afghanischer Seite ist der entscheidende Koordinator Ashraf Ghani, er ist auch Ansprechpartner der Geber. Ashraf Ghani stellte das Draft Development Framework und Elemente eines ersten Development Budgets vor. Ashraf Ghani wurde später Präsident von Afghanistan.
Am 23. April 2002 stellte ich beim **Nah- und Mittelostverein, in einem Vortrag die deutschen Leistungen für Afghanistan vor**.

Am 24.04. 2002 habe ich im **Presseclub Frankfurt ein Pressegespräch zu Afghanistan** geführt mit dem Titel „Fahrplan für den Frieden" und die deutschen Aktivitäten und Leistungen präzise und konkret geschildert.

Am 10.06.2002 habe ich im **Tagesspiegel ein größeres Interview** gegeben zum Thema „Wir wollen beweisen, dass Frieden sich wieder lohnt". Darin führte ich aus, dass durch die Loya Jirga, die Wiederaufbaumaßnahmen, die im Januar begonnen haben, auf eine neue Basis gestellt werden. Außerdem betonte ich, dass wir 3,5 Mio. US Dollar für die Vorbereitungen zur Verfügung gestellt haben. Innerhalb von 1 ½ Monaten wurden Unterkünfte gebaut. Außerdem waren wir für die Logistik und das Konferenz-Management verantwortlich. Für die Konferenz selbst wurde ein 2.800 qm großes Zelt mit Tagungstechnik ausgestattet, so dass die 1.500 Delegierten dort arbeiten konnten.

Außerdem betonte ich, dass die Regierung Karsai die Zügel jetzt fest in der Hand hat. Dabei werden insbesondere auch afghanische Nichtregierungsorganisationen eingesetzt, die die Wiederaufbauprojekte flexibel und unbürokratisch zusammen mit ihren deutschen Experten verwirklichen können.

Ich betonte, dass Deutschland 123 Mio. Euro zugesagt hat für die nächsten 4 Jahre, davon im Jahre 2002 fast 80 Mio. Euro. Ich betonte, es gibt kein anderes Land dem es gelungen ist, in 4 Monaten und aus dem Stand heraus so konkrete Projekte zu realisieren wie Deutschland. Ich betonte die Wiederaufbauprojekte in den Bereichen Straßenbau, Bildung und Energieversorgung, ferner Wasserversorgung und das Gesundheitswesen in Herat, Masar-i-Sharif und Jalalabad.

Zu den Zielen der **Loya Jirga** gehört die Wahl des Staatsoberhauptes und der wichtigsten Mitglieder der Übergangsregierung. Zur Vorbereitung dieser Versammlung wurde eine 21-köpfige Kommission benannt, die Kommission hat Anfang März entschieden, dass die Loya Jirga auf dem vom Krieg zerstörten Gelände des Polytechnikums in Kabul stattfinden soll. Die baulichen Maßnahmen auf dem 336.000 qm großen Gelände beinhalten sowohl die Basisrehabilitierung der zerstörten Gebäude als auch die Errichtung von temporären Bauten (Zelte). Zudem erforderten die Sicherheitsanforderungen zahlreiche bauliche Anpassungen wie etwa einen 3.000 m langen Sicherheitszaun. Die Konferenz findet selbst in einem 2.800 qm großen Zelt statt. Für die Dauerkonferenz leben die 1.500 Delegierten sowie 450 Personen zur Unterstützung (Konferenzassistenten, Technische Hilfskräfte, Küchen- und Reinigungspersonal etc.) und 250 Sicherheitskräfte auf dem Gelände.

Es wurde die **Antonov**, das größte Frachtflugzeug der Welt, hergestellt in der Ukraine, angeheuert, um das Riesenzelt, das benötigt wurde für die Loya Jirga, nach Kabul zu transportieren.

Rechtsstaatsymposium Peking

Vom **20.-21. Mai 2002 habe ich in Peking am 3. Rechtsstaatssymposium im Rahmen des deutsch-chinesischen Rechtsstaatsdialogs** teilgenommen. Dieses Symposium hatte den Titel „Die rechtsstaatliche Ordnung der Marktwirtschaft – Förderung der Kreditwürdigkeit und der Rechtssicherheit für Bürger und Unternehmen".

Die deutsche Seite war vertreten durch die Bundesministerin der Justiz, Frau Prof. Däubler-Gmelin, die Vizepräsidentin des Deutschen Bundestages, Frau Vollmer und meiner Wenigkeit. Ich habe in meiner Ansprache die entwicklungspolitische Relevanz des Themas Rechtsstaatlichkeit, Demokratisierung und Menschenrechte insbesondere thematisiert.

Wertung: Die Inhalte, die beide Seiten vordringlich in das Zentrum des Rechtsstaatsdialogs stellten, waren sehr unterschiedlich definiert. Während die deutsche Seite den Rechtsstaatdialog als eine breite Basis für den Dialog von Menschenrechten, Gewaltenteilung und bürgerlichen Rechte versteht, ist das Interesse der chinesischen Seite auf die Diskussion rechtlicher Fragen im technischen Sinne gerichtet. Aus einem Rechtsstaatssymposium wurde letztlich ein Rechtssymposium. Auf der chinesischen Seite lag das Interesse an den Fragen Kreditwürdigkeit und Kreditwürdigkeitsprüfung, Vertrauenswürdigkeit, Anwendung des Prinzips von Treu und Glauben etc.. Auf deutscher Seite war der Wunsch programmiert, die Unabhängigkeit der Richter, die Rolle des Anwaltsstandes und die Organisationsfähigkeit der Marktwirtschaft mittels Vorträge ins Zentrum zu setzen.

Beide Seiten sprachen ihre Punkte an, ohne dass jedoch die unterschiedlichen Interessen und Ausgangspositionen selbst thematisiert wurden. **Letztlich sprach man aneinander vorbei**. Die direkten Einflussmöglichkeiten eines solchen Rechtsstaatsdialogs sind bescheiden. Wenn auch ein offener Dialog über die brennenden Menschenrechtsthemen in China in diesem Rahmen nicht möglich scheint, so wurde wenigsten über rechtsstaatliche Grundsätze gesprochen. In meinem Vortrag „Rechtliche Rahmenbedingungen für nachhaltige wirtschaftliche Entwicklung" sprach ich insbesondere an, zur guten Regierungsführung gehören als unverzichtbarer Bestandteile auch die Wahrung der Menschenrechte, die Förderung der Demokratie und die politische Teilhabe der Bevölkerung. Auch betonte ich die Notwendigkeit, unabhängige Gewerkschaften zu bilden und zu dulden. Auch erläutere ich, dass unsere Erfahrung gezeigt hat, dass der Rechtsrahmen für die Marktwirtschaft durch individuelle Freiheitsrechte zur politischen Teilhabe und zur Partizipation ausgefüllt und ergänzt werden muss.

Letztlich war der **Versuch, zur Rechtsproblematik in China zu diskutieren, gescheitert**. Wenn es Ernst wurde, verließen die meisten chinesischen Teilnehmer den Saal, so dass in dem Pekinger Luxushotel zwei Dutzend hochkarätige deutsche Juristen ihre Vorträge hielten, während das chinesische Publikum sich „verdrückt" hatte.

Regierungsgespräche Mongolei und Projektbesuche

22.-26.05.2002 war ich in der Mongolei, um **neue deutsch-mongolische Regierungsverhandlungen** vorzubereiten und Projekte zu besuchen. Im Folgenden gebe ich einige Abschnitte aus meinem Tagebuch bei der Friedrich-

Ebert-Stiftung wieder, das sich findet in Tagebücher Michael Bohnet, Band V, 2001/2004, hier Mongolei, 22.-26.05.22:

„22.05. Anflug von Peking. Schöner Flug mit Blick auf die Wüste Gobi. Es flogen mit: Vizeminister Enkhtaivan, mit dem ich bereits Regierungsverhandlungen geführt hatte. Großer Bahnhof in **Ulan Bator** durch **Botschafter Schröder**, Herrn Sawitzki, GTZ-Projektleiter, Frau Spahl, nette BMZ-Referentin aus Quedlinburg, und die reizende Deutschland-Referentin des mongolischen Finanzministeriums.

Fahrt zum Hotel. Erster Eindruck: frische, kühle Luft, weite Landschaft, großer Torbogen beim Eintritt in die Stadt, die **hässlich sozialistisch** ist. Fahrt zum Hotel Dschingis Khan, ein schöner und zugleich hässlicher Komplex mit 8 Stockwerken. Im Fahrstuhl bin ich wieder einmal in Panik geraten, weil ich fürchtete, dass wir stecken bleiben. Wenig Gäste, bescheidenes Frühstück, alles noch sozialistisch.

Abends Briefing durch Botschafter Klaus Schröder. Er hatte einen Sprechzettel neben sich. Er ist ein Mann kurz vor der Pensionierung, etwa 63 Jahre alt. Staatsminister Vollmer vom Auswärtigen Amt (von den Grünen) war ebenfalls dabei; war erschreckend ruhig und sagte kein Wort in der Runde. Vom Leiter der deutschen Schule, Dr. Zschack, bekamen wir einen Einblick in die Mongolei, ein Gender-Land, in dem die Frauen anscheinend alle Macht übernommen haben und übernehmen und in dem die „uneducated" Männer zugrunde gehen. Ein Musterland für die Frauenbewegung. Dabei immer ein stiller Staatsminister Vollmer vom Auswärtigen Amt, der äußerst gehemmt war.
23.05.: Gespräch mit **Ministerpräsident Enkhbayar** im Regierungsgebäude. Schöner Eingang, alles pompös. Premierminister etwa 40 Jahre, gut informiert. Gesprächs-inhalte: Forderung stetiger Konsultativ- Mechanismus, Hermes Einstufung der Mongolei, Ausstellung zu Dschingis Khan und seinen Erben in Deutschland, am 840. Jahrestag.

14:00 Uhr: **Parlamentspräsident Tomor-Ochir;** das Parlament spielt in der Mongolei eine große Rolle. Sehr formelle Sitzordnung. Hinweis auf die Tatsache, dass es sogar einen Grünen in dem mongolischen Parlament gibt.

14:30 Uhr: **GTZ-Projekt: Ausbildung von Kraftwerkspersonal.** Beeindruckend. 7 Kraftwerke gibt es bereits in der Mongolei. Kühltürme à la Odenthal und SES-Experten. Häufig machen die Mongolen einen besseren Eindruck als die Deutschen. Sie sind jünger, mit mehr Würde ausgestattet und auch inhaltlich besser. Alle Kraftwerke funktionieren; das Problem sind die Ersatzteile.

19:00 Uhr: abends noch mit **Staatsminister Vollmer** und seinem persönlichen Referenten Tintrup drei Biere am leeren Platz des Himmlischen Friedens getrunken, natürlich Khan Bräu. Hier taute Vollmer ein wenig auf. Gesprächsthemen: Gelsenkirchen, die Chancen der Wahl, seine Rolle bei der Enttabuisierung des Irak-Krieges .

24.05.: Besuch des KMU-Projektes **„Holzinstitut"**, ein potemkinsches Dorf, alles relativ verrottet. Ein paar schöne Bänke werden hergestellt, ansonsten alles russische Maschinen, wenig überzeugend. Viel Lärche, Birke und Fichte in der Mongolei. Auch hier sind die Frauen wieder besser.

12:00 Uhr: Mittagessen mit **Vizeminister Enkhtaivan**; gutes Gespräch über mongolische Familien, sehr starke Rolle der Sympathie-Werte in der Mongolei (Sympathie ist der entscheidende Faktor für alle beruflichen und privaten Beziehungen).

14:00 Uhr: Besichtigung des **Naturschutzprojektes Tereli.** Fahrt mit 5 Landrover über Stock und Stein, fast hängengeblieben. Ich habe zum ersten Mal die mongolische Weite und Steppe erlebt. Große Ähnlichkeit mit Island. Alkoholisierter Experte Hoffmann, präzise und raubeinig. Wir sind auf einen schönen Berg gestiegen, natürlich ein heiliger Berg. Dieser soll das **Grab Dschingis Khans** beherbergen. Abends beeindruckender Empfang bei einem älteren mongolischen Ehepaar in Jurte (**Original Jurte**). 13 Kinder, 24 Enkel, gravitätische Gestalten die Alten. Wir hörten einen jungen Mann mit **Kehlkopfgesang** zu; ich weinte vor Rührung. Aus Milchschalen getrunken. Mir wurde eine Schnupftabakdose gereicht.

25.05.: Besichtigung des **Gandan-Klosters**, nicht sehr beeindruckend. Der buddhistische Glaube nimmt zu, jeder besucht seinen „Lama" (Berater), aber keine so intensiven Glaubensbekundungen wie in Nepal, Thailand oder Burma.

Dann die gelungene Überraschung: eine **Fahrt mit der transsibirischen Eisenbahn** im Salonwagon, organisiert von Sawitzki – reizende Idee. Zwei Stunden nach Batsumbersum gefahren. Fahrt durch die mongolische Steppe. Uralte Wagen, köstliches Essen, Salonwagen à la Willy Brandt. Großer Bahnhof, abgeholt vom Gouverneur des SUM (Verwaltungseinheit der zweiten Ebene) sowie von den Ärzten des Krankenhauses. Besuch des 18-Betten Krankenhauses; sauber, mit Apotheke ausgestattet, aber außer zwei alten Kranken keine Patienten (wahrscheinlich waren sie für uns fiktiv ins Gebäude geschaffen worden). Es war noch ein kleiner Junge da, der angeblich von einem Hund gebissen worden war. Es war mit Sicherheit ein **potemkinsches Dorf.**

Rückfahrt über weite Steppenlandschaften nach Ulan Bator, am Türkengrab vorbei zum Pferdevorbereitungstreffen (Nadan-Fest). Beeindruckende Reiter (sowohl Jungen als auch Mädchen). Ich setzte mich **als einziger der Delegation auf ein Pferd.** Ich saß dort, ohne am Halfter festgehalten zu werden. Wäre das Pferd losgerannt, ich wäre verloren gewesen und in der Weite der mongolischen Wüste auf ewig verschwunden.

Abends Einladung bei Sawitzki mit netten Experten. **Alles alte ehemalige Einwohner der DDR.**

26.05.: Mit Sawitzki zum Flughafen. Flug über Moskau nach Berlin. 6stündiger, ruhiger Flug.

USA New York/ Washington (Weltbank / UNDP)

Vom **31.08.-07.09. weilte ich in den USA (New York/Washington)**. Zweck der Reise waren **konzeptionelle Gespräche mit Weltbank und UNDP.**

Dazu gibt es ein Tagebuch, zu finden in Michael Bohnets Tagebücher 1985-2004, hier Band V; hier USA 31.08.-07.09.2002. Hier wieder einige Auszüge:

31.08.: **New York ist im Bereich des Ground Zero (11.09.2001) total verarmt**. Der Fraß, den man dort bekommt, ist schrecklich!

01.09.: Das Frühstück kostet US $ 27,00 = DM 54,00. Es gab Tennis Open Air in New York. Agassi saß neben mir am Frühstückstisch. UN-Plaza Hotel schlecht organisiert, knarrende Aufzüge. Ich erinnere mich an frühere Aufenthalte, insbesondere, dass ich einmal vom 21. Stock die Nottreppe, weil Feueralarm, hinuntergelaufen bin. Wie immer lassen sich die Fenster im Hotel nicht öffnen.

Mit Taxi zum **Grand Zero.** Erschüttert von der **„Ruine des Nichts"**, andererseits abgestoßen von der kollektiven Trauer und Selbstbespiegelung der Amerikaner. Die ganze Ecke um die Wall Street ist verarmt. Die Klos sind überall verpisst und verschissen. Es gibt Männer- und Frauen-Klos zusammen.

Darüber nachgedacht, wie der 11.09.2001 das gesamte Leben verändert hat. Es ist schrecklich, dass 2.800 Menschen schlicht verglüht sind. Von der Katastrophe habe ich mir einen Bildband gekauft.

02.09.: Vom Pennsylvania Station 3 Stunden mit dem Zug nach **Washington** gefahren. Das Klo im Zug bleibt ständig offen, da der Klappverschluss nicht funktioniert. Schreckliche Geräusche und Gerüche im Business-Class-Abteil. Im Bahnhofspalast von Washington angekommen. In Washington absoluter Luxus gekoppelt mit Arbeitslosigkeit und Armut. Alles extrem teuer; ein Frühstück kostet US $ 27,00. Im Hotel zu kleine Fenster, die man nicht öffnen kann.

03.09.: Im Sofi-Hotel schlecht geschlafen, da das Fenster wiederum nicht zu öffnen war.

Auch in den USA gibt es **Streit um einen baldmöglichen Irak-Krieg.** Was mir ins Auge sticht: wie fett die Amerikaner und die Amerikanerinnen sind, vor allem die Kinder (Fast Food).

Am Capitol vorbei zum **Library of Congress** gelaufen. Durch einen langen unterirdischen Tunnel zum Reading Room gegangen, ein schöner, alter, ästhetischer Platz. Bei der Registrierung musste ich den Computer benutzen. Dazu brauchte ich die Hilfe eines jungen Schwarzen. Ich war völlig hilflos (ich hatte das Gefühl, ich könne nicht schreiben, da ich den PC nicht bedienen konnte). Im gekühlten Kellertrakt habe ich sogar alte Karteikarten gefunden, z.B. 10 meiner Veröffentlichungen, die ich bis 1975 geschrieben hatte. Gefunden habe ich auch die Veröffentlichung von Ernst von der Thüsen, nämlich sein Buch „Mord am Frieden". Auch habe ich das Buch von Heidi Bohnet-von der Thüsen gefunden (ihre Dissertation über Seuse). Es war so, als ob ich bereits ewig lebte.

Danach zur Weltbank. Eingangshalle voller Pracht. Wasserfälle, Protz und Marmor. Gutes Gespräch mit BMZ-Mitarbeiter Reinermann, der seit 4 Jahren für die Bank tätig ist und mit einer Italienerin verheiratet ist. Sein Vater ist Professor in Speyer. Er kennt meinen Fall (Ablehnung meiner Professur an der Universität Speyer durch den Ministerpräsidenten). Vor dem Gebäude traf ich Karim Chrobog, der 23 Jahre lang unser Nachbar auf dem Heiderhof war; Sohn des Staatssekretärs Chrobog.

04.09.: Den ganzen Tag Gespräche in der Weltbank. Ich führte ausführliche Diskussionen mit den **4 Vizepräsidenten der Weltbank.** Im Zentrum der Erörterung standen der weitere Ausbau der Zusammenarbeit, vor allem auf Regionen- und Länderebene, sowie Erörterung gegenseitiger Strategien.

Nachmittags besuchte ich nochmal die **Library of Congress** und fand auch das Buch Heinrich Bohnet: Bericht über die französische Kriegsgefangenschaft 1925. Auch fand ich Ernies Übersetzung des Buches „Mord am Frieden".

Abends, 19:00 Uhr, **Rückfahrt nach New York mit dem Zug**. Überall dieser Plastikscheiß und die offenen Toiletten in den Zügen. Alte Eisenbahnwagen, völlig verdreckte Kloanlagen. Ich habe eine Wut auf die Amis. In Washington hingegen eine vornehme Eisenbahnstation; viel Marmor. In USA tragen alle Frauen Röcke, Jeans sind ganz verpönt. Die Männer sind gut gekleidet und äußerst selbstbewusst.

Ich habe in Washington mit dem Vizepräsidenten für Asien und Pazifik Kassum gesprochen, mit dem Vizepräsidenten für Lateinamerika und Karibik, Ferranti, mit dem Vizepräsidenten für Afrika, Madavo, und mit dem Vizepräsidenten für ASEAN Nishimizu.

05.09.: **Gespräche bei UNDP.** Ich führte ausführliche Gespräche mit den Leitern und Mitarbeitern des Regionalbüros zur Arbeit von UNDP und Perspektiven für einen weiteren Ausbau der Zusammenarbeit, vor allem auf Länderebene.

Was mir aufgefallen ist: die UNDP-Büros sind chaotisch, ungeordnet, die Sekretärinnen sitzen in Käfigen ohne Fenster, die Räume sind relativ klein, sonst nur Großraumbüros. Bei UNDP Gespräch mit Bruce Jenks, ein Intellektueller, der mich anschließend für UNDP anheuert. Übergabe meiner Denkskizze.

Wie immer: ich hasse New York. Wo bleibt die Natur? Sinnloser Patriotismus der Amerikaner.

06.09.: Gespräch mit Pansieri, kluge Italienerin. Sie hat sich klar gegen einen möglichen Irak-Krieg ausgesprochen, so wie ich auch mit Nachdruck. Das Irak-Thema dominiert die gesamten NY-Tage. Schreckliche Amerikaner, wenn sie so weiter machen wie jetzt, gibt es einen globalen ideologischen Krieg gegen sie. Letztlich sind die Amerikaner Isolationstrottel. Nur 20 % der Senatoren der USA waren jemals im Ausland!

07.09.: Gespräch mit Pasha, früherer Finanzminister Pakistans. Alle stehen unter dem Schock des gestrigen Anschlags auf Karzai in Kandahar und der Bombenexplosionen in Kabul.

Mittagessen mit **von der Heyden. Bruce Jenks macht mir das Angebot, für die UN zu arbeiten**.

Abends im Hotel, 2 Stunden ferngesehen. Kongressabgeordnete treffen sich am Vorabend des 11.09. in New York. Im Fernsehen ausschließlich patriotische Reden und Gesänge - eine Kombination zwischen kindlich und widerlich. Alle stecken sich eine US-Fahne in die Torte. Keinerlei Frage nach dem Warum des 11. Septembers. Alle Amerikaner sind Heroes. Es gäbe nur eine Hauptstadt der Welt, dies sei New York. Die USA stehe über allem. **Mir scheint der Krieg mit dem Irak unausweichlich,** wenn ich das anhöre. Ich sehe ferner einen ideologischen Krieg zwischen den USA und dem Rest der Welt voraus. Schrecklich nationalistische Reden; sie beziehen sich nur auf sich selber. Mein gesamter Ekel steigt hoch, obwohl ich anerkennen muss, dass es auch gute Reden gibt, und zwar die von Bloomberg, Bürgermeister von New York.

Letztlich handelt es sich in den **USA um eine Art nationaler Selbsthypnose,** die automatisch zum Irak-Krieg führen wird. **Es ist wie bei Hitler.** Es wird keinerlei Unterschied mehr gemacht, nie nach Ursachen gefragt; ich habe eine unsagbare Wut auf die Amis und bin eine Stunde herumgelaufen, um mich zu beruhigen. Die Amerikaner kreisen nur um sich selber, eine Nation in Naivität und Trauma.

Mit Zuhause telefoniert. Zum ersten Mal etwas auf unseren neuen Anrufbeantworter in Bonn gesprochen. Wo ist Heidi?

Regierungsverhandlungen mit Ukraine und Projektbesuche

Vom 28.09.-05.10.2001. Zweck der Reise waren entwicklungspolitische Neuzusagen an die Ukraine und Projektbesuche.

Dazu gibt es einen ausführlichen Tagebuchbericht in Michael Bohnets Tagebücher, Band V, 2001-2004, hier Ukraine, 28.09.-05.10.2001.

Hieraus wieder einige kleine Passagen:

28.09.: Flug Frankfurt-**Kiev**. Abgeholt von Frau Kaschtaljan, reizend und intelligent. Schöne 22 km lange Fahrt in die Stadt. Prächtige Straßen; eingecheckt im Premier Palace Hotel, neu renoviert. Anschließend Besuch der St. Michaels-Kathedrale. Viele Gläubige. Besuch des Golden Gate und der **Sofien-Kathedrale.** Alles in Grün gehalten, prächtig renoviert. Die Sofien-Kathedrale aus dem 11. Jahrhundert wurde gegründet durch Prinz Jaroslaw dem Weisen (1700). Interessant ist, dass die Gläubigen überall stehen, es gibt keine Stühle. Alles ist geprägt von den Ikonen. Die Gläubigen küssen den Ring des Priesters. Seit der Unabhängigkeit explodiert Kiev fast in Religosität. Über 60 % besuchen regelmäßig die Ukrainische Orthodoxe oder die Russische Orthodoxe Kirche.

Abendessen in Tsarskoeslo; alle Frauen tragen Blumen im Haar; ukrainische Musik. Schöne, reizende und liebreizende Frauen, interessante Unterhaltung

29.09.: Vormittags fuhren wir ins Kiewer Höhlenkloster, in denen die Mönche lebten. In Glassärgen liegen die toten Mönche. Wir haben eine Kerze in der Hand, sehr klaustrophobisch. Ein toter Mönch steht dort „forever". Viele Mönche haben sich einmauern lassen, und zwar lebend. Und nun stehen sie alle noch da.

Herrlicher Blick auf den Dnjepr. Leider haben wir es versäumt, mit dem Schiff und mit der U-Bahn innerhalb Kiews zu fahren.

Nachmittags Fahrt zum **Freilichtmuseum Pirogowa**; sieht aus wie in Kommern in der Eifel. Begleitet werden wir von Frau Idmolzha und Frau Kaschtaljan. Frau Kaschtaljan singt im Freien ihre Lieder in Deutsch, die sie selber für uns komponiert hat (**nach Texten des Siebengebirges**). Vgl. Anlage. Dazu singt sie schöne Liebeslieder, so schön, dass ich weinen muss.

Abends noch in der Andriejewski-Kirche ein Konzert mit ukrainischer Musik gehört. Sängerin und Klavierspielerin waren beide in Rot gekleidet.

30.09.: Frühstück mit **Botschafter Stüdeman.** Präzise Einführung in die In- und Außenpolitik der Ukraine. Anschließend Gespräch mit Frau Reichelt (Tochter meines früheren Co-Autors „Applied Research and its Impact on Economic Development" aus dem Ifo-Institut). Sie erklärt uns den DUF, Deutsch-Ukrainischen Fonds, sehr präzise. Mit dem Geld werden Berufs- und Jugendkleidung hergestellt.

01.10.: Hans wird an den Mandeln operiert. Hoffentlich geht es ihm gut.

Um 09:00 Uhr Gespräch mit dem Vorsitzenden der Nationalbank, Herrn Krotjuk, auch über den deutsch-ukrainischen Fonds; alles in äußerster Prachtentfaltung in den Büros.

10.00 Uhr: Ich gebe eine **Pressekonferenz über unsere 5 Mio. Euro Kredite**. Ich stehe fünf Fernsehkameras gegenüber sowie etwa 100 JournalistInnen. Wir feiern großartig die deutsch-ukrainische Kooperation. Es war nur eine deutsche Journalistin, nämlich die von der Deutschen Welle, dabei.

12:00 Uhr: Gespräch im **Institut für Wirtschaftsforschung.** Sie machen eine gute Arbeit. Das Institut hat eine vorzügliche wirtschaftspolitische Strategie für die Ukraine erarbeitet (vornehmlich junge Forscher etwa zwischen 22 und 25 Jahren).

16:30 Uhr: Besuch der **Mikrofinanzbank,** ein Schwabe aus Altensteig werkelt dort seit 14 Tagen, alles wenig beeindruckend.

Abends in der Residenz des Botschafters Stüdeman. Abendessen mit Parlamentariern von Regierung und Opposition. Teilweise elegante Spitzbuben. Das Parlament ist eine Pfründe. Das ukrainische System ist schwer zu verstehen. Der Botschafter ist sehr souverän, vor allem da er in jener Nacht noch den Besuch des **Bundespräsidenten Weizsäcker** erwartet. Der zweite Mann heißt Schmidt, ist ein eleganter Alkoholiker und wieselte ständig um mich herum.

02.10.: Im Institut für Wirtschaftsforschung Round-Table-Gespräch zu Fragen der Regionalpolitik.

16:00 Uhr: Gespräch mit dem **Vizepremierminister der Ukraine, Herrn Rogowo**j; sehr präzise. Ich wurde wieder erschlagen von der Größe und der Prächtigkeit der Gebäude, Flure und Säle. Solche Räume sind wohl ein Instrument der Sowjetunion gewesen, Macht zu demonstrieren und auch auszuüben. In solchen Sälen kommt man sich sehr unbedeutend vor.

03.12.: **Abflug mit einer uralten JAQ (russisches Flugzeug)**. Vom Flughafen Shuljany **nach Odessa;** etwa 1 ½ Stunden. In der Maschine waren die Sitze zerrissen, die Metallteile völlig verrostet. Die Maschine stammte aus dem Jahr 1969! Ich erinnerte mich an die Flüge in Zentralafrika, aber dieser Flug war ruhig. Die Fahrt in die Stadt Odessa war gekennzeichnet durch nette 2stöckige Häuser und viele Bäume. Alles sehr sympathisch, wenn auch arm.

Besuch der Filiale der Mikrofinanzbank in Odessa. Gespräch mit einem sehr souveränen Filialleiter aus Russland. Später besuchten wir auch die Kreditnehmer, z.B. eine Nähfabrik. In ihr werden sehr ärmliche Mützen hergestellt, alle an alten DDR-Nähmaschinen. Alles alte Sowjet-Werkshallen. Viel Unrat und Unordnung, doch irgendwie sympathisch. Die Kredite betragen etwa 5.000 bis 10.000 € bei Zinssätzen von 22 %, was für die Ukraine niedrig ist.

In Odessa leben Menschen von etwa 100 verschiedener Nationalitäten. **Odessa ist aber eindeutig russisch beherrscht**. Ukrainisch versteht man dort kaum.

16:00 Uhr: Gespräch in Odessa mit dem Vorsitzenden der Oblast-Verwaltung. Er sieht wie ein Spitzbube aus, hat aber eine reizende Protokollchefin. Diese müsste das BMZ sofort einstellen.

Gespräche mit deutschen Experten, die behaupten, überall hindere die Bürokratie alles. Es gäbe keine Eigenverantwortung in der Ukraine. Wir treffen zwei GTZ-Experten, ein Wessi und ein Ossi, die sich um die Integration der Deutschen in der Ukraine kümmern. Etwa 1.800 Deutsche kamen aus Sibirien auf Einladung Kutschmas zurück (Kutschma ist der Präsident der Ukraine). Sie erhalten Eingliederungsbeihilfen, Kredite für Klein- und Mittelbetriebe und bleiben alle in der Ukraine. Es gab etwa 40.000 Deutsche in der Ukraine. Während der sowjetischen Besatzung wurden sie alle nach Sibirien verfrachtet, da die Russen die Kollaboration befürchteten.

04.10.: Stadtführung durch deutsches Viertel. Alles Renaissance oder Barock und überall Hochzeiten. Die Rumänien haben (als deutsche Verbündete) Odessa 1941 besetzt. Die Deutschen wurden dann nach Sibirien und Kasachstan vertrieben, also kaum deutsche Armeen in Odessa.

12:00 Uhr: Im Bayerischen Haus erklärt uns der Leiter Dr. Köln ein wenig die Ausbildung von ukrainischen Landwirten in Bayern.

In Odessa sind die Gleise der Straßenbahnen marode und auch die vielen O-Busse, aber viel Gemächlichkeit.

Abends in die Primors-Kaya-Straße **(Potemkintreppe; meuternde Matrosen des Panzerkreuzers Potemkin).** Darüber gibt es den berühmten Eisenstein-Film.

Später im **Opernhaus La Traviata** von Verdi gehört. Ein herrliches barockes Opernhaus, Rokoko-Stil. Nach dem zweiten Akt gehe ich ins Hotel, da es in der Oper viel zu kalt ist, ich fröstele. Die Oper ist nur halbgefüllt durch ein reizendes Bürgerpublikum.

05.10.: Wieder **überall Hochzeiten,** etwa 20; alle im gleichen Stil. Die Frauen tragen schlohweiße Reifröcke, die junge Bräutigame sind mit Scherpen bekleidet. Das Durchschnittsalter liegt bei 20 bis 25 Jahren; alles umgarnt durch die Großfamilie. Alle Mädchen tragen Stöckelschuhe, eine Augenweide.

Zum Flughafen gebracht. In der Abflughalle saßen Fluggäste nach Warschau, viele junge, nette österreichische Musiker mit Geigenkästen. Etliche spielten Schach und Karten. Es ist ein wenig wie in Kabul in der Abflughalle: keine Luft und keine Möglichkeit zur Bewegung.

Es bleibt: Der alles überragende Eindruck von schönen jungen Frauen in der Ukraine, eine gewisse Apathie in der täglichen Lebensgestaltung, viel unorganisiertes Chaos und angeblich - trotz vieler Hochzeiten - wenig Kinder.

In der Nacht vom 3. und 4. beim Abflug daran erinnert, dass Hans vor kurzem in Varna gewesen ist, eine Stadt in Bulgarien, nicht weit von Odessa. Ich freue mich auf Zuhause.

Zielsetzung und Ergebnisse meines Besuches in der Ukraine:

Vom 28.09. bis 04.10. haben Frau Seidel aus dem BMZ und ich eine Dienstreise in die Ukraine unternommen. In Kiew und Odessa wurden politische Gespräche mit hochrangigen Partnern der Zentral- und Regionalregierung, des Parlaments der Nationalbank, mit ukrainischen Unternehmen und deutschen Experten geführt. Ziel der Reise war es, den ukrainischen Partnern das fortdauernde und intensive, deutsche Interesse an einer Zusammenarbeit mit der Ukraine zu verdeutlichen. Die Delegation wurde von Herrn Dr. Mildner (KFW) und Herrn Dr. Tanner (GTZ) begleitet.

Zusammenfassung der Ergebnisse:

- Es wurde deutlich, dass durch das laufende Transform-Programm ein signifikanter Beitrag zur Bewältigung des Transformationsprozesses der Ukraine geleistet worden ist. Die Vorhaben der deutsch-ukrainischen Zusammenarbeit, insbesondere der deutsch-ukrainische Fonds und die Mikrofinanz-Bank sowie die deutsche Beratergruppe gehen in besonderem Maße auf einen entsprechenden Bedarf der Partner ein und überzeugen durch ihr vernünftiges Niveau.

- Zur weiteren Festigung der ukrainisch-deutschen Zusammenarbeit habe ich ein Darlehen zu IDA-Konditionen in Höhe von 5 Mio. € zugesagt, das der Unterstützung insbesondere des ländlichen Raumes dienen soll. (Kreditvergabe an landwirtschaftliche Betriebe und Klein- und Mittelunternehmen im ländlichen Raum)

Botschafter Stüdeman erläuterte die gegenwärtige innen- und außenpolitische Situation. Die Parlamentswahlen von März 2002 schufen keine klaren Verhältnisse. Die Bildung einer stabilen Mehrheit steht noch aus. **Präsident Kutschma (Präsident 1994-2005)**, dem eine weitere Amtszeit aus verfassungsrechtlichen Gründen nicht möglich ist, strebt auf der Suche nach einem geeigneten Nachfolger nach Sicherung der eigenen Macht. Bei insgesamt vordemokratischen Strukturen mit Demokratie und Rechtsstaatsdefiziten sei nicht absehbar, in welche Richtung die Ukraine künftig innenpolitisch streben. **Der außenpolitische Balanceakt zwischen Ost und West scheint zu gelingen.**

Die schlechte Regierungsführung (Verfolgung persönlicher Wirtschaftsinteressen vorrangig vor dem Gemeinwohl), der mangelnde Schutz des Eigentums und die mangelnde Rechtssicherheit seien die wesentlichen Schwachpunkte der Ukraine.

Der populäre, eher gemäßigte **Oppositionsführer Juschtschenko** (Präsident 2005-2010) der während seiner Regierungszeit als Ministerpräsident (1999-2001) die Veröffentlichungen des Wirtschaftsforschungs- Instituts zum Regierungs-programm gemacht hatte, ist ein sehr kluger Mann.

Die Schattenwirtschaft überlagert wesentliche Teile des offiziellen Wirtschaftslebens. Korruption auf allen Ebenen des täglichen Lebens.

Durch den deutsch-ukrainischen Fonds wurden etwa 10.000 Arbeitsplätze geschaffen.

Die Mikrofinanz-Bank, insbesondere Odessa, hat etwa 300 Kredite in einer durchschnittlichen Höhe von 5.000 € an Kleinhändler vergeben, vornehmlich an weibliche Kundinnen. Erfolgreich sind vor allem die kleineren Kredite an die Klein- und Mittelindustrie.

Bislang hat Deutschland die Ukraine mit 108 Mio. € aus den Transform-Programm-Mitteln finanziert.

Ich erläuterte auf einer **Pressekonferenz** die deutsche Zusage von 5 Mio. € für die Unterstützung von Klein- und Mittelbetrieben im Agrarbereich. Die Pressekonferenz wurde vom staatlichen Fernsehen übertragen.

Letztlich gehe es in der Ukraine um die Harmonisierung mit der EU auf allen Gebieten der ukrainischen Gesetzgebung, des Handels, der Energie, der Justiz, der Innenpolitik und des Umweltschutzes.

Interessant ist, dass die ukrainische Seite derzeit aufgrund vermuteter Waffenlieferungen an den Irak problematische Beziehungen zu den USA unterhält. Die USAID habe angekündigt, man werde die Programme einfrieren. Das würde man akzeptieren, da die US-Vorhaben nicht lebenswichtig seien.

Ich betonte, dass wir in der Zukunft **neben der TZ auch die FZ** einsetzen werden. (Beigefügt wurde die **Presseerklärung** vom 27.09.2002 mit der Überschrift „Deutsch-ukrainische Zusammenarbeit: Bundesregierung fördert Unternehmen im Agrarbereich mit 5 Mio. €"). In dieser Presseerklärung wird im Einzelnen dargestellt, was mit unserer Zusage von 5 Mio. € beabsichtigt ist, was wir bisher in der Ukraine gefördert haben und mit welchen Ergebnissen.

Siebengebirge

Das bezaubernde Siebengebirge,
Wo Wälder so ruhig steh 'n.
Hier verstecken sich die guten Zwerge,
Wir träumen sie zu seh 'n.

Sie haben den Bergen versprochen,
Zu halten den ewigen Fluch.
Sie sammeln die goldenen Münzen
Die ganze Nacht hindurch.

Manchmal offnen sie geheime Treppen,
Nur wenn ein leichter Regen geht.
Dichten oben rätselhafte Legenden
Die besten Legenden der Welt.

Ljudmila Kaschtaljan, August 1998

Beigefügt ist auch das Gedicht von Frau Kaschtaljan mit dem Titel „Siebengebirge", das sie vorgetragen und gesungen hat. Ferner hat sie ein Gedicht mit dem Titel „Unbekannter Verfasser" aus dem Jahre 1740 vorgetragen, auf dessen Wiedergabe ich hier aber verzichte.

Konferenz Shanghaier Organisation Berlin

4./25.10.02 Berlin: **Konferenz der Shanghaier Organisation für Zusammenarbeit, regionale Sicherheit und Kooperation in Zentralasien**

Ich habe auf der Konferenz gesprochen zum Thema „Die schwierige Balance – Terrorismusbekämpfung und Entwicklung der Zivilgesellschaft". Hintergrund: Die 2001 ins Leben gerufene „Shanghaier Organisation für Zusammen-arbeit", bestehend aus China, Russland, Kasachstan, Usbekistan, Kirgistan und Tadschikistan, versucht, die größten regionalen Probleme gemeinschaftlich zu bewältigen. Wirtschaftliche Kooperation, aber auch der Kampf gegen den Terrorismus stehen dabei im Vordergrund. Es wurde in Bishkek (Kirgistan) ein Anti-Terrorismus-Zentrum gegründet. Ich erläuterte in meinem Beitrag „Terrorismus-bekämpfung und Entwicklung der Zivilgesellschaft" **vier Punkte**:

1. Testfall Afghanistan: Was wurde in Tokio angekündigt? Was wurde erreicht? In Tokio wurden 2,1 Mrd. US $ für 2002 angekündigt, davon hat Deutschland 80 Mio. € zugesagt. Von diesen 2,1 Mrd. US $ sind 40 % konkret umgesetzt worden. Deutschland hat alle geplanten Projekte verwirklicht.

So haben wir z.B. die Loya Jirga logistisch unterstützt und organisiert und dazu 3,5 Mio. US$ zur Verfügung gestellt. Ferner haben wir 12 Gesundheitseinrichtungen in und um Kabul rehabilitiert sowie 18 Gesundheitseinrichtungen in der Provinz Kabul, Herat und Ghazni. Überdies wurden für 30.000 Haushalte in Kabul, für 3 Krankenhäuser sowie eine Reihe staatlicher Einrichtungen die Trinkwasserversorgung wieder hergestellt. Im Bildungsbereich wurden 80 Schulen rehabilitiert, dadurch können 80.000 Kinder wieder einem geregelten Schulbesuch nachgehen.

Ferner wurden Projekte im Bereich der Energieversorgung durchgeführt sowie ein Kleinprojekte-Fonds eingerichtet, aus dem z.B. Cash for Work Maßnahmen finanziert werden können. Des Weiteren hat Deutschland zum Wiederaufbau der afghanischen Polizei beigetragen; deutsche Minenräumexperten nach Afghanistan entsandt und auch Unterstützung sowohl bei der Demokratie-förderung als auch beim Verwaltungsaufbau geleistet.

2. Zur Förderung der regionalen Kooperation in Zentralasien haben wir zwei Anhaltspunkte gewählt:

- ein überregionales Projekt der beruflichen Bildung für Kirgistan, Usbekistan und Kasachstan.

- ein regionales Aktionsprogramm zur Desertifikationsbekämpfung, insbesondere die Einrichtung eines regionalen Saatgutnetzwerkes.

3. Förderung von Stabilitätsregimen. Hier haben wir in den zentralasiatischen Ländern zwei strategische Bereiche unterstützt:

- Rechtsberatung, insbesondere in Bezug auf das Zivil- und Strafrecht. So wurden z.B. Richterfortbildungen in Almaty durchgeführt.

- Unterstützung von Wirtschaftsreformen, insbesondere Wirtschaftsberatungsprojekte in Kasachstan und Kirgistan.

4. Armut bekämpfen

Hier haben wir 2 Schwerpunkte gesetzt:

- Tuberkulosebekämpfung

- Arbeitsbeschaffungsprogramme für Jugendliche

China (Umweltbeirat), Kasachstan (Regierungsgespräche)

Vom 18.-30.11.2002 war ich in China und Kasachstan. Zweck der Reise war die Teilnahme an der **Tagung des chinesischen Umweltbeirats** sowie

Konsultationen mit Kasachstan. Die Vorbereitungen lagen in den Händen von Herrn Siedler.

Dazu gibt es ein ausführliches Tagebuch; siehe unter Michael Bohnet Tagebücher, Band V, 2001-2004, hier China, Kasachstan 08.-30.11.2002. Hieraus wieder einige Auszüge.

18.11.: In Peking Fahrt zum Hotel. Viele Bäume auf beiden Seiten. Man sieht bereits die Aufforstungsbemühungen, keine stinkenden Autos wie früher, viele Taxis. Peking ist eine moderne Großstadt mit modernen Alleen und vielen neuen Hochhäusern geworden, aber auch noch viele alte Wohnblocks.

19.11.: Mittagessen mit **Boudre-Gröger, dem deutschen Botschafter in China und** Dr. Haas, unserem WZ-Referenten an der Botschaft. . Schöne geräumige Botschaft, eine misslungene Mischung aus deutscher Bauart und chinesischer Großmannssucht, hat viel von einer Bahnhofsvorhalle.

Im Hotel Blick aus dem Fenster. Wo bleiben die vielen Sonderstreifen für Fahrradfahrer? Heute sind sie von Autofahrern verdrängt, armes China. Wie schön waren doch die vielen Fahrradwege vor 10 Jahren. Einige alte dreirädrige Fahrradkarren gibt es noch. Viel Grün in Peking (wie wird es erst bei der Olympiade sein?)

20.11.: Gespräch mit dem **Generalsekretär des Umweltbeirats der VR China**, des CCICED, Herrn Kumin, sehr präzise, freundlich, eher der Typ des Wissenschaftlers, er hat ein blaues, gutes Buch über die Umwelt in China geschrieben. Darin werden auch die Aspekte des Umweltschutzes aus historischer Sicht beleuchtet. Später Gespräch mit **Umweltminister Xie**. Dessen glattes, freundliches Gesicht ist mir noch von der deutsch-chinesischen Umweltkonferenz bekannt. Prachtvolle Büros, überall feinster Service, auch immer pünktlich und vom Protokoll abgeholt. Abendessen auf Einladung von Dr. Haas, dessen Frau wohl weggelaufen ist und dessen Tochter kurz vor dem Abitur steht.

21.11.: Gespräch mit der State Forest Administration. Große Säle. Wie ärmlich ist dagegen unser BMZ. Im Repräsentieren sind wir in der Welt Schlusslicht. Alles vom Besten und Feinsten, auch die Sitzungssäle mit feinstem, hölzernem Stil.

22.11.: Gespräch im Finanzministerium mit Herrn Yu. 8 Mio. DM für Umweltprojekte zugesagt (Solar- und Abwasserprojekte).

Man wird erdrückt von der Schnelligkeit des Fortschritts in China bzw. von der Geschwindigkeit, mit der ein Potsdamer Platz nach dem anderen hochgezogen wird. Berlin ist dagegen rückständig. Andererseits wird einem die Schönheit der Wanderlandschaft und der Natur Deutschlands bewusst. Ich muss ab 01.01.2003 vornehmlich in Deutschland wandern, muss dieses Privileg nutzen.

23.11.: Ich habe mich etwas nervös an den ersten Diskussionen beteiligt. Abends mit Lees (Costa Rica) und Martin (WWF) Whisky getrunken; lange Diskussionen über das schreckliche Verhalten der Amerikaner vor dem Irakkrieg. Letztlich sind alle entsetzt und keiner tut etwas.

Deutlich wird, wie schwierig die Übersetzungen sind, deshalb kommt fast nie ein persönlicher Kontakt auf, außer Lachen. Chinesen sind pünktlich, präzise und die Weltmacht in **10 Jahren. Sie werden alles überrennen: ökonomisch, aber auch politisch, sogar ökologisch und militärisch**. Was einen erdrückt, ist die Größe des Landes. Eine Provinz wie Liaoniong hat so viele Einwohner wie Deutschland. Letztlich braucht China niemanden in der Welt. China ist eine kräftige, geordnete disziplinierte Nation mit Menschenrechtsverletzungen.

24.11.: Tagsüber die üblichen Konferenzpräsentationen. Am Abend in der neu gebauten philharmonischen Halle; Konzert des chinesischen Philharmonie-Orchesters: Mozart, Klavierkonzert Nr. 5 mit dem deutsch-polnischen 75 Jahre alten Pianisten Demus sowie dem Kapellmeister Weise.

25.11.: Nett mit Minister Töpfer gesprochen, der mich bei der Diskussion gelegentlich unterstützt.

16:00 Uhr: Gespräch mit **Ministerpräsident Rongji** (State Leader). Es war wie zu Kaisers Zeiten, links die Chinesen, rechts die Ausländer, riesiger schöner Raum; vorgetragen haben u.a. Töpfer und der frühere schwedische Umweltminister. Auch der ehemalige Ministerpräsident von Norwegen hat etwas gesagt.

Entscheidend das Zucken im Gesicht von Rongji, dem Ministerpräsidenten, der dann aber sehr kundig über den Sandsturm gesprochen hat, der Peking häufig bedroht. Er betonte, dass China Kohle reduziert und Öl importiert, da dadurch CO_2-Emissionen eingespart werden können. Abends Bankett der chinesischen Regierung. Die chinesischen Gastgeber gehen um den Tisch mit Übersetzer herum und trinken Moutai, den guten chinesischen Schnaps. Ich habe es abgelehnt, spontan eine Rede an das Volk zu halten; ich fühlte mich überfordert.

26.11.: Ständig stramme Militärparaden von Soldaten, eine Freude, diesen Stechschritt der Chinesen zu sehen. Beigefügt ist auch eine **Pressemitteilung** mit der Überschrift „Prof. Bohnet in den chinesischen Umweltbeirat berufen, Sonderzusage für das Umweltprogramm in China".

Der Text lautet: „Prof. Michael Bohnet, Ministerialdirektor im Bundesministerium für wirtschaftliche Zusammenarbeit und Entwicklung, ist in den Kreis der 20 hochrangigen internationalen Mitglieder des chinesischen Umweltbeirats „Council for International Cooperation on Environment and Development" berufen worden, der die chinesische Regierung in Fragen der Umweltpolitik berät. In dieser Funktion hat er vom 23. - 25.11.2002 an der Jahrestagung des Umweltbeirates in Peking teilgenommen. Während seiner insgesamt vom 26.- 28.11. dauernden Reise hat

Prof. Bohnet China auch zusätzliche deutsche Mittel im Rahmen der finanziellen Zusammenarbeit zugesagt. Die 8 Mio. € stammen aus Sondermitteln der finanziellen Zusammenarbeit. Die Mittel werden für folgende Maßnahmen zur Verfügung gestellt:

- Aufstockung des Vorhabens „Solarenergie Xinjiang" in Höhe von 2 Mio. € als Zuschuss
- Aufstockung des Vorhabens „Abwasserprogramm III" in Höhe von 6 Mio. € als Darlehen (0,75 % Zinsen, 40 Jahre Laufzeit, 10 Freijahre)

Darüber hinaus wurden noch 8 Mio. € für das Vorhaben „Armutsbekämpfung Xinjiang" zugesagt.

Ergänzung: Prof. Bohnet ist in der Nachfolge von Staatssekretär a.D. Dr. Köhler zum Mitglied des chinesischen Umweltbeirates ernannt worden."

Am Rand der diesjährigen Jahrestagung des CCIECED habe ich Gespräche mit dem **Außenhandelsministerium, der Umweltbehörde, dem Forstministerium und mit dem Finanzministerium** geführt.

Bei den Gesprächen, z.B. mit dem Generalsekretär des Umweltbeirats, hob dieser insbesondere Fragen der **Kreislaufwirtschaft** hervor, die den Chinesen am Herzen lägen. 8 bis 9 Provinzen hätten bereits entsprechende Demonstrationsprojekte. Man wisse, dass Deutschland und Japan am weitesten fortgeschritten seien in der Einführung der Kreislaufwirtschaft. Deshalb wolle man von Deutschland lernen.

Im Gespräch mit dem Forstminister hob dieser hervor, dass die deutsch-chinesische Zusammenarbeit im **Forstsektor die umfangreichste bilaterale Zusammenarbeit seiner Art** sei, die es überhaupt in der Welt gäbe. In etwa 30 Forstprojekten seien über 150 Mio. DM eingesetzt worden. China habe außerordentlich viel von Deutschland im Bereich des Forstmanagements gelernt, einschließlich der ökologischen und ökonomischen Aspekte.

Man habe den Einschlag von Bäumen stark reduziert, wozu auch das bekannte **„Logging Ban"** gehöre, also das Verbot, Bäume überhaupt zu fällen. Dieser gelte allerdings nicht uneingeschränkt: 6 Mio. Kubikmeter Naturwald könnten geschlagen werden, man bemühe sich aber besonders um die Anlage von Plantagen mit schnellwachsenden Bäumen, um bald in der Lage zu sein, die hohen Einfuhren von Holz zu reduzieren.

Der Minister erläuterte, dass 18 % des Landes Chinas Wüste sei, vor allem in den Westprovinzen. Die **Wüstenbildung n**ähme weiter zu. Es gäbe bereits das Drei-Nordenschutz-Programm, das eine große Mauer gegen die Wüste geschaffen habe. Darauf beruht auch das Wüstenbekämpfungsprogramm in der Nähe von Peking.

Bei der Tagung des Umweltbeirats standen 4 Task Forces im Vordergrund:

- Forestry and grasslands
- Environmental economics
- Biodiversity, insbesondere Invasion of alien species
- WTO accession and environment

In den Empfehlungen werden insbesondere hervorgehoben:

- Ermutigung der Rolle von Umwelt-NGOs
- Reduzierung des Logging Ban und Übergang zu einer nachhaltigen Waldbewirtschaftung
- Erarbeitung einer Strategie für „Invasion of alien species"
- Entwicklung eines Green National Accounting Systems

Abends um 18:40 Uhr schöner **Flug mit Air Kasachstan nach Almaty** (5 ½ Stunden).

Vom nervösen Herrn Metzler abgeholt (**Metzler war ein früherer DDR-Mann, der ins BMZ übernommen wurde, aber später entlassen wurde, als wir seine Stasi-Vergangenheit entdeckten**). Welche Ungerechtigkeit.

27.11.: Frühstück mit **Botschafter Körting**, ein alter Absolvent des Deutschen Instituts für Entwicklungspolitik; ein wenig steif, aber nett. Letztlich ist Metzler der beste Mann, ein guter Mann, da „Stasi-Ausbildung".

12:15 Uhr: kasachisches Lokal, gute Suppe, schlechtes Fleisch. Ich habe Pferdefleisch abgelehnt (und dies, obwohl ich aus Lützenhardt komme), obwohl das hier die Nationalspeise ist. Damit habe ich mich sehr unhöflich benommen und ich weiß nicht, ob ich diese Beleidigung bei den Kasachen wieder gutmachen kann. Gespräch mit Prof. Knieper, Universität Bremen. Knieper ist sehr nett, aufgeschlossen, kundig, gehört aber in die Kategorie „fahrendes Volk".

Am Abend des 27.11. flog Metzler noch nach Thailand, wo er sich ein Haus gebaut hat. Was ein Stasi-Einkommen doch so alles einbringt! Es lebe die **fröhliche Globalisierung der Geheimdienste!**

28.11.: Ich hielt einen **Vortrag in der privaten deutsch-kasachischen Universitä**t, gegründet von Dr. Berger, 32 Jahre, finanziert durch die Studiengebühren. Alles präzise organisiert. In allen Klassenräumen wird gearbeitet; in der Bibliothek wird fleißig gelesen. Ich erzähle über deutsche Entwicklungspolitik, über unser Zentralasien-Konzept und über unsere Beziehungen zu Kasachstan. Mühselige Diskussionen. Abends bei dem Weltbank-Mann Morell eingeladen, leider mit versoffener, dummer Frau. (Sie behaupteten, sie seien vorher in Togo und Jordanien gewesen.) Der **Alkoholismus** bei Männern, die durch die Welt reisen, und deren Frauen ist doch ein Problem.

29.11.: Fahrt zum Eisstadion Medeo, das ich schon vor 4 Jahren besichtigt hatte. Hoch gefahren zum Skilift: es gab einen Schifahrer! Trauriger Anblick. Zurück nach Almaty. Zum Park mit riesigem sowjetischem Denkmal gefahren (1917, 1941-1945); sozialistischer Superrealismus; durch Baumalleen gefahren. Hier wurden bei Besuchen von Staatsmännern Bäume mit Gedenksteinen gepflanzt, leider nur bis 1999. Schöne Senkow-Kathedrale besucht. Danach zum Grünen Markt: Äpfel gekauft, da es in Almaty – die Stadt der Äpfel – genügend Äpfel gibt. Außerdem zwei Stauden Radieschen gekauft. Alles sofort im Hotel vertilgt. Ich hatte wahnsinnigen Hunger auf Obst.

Anschließend noch mit den reizenden Ukrainerinnen im schönen GTZ-Büro Kaffee getrunken. Mein Gott so etwas Schönes, auf das man nur in Kasachstan trifft. Um 17:00 Uhr mit dem steifen Botschafter Körting zum Konzert des Trios Abegg aus Hannover. Sie touren im Auftrag des Goethe-Instituts durch Zentralasien. Gespielt haben sie: Mendelssohn-Bartholdy, Beethoven und Obst. Bei Obst handelte es sich um ein modernes Stück, das Obst zu Ehren der kasachischen ZuhörerInnen komponiert hat. Die drei von **Abegg-Trio** sind Professoren in Weimar.

30.11.: Am Flughafen schwierige Abfertigung; etwa 10 Stufen durchschritten. Das Absurde ist die Zusatzbescheinigung, die man braucht, wenn man länger als 3 Tage in Kasachstan ist. Viel Muff aus früheren Zeiten. Auch muss ich genau das Geld (Euros, Dollars, Yuan) eintragen, das ich habe. Allerdings darf ich bei der Ausreise nicht mehr eintragen, als ich bei der Einreise eingetragen habe - sozialistische Bürokratie!

China (Einweihung des Transrapids)

China-Reise vom 29.-31.12.2002 Zweck der Reise war die **Begleitung des Bundeskanzlers Schroeder (Einweihung Transrapid und Vertragsunterzeichnung Berufsbildungsprojekt**).

Dazu gibt es einen ausführlichen Tagebuchbericht, der zu finden ist in: Tagebücher Michael Bohnet, Band V, 2001-2004, hier: China Transrapid 29.-31.12.2002.

29.12.: Stadtbesichtigung Jun Mao Tower in Shanghai, das **dritthöchste Gebäude der Welt**. Atemberaubender Blick auf die schöne Stadt Shanghai, ausgewogene und gelungene Stadtplanung. Blitzschneller Aufzug, Spaziergang durch die alte Stadt; hier eher Konsumgeschäftigkeit, überall das Gleiche.

Abends die berühmte Akrobatik-Show, viele chinesische Gäste, Sprünge durch Reifen, Teller, die nicht umfallen durften, Stuhlpyramide, absolute Weltklasse.

30.12.: Stadtplanungsmuseum. Auf einer riesigen Fläche wird die Stadt Shanghai dreidimensional (in Klötzen) präsentiert. Beeindruckend, wäre etwas für Max. Man geht in Shanghai und durch Shanghai als Deutscher gebeugt, da man sieht, dass die Dynamik aus Europa ausgewandert und nach Shanghai eingewandert ist.

11:00 Uhr: Vertragsunterzeichnung zum Expo-Beitrag 2010. Shanghai hat den Wettbewerb für die Expo 2010 aufgrund von vorzüglichen „sustainable urban planning" Projekten gewonnen.

14:00 Uhr: Der Kanzler kam mit riesigem Sicherheitstross. **Vertragsunterzeichnung von Bohnet und einem MOFTEC-Mann zur Fortsetzung des Berufsbildungsprojektes** und des Berufsschulprojektes (2 Mio. €). Ich wurde dabei als Staatssekretär in die Liste eingetragen. **Hinter mir standen der Kanzler Schröder**, der Botschafter, der Staatssekretär Chrobog und Ministerpräsident Steinbrück. Ich unterschrieb mit zittriger Hand. Gott sei Dank wurden keine Reden gehalten. Der Kanzler gratulierte mir zu meinem letzten Arbeitstag. Er hatte dies von Mützelburg, dem jetzigen außenpolitischen Berater des Kanzlers, und von Staatssekretär Chrobog erfahren. Ich fand dies sehr nett und ehrenvoll. Dann eilte man weiter in den Hörsaal zur Verleihung der Ehrendoktorwürde an den Kanzler. Gute Diskussion mit Studentinnen und Studenten zum Irak, zur Expo Hannover und zum langwierigen Verfahren des Studiums in Deutschland. Kanzler sehr souverän.

Abends **Abendbankett der Stadtregierung Shanghai.** Ich wurde direkt dem Ober-Bürgermeister vorgestellt, der neben dem Kanzler saß. Der Kanzler schaute derweil dumm in die Röhre. Am Abend des 30.12. Fahrt zur neuen Transrapid-Station. An der Eröffnungszeremonie teilgenommen, sehr diszipliniert. 1.800 chinesische Arbeiter mit Helmen unterschiedlicher Farbe bildeten die Kulisse. Fahrt des Transrapids konnte man auf dem Monitor verfolgen. Mit dabei war auch Bode, der Generalsekretär des DAAD.

Am meisten beeindruckt war ich von den Stützen, die den Transrapid leiten. Alles haben die Chinesen in 18 Monaten gebaut. Bei uns wäre in derselben Zeit **vielleicht eine Krötenfamilie umgesiedelt worden.**

Abends Abflug. Fast leeres Flugzeug; 30 Gäste. Wer fliegt schon am Neujahrsabend? Mit **Schmitt von der GTZ** lange in der 1. Klasse gesessen. Er war stockbesoffen. Die Stewardess war Schwäbin. Sie servierte Maultaschen. Beim Ausstieg wünschte ich „fröhliche Maultaschen" anstelle des „guten Rutsches". Um 21:00 Uhr, also 3 Stunden vor Silvester, kam ich Zuhause an. Es warteten Heidi,

Frau Böning, Michael und Maria Hirsch. Da ich pünktlich war, hatte Heide auf die „Scheidung" verzichtet. So ein Glück!

Ende meiner letzten Dienstreise, sehr flaues Gefühl. Was werde ich als Pensionär tun? Abwarten und Tee trinken.

Anbei einige Informationen über den Transrapid:

Die 32km lange Verbindung vom internationalen Flughafen Pudung und der Endhaltestelle der U-Bahn Linie 2 in Pudung ist die erste kommerzielle Anwendungs- und Demonstrationsstrecke des Transrapids weltweit. Nach Inbetriebnahme sollen auf der Strecke 3 Züge mit je 5 Sektionen mit 100 Passagieren verkehren. Die Züge werden mit einer Geschwindigkeit von rd. 430 km/h. fahren Im Testbetrieb erreichen sie tatsächlich 500 Kilometer pro Stunde. Die Züge sollen täglich 45.000 Fahrgäste transportieren. Die Gesamtinvestition betrug 600 Mio. € für Technologie und 600 Mio. € für die Trasse. Die Finanzierung erfolgte durch die Projektgesellschaft, chinesische Banken und eine Unterstützung der Bundesregierung für den Technologietransfer. Der Bau begann im März 2001, die Trassenführung wurde im August 2002 fertiggestellt und jetzt im Dezember 2002 wurde der Transrapid eingeweiht. Die VIP-Fahrt erfolgte unter Teilnahme des Bundeskanzlers und des Ministerpräsidenten Rongji am 31.12.2002 im eingleisigen Betrieb.

Einige Bemerkungen aus der Rede des Bundeskanzlers Schröder anlässlich der Verleihung der Ehrendoktorwürde der Tongji-Universität.

Die Tongji-Universität wurde von dem deutschen Arzt Erich Paulun 1907 gegründet. Die Tongji-Universität unterhält Partnerschaften mit einem Dutzend deutscher Universitäten. Bundeskanzler Schröder dankte insbesondere Frau Prof. Wu und betonte: Am Ende kommt es auf das Engagement von Handelnden und zum Handeln bereiten Menschen an, große Projekte wahr werden zu lassen. Auch erwähnte er die von mir unterzeichnete Vereinbarung zur Stärkung unserer Zusammenarbeit im Bereich der Berufsbildung. Er erwähnte dann „der wirtschaftliche Umbau, die Öffnung und Hinwendung ihrer Stadt zum internationalen Denken und Geschehen sind geradezu mit Händen zu greifen. Ich bin sicher, diese Atmosphäre hat dazu beigetragen, dass Shanghai gegen starke Konkurrenz den Zuschlag für die Weltausstellung 2010 erhalten hat.

Schröder erwähnte auch, „dass es Anfang dieses Monats in der dänischen Hauptstadt Kopenhagen gelungen ist, die Spaltung Europas endgültig zu überwinden durch die Aufnahme von 10 Mittel- und osteuropäischen Staaten in die Europäische Union. Dadurch hätten wir einen Binnenmarkt mit mehr als 450 Mio. EinwohnerInnen geschaffen. Er sprach auch die Frage der Menschenrechte an: „Es kommt vor allem auf die Überzeugung an, dass die grundlegenden Pflichten und Rechte des Einzelnen den Menschen nicht vom Staat verliehen, sondern unveräußerlich sind."

Er ging auch auf Irak ein: „Ich begrüße es sehr, dass sich alle Mitglieder des Sicherheitsrats der Vereinten Nationen auf eine gemeinsame Resolution, betreffend die Gefahr durch Massenvernichtungswaffen im Irak, einigen konnten. Gemeinsam mit unseren Partnern in der Welt führen wir den Kampf gegen den internationalen Terrorismus mit höchster Intensität weiter. Sicherheit kann nicht mit militärischen Mitteln allein erreicht werden, wer Sicherheit schaffen und aufrechterhalten will, der muss einerseits Gewalt entschieden bekämpfen, andererseits aber auch die Ursachen von Gewalt: durch Prävention und friedliche Konfliktregelung, durch den Einsatz für die Rechte von Minderheiten und die Eigenständigkeit der Kulturen, durch sozialen Fortschritt und wirtschaftliche Zusammenarbeit. Deshalb sagen wir auch: Mit der Globalisierung der Wirtschaft und der Märkte muss auch die Globalisierung der Gerechtigkeit einhergehen."

Tongji bedeutet im Chinesischen sinngemäß, dass man gemeinsam auf einem Schiff einen Fluss überquert. Dieses schöne Bild beschreibt treffend den Charakter unserer langjährigen Partnerschaft."

Es wurde eine **Pressemitteilung aus Anlass einer Sonderzusage für die Tongji-Universität, herausgegeben** ,unterzeichnet von Prof. Michael Bohnet und Yi Xiaozhun vom Ministerium für Außenhandel und wirtschaftliche Zusammenarbeit (MOFTEC).

Fazit zum Jahre 2002:

Im Zentrum stand meine Tätigkeit als Sonderbeauftragter für Afghanistan (u.a. Reisen nach Kabul, Eröffnung der ersten Schulen, Einlieferung in das Militär-Lazarett).
Ferner führte ich Regierungsgespräche in der Mongolei (u.a. Fahrt mit der Transsibirischen Eisenbahn) und besuchte die Ukraine (Entwicklungspolitische Neuzusagen, Kiew und Odessa). Der außenpolitische Balance-Akt der Ukraine zwischen Ost und West scheint zu gelingen.
Ich wurde 2002 in den chinesischen Umweltbeirat berufen und wurde fast erdrückt von der Schnelligkeit des ökonomischen und ökologischen Fortschritts in China. Am Ende des Jahres 2002 war ich wiederum in China in Begleitung des Bundeskanzlers Schröder zur Eröffnung des Transrapid in Shanghai und der Unterzeichnung eines Vertrages für ein Berufsbildungsprojekt.

Fotos 2002

Staatsbesuch Präsident Karsai, Afghanistan Berlin
15.3.2002

Afghanistan/Kabul

15. - 26. März 2002

zerstörtes Kabul

Burka

ein Bus
aus Hamburg

ÖVP!

Dr. Boehringer (GTZ)   Bohnet

vor der
deutschen
Botschaft

Besuch des
deutschen
ISAF-Kontingents

Oberst   Frau
Frees   Hieronymus
           (BMZ)

Deutsche
Amani
Oberrealschule
Kabul

Kaiser (BMZ)   Frank (KfW)

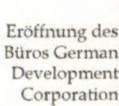

Eröffnung des
Büros German
Development
Corporation

Jenner (KfW)   Kaiser (BMZ)   Frank (KfW)

Eröffnung der Schule
Mir Almad Sahid
Primary School Kabul

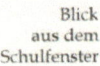

Blick
aus dem
Schulfenster

Justizministerin a.D.
Däubler-Gmelin

Mongolei

22. - 26. Mai 2002

Regierungsgespräche

Flug Peking – Ulan Bator

Kühltürme à la Odenthal in Ulan Bator

Jurte

Heiliger Berg

Transsibirische Eisenbahn

Im Salonwagen

Rechts:
Prof. Jansen
Berlin

USA (New York, Washington)

Gespräche mit UNDP und Weltbank

31. August - 7. September 2002

Blick aus dem UN-Plaza-Hotel New York

Ground Zero (11.9.2001)
Ruinen der Twin Tower

Zerstörte Twin Tower

Pressekonferenz zur Verabschiedung der ersten DED- Helfer
nach Afghanistan
27.9.2002

Stather   Wilhelm

Ukraine

Regierungsgespräche

28. September - 5. Oktober 2002

Glockenturm der Sophien-Kathedrale

Bohnet vor dem St. Michael Kloster

Bohnet vor dem St. Michael Kloster

Pecherski-Tor Kiew

Church of the Trinity

Frau Kaschtalia   Frau Yumatzka

Odessa

China/Kasachstan

18. - 30. November 2002

Regierungsverhandlungen/Umweltbeirat Peking

Projektbesuche Almaty

Mao und ich

Kaiserpalast

Almaty/Kasachstan

Bohnet vor
UN-Gelände
in Almaty

Hotel Dostyk in Almaty

Kasachischer Reiter   Sozialistischer Realismus

Senkow-Kathedrale Almaty

**Verabschiedung von Frau d' Hondt aus den Diensten des BMZ am
31.10.2002**

Bohnet   Botschafter   d'Hondt
Kamerun

hintere Reihe

Popp   Preuß   Zahn   Schweiger   Kurth   Schaffer   Böll   Kerckhoff   Strobel   unbekannt

China

29. - 31. Dezember 2002

Einweihung des Transrapids in Shanghai

Bohnet

rechts
Geschäftsführer
Schmidt GTZ

in der Mitte:
DAAD-
Geschäftsführer Bode,
rechts davon Bohnet

**Verabschiedung aus dem Dienst am 13.11.2002
durch Ministerin Wieczorek- Zeul**

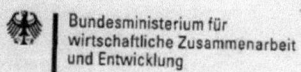 Bundesministerium für
wirtschaftliche Zusammenarbeit
und Entwicklung

Presse-
mitteilung
Entwicklungspolitik

DIENSTSITZ BERLIN Stresemannstraße 94, 10963 Berlin
DIENSTSITZ BONN Friedrich-Ebert-Allee 40, 53113 Bonn

TEL +49 (0) 1888 535-2450
FAX +49 (0) 1888 535-2595

INTERNET www.bmz.de

D̶   Berlin, 17.12.02
SEITEN Seite 1 von 1
NUMMER 137/2002

**Bundesministerin Heidemarie Wieczorek-Zeul überreicht Herrn
Professor Michael Bohnet das Bundesverdienstkreuz 1. Klasse**

Mit der Verleihung des Bundesverdienstkreuzes 1. Klasse wurde
Ministerialdirektor Professor Michael Bohnet (65), Abteilungsleiter für den
Bereich "Entwicklungspolitik mit Ländern und Regionen" und
Sonderbeauftragter für den Wiederaufbau Afghanistans im
Bundesministerium für wirtschaftliche Zusammenarbeit und Entwicklung
(BMZ) am 13.12.2002 ausgezeichnet. Ministerin Wieczorek-Zeul betonte:
"Professor Bohnet verbindet fachliches Profil mit großer Menschlichkeit
und hat dazu beigetragen, dass die deutsche Entwicklungspolitik heute
international anerkannt ist."

Heidi

Heidi   Matth   Matthäuser-Maier
(mein Bruder)

Böhmer   Zahn   Fuchs   Kurth

    Preuß   Bohnet   Schweiger

Böll

2002 - 2013

China auf dem Pfad grüner Reformen

Mitglied des chinesischen Umweltbeirats

Von Nehmern zu Gebern

Beauftragter des BMZ für die neuen EU- Länder

Deutsche Unterstützung der Ukraine bei der Fußballeuropameisterschaft 2012

Verhandlungen mit der Ukraine 2011

Mitglied des chinesischen Umweltbeirats von 2002 bis 2007

2002 wurde ich in den Chinesischen Umweltbeirat berufen. Der zweite Deutsche in das Gremium berufene Experte war Prof. Klaus Töpfer. Der Strategie im Hintergrund war Herr Siedler.

Ich wirkte von 2003 bis 2007 an zahlreichen Sitzungen des Umweltbeirats in Peking mit, die Eröffnungssitzung war 2003 mit Premierminister Wen Jiabao. 2004 und 2005 fehlte ich aus Krankheitsgründen. Ich hatte aber jeweils im Vorfeld schriftlich zum Entwurf der Empfehlungen an den Staatsrat und zu den Berichten über die einzelnen Arbeitsgruppen Stellung genommen, z.B: zu Circular Economy; Natural Ressources, Pricing und Taxation; Urbanisation Strategy etc. Meine letzte Teilnahme war 2006.

Ich füge meinen Aufsatz in der FAZ vom 26. Mai 2008 mit dem Titel „Auf der Suche nach dem Pfad grüner Reformen" bei, der die Ergebnisse der Beratungstätigkeit und den Stand der Umweltpolitik in China zusammenfasst.

Auf der Suche nach dem Pfad grüner Reformen

von Prof. Dr. Michael Bohnet

Der Aufstieg Chinas in der Weltwirtschaft und Chinas neue Rolle in der Weltpolitik stehen im Zentrum der Internationalen Aufmerksamkeit. Weitgehend unbekannt sind die tektonischen Verschiebungen, die sich durch Chinas neue Umweltpolitik ergeben. Aufgrund der verheerenden Umweltbilanz hat China strukturelle Veränderungen und umweltpolitische Reformschritte eingeleitet sowie erste Umwelterfolge erzielt – bisher weitgehend von der Weltöffentlichkeit unbeachtet. China könnte langfristig zu einem Labor für umweltschonende und ressourceneffiziente Lösungsansätze werden.

Chinas Aufstieg prägt das beginnende 21. Jahrhundert. Innerhalb von 30 Jahren hat China bei seiner Industrialisierung und Modernisierung herausragende Fortschritte erzielt, zu denen die Industrieländer mehr als 100 Jahre benötigten. Wirtschaftliches Wachstum war Chinas erste Priorität. China ist nunmehr die viertgrößte Wirtschaftsmacht der Welt. Wirtschaftswachstum bleibt zentrale Priorität des Landes. China hat das feste Ziel, bis zum Jahre 2020 das Bruttosozialprodukt zu vervierfachen. China wird 2020 nach den USA die zweitgrößte Wirtschaftsmacht der Welt sein, 2030 die größte. Nur durch Wirtschaftswachstum glaubt China Arbeit für seine riesige Bevölkerung finden zu können und den Umbau vom sozialistischen Wirtschaftssystem zu einem **„autoritären Kapitalismus"** ohne allzu große Verwerfungen und Gefahren für die soziale und politische Stabilität vollenden zu können. Eine für die Bewohner des Landes spürbare Verbesserung ihrer wirtschaftlichen

Lage ist für die kommunistische Partei das wesentliche Mittel zur Legitimation ihrer Herrschaft (Eine Art große Koalition zwischen Kapitalismus und Kommunismus).

Die Wachstumsideologie traf in der Vergangenheit auf eine weit verbreitete Gleichgültigkeit gegenüber der Umwelt, was dazu geführt hat, dass die natürlichen Ressourcen des Landes – Boden, Wasser, Luft – bis an kritische Grenzen erschöpft und belastet wurden. Die geschändete Natur hat zurückgeschlagen. Die ohne Rücksicht auf die Umwelt betriebene Industrialisierung zerstört die Lebensgrundlagen der 1,3 Milliarden Einwohner. Erst im Jahre 2005 erklärte die Regierung, eine ressourceneffiziente und umweltfreundliche Gesellschaft aufbauen zu wollen, gekoppelt mit dem Ideal einer sozialistisch-harmonischen Gesellschaft. Ziel ist es, im Jahre 2020 die sogenannte **„Xiaokang-Society" (Gesellschaft mit bescheidenem Wohlstand**) zu erreichen, wonach die Vervierfachung des Einkommens mit sozialer Harmonie und Bewahrung der Umwelt einhergehen soll. Das Konzept der "Xiaokang Society" gründet auf den Grundgedanken des Konfuzianismus. Derzeit gilt Konfuzius wieder als eine der großen historischen Figuren, die der KP als moralischer Kompass dienen („Wer Altes bewahrt und zugleich neues Wissen zu gewinnen mag, der kann den Menschen Lehrer und Vorbild sein"). **Premier Wen Jiabao 2006**: "Um eine harmonische Entwicklung des Menschen und der Gesellschaft zu fördern, müssen wirtschaftliche Fragen und Umweltfragen gleichen Rang haben." Er verkündete die drei strategischen Zielsetzungen: Integration von Umweltschutz und wirtschaftlicher Entscheidungsfindung, Entkoppelung der Schadstoffemissionen vom wirtschaftlichen Wachstum sowie Anwendung eines Instrumentenmixes aus administrativen, gesetzlichen und marktmäßigen Instrumenten, um Umweltprobleme lösen zu helfen.

Die derzeitige Umweltsituation Chinas ist in der Tat bedrückend:

Von den weltweit 50 am meisten unter **Luftverschmutzung** leidenden Städten liegen 31 in China. Erkrankungen der Atemwege und vor allem Lungenkrebs haben an Häufigkeit alle anderen Krankheiten überflügelt. Wesentliche Ursache für die Luftverschmutzung ist die dominierende Rolle der Kohle bei der Energieversorgung. China ist der weltweit größte Emittent von Schwefeldioxid SO_2. Eine weitere Quelle sind die Autoabgase, insbesondere die Stickoxide (NO_X) (die Zahl der Autos betrug im Jahre 2006 29 Millionen. Auf einem Drittel des chinesischen Territoriums geht als Folge der Emissionen von Schwefeldioxid (SO_2) und Stickoxiden (NO_X) saurer Regen nieder.

Bei den CO_2-Emissionen steht China weltweit an 2. Stelle hinter den USA. Nach aktuellen Berechnungen könnte China bereits in diesem Jahr die USA überflügeln. Das Klima in China liegt im Trend des globalen Klimas. Man erwartet ein vollständiges Abschmelzen der tibetanischen Gletscher und stärkere Taifune. China ist sowohl Täter als auch Opfer der Klimaveränderung.

China leidet unter einer **Wasserkrise**. Von den 661 chinesischen Städten müssen 420 mit Wasserknappheit kämpfen. Der Wassermangel wird zum schlimmsten Engpass der ökonomischen und sozialen Entwicklung des Landes werden. Dazu kommt die Wasserverschmutzung: 300 Mio.Menschen haben keinen Zugang zu sauberem Trinkwasser.

Die **Bodenerosion** betrifft mehr als ein Drittel der Bodenfläche Chinas. Die Häufung der Sandstürme ist ein Alarmzeichen. Sie beeinträchtigen nicht nur chinesische Städte, z.B. Beijing, sondern auch die koreanischen Nachbarn und Japan.

Zu den Umweltbelastungen tragen vor allem fünf Faktoren bei: das schnelle, aber wenig ressourceneffiziente Wirtschaftswachstum, der Druck der Bevölkerung (jährlicher Zuwachs von 13 Millionen Menschen), das Urbanisierungstempo (Landflucht von 300 Mio. Menschen in den letzten Jahren), das „verwestlichte" Konsumverhalten und die unzureichende Umweltpolitik. Die nationale Umweltbehörde präsentierte 2006 erstmals den Versuch eines „grünen Bruttosozialprodukt". Danach gehen die Fachleute von ökologischen Einbußen mit jährlichen Folgekosten in Höhe von 8-10 % des BIP aus.

China hat deshalb in jüngster Zeit auf einer Vielzahl von Feldern **strukturelle Veränderungen und umweltpolitische Reformschritte** eingeleitet.

Die **staatliche Umweltbehörde SEPA** (State Environmental Protection Administration) ist mit den ihr unterstellten Behörden auf der Provinz- und Gemeindeebene (Environmental Protection Bureaus) für die Durchsetzung der staatlichen Umweltpolitik zuständig. Es ist vorgesehen, SEPA nun in den Rang eines Umweltministeriums zu erheben. Betrachtet man die Umweltgesetzgebung der Zentralregierung, so ist sie beachtlich. Weit über 70 Gesetze und Verordnungen zum Schutz der Umwelt hat die Regierung verabschiedet. 72.000 Betriebe wurden in den letzten Jahren aufgrund von Umweltsünden geschlossen. Doch fällt es der Zentralregierung weiterhin schwer, die erlassenen Umweltvorschriften durchzusetzen. Der größte **Widerstand kommt von den Lokalregierungen.** Die Lokalbehörden sind fachpolitisch an die Weisungen der SEPA gebunden. Gleichzeitig gehören sie aber zu der jeweiligen Lokalregierung und werden auch von ihr finanziert. Deshalb geraten sie unter dem System der doppelten Führung immer wieder in die Klemme, wenn es die Vorhaben aus Peking gegen die starken Wirtschaftsinteressen vor Ort durchzusetzen gilt. Aber es gibt Hoffnung: Ab 2008 sollen die Beamten, die auf Provinzebene für die planmäßig vorgesehene Verringerung von Verschmutzungs- und Emissionsmengen zuständig sind, persönlich für die Umsetzung der gegebenen Ziele verantwortlich gemacht, d.h. ihr Einkommen soll zukünftig „umweltpolitisch leistungsbezogen" werden.

Ein strategischer Partner für die Umweltbehörde SEPA bei der Formulierung und Umsetzung von Umweltmaßnahmen sind die **nichtstaatlichen Umweltorganisationen,** deren Arbeit in den letzten Jahren mehr oder weniger toleriert wird.

Der Zwiespalt zwischen der notwendigen Rücksichtnahme auf die berechtigten Interessen der Bürger zum Schutz einer lebenswerten Umwelt auf der einen und der Abwehr jeglicher Form von organisierter Opposition auf der anderen Seite hat zu widersprüchlichen Regelungen geführt. Entsprechende Vorsicht ist bei der Verwendung des Begriffs Non-Governmental Organisation („NGO") im chinesischen Kontext angebracht. Die offizielle chinesische Terminologie geht mit dem Begriff „NGO" ausgesprochen großzügig um, ganz gleich ob es sich um staatliche initiierte GONGO's (Governmental Organized NGOs) (z.B. die „China Association for culture and environment") oder um unabhängige Umweltvereinigungen handelt (z.B. „Friends of Nature"). Derzeit gibt es 2.000 Umwelt-NROs in China, darüber hinaus etwa 100.000 Umweltgruppen (vor allem von Universitätsstudenten). Auch internationale Umweltorganisationen sind in China vertreten (z.B. World Wildlife Fund [WWF]). Nationale und internationale Umwelt-NROs in China engagieren sich hauptsächlich für den Natur- und Artenschutz, Aufforstungsprojekte sowie für Umweltbildung. In neuerer Zeit werden auch vermehrt „Watchdog"-Funktionen wahrgenommen, indem die Verletzung von Umweltgesetzen publik gemacht wird. Erst in jüngster Zeit wagen die NROs auch Konfrontationen mit der Regierung. Umwelt-NROs führen Umweltanhörungen durch und spielen z.B. beim Protest gegen die geplanten Dammbauten beim Fluss Nu Jiang in der Yunnan-Provinz eine große Rolle. Öffentlicher Aufmerksamkeit kann sich der Umweltschutz sicher sein, öffentlicher Partizipation aber nicht.

Das derzeitige **Besteuerungs- und Preissystem** reflektiert nicht die Knappheit der Ressourcen. Eine rationale Besteuerung von Wasser, Öl, Kohle und anderen Naturressourcen ist noch nicht eingeführt. Viele Ressourcen haben einen zu niedrigen Preis. So sind z.B. die Wasserpreise subventioniert und liegen weit unter den Bereitstellungskosten. Erst neuerdings beginnen Städte damit, die Wasser- und Abwassertarife anzuheben. China hat sich 2007 zu einer Abkehr von einer rein ordnungsrechtlichen Ausrichtung der Umweltpolitik mit Ge- und Verboten hin zu einer stärkeren Nutzung ökonomischer Instrumente der Preis- und Steuerpolitik bekannt.

Die Bereitschaft, umweltpolitische Modelle und Instrumente zu übernehmen, die sich in anderen Ländern bewährt haben, hat deutlich zugenommen. China ist den meisten internationalen Umweltabkommen beigetreten, sie reichen von der Klimarahmenkonvention bis zum Montrealer Protokoll zum Schutz der Ozonschicht. China hat den größten Beitrag weltweit geleistet zur Reduzierung von ozonschädigenden Substanzen. China hat Umweltabkommen mit über 40 Ländern geschlossen. Unter den europäischen Ländern hat Deutschland in der bilateralen Kooperation mit China den nachhaltigsten Akzent gesetzt. Das gilt für den überproportionalen Anteil von Umweltprojekten an der Entwicklungszusammenarbeit (Erhöhung der Energieeffizienz, erneuerbare Energien, Aufforstung, Wasser- und Abwasser, Abfallentsorgung, umweltgerechte Verkehrs- und Stadtentwicklung) sowie für die Bandbreite des technisch-wissenschaftlichen Informationsaustausches und der einschlägigen

Beratungstätigkeit. Deutsche Unternehmen sind in China im Bereich Umwelttechnologie führend (u.a. Windenergie, Solartechnik, effizientere Kohlekraftwerke).

Die ökologische Modernisierung Chinas hat – weitgehend unbeachtet von der Weltöffentlichkeit – begonnen.

Ausgesprochen **innovative Entwicklungen sind im Städtebau** zu vermerken. Dies ist deshalb so aufregend, weil die Hälfte aller großen Gebäude, die in den nächsten 10 Jahren weltweit gebaut werden, in China entstehen. Derzeit werden in China weltweit einzigartige Experimente durchgeführt. 55 Städte wurden als „National Model Cities for Environmental Protection" deklariert (z.B. Dalian). Auch die Einrichtung von **11 ökologischen Provinzen** schreitet fort (besonders erfolgreich Zhejiang). Diese Gebiete machen bereits ein Drittel der Gesamtbevölkerung aus und sie produzieren die Hälfte des Bruttosozialprodukts. Im Kern verfolgen diese lokalen und regionalen Experimente die gleiche Zielsetzung. Es geht darum, in den Preisen die eingeschränkte Verfügbarkeit an natürlichen Ressourcen abzubilden, über eine angemessen Beteiligung der gewerblichen und privaten Verbraucher die Umwelt- und Entsorgungsleistungen möglichst kostendeckend zu gestalten und den Konsumenten stärker als bisher über Preis- und Marktmechanismen zu signalisieren, dass sich sparsamer Verbrauch auszahlt. So entsteht z.B. auf der Insel Chongming unweit von Shanghai die Stadt Dongtan, die verglichen mit herkömmlichen Städten sehr geringe CO_2-Emissionen aufweisen soll. Dongtan soll durch modernste Gebäudetechnik, den Einsatz zahlreicher erneuerbarer Energieträger und Recycling-Technologien sowie einer völligen Verbannung von Fahrzeugen, die mit fossilen Brennstoffen betrieben werden, eine ökologische Modellstadt werden, die erste ökologisch durchgeplante Stadt der Welt. Deutschland, insbesondere die Institution der deutschen Entwicklungszusammenarbeit GTZ (Deutsche Gesellschaft für Technische Zusammenarbeit), wirkt bei der Gestaltung der Projekte „Ökologische Städte" aktiv mit, z.B. in Yangzhou und Changzhou.

China unternimmt ernsthafte Schritte hin zur **Kreislaufwirtschaft**, d.h. zur Konzentration auf Abfallreduzierung, Wiederverwendung von Abfallmaterial und Abfallrecycling, d.h. der drei R's: Reduce, Reuse, Recycle. Bereits jetzt kann gesagt werden, dass es China gelungen ist, die Erzeugung von städtischen und in geringerem Maße auch von industriellen Abfällen vom ökonomischen Wachstum abzukoppeln. Die Öffnung der Märkte für ausländische Abfallmanagementtechnologie, insbesondere der deutschen, hat dazu wesentlich beigetragen.

China verfügt nicht über ausreichende Energieressourcen und ist in hohem Maße auf Energieimporte angewiesen, vor allem auf Öl- und Gasimporte. Die Masse der Energieressourcen ist jedoch heimisch: 70 % der Energieerzeugung beruht auf Kohle. Alle 5 Tage entsteht ein neues Kohlekraftwerk. Die Energieeffizienz beträgt nur 20 % derjenigen der westlichen Staaten. Angesichts der hohen Importabhängigkeit bei Erdöl und Erdgas und der mit Kohle verbundenen Umweltbelastungen verfolgt die chinesische Regierung das Ziel, die Energieeffizienz massiv zu steigern. Tatsächlich hat sich in den letzten 10 Jahren der Anstieg des Energieverbrauchs vom wirtschaftlichen Wachstum abgekoppelt.

Von zentraler Bedeutung für die Verbesserung der **Energieeffizienz** ist die Technologie- und Innovationspolitik Chinas, die einheimischen Unternehmen Hilfestellung (z.B. in Form von Krediten) gewährt, um Forschung und Entwicklung voranzutreiben. Zugleich sorgt sie durch Investitionsrichtlinien für ausländische Direktinvestitionen für einen Transfer neuester Technologie. Die Zauberformal heißt **„leapfrogging"** (springen wie ein Frosch). Hierdurch sollen ganze technologische Entwicklungsstufen übersprungen werden, um auf diese Weise von den neuesten Forschungs- und Entwicklungsergebnissen zu profitieren und in die effizientesten und umweltschonendsten Systeme investieren zu können. So scheint angesichts der globalen Folgen einer chinesischen Massenmotorisierung (erwartete 140 Mio. Autos 2020) die Vision eines Überspringens des konventionellen Fahrzeugantriebes und des Einstiegs in nachhaltige Zukunftstechnologien wie Wasserstoff und Brennstoffzellen besonders attraktiv. An dieser Frage wird intensiv gearbeitet. Mit einem Durchbruch wird zwischen 2020 und 2030 gerechnet.

China hat ein großes Potential an nutzbaren **regenerativen Energien**. Etwa 5 % der Energie werden aus **Wasserkraft** gewonnen. Wegen der erheblichen ökologischen Risiken und sozialer Probleme sind Großprojekte wie das gigantische Drei-schluchtenstaumdamm-Projekt oder das geplante dreistufige Dammprojekt am Nu Jiang umstritten. Die emissionsarmen Alternativen wie Sonne, Wind und Biomasse werden bisher nur in bescheidenem Umfang genutzt. Nur etwa 2 % der Energie entstammen diesen Quellen. Das Potential von **Windenergie** ist jedoch beträchtlich (bisher gibt es 60 Windparks, eine Verzehnfachung der Kapazitäten bis 2020 ist vorgesehen). Ähnlich große Potentiale werden bei der Entwicklung der **Solarenergie** gesehen. Etwa zwei Drittel des Territoriums sind mit über 2.200 Sonnenstunden im Jahr zur Energiegewinnung geeignet. In China werden inzwischen mehr Sonnenkollektoren installiert als in allen europäischen Ländern zusammen. Bereits jetzt ist China der weltweit größte Markt für Solar-Warmwassergeräte. Seit den 70er Jahren hat China ferner die Entwicklung von **Biogas** als Energieversorgung für die ländliche Bevölkerung vorangetrieben. Bis zum Jahre 2020 sollen etwa 16 % der Energie aus regenerativen Energien gewonnen werden (derzeit sind es 7 %). Die Förderung regenerativer Energien gehört zu den Top-Prioritäten der chinesischen Regierung, was durch die Verabschiedung des Gesetzes zur Förderung regenerativer Energien im Jahre 2006 nachhaltig unterstrichen wurde.

Der Anteil der **Atomenergie** an der Energieerzeugung beträgt derzeit rd. 1 %. Die chinesische Regierung verfolgt ein ambitioniertes Programm zum Ausbau der Atom-energie. Nach chinesischer Lesart ist sie die „saubere" Alternative zu Kohle. Zu den derzeit 9 Atomreaktoren (4 im Betrieb, 5 im Bau) sollen in den kommenden 12 Jahren noch 32 weitere hinzukommen. Der Anteil der Atomenergie an der gesamten Energieerzeugung soll dann 4 % betragen. Mögliche Sicherheits- und Umweltrisiken durch Nuklearunfälle wie auch die bisher noch nicht gelöste Frage der Endlagerung von Atomabfällen werden derzeit weder von der Regierung noch von Umweltaktivisten thematisiert.

China gehört zu den Unterzeichnerstaaten des **Klimaschutzabkommens von Kyoto.** Wenngleich das Land wie andere Schwellenländer von einer Verpflichtung zur Reduzierung des CO_2-Ausstoßes bisher ausgenommen ist, spielt China bei der Umsetzung der Instrumente des Klimaschutzabkommens: z.B. beim clean development mechanism (CDM) und beim Emissionshandel eine wichtige Rolle. Diese erlauben es Industrieländern, sich Investitionen in CO_2-ausstoßmindernden Projekten in Entwicklungsländern auf Klimaschutzverpflichtungen im eigenen Land gutschreiben zu lassen. Die Entwicklungsländer bekommen im Gegenzug moderne Technologien. Für China sind diese Instrumente von größter Bedeutung, weil die Volksrepublik unter den Entwicklungsländern nicht nur der größte Treibhausemittent ist, sondern vor allem durch die ineffiziente Kohleverbrennung bei der Stromerzeugung und in der Fertigungsindustrie auch über das größte Minderungspotential verfügt, das sich mit einem relativ geringen Finanzaufwand ausschöpfen lässt. Der Anreiz für China ist umso größer, als die Beteiligung z.B. am „clean development mechanism" die Aussicht bietet, bei der Reduktion von Schadstoffemissionen spürbare Erfolge zu erzielen, ohne die eigenen Aufwendungen für den Umwelt- und Klimaschutz drastisch zu erhöhen. China hat 2007 den ersten Klimaschutzplan vorgelegt, das erste offizielle Dokument zum Klimawandel in China. Darin bekräftigt China das Ziel, 20 % des Energieverbrauchs pro Einheit BSP bis 2010 zu reduzieren, logisch gekoppelt mit einer Verminderung der CO_2-Emissionen. In China hat sich die Einsicht durchgesetzt, dass es mitverantwortlich für den weltweiten Klimaschutz ist, auch wenn China betont, nicht die Hauptschuld am Klimawandel zu tragen. China hat erklärt, keine konkreten und verpflichtenden Quoten für die Reduktion des CO_2-Austosses zu akzeptieren. Auf diese ernüchternde Feststellung folgen jedoch einige Aussagen, die durchaus positiv zu werten sind. Bis 2010 sollen die CO_2-Emissionen um 950 Millionen Tonnen reduziert werden (durch den Ausbau von Wasserkraftwerken, durch den Einbau moderner Technik in Kohlekraftwerke, durch den Ausbau von Wind-, Solar- und Gezeitenkraftwerken, durch Errichtung von neuen Kernkraftwerken und durch die Nutzung von Biomasse). Diese Zahl ist in der Tat beeindruckend. Wenn man bedenkt, dass China im Jahre 2005 ca. 5,3 Milliarden Tonnen Kohlendioxid in die Atmosphäre emittiert hat, dann würde die angekündigte Verringerung eine Verminderung von 18 % im Vergleich zum Jahre 2005 bedeuten, eine im Vergleich zu den Forderungen des Kyoto-Protokolls sehr beeindruckende Zahl.

China verfügt über eine relativ kleine Waldfläche. Nur 14 % des Landes waren 1990 bewaldet. Unter dem Eindruck der Flutkatastrophe des Jahres 1998 hat sich die chinesische Regierung zu einer deutlichen Kehrtwende ihrer Forstpolitik ent-schieden, sie verfügte ein **strenges Abholzverbot.** Nicht mehr Holzerzeugung steht im Vordergrund, sondern die Sicherstellung der ökologischen Schutzfunktionen des

Waldes. Dafür nimmt sie eine rapide Abnahme der Holzproduktion und eine entsprechend anwachsende Zunahme der Importe von Holz aus südostasiatischen Nachbarländern in Kauf, insbesondere aus Myanmar und Indonesien. China hat in diesem Bereich seine Umweltprobleme praktisch in andere Länder verlagert. Abholzverbot und Umwandlung von Weideland in Aufforstungsfläche spielen eine zentrale Rolle in Chinas Forstpolitik. Die Wälder sind auch als CO_2-Senken wichtig. China hat das größte Wiederaufforstungsprogramm der Welt. Es ist gelungen, die Waldfläche auf nunmehr 18 % der Gesamtfläche Chinas zu vergrößern.

Die Regierung von China sieht mit Sorge, dass Umweltzerstörung und Konflikte um knappe Ressourcen Hauptauslöser für soziale Unruhe werden. Die soziale Polarisierung nimmt in keinem anderen Land der Welt so rasant zu wie in China. Die Angst der Führung vor dem „Chaos" ist groß. China muss und will handeln. Umweltpolitische Erfolge und Misserfolge sind zu einer Prestigefrage für die obersten Regierungsebenen geworden. In Peking fürchtet man mit Blick auf die zunehmende **„Disharmonie mit der Natur" auch eine „gesellschaftliche Disharmonie".** Somit verbinden sich ökologische Fragen langfristig unweigerlich mit der Aufrechterhaltung der Herrschaft der kommunistischen Partei Chinas. China steht am Scheideweg: Entweder es entscheidet sich für eine grüne Reform, oder die Umweltzerstörung wird die erreichten sozialen und wirtschaftlichen Fortschritte wieder zunichtemachen. Einen Schub erhält die Umweltpolitik auch durch die Tatsache, dass sich die chinesische Regierung verpflichtet hat, im Jahre 2008 „umweltgerechte" olympische Spiele durchzuführen. China beginnt einen „Pfad der grünen Reformen" anzustreben, der versucht, bewusst die traditionellen Werte der Chinesen (Natur bewahren und Gemeinschaft stärken) wieder ins rechte Licht zu setzen. Diese Werte sind Leitbild der 2006 proklamierten sozialistisch-harmonischen Xiaokang-Gesellschaft, die bis 2020 entwickelt werden soll. Die Voraussetzungen, ehrgeizigen umweltpolitischen Ziele zu erreichen, sind günstiger als gemeinhin angenommen. China hat das Problem, 1,3 Milliarden Menschen zu ernähren und zu kleiden, in wenigen Jahrzehnten grundsätzlich gelöst. Zusätzlich konnten überdies 500 Mio. Chinesen aus extremer Armut befreit werden. China hat die Alphabetisierungsrate in den letzten zwei Dekaden auf über 90 % gesteigert, von 1992 bis 2005 stieg die Lebenserwartung von 68,5 Jahren auf 71,8 Jahre. China startete 2003 seinen ersten bemannten Raumflug.

Auch wenn China offensichtlich großen Nachholbedarf bei seiner ökologischen Modernisierung aufweist, scheint es, dass das Land geradezu prädestiniert ist, zum **Pionier bei der nachhaltigen Nutzung von Ressourcen** zu werden. Jedenfalls kommen zunehmend Innovationsimpulse aus China, die zu hoffnungsvollen Erwartungen berechtigen. China könnte zu einem Labor für nachhaltige ressourcensparende und umweltschonende Lösungsansätze werden. Die Bedingungen dafür sind günstig. China steht bei den Ausgaben für Forschung und Entwicklung an 2. Stelle weltweit hinter den USA, China hat 1 Mio. Forscher, China bildet jährlich 600.000 Ingenieure aus. Von 600.000 chinesischen

Auslandsstudierenden ist die Hälfte zurückgekehrt. China ist es gelungen, Hunderte von chinesischstämmigen Hochschulprofessoren und Forschungsspezialisten aus dem Ausland nach China zurückzuholen, um die Innovationskraft Chinas zu stärken. „Brain Gain" ist ein Projekt mit staatlicher Priorität. China wird im 21. Jahrhundert eine der führenden Wissenschaftsnationen sein.

China hat in seinem **nationalen Klimaschutzplan** angekündigt, dass es massive wissenschaftliche Anstrengungen unternehmen wird, unabhängige Innovationen zu fördern, um in Umwelt-Schlüsselbereichen den Durchbruch zu schaffen, und den Willen bekundet, zukünftige Umwelttechnologien weltweit mitzugestalten. Die Umweltschutzindustrie umfasst derzeit bereits 10.000 Unternehmen mit 1,5 Mio. Beschäftigten. China hat erklärt, wissenschaftliche Talente auf dem Umweltsektor massiv fördern. Umweltpolitische Erfolge hängen aber nicht nur von technologischen Innovationen ab, sondern auch von dem festen Willen, weine ressourceneffiziente und umweltfördernde Preis- und Steuerpolitik durchzusetzen. Hier sind noch ernste Zweifel angebracht. Dagegen Premierminister Wen Jiabao: Wir müssen unser Denken von allen Beschränkungen „befreien", um zu erreichen, dass die nächste Generation noch Zugang hat zu „Green Mountains and Clear Waters".

China ist heute weltweit das Land mit den wohl dynamischsten Kräften für eine aktive Veränderung. Betrachten wir seine 1000jährige Geschichte, so befindet sich China in der Etappe seiner schnellsten Entwicklung und in einer Phase, in dem China den größten Einfluss auf die Welt ausübt. China wird im Jahre 2020 kein Schwellenland mehr sein, sondern ein innovatives Industrieland. Der lange Marsch zur Umweltrevolution hat begonnen.

Fotos

China-Umweltbeirat

29.10. – 7.11.2003

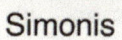
Simonis   Heidi

Große Mauer

Beauftragter des BMZ für die neuen EU- Länder von 2003-2013

Zielsetzung der Beauftragung war es, die neuen EU- Länder beim Übergang vom Nehmer zum Geber zu beraten und sie zu unterstützen, eigene entwicklungspolitische Konzeptionen zu erarbeiten.

Es liegen ausführliche Tagebücher und Dienstreiseberichte vor zu den Aufenthalten in folgenden Ländern: Slowenien, Litauen, Bulgarien, Tschechische Republik, Polen, Mazedonien, Rumänien, Ungarn, dazu ein Spezialbericht zum Aufenthalt in Moskau, alles im Archiv der Friedrich- Ebertstiftung Bonn .

Angefügt ist mein Aufsatz in der Süddeutschen Zeitung vom 16.1.2006 mit der Überschrift „Von Nehmern zu Gebern".

Von Nehmern zu Gebern

Die neuen EU-Länder übernehmen globale entwicklungspolitische Verantwortung

Der Koalitionsvertrag betont, dass **Entwicklungspolitik** nicht nur unserer Verantwortung entspringt, sondern auch **Sicherheitspolitik in unserem eigenen Interesse** ist. Dies gilt in hohem Maße auch für die Europäische Entwicklungspolitik. Die **Gemeinschaft** und ihre **Mitgliedstaaten** leisten zusammen mit 26 Mrd Euro jährlich rund die Hälfte der weltweiten öffentlichen Entwicklungsleistungen. **Die Europäische Union ist einer der bedeutendsten Akteure der internationalen Entwicklungszusammenarbeit. Der Beitritt von 10 neuen Mitgliedsstaaten** stellt die Staatengemeinschaft vor die Herausforderung, die Beitrittsländer in die Ziele und das System der gemeinschaftlichen Entwicklungspolitik zu integrieren, ohne durch die größere Zahl von Mitgliedsstaaten die ohnehin schwierigen Koordinationsmechanismen zu überfordern. Deshalb gilt es nun, Profil und Eigenständigkeit der gemeinschaftlichen Entwicklungspolitik zu stärken und ihrer im allgemeinen Reformprozess möglichen Unterordnung unter kurzfristige außenpolitische Interessen entgegenzuwirken.

Die Erweiterung der EU ist sowohl eine Herausforderung als auch eine Chance für die europäische Entwicklungszusammenarbeit. **Die neuen EU-Länder wollen an globalen Fragen mitwirken.** Es geht nicht nur um die Erkenntnis, dass die EU-Mitgliedschaft neben Rechten auch Pflichten mit sich bringt. Die neuen EU-Länder sehen, dass die internationalen Beziehungen komplexer werden und ihnen eigene entwicklungspolitische Strategien und die Mitarbeit in der EU die Chance bieten, weltweit demokratische Strukturen als auch internationale globale Ordnungspolitik mitzugestalten. Fast alle EU-Beitrittsländer haben in letzter Zeit **eigene entwicklungspolitische Konzeptionen** erarbeitet und verabschiedet. Alle EU-Beitrittsländer haben in ihren **Außenministerien eigene Abteilungen für Entwicklungszusammenarbeit** aufgebaut, alle Beitrittsländer leisten bereits

öffentliche Entwicklungszusammenarbeit. 2004 haben diese Länder bereits zusammen mehr als 150 Mio. Euro an öffentlicher Entwicklungszusammenarbeit (ODA = Official Development Assistance) zur Verfügung gestellt. Die ODA/BIP-Quoten der einzelnen Länder schwanken dabei zwischen 0,01 % und 0,1 %. Viele EU-Beitrittsländer haben ihre öffentliche Entwicklungszusammenarbeit 2005 weiter massiv gesteigert. Die EU-Entwicklungsminister haben sich im Mai 2005 auf eine deutliche Erhöhung der öffentlichen Entwicklungszusammenarbeit geeinigt. Für die neuen EU-Mitgliedsländer wurde der Zielwert für 2015 auf 0,33 % des BIP festgelegt und das Zwischenziel für 2010 auf 0,17 %.

Die regionalen Prioritäten für die Entwicklungszusammenarbeit der neuen EU-Länder liegen in der Ukraine, Weißrussland sowie Moldawien, im südlichen Kaukasus (vor allem Georgien und Armenien), in Zentralasien (vor allem Kirgistan, Usbekistan, Afghanistan), in Südost-Europa (vor allem Serbien und Montenegro, Bosnien-Herzegowina sowie Albanien) sowie in ausgewählten Ländern Asiens, des Nahen Ostens und Afrikas, wie z.B. Vietnam, Mongolei, Jemen, Palästinensische Gebiete, Angola, Sambia und Mosambik.

Die **thematischen Prioritäten** konzentrieren sich auf Armutsbekämpfung, Förderung der Menschenrechte und des Rechtswesens, sowie auf die Unterstützung regionaler Sicherheitszonen. Den neuen EU-Mitgliedsländern kommt es aber vor allem darauf an, positive Transformationserfahrungen weiterzugeben. Sie sind aufgrund ihrer historischen Erfahrungen dafür prädestiniert andere Staaten im Transformationsprozess zu beraten und zu unterstützen. Sie sind aber nicht nur in dieser Rolle glaubwürdig, sondern haben auch das Potential, die Debatte in Europa zu bereichern.

In vielen neuen EU-Ländern gibt es bereits zahlreiche **Nicht-regierungsorganisationen** (NROs), die sich vornehmlich auf humanitäre Hilfe konzentrieren. Viele NROs haben sich bereits zu NRO-Plattformen zusammengeschlossen, wie z.B. in Polen, der Tschechischen Republik, der Slowakischen Republik, Ungarn, Estland und Malta. In den neuen NRO-Netzwerken spiegelt sich die Vielfalt von Kultur und Geschichte des erweiterten Europas wider.

Zwei Länderbeispiele: Bemerkenswert ist etwa die **Slowakische Republik**, die der Unterstützung der Reform der öffentlichen Verwaltung – inklusive der Finanzreform – in Entwicklungsländern große Aufmerksamkeit schenkt.

Auch **Estland** ist ein herausragendes Beispiel. Estland hat – ebenso wie die slowakische Republik – eine von Regierung und Parlament gebilligte eigene Konzeption zur Entwicklungspolitik verabschiedet. Der besondere thematische Schwerpunkt des estnischen Konzepts liegt auf der Verbreitung von Informationstechnologien in Entwicklungsländern, denn auf diesem Feld ist Estland besonders fortgeschritten.

Die EU-Erklärung zur Entwicklungspolitik vom November 2000, die den Schwerpunkt auf Armutsbekämpfung legt, bindet auch die neuen Mitglieder. Aufgabe der neuen EU-Länder ist es, die Prinzipien **Koordination, Kohärenz und Komplementarität** als entwicklungspolitische Leitlinien anzuerkennen und umzusetzen. Es geht um die bessere Koordinierung von Hilfsprogrammen zwischen der Union und ihren Mitgliedstaaten, die Abstimmung entwicklungspolitischer Zielsetzungen mit anderen EU-Politiken und die Vereinbarkeit nationaler Entwicklungsprogramme mit dem der EU. Dazu gibt es **zwei konkrete Instrumente**: 1. Die **Länderstrategiepapiere der EU**, die als gemeinsame Richtlinie für die Gestaltung nationaler Entwicklungspolitik dienen und 2. die Möglichkeit **programmorientierter Gemeinschaftsfinanzierung** zwischen Kommission und Mitgliedstaaten. Diese Instrumente sollten noch stärker genutzt werden.

Zur Verbesserung der kooperativen Bewältigung globaler Herausforderungen schenken die neuen EU-Länder der Weiterentwicklung internationaler Institutionen und globaler Regelwerke besondere Aufmerksamkeit, wie z.B. der Fortsetzung der Reformen der internationalen Finanzinstitutionen Weltbank und IWF und der Stärkung der Entwicklungsorganisationen des UN-Systems. Sie wollen **aktiv** das **multilaterale System mitgestalten**.

Seit etlichen Jahren **unterstützt** das Bundesministerium für wirtschaftliche Zusammenarbeit und Entwicklung (BMZ) die Einbindung der neuen Mitglieder in die EU-Entwicklungszusammenarbeit mit **konkreten Maßnahmen**. Dazu gehören neben Fortbildungen für Experten aus den neuen Mitgliedsstaaten auch Besuchsprogramme und Praktika in deutschen Institutionen, die das BMZ speziell Personen aus den Außen- und Finanzministerien ermöglich hat. Zudem leistet das BMZ konkrete, bedarfsorientierte Beratung für viele dieser Länder und hilft bei der Erarbeitung entwicklungspolitischer Strategien und der Entstehung zivil-gesellschaftlicher Plattformen.

Der Europäische Nationalstaat hat bewiesen, dass er nicht die Kraft hat, langfristig Frieden und Stabilität zu sichern. Deshalb hat Europa ein neues Modell des Zusammenlebens der Staaten entwickelt, dass sich als Erfolgsmodell herausgestellt hat. Dieses Modell wird durch die Osterweiterung fortentwickelt. Die erweiterte **Europäische Union** muss sich als **zivile Weltmacht** verstehen, die nicht nur für die Stabilität auf dem eigenen Kontinent sorgt, sondern auch eine friedliche und stabile Entwicklung im globalen Maßstab fördert.

Ukraine vom 7.11.-13.11. 2011

Deutschland hatte die Ukraine unterstützt beim Bau des Fußballstadiums in Lwiw, in dem Spiele der Fußballeuropameisterschaften 2012 stattfanden. Ich hatte – anstelle des deutschen Entwicklungs- Ministers Niebel – am 11.11.2011 die Eröffnungsansprache zu halten ("Fußball als Motor gesellschaftlicher Entwicklung"). Es fand dazu ein Fußballspiel zwischen der deutschen und ukrainischen Nationalmannschaft in Kiew statt, das 4:4. endete. Ein solches diplomatisches Ergebnis hatten wir beim Deutschen Nationaltrainer Philipp Löw angeregt.

Das Fußballspiel zwischen der Ukraine und Deutschland am 11.11.2011 in Kiew wurde genutzt, um die bilaterale entwicklungspolitische Zusammenarbeit Deutschlands mit der Ukraine öffentlichkeitswirksam darzustellen. (meine Ansprache in Anlage 1). Die Vorbereitung lag in den bewährten Händen von Herrn Kreuz.

Bei meinen Gesprächen in Lwiw lobte der stellvertretende Bürgermeister das deutsche Engagement in drei Projekten in Lwiw:

a) Unterstützung beim Bau der Fußballarena
b) Nachhaltige Mobilität
c) Altstadtsanierung

zu a) Fußballarena

Das Stadion hat ungefähr 210 Mio. Euro gekostet, es wird auch Konferenzsäle enthalten. Die Straßen sind zu 91 % fertig, die Wasserversorgung zu 100 %, die Elektrizitätsversorgung zu 70 % und die Gastversorgung zu 100 %. Geplant ist naturgemäß die längerfristige Nutzung u.a. als Ausstellungszentrum, Konferenzzentrum und als Eis-Arena. Durch die EURO 2012 und die Altstadtsanierung erhofft man einen Anstieg der Touristen von derzeit 1 Mio. pro Jahr auf 3-4 Mio. pro Jahr. Das Flughafen-Terminal, das derzeit gebaut wird, kostet rd. 130 Mio. Euro. Für die Verkehrsplanung sehr nützlich war die Studie der KfW „Public Transport Network". U.a. sollen 120 Busse zum Einsatz kommen. Es ist geplant, die bisher in Deutschland unbekannte Stadt Lwiw im Frühjahr 2012 in den Städten München, Hamburg und Berlin zu präsentieren.

Zu b) Nachhaltige Mobilität

Gefördert werden sollen insbesondere der öffentliche Nahverkehr und der Fahrradverkehr. Besonders für die Förderung des Fahrradverkehrs und den Bau von Fahrradwegen war eine strategische Entscheidung des Bürgermeisters erforderlich (bisher war das Fahrrad eher etwas für „Kinder"). Die Stadt hat auch einen Radfahrbeauftragten ernannt. Ziel ist u.a. der Bau von 36 Kilometer Fahrradwegen bis zu EURO 2012, langfristiges Ziel der Bau von 270 Kilometer Fahrradwegen.

Zu c) Altstadtsanierung in Lwiw

Lwiw ist Weltkulturerbe und hat 665 Kulturdenkmäler. Das integrierte Entwicklungskonzept „Kommunalentwicklung und Altstadtsanierung" umfasst u.a. Maßnahmen in den Bereichen „Kulturerbe und Wohnen", „Öffentlicher Raum" und „Tourismus und Kultur". Lwiw ist durch den Holocaust besonders betroffen. Früher wohnten hier 160.000 Juden, heute sind es vielleicht noch 2.000. Im Rahmen des Altstadtsanierungsprojektes werden u.a. auch drei Orte ins Zentrum gerückt, die an das jüdische Erbe von Lemberg erinnern sollen (der Platz der ehemaligen Synagoge, der Friedhof, das Konzentrationslager). Es wurde eine öffentliche Ausschreibung durchgeführt, um die Spuren der jüdischen Geschichte im heutigen urbanen Zusammenhang sichtbar zu machen. Das Altstadtsanierungsprojekt spielt für die Stadtentwicklung Lwiw eine bedeutende Rolle.

Michael Bohnet

Entwicklungspolitik als Katalysator

Ansprache in Kiew am 11.11.2011

Die EURO 2012 Entwicklungsmotor für die Ukraine

Entwicklungspolitische Zusammenarbeit kann Anstöße geben zur Mobilisierung von Kräften, die ökonomische und gesellschaftliche Veränderungen vorantreiben. Deutschland unterstützt die Ukraine auf dem Weg der Transformation. Staat, Wirtschaft, Gesellschaft finden sich im Umbruch, moderne zukunftsfähige Strukturen und Institutionen sollen entstehen oder gefestigt werden, damit dieses große Land mit seiner stolzen Tradition und seiner herausragenden Kultur und seinem großen kulturellen Erbe die Rolle einnehmen kann, die seinem reichhaltigen Potential entspricht. Es geht darum, Institutionen zu fördern, die dem Recht und **rechtstaatlichen Prinzipien verpflichtet sind**, **die Unabhängigkeit der Justizsysteme zu stärken und Demokratieprozesses zu fördern.**

Diesen Transformationsprozess auch mit entwicklungspolitischer Zusammenarbeit zu fördern ist unsere Aufgabe, der wir uns auf Bitten bisher aller ukrainischen Regierungen nach besten Kräften verpflichtet fühlen. Die Ukraine ist ein europäisches Land. Übergeordnetes entwicklungspolitisches Ziel ist die Unterstützung der Ukraine bei der Schaffung von modernen Strukturen in Staat und Gesellschaft, die auch kompatibel mit EU-Standards sind bzw. sich auf dem Niveau von EU-

Standards bewegen. Wir leisten mit unserem entwicklungspolitischen Instrumentarium Unterstützung in Schlüsselbereichen der ukrainischen Transformation. Wir bieten ein anspruchsvolles Programm an, das sich an europäischen Standards orientiert. Wir sind dankbar, dass unsere Kooperation, die auf Augenhöhe erfolgt, auch unsere bilateralen deutsch-ukrainischen Beziehungen vertieft und festigt. Die Gesellschaft für internationale Zusammenarbeit (GiZ) ist neben der Kreditanstalt für Wiederaufbau (KfW) die wichtigste deutsche Institution, die im Auftrag der deutschen Regierung diese Transformationskooperation engagiert, professionell und umfassend erfolgreich umsetzt .Seit der Unabhängigkeit der Ukraine im Jahre 1991 hat die Bundesregierung als größter bilateraler Geber neben den USA insgesamt mehr als 321 Millionen Euro zur Unterstützung wirtschaftlicher und politischer Reformprozesse und für Investitionen eingesetzt.

Die Schwerpunkte unserer Zusammenarbeit sind:

- Nachhaltige Wirtschaftsentwicklung, Förderung von Investitionen sowie Unterstützung kleinerer und mittlerer Unternehmen.

- Energie- und Energieeffizienz

- Gesundheit/Bekämpfung von HIV und Aids

Lassen Sie mich zu diesen drei Schwerpunkten einige ergänzende Bemerkungen machen:

a) Nachhaltige Wirtschaftsentwicklung

Klein- und mittlere Unternehmen (KMU) könnten als wirtschaftlicher Wachstumsmotor für die Ukraine dienen. Doch die Rahmenbedingungen für privatwirtschaftliches Engagement sind bisher ungünstig: Übermäßige Bürokratie, Rechtsunsicherheit, starke staatliche Kontrolle, intransparente Verwaltungen, **weit verbreitete Korruption,** Führungskräftemangel, unzureichende Finanzdienstleistungen sorgen dafür, dass die Investoren sich bisher zurückhalten.

Deutschland setzt auf verschiedenen Ebenen an, um die KMU zu fördern und somit Arbeitslosigkeit und Armut in der Ukraine zu bekämpfen. Durch ein Programm der Technischen Zusammenarbeit werden Fach- und Führungskräfte qualifiziert sowie Kleinunternehmer und Existenzgründer fortgebildet.

Im Rahmen der Finanziellen Zusammenarbeit wurden angepasste Kreditangebote für kleinere und mittlere Unternehmen entwickelt. Im Auftrag des Bundesministeriums für wirtschaftliche Zusammenarbeit und Entwicklung unterstützt die KfW Entwicklungsbank ukrainische Banken dabei, die Folgen der Finanzkrise zu überwinden. Sie stellt ihnen Kapital und Darlehen zur Verfügung, um beispielsweise Kredite für KMU refinanzieren zu können

b) Energie und Energieeffizienz

In der Ukraine wird Energie noch äußerst ineffizient genutzt. Veraltete Kraftwerke und Leitungssysteme führen zu hohen Verlusten, niedrige Stromtarife sorgen für einen sorglosen Umgang mit Energie sowohl im Gewerbe als auch in den Privathaushalten.

Der hohe Energieverbrauch läuft nicht nur den internationalen Klimaschutzzielen zuwider. Er macht die ukrainische Wirtschaft auch stark von Energieimporten abhängig und damit sehr anfällig für Preisschwankungen und Lieferschwierigkeiten.

Deutschland berät die zuständigen Behörden dabei, Strategien zur Verbesserung der Energieeffizienz in Gebäuden zu entwickeln und EU-konforme technische Standards einzuführen. Auch unterstützt Deutschland die Ukraine dabei, Umspannstationen sowie Strom- und Fernwärmenetze zu modernisieren.

Im Rahmen eines kommunalen Klimaschutzprogrammes sollen Investitionen gefördert werden, die u.a. dazu beitragen, die Energieeffizienz im Trink- und Abwasserbereich zu steigern, Treibhausgasemissionen aus kommunalen Abfällen zu vermeiden und den öffentlichen Nahverkehr zu verbessern.

b) Gesundheit/Bekämpfung von HIV und AIDS

Die Zahl der HIV-Infizierten hat sich in der Ukraine in den vergangenen Jahren stark erhöht. 1,3 % der Bevölkerung zwischen 15 und 49 Jahren sind infiziert, der Durchschnitt in Westeuropa liegt bei 0,2 %. Im Auftrag des BMZ unterstützt die GiZ das ukrainische Gesundheitsministerium bei der Umsetzung eines nationalen Plans zur Bekämpfung von HIV und AIDS. In enger Zusammenarbeit mit regionalen Verwaltungen, lokalen Gesundheitsdiensten und zivilgesellschaftlichen Organisationen werden Aufklärungs- und Präventionsmaßnahmen entwickelt. Auch die Betreuung von HIV-Infizierten und AIDS-Kranken wird verbessert.

Unterstützungen im Zusammenhang mit der Fußball-Europameisterschaft 2012

Impulse für die wirtschaftliche Entwicklung sollen auch von der Fußball-Europameisterschaft ausgehen, die die Ukraine 2012 gemeinsam mit Polen ausrichten wird. Deutschland unterstützt Maßnahmen zur Vorbereitung der Europameisterschaft 2012, die hohe Relevanz für den erfolgreichen Verlauf dieses Großereignisses haben sollen, welches wirtschaftliche Katalysator-Wirkungen für die gesamte Ukraine entfalten wird. Deutschland unterstützt die Ukraine bei den Vorbereitungen etwa in den Bereichen Transport, Flughafenmanagement, Stadionbau und -management, öffentlicher Nahverkehr sowie Standort-Marketing und Tourismus. Dies kann lang- bzw. mittelfristig bewirken, dass ausländische Investitionen erhöht werden sowie die strukturelle Verbesserung der touristischen Angebote in den Austragungsorten Kiew, Donezk, Lwiw und Charkiw neue Chancen eröffnen. Ferner sollen in den Städten Kiew und Lwiw Schulsporteinrichtungen rehabilitiert werden.

Die Regierung der Ukraine möchte die nationale Ausstrahlungskraft der Großveranstaltungen auch dazu nutzen, junge Menschen auf die Möglichkeiten des Sports als Mittel zur sozialen Integration und Gesundheitsförderung hinzuweisen. Geeignete Schulsportgelände in Kiew und Lwiw sollen dabei als Jugendzentren ausgebaut werden. Die Fußball-Europameisterschaft EURO 2012 soll ebenso dazu genutzt werden, die Lebensumstände der Jugendlichen in der Ukraine zu verbessern, u.a. sollen Medienkampagnen zur Prävention von HIV und AIDS, Diskriminierung und Gewalt beitragen.

Deutschland wird eine Großveranstaltung durchführen unter dem Motto „Europa 2020 – Unser Kontinent – Unsere Zukunft". Die Plattform soll ein Ort des kulturellen Miteinanders sein und damit der europäischen Bewusstseinsbildung dienen, den identitätsstiftenden und verbindenden Charakter des Fußballs aufgreifen und in andere Bereiche tragen.

Wir hoffen, dass unser Beitrag zur Europameisterschaft 2012 ein Leuchtturm der bilateralen Kooperation wird, der dazu beiträgt, die Ukraine als professionelles Gastgeberland zu präsentieren. Wir hoffen auch, dass die Kooperation bei der Europameisterschaft dazu dient, unseren gesamten bilateralen Beziehungen Auftrieb zu geben. Die Liebe zum Fußball verbindet und eint unsere beiden Länder. Es wäre natürlich am schönsten, wenn das Endspiel zwischen Deutschland und der Ukraine stattfinden könnte.

Fotos zu EU und EU-Beitrittsländer

Tschechische Republik   Ptag   18.-20. Juni 2003

Nationaldenkmal für die Helden , die Heydrich getötet haben

Estland 17.-21.9.2003

Tallin

Alexander Newski- Kathedrale

Fazit der Jahre 2002-2013:

Im chinesischen Umweltbeirat habe ich von 2002-2007 mitgearbeitet. Die Ergebnisse habe ich am 26.5.2008 in der FAZ veröffentlicht unter dem Titel: China: Auf der Suche nach dem Pfad grüner Reformen.

Von 2003-2013 war ich Beauftragter des BMZ für die 10 neuen EU-Beitrittsländer und habe sie beraten bei der Erarbeitung ihrer eigenen entwicklungspolitischen Konzeptionen. Dazu habe ich am 16.1.2006 in der Süddeutschen Zeitung einen Aufsatz veröffentlicht mit dem Titel „Von Nehmern zu Gebern".

2011 war ich in der Ukraine, um das mit deutscher Hilfe gebaute Fußballstadion in Lemberg (Lwiw) zu inspizieren. In Kiew habe ich im Vorfeld der Europa-Fußballmeisterschaft eine Rede gehalten zum Thema „Entwicklungspolitik als Katalysator". Darin habe ich die politische Situation in der Ukraine deutlich angesprochen und unsere entwicklungspolitischen Schwerpunkte erläutert.

Zusammenfassende Rückschau
(1978-2013)

Zusammenfassende Rückschau

Die vorstehenden Ausführungen und Berichte waren vielfältig und zuweilen verwirrend. Deshalb möchte ich am Schluss eine zusammenfassende Rückschau versuchen (1978-2013)

1978 – 1982 - Zunehmende Ost-West-Spannungen

Die Jahre 1978 bis 1982´waren bestimmt durch eine Verschärfung des Ost-West-Gegensatzes, durch die Ölkrise und den Kampf um eine neue Wirtschaftsordnung.

In meiner Funktion als Leiter des Grundsatz- und Planungsreferats von 1978 bis 1982 habe ich zusammen mit engagierten Kollegen die Grundbedürfnisstrategie des BMZ, das Schwellenländerkonzept des BMZ und die entwicklungspolitische Konzeption der Bundesregierung erarbeitet. Die konzeptionelle Arbeit fand 1981 ihren Höhepunkt in der Verabschiedung der **„Entwicklungspolitischen Grundlinien der Bundesregierung unter besonderer Berücksichtigung der Empfehlungen der Brandt-Kommission"** durch das Bundeskabinett.

Ich nahm an der Konferenz **UNCTAD V** 1979 **in Manila tei**l, bei der die Industrieländer – einschließlich Deutschlands - die Forderungen der Entwicklungsländer nach einer neuen Weltwirtschaftsordnung ablehnten.

Ich hatte auch das „Vergnügen", als „kleiner" Delegierter an den **Weltwirtschaftsgipfeln in Tokio 1979, Venedig 1980 und Versailles 1982** teilzunehmen, alles Gipfel im Schatten aussenwirtschaftlicher und energiewirtschaftlicher Turbulenzen und wachsender Stagnationstendenzen in den Industrieländern. Die Wirtschaftsgipfel in Tokio und Versailles erbrachten erstaunliche Ergebnisse: Verdoppelung der Kohleförderung, Steigerung der Kernkraft.

1991 fand der **Nord- Südgipfel in Cancun** / Mexiko statt. Erstmals in der Geschichte erörterten Staats- und Regierungschefs aus 22 Industrie- und Entwicklungsländern die Zukunft der Zusammenarbeit von Nord und Süd. Ziel war es, die Tür zu globalen Verhandlungen anzustoßen. Die Verhandlungen scheiterten aufgrund der Komplexität der Materie und des mangelnden politischen Willens vieler Teilnehmer.

Am Ende der 5 Jahre stand der **Sturz der sozial-liberalen Koalition** (unter Schmidt) , die durch eine christlich- liberale Koaliion (unter Kohl) abgelöst wurde. Ich wurde als Leiter des Planungsreferats abgesetzt.

1983 und 1984 - Im Zentrum die Vereinten Nationen

Während meiner Tätigkeit als Leiter des UN-Referats in den Jahren 1983 und 1984 lag der Schwerpunkt meiner Arbeit bei der Mitwirkung der Reform von UNDP und der Weiterentwicklung von UNDP als größtem Entwicklungsprogramm der Vereinten Nationen. Ich war deutscher Vertreter im Verwaltungsrat von UNDP und in dieser Funktion öfters in New York und Genf. Im Verwaltungsrat von UNDP wurden sowohl die politischen Grundanliegen von UNDP festgelegt als auch die UNDP Länder-Programme verabschiedet. Es gab harte Ost-West-Auseinandersetzungen über einzelne Länderprogramme, z.B. das **Länder-Programm Afghanistan.** Man muss wissen, dass Afghanistan 1979 von der Sowjetunion besetzt worden war.

Während meiner UN-Jahre in New York und Genf habe ich erfahren, wie mühselig und schwierig die Konsensbildung im UN-Rahmen ist.

Das Jahr 1983 war geprägt durch die harten Auseinandersetzungen über den NATO-Doppelbeschluss (große Demonstration auf der Bonner Hofwiese), was u.a. zu einer **Blockade des BMZs** durch Hunderte Demonstranten führte. In den USA geißelte Reagan die Sowjetunion als das „Reich des Bösen" und proklamierte eine „America First Policy".

1985 – 1990 - Licht und Schatten der Entwicklungszusammenarbeit

1985 übernahm ich die Leitung des Evaluierungs- und Inspektionsreferats des BMZ. Es wurde eine Gesamtzusammenfassung aller bisherigen Evaluierungsergebnisse erarbeitet. Die Arbeit ist unter dem Titel **„Aus Fehlern lernen"** im Jahre 1988 erschienen. Ich hatte durchgesetzt, dass die Ergebnisse von Evaluierungen und Inspektionen in selbstkritischer Form der Öffentlichkeit in Pressekonferenzen vorgestellt wurden, u.a. vom damaligen Parlamentarischen Staatssekretär Köhler. Während meiner Zeit als Leiter des Referats Evaluierung/Inspektion habe ich **12 Evaluierungen** selber geleitet, jeweils mit einem Evaluierungsteam, zusammengesetzt aus den jeweiligen Experten zu den spezifischen Themen. Von den 12 Evaluierungen hat ein Projekt die Note „sehr gut" erhalten (Ecuador), zwei die Note „gut" (Projekte in Thailand und China), drei die Note „befriedigend" (Düngemittelfabriken, Projekte in Mali und Zimbabwe), zwei die Note „ausreichend" (Projekte in Ruanda/Burundi/Zaire und in Nepal) und vier die Note „mangelhaft" (Projekte in der Türkei, Malediven, Namibia und Argentinien).

Während der fünf Jahre hat das Inspektionsreferat insgesamt etwa 30 Evaluierungen durchgeführt. Das Ergebnis war eindeutig: ein Drittel gelungen, ein Drittel mit Licht und Schatten, ein Drittel gescheitert.

In diese Zeit fiel 1988 auch die **Enttarnung der DDR- und KGB-Spionin Elke Falk** im BMZ.

1990 – 1993 - Im Zentrum: Tropenwald, die Bevölkerungsfrage, Menschenrechte

Ab Mai 1990 übernahm ich die Leitung der Unterabteilung „Sektorale und übersektorale Entwicklungspolitik".

Als erstes wurden zweiseitige Zusammenfassungen aller bisherigen sektor- und übersektoralen Konzepte des BMZ erstellt, um geordnete und übersichtliche Strukturinformationen zur Verfügung zu haben. Ferner wurden soziokulturelle Fragen der Entwicklungspolitik in den Mittelpunkt gestellt.

In dieser Zeit wurden auch quantitative Zielgrößen für die Sektoren Forst, Grundbildung, Aids-Bekämpfung und erneuerbare Energien (sogenannte **Sektorquoten)** in die deutsche Rahmenplanung eingefügt. Seither gibt es in der deutschen bilateralen Entwicklungszusammenarbeit neben quantitativen Länderquoten auch quantitative Sektorvorgaben.

In den Jahren 1990 bis 1993 standen die Tropenwaldfrage, die Bevölkerungsfrage und der Kampf gegen Menschenrechtsverletzungen im Vordergrund.

1990 reiste ich mit **Entwicklungsminister Warnke nach Brasilien,** um das mit deutscher Unterstützung konzipierte Tropenwaldschutzprogramm zu inspizieren. Eine kleine Anmerkung: Wir flogen nach Porto Vehlo, ein Naturschutzgebiet mitten im Amazonas. Als wir dort holperig landeten, konnten wir nicht landen, da es keine Treppe gab, wir mußten abgeseilt werden.

Eine Reise mit **Umweltminister Töpfer** 1991 nach **Brasilien** dokumentierte deutlich, dass die Zerstörung des Amazonas gestoppt werden konnte, auch durch das millionenschwere Tropenwaldschutzprogramm der Bundesregierung (Rückgang der Waldverluste um 27 % in drei Jahren).

Eine Reise nach **Madagaskar** zeigte hingegen, dass die Abholzung der Wälder dort dramatisch angestiegen war. Bei meinem Aufenthalt in Madagaskar war ich beeindruckt von der Geschichte des Landes und der beeindruckenden Grabkultur.

Die Bevölkerungskonferenzen in **Indonesien und Wien** dokumentierten, dass Familienplanung konkret umgesetzt werden kann. Große Erfolge wurden insbesondere in Indonesien, Malaysia und Thailand erzielt.

Eine Konferenz über die Situation afrikanischer Kinder im **Senegal** war überdimensioniert und relativ sinnlos, hingegen besonders erfolgreich die inspizierten Photovoltaik-Projekte und die „sanierten Slums" in der Nähe der Hauptstadt Dakar.

Die Regierungsgespräche, die **Minister Spranger in Kenia, Tansania und Zimbabwe** führte, machten deutlich, dass mit Härte angesprochene Menschenrechtsverletzungen auch Erfolge zeitigen können. In Kenia wurden-nachdem wir Namenslisten übergeben hatten- z.B. politische Gefangene nach unserem Besuch entlassen. Es gehörte aber zu unserer Strategie, darüber nie in der Öffentlichkeit zu berichten.

Nach der Wiedervereinigung fand eine große **Info-Tour des BMZ** in vielen Städten Deutschlands, vor allem der neuen Bundesländer, zum Thema „Verantwortung für die eine Welt" statt. Trotz der Teilnahme von Minister Spranger, Ministerpräsident Biedenkopf und Dieter Thomas Heck waren die Erfolge bescheiden. Meistens reagierten die Zuhörer abweisend bis gelangweilt. Wir hatten es versäumt, für die Zielgruppen ein passgenaues Konzept zu entwickeln.

Mit meiner Ernennung zum Unterabteilungsleiter 1990 durch Bundesminister **Warnke** war verbunden seine Bitte, ihn in **Wirtschaftsfragen der untergehenden DDR zu beraten**. Ich habe dazu eine Vielzahl von Entscheidungsvorlagen erstellt, z.B. zur Währungsumstellung und zu Eigentumsfragen in der DDR.

1992 – 1996 - Weltkonferenzen sind keine Papiertiger

Von 1992 bis 1996 habe ich als BMZ-Vertreter die 8 großen Weltkonferenzen mitverhandelt: Umwelt und Entwicklung in Rio (1992), kleine Inselstaaten in Barbados (1994), Welt-Aids-Kongress in Yokohama (1994); Weltbevölkerungskonferenz in Kairo (1994), Weltsozialgipfel in Kopenhagen (1995), Weltfrauenkonferenz in Peking (1995), Weltstädte-Gipfel in Istanbul (1996) und Welternährungsgipfel in Rom (1996).

Die **Konferenz Umwelt und Entwicklung** in Rio (1992) hat die Klimakonvention, die Konvention zum Schutz der Artenvielfalt und die Wüstenkonvention völkerrechtlich verbindlich auf den Weg gebracht.

Die **Konferenz über die kleinen Inselstaaten** in Barbados (1994) hat ein Aktionsprogramm verabschiedet, das die spezifischen Probleme der kleinen Inselstaaten mit Lösungsvorschlägen ins Blickfeld nahm: Anstieg des Meeresspiegels, Zerstörung der Küsten, Erschöpfung der Trinkwasserressourcen, Bedrohung der Artenvielfalt und Gefahr durch Tourismus.

Der **Welt-Aids-Kongress** in Yokohama in Japan im Jahr 1994 befasste sich mit dem Stand der wissenschaftlichen Forschung zu Aids. Der Wissensstand war damals, dass weder Hoffnung auf einen Impfstoff noch auf eine medikamentöse Behandlungsmethode bestand; ein entsprechend deprimierendes Ergebnis für die 10.000 Teilnehmern aus 140 Ländern. Gott sei Dank hat der wissenschaftliche Fortschritt danach diese düsteren Prognosen obsolet gemacht.

Bei der **Weltbevölkerungskonferenz** in Kairo (1994) gab es massive Auseinandersetzungen mit dem Vatikan, dem Iran und den muslimischen Staaten zur Frage der Familienplanung („unheilige Allianz"). Letztlich konnte jedoch gegen alle Widerstände das Recht auf Familienplanung weltweit durchgesetzt werden.

Der **Weltsozialgipfel** (1995) hat ein Sonderprogramm der ILO (internationale Arbeitsorganisation) zur Bekämpfung der Kinderarbeit auf den Weg gebracht.

Bei der **Weltfrauenkonferenz** (1995) in Peking ist das sexuelle Selbstbestimmungsrecht der Frauen festgeschrieben worden, desgleichen gleiches Erbrecht für Jungen und Mädchen. Ferner wurden die vorgeburtliche Geschlechtsauswahl und die Verstümmelung weiblicher Geschlechtsorgane gebrandmarkt.

Beim **Weltstädtegipfel** in der Türkei (1996) wurde die HABITAT-Agenda verabschiedet, die das Recht auf angemessenen Wohnraum als Bestandteil der Menschenrechte verankert. Zudem wurde die Autonomie kommunaler Stadtentwicklung als eine Kernvoraussetzung erfolgreicher Stadtentwicklungspolitik festgeschrieben.

Der **Welternährungsgipfel** in Rom (1996) hat eine Lanze gebrochen für Landreformen und die Stärkung internationaler Agrarforschung. Ansonsten war der Gipfel wenig spektakulär.

Ich habe daran mitgewirkt, dass die Beschlüsse der Weltkonferenzen auch in der Praxis der deutschen Entwicklungspolitik in den darauffolgenden Jahren umgesetzt wurden. Weltkonferenzen sind also keine Papiertiger, wie landläufig vielfach behauptet wird.

In dieser Zeit gab es neben den Weltkonferenzen auch Regierungsgespräche mit schwierigen Inhalten. Die Reise mit **Minister Spranger nach Bangladesch** 1996 hat deutlich gemacht, dass das Land aufgrund massiver Konflikte zwischen der Präsidentin Begum Zia und der Oppositionsführerin Hasina derzeit unregierbar ist.

Bei der anschließenden Reise in die **Philippinen,** ebenfalls mit **Minister Spranger,** wurde deutlich, dass dieses katholische Land und die herrschende katholische Kirche die Familienplanung massiv bekämpft.

1997 – 1998 - Fachkonferenzen und Fachprogramme, erfolgreiche und gescheiterte

1997 überprüfte ich das Zentrum für landwirtschaftliche Forschung in Trockengebieten (ICARDA) in **Syrien,** das beeindruckende Erfolge aufwies und koppelte diese Reise mit Projektbesuchen in Aleppo (Syrien) und Amman (Jordanien) ebenfalls mit befriedigenden Ergebnissen.

1998 überprüfte ich das International Livestock Research Institute in **Äthiopien,** das ebenfalls beachtliche Ergebnisse erbrachte, gekoppelt mit einem Besuch der umstrittenen Tigray-Region (Hungerregien) im Norden Äthiopiens.

1998 fand die Sondergeneralversammlung der **Vereinten Nationen zu Drogen** statt, in der unser BMZ-Konzept der alternativen Entwicklung im Zentrum stand, ein Konzept, das wirksamer ist als die gewaltsame Vernichtung von Drogenfeldern.

Auch die Geberkonferenz in **Moskau zum FCKW-Ausstieg d**er russischen Föderation in 1998 war ein überwältigender Erfolg. Alle sieben großen FCKW-Fabriken der russischen Föderation konnten stillgelegt werden, massiv unterstützt durch deutsche Entwicklungszusammenarbeit.

Die Sondergeneralversammlung der Vereinten Nationen 1997 in New York diente der Überprüfung der Ergebnisse des **Rio-Gipfels „5 Jahre danach"** unter Anwesenheit des Bundeskanzlers Kohl und der neuen Bundesumweltministerin Merkel. Merkel war von beeindruckender Kürze und Präzision. Das Ergebnis der Konferenz war hingegen mäßig.

Im Jahre 1997 fand eine Tagung zur Frage der **Desertifikation im Niger** statt, mit nur geringem Erfolg. Deutschland stand dabei im Zentrum der Kritik, da wir die Entwicklungszusammenarbeit mit Niger ein Jahr davor aufgrund des Militärputsches von Bare gestrichen hatten (übrigens zu Recht).

Ein weiterer Schwerpunkt war der sogenannte **Global March von Kinderarbeitern** aus der ganzen Welt 1998 nach Bonn, gekrönt durch ein Kinderparlament im Bonner Wasserwerk, bei dem Bundesarbeitsminister Blüm und ich Fragen zu Kinderarbeit beantworten sollten, was uns nur mäßig gelang., da wir doch zu viel Politjargon verwendeten.

Das Jahr 1997 war geprägt durch Auseinandersetzungen zwischen dem BMZ und dem Auswärtigen Amt über die Frage eines deutschen **Austrittes aus der UNIDO,** die Minister Spranger gefordert hatte, bei der er sich aber letztlich gegenüber Außenminister Kinkel nicht durchsetzen konnte

1998 – 2002 - Meine entwicklungspolitisch intensivsten Jahre

Die Jahre 1998 bis 2002 waren vielfältig, aufregend und beinhalteten zahlreiche entwicklungspolitische Tätigkeiten und Reisen.

Am 01.10.1998 übernahm ich die **Leitung der Abteilung „Multinationale Entwicklungszusammenarbeit, Entwicklungspolitik der Europäischen Union, sektorale und übersektorale Entwicklungspolitik".** Im Oktober 1998 fand der Regierungswechsel von Schwarz-Gelb (Kohl) zur Rot-Grün (Schröder) statt.

Die Neugestaltung der deutschen Entwicklungspolitik konkretisierte sich in der Schuldenerlass-Initiative, die beim Kölner Weltwirtschaftsgipfel 1999 von den G8-Staaten beschlossen worden war.

Am 08.03.1999 übernahm ich die **Leitung der Abteilung „Regionale Entwicklungspolitik, Projekte der bilateralen finanziellen und technischen Zusammenarbeit, Integration aller entwicklungspolitischen Maßnahmen".**

Ab 1999 wurden entwicklungspolitische Regionalkonzepte für Afrika, Lateinamerika, Asien, Zentralasien, den Kaukasus und für Südosteuropa erstellt. Ein zentrales Aufgabengebiet bestand in der Konzeption und die Umsetzung der Länderkonzentration, d.h. der Reduzierung der Zahl der Empfänger deutscher Entwicklungszusammenarbeit von 116 auf 70 Länder, was auch gelang, zum Ärger vieler in Bonn ansässiger Botschafter der betroffenen Länder.

Um nicht in einer Vielzahl von Einzelergebnissen unterzugehen, ordne ich die Geschehnisse nach Kontinenten.

A. Afrika

1999 habe ich unter Federführung der Entwicklungsministerin Wieczorek-Zeul, des Außenministers Fischer das EU/AKP-Abkommen in **Dakar/Senegal** neu mitverhandelt. In diesem Vertragswerk wurde zum ersten Mal das Prinzip „good governance (verantwortliche Regierungsführung)" verankert. Die Verhandlungen fanden unter der deutschen EU-Präsidentschaft statt.

Ferner leitete ich im Jahr 2000 Regierungsverhandlungen mit **Marokko.** Als Schwerpunkte der deutsch-marokkanischen Entwicklung wurden die Bereiche Trinkwasserversorgung (das Laufwasserkraftwerk Tanafni-El Borj), Umweltschutz, ländliche Entwicklung und Wirtschaftsförderung festgeschrieben (insgesamt für 2 Jahre 118 Mio. DM).

B. Naher Osten

Die Reise mit **Wieczorek-Zeul** 1999 nach **Israel, Palästina und Jordanien** fand in der entscheidenden Phase der Verhandlungen über die Verwirklichung des Wye-Abkommens und den Beginn der endgültigen Statusverhandlungen zwischen Israel und Palästina statt. Das Gespräch mit dem israelischen Minister für regionale Zusammenarbeit, Simon Peres, Ministerpräsident Barak und Palästinenserpräsident Arafat offenbarten aber, dass trotz eines weitgehend ausgehandelten Vertragsentwurfs, die Positionen noch erheblich auseinanderklafften. Am weitesten ging auf israelischer Seite der Handelsminister Cohen, der für eine Zweistaatenlösung eintrat. Zu den damit verbundenen Gebietsabtretungen bemerkte er, dass ihm die Zukunft seiner Kinder wichtiger sei, als die Vergangenheit seiner Eltern.

Die Reise als Delegationsmitglied beim Besuch des **Bundespräsidenten Rau** in **Palästina, Israel und Ägypten** war geprägt durch die historische Rede des Bundespräsidenten vor der israelischen Knesset. Es war die erste Ansprache eines Bundespräsidenten vor der Knesset, zudem auf deutscher Sprache. Während des Besuches erfolgte die Grundsteinlegung für den Industriepark Jenin, ein regionales gemeinsames Projekt von Israel und Palästina. Zur deutschen Delegation gehörten Prof. Küng, der das Weltethos konzipiert hatte, der Berliner Ex-Bürgermeister Klaus Schütz und Friedel Springer, die Gattin des berühmten Medien-Zars Springer von der Bild-Zeitung.

Die Reise mit Ministerin **Wieczorek-Zeul** im Jahre 2000 nach **Ägypten** war bestimmt von dem Versuch der ägyptischen Seite, die NRO-Tätigkeiten zu beschränken. Trotz heftiger Projekte unsererseits wurde ein entsprechendes Gesetz verabschiedet

Die Reise mit Ministerin **Wieczorek-Zeul** in den **Jemen** war bestimmt von dem Problem der Wasserknappheit und den dadurch bedingten Auseinandersetzungen zwischen städtischer und ländlicher Bevölkerung. Ein Problem in Jemen ist der hohe Wasserverbrauch bei der Qat-Produktion für dessen Anbau die Hälfte der bewässerbaren Fläche eingesetzt wird. Der Besuch war überschattet durch einen Steinigungsvorgang in Ibb. Der islamische Staat hatte zu Beginn unserer Reise ein Todesurteil durch öffentliche Steinigung vollstrecken lassen. Der Vorgang wurde von der Ministerin Wieczorek-Zeul bei ihrem Gespräch mit Präsident Saleh scharf verurteilt.

C. Lateinamerika

Im Jahre 2000 besuchte Ministerin **Wieczorek-Zeul Kuba.** Ich gehörte der Delegation an. Ein konkretes Ergebnis des Besuches war die Aufnahme der bilateralen staatlichen Entwicklungszusammenarbeit mit Kuba und die Vereinbarung erster Projekte, z.B. das Projekt „Unterstützung des nationalen Programms zur

Bekämpfung der Wüstenbildung und Trockenheit" (2 Mio. DM). Die Bundesregierung setzte bei dem Besuch auf Wandel durch Zusammenarbeit.

Es gab auch Gespräche mit regimekritischen Personen, vor allem mit dem Rat der Evangelischen Kirchen und natürlich mit Fidel Castro. In einem 5stündigem Gespräch mit Fidel Castro und einem weiteren Gespräch mit Vizepräsident Carlos Lage konnte die Freilassung von drei hohen politischen Gefangenen erreicht werden.

Fidel Castro erkundigte sich im Einzelnen nach dem Verlauf der deutschen Wiedervereinigung und war gut über Europa informiert. Er beglückwünschte Deutschland zur Wiedervereinigung. Er war sehr interessiert am Schicksal der sogenannten Aussiedler aus Russland nach Deutschland. Die Ministerin sprach auch heikle Themen an, vor allem die Todesstrafe. Fidel Castro betonte, dass die Todesstrafe noch unumgänglich sei, da die Terroristengruppen aus den USA Kuba bedrohten. Es habe über 600 Attentatspläne gegen seine Person gegeben.

Im Mai 2000 besuchte ich zusammen mit Ministerin **Wieczorek-Zeul Brasilien**. Zentrale Themen waren Fragen der nachhaltigen Nutzung des Tropenwaldes und der Schutz indigener Minderheiten. Deutschland ist nach Japan der größte EZ-Geber in Brasilien. Das größte deutsche Projekt ist das Pilotprogramm zur Erhaltung der Regenwälder Brasiliens mit ca. 500 Mio. DM. Den Kern des Schutzes der Indianergebiete stellt die Demarkierung dieser Gebiete dar. 231 Indianergebiete wurden bereits demarkiert. Es gibt in Brasilien 184 Indianervölker und etwa 100 NROs, die sich für Tropenwaldschutz und Indianerrechte einsetzen.

Im August 2000 besuchte eine deutsche Journalistendelegation unter meiner Leitung **Bolivien** (La Paz, Janacachi, Trinidad) mit dem Ziel, sich über den „nationalen Dialog zur Armutsbekämpfung" einen unmittelbaren Eindruck zu verschaffen. Der nationale Dialog ist Teil eines partizipativen Prozesses, der den Zugang Boliviens zur erweiterten Entschuldungsinitiative HIPIC darstellt. Die freiwerdenden Mittel aus dem Schuldenerlass sollen für Armutsprojekte verwendet werden, was auch gelang, wie wir überprüfen konnten.

In Janacachi, einem Andendorf, wurde ich zum Ehrenbürger ernannt. Die Bürgermeisterin sagte, dass das Dorf aufgrund meines Besuches „zu einem neuen Morgen erwacht sei", sei's drum. Ich traf in Bolivien auch meinen alten DIW-Kollegen Petersen wieder, der in Bolivien für die Projekte „Verbesserung der Trinkwasser- und Abwasserversorgung der Stadt Trinidad zuständig ist.

D. Südostasien

Im Jahre 1999 war ich in **Kambodscha**, um das mit deutschen EZ-Mitteln finanzierte Telekommunikationsprojekt in Kampong-Chnang einzuweihen. Zusammen mit Ministerpräsident Hun Sen sprach ich zu diesem Anlaß vor etwa 5.000 Menschen.

Das Vorhaben umfasst die Verlegung eines modernen Glasfaserkabels von der vietnamesischen Grenze über Phnom Penh bis an die thailändische Grenze (600 km). Bei der Zeremonie, auf einer großen Tribüne sitzend, fragte mich Hun Sen, ob er rauchen dürfe, was ich ihm großzügig gestattete.

Wir besuchten auch das Tuol-Sleng-Museum, in dem die Foltermethoden der Roten Khmer dokumentiert wurden, das Schrecklichste, was ich jemals in meinem Leben gesehen hatte. Auch Angkor-Wat mit seinen bewundernswerten Tempel-Anlagen aus dem 12. Jahrhundert habe ich besucht.

Im Oktober 2000 besuchte ich mit der Ministerin **Wieczorek-Zeul Vietnam** Im Kern ging es um die deutsche Unterstützung für Maßnahmen im Zusammenhang mit der Mekong-Flutkatastrophe. Wir haben 16 Mio. DM zugesagt. An Bord unseres Regierungsflugzeuges hatten wir mehrere Tausend Wasserkanister mitgenommen, die von den evakuierten 30.000 Familien auch dringend gebraucht wurden.

Anschließend, ebenfalls im Oktober 2000, besuchte ich mit Ministerin **Wieczorek-Zeul Kambodscha.** Ich hatte ja Kambodscha bereits 1999 besucht. Im Zentrum der Gespräche stand ebenfalls die Flutkatastrophe (Deutschland hat dabei 17 Mio. DM bereitgestellt), aber auch die Folgewirkungen des Khmer-Rouge-Regimes unter ihrem Anführer Pol Pot. Es gab auch ein Gespräch mit dem König Sihanouk. Er beschrieb seine Rolle bei der Annäherung der beiden verfeindeten großen politischen Parteien, der royalistischen Funcinpec und der kambodschanischen kommunistischen Volkspartei CPP. Er lobte Premierminister Hun Sen (CPP), da es ihm gelungen sei, die Khmer-Rouge Kämpfer in den Staat einzugliedern. Hun Sen sprach auch das zentrale Problem der Demobilisierung der früheren Kämpfer des Pol Pot Regimes an. Es wurden etwa 10.000 Soldaten demobilisiert. Auch ein Entminungsprojekt haben wir als Deutsche finanziell unterstützt. An einer Demonstration einer Entminungsaktion konnten wir konkret teilnehmen.

E. Ostasien

Im August 1999 war ich in **China.** Ziel der Reise war die **Einweihung der U-Bahn Kanton**. Diese U-Bahn wurde mit deutschen EZ-Mitteln finanziert (351 Mio. DM) und von Siemens gebaut. Bei der Eröffnung der U-Bahn wurden die Deutschen in der Rede nicht erwähnt und wir wurden auch nicht vom Protokoll wahrgenommen. Ich habe in meiner Eröffnungsansprache beim Festbankett darauf hingewiesen, dass in Zukunft keine deutschen Steuergelder mehr ausgegeben werden, um U-Bahnen zu finanzieren. Die gesamte anwesende deutsche Industrie war wütend auf mich, aber ich ertrug es mit Gelassenheit.

Im Dezember 2000 nahm ich an der **deutsch-chinesischen Umweltkonferenz** in Peking teil. Die Konferenz mit etwa 1000 Teilnehmern diente der Bestandsaufnahme der deutsch-chinesischen Umweltzusammenarbeit. Von chinesischer Seite nahm der stellvertretende Ministerpräsident WenJiabao und von deutscher Seite

Umweltminister Trittin und Entwicklungsministerin Wieczorek-Zeul teil. In drei Arbeitsgruppen wurden Strategien für die zukünftiger Kooperation erarbeitet. Ich leitete die Arbeitsgruppe „Schutz der natürlichen Ressourcen, Erhalt der biologischen Vielfalt und effiziente Verwendung von Energie und Wasser", obwohl ich von der Materie nur wenig Ahnung hatte. Ich wies darauf hin, dass China neben Brasilien die weltweit höchste Artenvielfalt aufweist und das zentrale Problem beim Wasser die zu geringen Wasserpreise sind, die zur Verschwendung führen. Die Konferenz war zu formalisiert, zu statisch, aber im Kern vernünftig.

Im Mai 2002 nahm in Peking an dem 3. Rechtsstaatssymposium im Rahmen des **deutsch-chinesischen Rechtsstaatsdialog** teil. Auf deutscher Seite nahmen ferner teil: Prof. Däubler-Gmelin, die frühere Justizministerin und Frau Vollmer, Vizepräsidentin des deutschen Bundestages.. Letztlich sprach man aneinander vorbei. Der Versuch, die Rechtsproblematik in China zu diskutieren, scheiterte. Wenn es ernst wurde, verließen die meisten chinesischen Teilnehmer den Saal.

Im November 2002 war ich in China als neu gewählter Teilnehmer des **chinesischen Umweltbeirats** (zusammen mit Prof. Töpfer). Ich wurde erdrückt von der Schnelligkeit des Fortschritts in China. Ich notierte in meinem Tagebuch: In 10 Jahren werden die Chinesen uns überrennen, und zwar ökonomisch, aber auch politisch, ökologisch und militärisch. Es gab ein Gespräch mit Ministerpräsident Rongji, der sehr kundig über die chinesische Umweltproblematik sprach, vor allem über die Sandstürme und die zunehmende Wüstenbildung. Ich habe während meines Aufenthaltes in Peking 2 Mio. DM als Zuschuss für ein Solarenergie-Programm in Xinjiang zugesagt und für ein Abwasserprojekt 8 Mio. DM als Darlehen.

Ich wirkte von 2003 bis 2007 an zahlreichen Sitzungen des Umweltbeirates in Peking mit. In der FAZ am 25.8.2008 habe ich einen ganzseitigen Artikel veröffentlicht mit dem Titel „Auf der Suche nach dem Pfad grüner Reformen", in der ich die Ergebnisse der Beratungstätigkeit und den Stand der Umweltpolitik in China zusammengefasst habe.

Im Dezember 2002 nahm ich in Begleitung von **Bundeskanzler Schröder** an der **Einweihung des Transrapid in Shanghai** teil. Ich habe dabei einen Vertrag zur Fortsetzung des Berufsbildungsprojektes in Höhe von 2 Mio. Euro unterzeichnet. Diese Berufsbildung war notwendig, um die Fachkräfte für die Instandhaltung des Transrapids auszubilden. Bei der Unterzeichnung stand hinter mir Bundeskanzler Schröder, Staatssekretär Chrobog und Ministerpräsident Steinbrück. Ich unterschrieb mit zittriger Hand; der Kanzler gratulierte mir zu meinem letzten beruflichen Arbeitstag und sagte, so schön wolle er es auch haben.

An der Eröffnungszeremonie des neuen Transrapids habe ich teilgenommen. 1.800 chinesische Arbeiter mit Helmen in unterschiedlichen Farben bildeten die Kulisse. Alles haben die Chinesen in 18 Monaten gebaut. Bei uns wäre in derselben Zeit vielleicht eine Krötenfamilie umgesiedelt worden.

Im Mai 2002 war ich in der **Mongolei,** um neue deutsch-mongolische Regierungsverhandlungen vorzubereiten und um Projekte zu besuchen. Mit dabei war auch Staatssekretär Vollmer vom Auswärtigen Amt. Besichtigt habe ich das Projekt „Ausbildung von Kraftwerkspersonal" mit beeindruckenden Ergebnissen (7 Kraftwerke gibt es bereits in der Mongolei). Alle deutschen Experten in der Mongolei sind ehemalige DDR-Bewohner. Im Gespräch mit dem Vizeminister Enkhtaivan betonte dieser die starke Rolle der Sympathie-Werte in der Mongolei. Sympathie sei der entscheidende Faktor für alle beruflichen und privaten Beziehungen. Am beeindruckendsten war die Fahrt mit der Transsibirischen Eisenbahn im Salonwagen durch die mongolische Steppe., ein Sympathiebeweis der mongolischen Seite.

F. Sonderbeauftragter des BMZ für Afghanistan

Im September 2001 fand auf dem Petersberg ein DSE-Forum statt zum Thema „Der Nil – Erfahrungen teilen; Zukunft gestalten". Der Runde Tisch hatte sich mit Fragen der Entwicklung grenzüberschreitender Flussabläufe und der regionalen Zusammenarbeit als Motor für nationales und regionales Wirtschaftswachstum beschäftigt. Mitten in der **Konferenz am 11.09.2001** hörten wir (Frau D'Hondt und ich leiteten die Sitzung) von dem **Angriff auf die Twin Towers** in New York. Wir brachen die Konferenz sofort ab, besorgten einen Fernsehapparat. Die etwa 30 Vertreter der Nil-Anrainerstaaten schauten erstarrt zu. Einige begannen auch zu zittern, besonders die Vertreter von Ägypten, Äthiopien, Sudan, Uganda und der Demokratischen Republik Kongo, denn sie fürchteten, dass der Terroranschlag in New York dazu führen könnte, dass sie nicht mehr in ihre Heimatländer zurückkehren können.

All dies spielte sich im Vorfeld des Dramas Afghanistan ab. Nachdem im Oktober 2001 amerikanische und britische Truppen das Taliban-Regime in Kabul gestürzt hatten, wurde ich zum **Sonderbeauftragten des BMZ für Afghanistan** ernannt. Ich wurde verantwortlich für die Gestaltung und Koordinierung der deutschen entwicklungspolitischen Maßnahmen in Afghanistan. Ich war als einer der ersten Deutschen zusammen mit Ministerin Wieczorek-Zeul in Kabul und habe die Planung, Koordinierung und Umsetzung der deutschen entwicklungspolitischen Maßnahmen in Angriff genommen.

Ich nahm im November 2001 in **Washington an der Konferenz zum Wiederaufbau** teil und erlebte wieder ein Lehrstück amerikanischer Überheblichkeit. Die Leistungen Deutschlands wurden von Außenminister Powell mit keiner Silbe erwähnt, auch nicht die Leistungen anderer Länder.

Im Dezember 2001 reiste ich mit der **Ministerin Wieczorek-Zeul** *nach* **Kabul.** Wir haben als erstes Land Not- und Wiederaufbauhilfe geleistet (100 Mio. DM). Wir landeten mit einem Hubschrauber von Taschkent kommend in Bagram, dem völlig verminten Militärflughafen von Kabul, und besuchten zunächst ein Waisenausbildungszentrum und eine Schule. Ferner sprachen wir mit deutschen

Hilfsorganisationen. Die deutschen Organisationen Friedensdorf International, Hammer Forum, Caritas, Diakonie, Welthungerhilfe und Christus Träger Bruderschaft, die seit Jahren auch unter dem Taliban-Regime in Afghanistan agierten, haben auch beim Wiederaufbau tatkräftige Hilfe geleistet.

Im Mai 2002 besuchte **Präsident Karzai Berlin.** Dabei hat Deutschland die auf den Konten in Deutschland eingefrorenen Gelder Afghanistans freigegeben, was eines großen Verhandlungsgeschicks bedurfte.

Im März 2002 war ich mit Frau Kaiser (BMZ) in **Kabul**, um dort die erste von uns **rehabilitierte Schule einzuweihen.** Dabei ging ich wegen großer Hitze bei meiner Eröffnungsansprache zu Boden und wurde ins deutsche Militärlazarett transportiert, in der ich das Vergnügen hatte, vier Tage in einem Zelt auszuharren.

Im April 2002 war ich wiederum in **Kabul, um die Loya Jierga** vorzubereiten, für die wir 3,5 Mio. Euro zur Verfügung gestellt haben. Es wurde die Antonow, das größte Frachtflugzeug der Welt - hergestellt in der Ukraine - angeheuert, um das Riesenzelt, das für die Loya Jierga benötigt wurde, nach Kabul zu transportieren.

20 Jahre Entwicklungszusammenarbeit mit Afghanistan- eine Bilanz

a) **Erfolge,** mitermöglicht durch Entwicklungszusammenarbeit

Die Lebenserwartung konnte in 20 Jahren von 55 Jahren auf 65 Jahre gesteigert werden.

Die Zahl der Schulkinder wurde in 20 Jahren verzwölffacht. 2001 gingen 1 Mio Kinder in die Schule, 2020 waren es 12 Mio, davon alleine 40 % Frauen.

Die Müttersterblichkeit wurde in 20 Jahren halbiert, desgleichen die Kindersterblickleit.

Die Trinkwasserversorung verbesserte sich dramatisch. 2001 hatten etwa 28% der Bevölkerung Zugang zu Trinkwasser, 2020 waren es bereits 67 %.

b) **Misserfolge**

Die Mißerfolge liegen vornehmlich in den Bereichen Staatsaufbau, Förderung des Rechtswesens und Frauenförderung.

Die Verwaltungsförderung ist kläglich gescheitert, die Erfolge in der Polizeiförderung waren mäßig, die Förderung des Rechtswesen war ein Fehlschlag, ebenso die Drogenbekämpfung, die Frauenförderung war ein Fiasko.

G. Zentralasien

Im Dezember 1999 war ich in **Usbekistan, Kirgistan und Kasachstan.** Zweck der Reise waren Regierungsverhandlungen. **Usbekistan** war geprägt durch Menschenrechtsverletzungen, makroökonomische Verzerrungen und Devisenbewirtschaftung. Bei den Verhandlungen wurde ein Witz erzählt: Der Usbeke fragt den Kasachen, der gerade in der Steppe den letzten Baum abschlägt, nach dem Grund. „Der Baum stört den Wind".

Ich sprach mit Premierminister Sultanow und sprach die Menschenrechtsverletzungen nachdrücklich an, leider ohne jegliche Reaktion. Ferner besuchte ich Buchara und Samarkand. Der usbekische Gastgeber formulierte: „Wenn Du in dieses Zimmer eintrittst, wird es heller". Die Usbeken lieben die Sinnbilder oder „Glücklich ist, wer auf die Welt verzichtet, bevor die Welt auf ihn verzichtet". Ich sagte 15 Mio. Euro für ein Telekommunikationsprojekt zu sowie für ein Tuberkulose-Bekämpfungsprojekt in der Aral-Region 5 Mio. Euro. (Tuberkulose ist das zentrale Problem in Zentralasien.)

Weiter reiste ich nach **Kirgistan.** In Kirgistan dominiert ein liberaler ökonomischer Kurs, ganz im Gegensatz zu Usbekistan. Wir besuchten die „Rotfront", wo noch Wolga-Deutsch mit hinreißendem Akzent gesprochen wird. Der Küster erzählte von der Zerrissenheit: gehen oder bleiben? Bisher sind etwa 8.000 Menschen nach Deutschland gegangen, denn sie haben das Recht, als Aussiedler ohne jegliche Komplikationen nach Deutschland auszureisen. Ich habe erfahren, wie schwierig es sein muss, die Heimat zu verlassen, um als Deutscher nach Deutschland zu kommen und hier dann wieder in der Fremde zu sein, obwohl es Heimat ist.

Im nächsten Land, in Almaty, **Kasachstan**, ist alles noch vom traditionellen DDR-Stil geprägt. In Usbekistan und Kirgistan ist es vor allem die Angst vor islamistischen Konflikten und Kriegen, die die Menschen umtreibt, in Kasachstan hingegen vor allem die Angst vor dem Morgen, also die pure Existenzangst. Ich traf auch Herrn Metzler, ein GTZ-Experte. Er ist ein alter Stasi-Mann, der jetzt für die GTZ arbeitet. Ich hielt dies für gerechtfertigt, da er eine vorzügliche Arbeit durchführt und über ausgezeichnete Russisch-Kenntnisse verfügt.

Es folgt noch ein Auszug aus einem Gedicht von Aitmatow, dem kirgisischen Nationalschriftsteller:

„Ich beschwöre Menschen und Götter,
bedenkt, was ihr tut,
dass ihr unbedacht nicht die Erde vernichtet.
Genießt doch ihr Menschen, wenn Kranichtränen Euch netzen."

H. Kaukasus

Im März 2000 gehörte ich der Delegation des **Bundeskanzlers Schröder** an bei seinem Besuch in **Georgien.** Der Zweck des Besuches war es, den Präsidenten von Georgien Schewardnadse, den früheren Außenminister der Sowjetunion, zu ehren, der unermessliche Verdienste um die deutsche Einheit erworben hatte.. Der Besuch machte deutlich, dass es harte Konflikte gibt um Abchasien und Südossetien, die weiter unter dem Einfluss Russlands stehen. In der Rede des Präsidenten Schewardnadse zu Ehren des Bundeskanzlers findet sich folgende Passage: „Mit dem Sieg von Putin bei den Präsidentschaftswahlen verbinden wir unsere Zukunftshoffnungen: Russland befindet sich nun in den Händen jener Menschen, die ihr Land als einen vorhersehbaren, demokratischen und auf die allgemein menschlichen Werte orientierten Staat sehen wollen". So kann man sich irren.

Im April 2001 besuchte ich in Begleitung von **Ministerin Wieczorek-Zeul den Kaukasus (Aserbaidschan, Georgien, Armenien).**

In **Aserbaidschan** war der prägende Eindruck: zerstörte Industrielandschaften und verlassene Ölfelder. Früher war Aserbaidschan eine blühende Industrielandschaft in der Sowjetunion, heute ist alles Schrott. Alles wird dominiert durch den Konflikt um Berg-Karabach, eine Enklave, die von Armenien besetzt ist.

In Tiflis /**Georgien,** war das Zentralthema: 10 Jahre deutsche Einheit. 10 Jahre georgische Unabhängigkeit. .

Bedrückend war auch der Besuch auf einer Leukämie-Station, wobei ein eindeutiger Zusammenhang zwischen Tschernobyl und dem Anstieg der Leukämie festgestellt wurde. Wir haben die Leukämie-Station mit 400.000 DM unterstützt. In Georgien haben wir den Nationalpark Borjomi eingeweiht, der mit deutschen Mitteln finanziert und gebaut wurde. Eine Beobachtung war prägend in Georgien. Die Frauen werden absolut diskreditiert.

Armenien (Hauptstadt Eriwan) ist das korrupteste, rückwärtsgewandteste Land im Kaukasus. Zentrales Problem: das Atomkraftwerk Mezamor, das nicht sicher zu sein scheint. Wir haben in Eriwan das Deutsche Haus eingeweiht; dabei gab es einen großen Konflikt. Die Deutschen hatten die Chemiefacharbeiter aus dem Haus vertrieben, indem die Deutschen einzuziehen beabsichtigten. Wieczorek-Zeul konnte den Konflikt aber klug lösen.

I. Europa

Im April 1999 führte ich Regierungsgespräche in **Bulgarien** zur Unterstützung der Reformpolitik Bulgariens und stellte dabei 25 Mio. DM zur Verfügung, vornehmlich zur Förderung der Landwirtschaft, zur Verbesserung der beruflichen Bildung und zur Beschäftigungsförderung.

Im April 2001 führte ich Regierungsgespräche in **Rumänien** und machte Projektbesuche. In Sibiu (Herrmannstadt) sprach ich mit dem deutschstämmigen Bürgermeister Johannis, dem späteren Präsidenten von Rumänien. Er erzählte seine bewegende Lebensgeschichte. Seine Eltern seien nach Deutschland ausgewandert, er bleibe aber bewusst in Rumänien, um die deutsche „Fahne" aufrechtzuerhalten. Ca. 80 % aller Deutschen seien bisher nach Deutschland ausgewandert. In Rumänien haben wir etwa 50 Mio. DM für die Förderung der mittelständischen Wirtschaft und der beruflichen Bildung zugesagt.

Im Juli 2001 besuchte ich Polen, Lettland, Estland und Litauen, um das sogenannte **Transform-Programm** zu überprüfen. Dies ist ein Programm, das sich zum Ziel gesetzt hat, die ehemaligen sozialistischen Länder beim Übergang von der Planwirtschaft zur Marktwirtschaft auch entwicklungspolitisch zu unterstützen. Das Programm umfasste die Länder Estland, Lettland, Litauen, Tschechische Republik, Ungarn, Polen, Slowenien und die Slowakische Republik. Ich besuchte in **Polen** die Altstadt von Warschau, die zwischen 1949 und 1963 originalgetreu wieder aufgebaut worden war und besuchte das Denkmal des Warschauer Aufstands gegen die Deutschen (01.09.1944). Auch erwies ich dem Denkmal des kniefallenden Willy Brandts (1970) die Ehre.

In **Lettland** besuchte ich das Museum der Okkupation Lettlands (1940-1991). Lettland war von 1940 bis 1941 von der Sowjetunion besetzt, dann von 1941 bis 1944 von Deutschland und dann wieder bis 1991 von der Sowjetunion. Am schrecklichsten war wohl die Deportation der Letten nach Russland in die Arbeitslager (Gulag). Stalin: „Kein Volk, keine Probleme". In Valmiera (Lettland) eröffnete ich zusammen mit der Staatspräsidentin von Lettland Vaira Vike-Freiberga das mit deutscher Hilfe gebaute Berufsbildungszentrum.

In **Estland,** in Tallin, war am beeindruckendsten das Haus der Schwarzhäupter-Gilde, der sogenannten unverheirateten Kaufleute.

In **Litauen** war ich von Vilnius beeindruckt, dem Jerusalem des Nordens (Vilnius hatte einen hohen Judenanteil.)

Zusammenfassend kann festgestellt werden, dass in allen drei Ländern eindeutig die Frage des EU-Beitritts als oberste Priorität angesehen wird. Die EU-Beitrittsverhandlungen laufen professionell und planmäßig.

Im Oktober 1999 nahm ich in **Florenz an der Konferenz „Culture counts"** teil. Ziel der Konferenz war es, die Rolle der Kultur im Entwicklungsprozess zu festigen. Ich dokumentierte bei der Konferenz konkret, bei welchen Projekten wir Deutschen in der Vergangenheit mit entwicklungspolitischen Maßnahmen kulturelles Erbe gefördert haben. So skizzierte ich unsere Aktivitäten in
- der Stadt Sansibar, Tansania
- bei der Stadtentwicklung Bhaktapur, Nepal
- bei der Bewahrung des Ohridsee, Mazedonien
- bei der Bewahrung von Maya, Peten, Guatemala
- bei dem Erhalt des Natursteinmonuments Petra, Jordanien

An der Konferenz nahm auch der Ministerpräsident von Sachsen, Prof. Biedenkopf teil, der das Ignorieren der kulturellen Dimension u.a. am Beispiel der deutschen Wiedervereinigung verdeutlichte.

Im Oktober und November 2001 war ich in der **Ukraine,** um entwicklungspolitische Neuzusagen zu machen und Projekte zu besuchen. In Kiew und Odessa wurden politische Gespräche mit hochrangigen Partnern der Zentral- und Regionalregierung, des Parlaments, der Nationalbank und mit ukrainischen Unternehmen und deutschen Experten geführt. Ziel der Reise war es, den ukrainischen Partnern das fortdauernde und intensive deutsche Interesse an einer Zusammenarbeit mit der Ukraine zu verdeutlichen. Zur weiteren Festigung der ukrainisch-deutschen Zusammenarbeit habe ich ein Darlehen in Höhe von 5 Mio. DM zugesagt, insbesondere zur Unterstützung des ländlichen Raumes.

Bei insgesamt vordemokratischen Strukturen mit Demokratie- und Rechtsstaatsdefiziten ist nicht absehbar, in welche Richtung die Ukraine innenpolitisch strebt. Der außenpolitische Balanceakt zwischen Ost und West scheint zu gelingen, so mein damaliges Urteil.

Im November 2011 war ich ein weiteres Mal in der **Ukraine.** Deutschland hatte die Ukraine beim Bau des Fußballstadions in Lwiw unterstützt, in dem Spiele der Fußballeuropameisterschaft 2012 stattfanden. Ich hatte – anstelle des deutschen Entwicklungsministers Niebel – am 11.11.2011 die Eröffnungsansprache zu halten („Fußball als Motor gesellschaftlicher Entwicklung"). Es fand dazu ein Fußballspiel zwischen der deutschen und der ukrainischen Nationalmannschaft in Kiew statt, das 4 : 4 endete. Ein solches diplomatisches Ergebnis hatten wir beim deutschen Nationaltrainer Philipp Löw angeregt. Ich erklärte bei meiner Ansprache in Kiew, dass seit der Unabhängigkeit der Ukraine im Jahre 1991 die Bundesregierung als größter bilateraler Geber neben den USA insgesamt mehr als 321 Mio. Euro zur Unterstützung wirtschaftlicher und politischer Reformprozesse und für Investitionen eingesetzt hat.

Bei meiner Rede in Kiew habe ich auch deutlich betont, dass es darum geht, Institutionen zu fördern, die dem Recht und den rechtsstaatlichen Prinzipien verpflichtet sind, die Unabhängigkeit der Justizsysteme stärken und Demokratieprozesse fördern. Meine Rede hat bei einigen ukrainischen Gesprächspartnern Unwillen erregt.

Ende 2002 wurde ich **„Beauftragter des Bundesministeriums für Wirtschaftliche Zusammenarbeit und Entwicklung für die neuen EU-Länder"**. Von 2003 bis 2007 habe ich die neuen EU-Länder bei der Ausarbeitung ihrer entwicklungspolitischen Konzeptionen und der Gestaltung ihrer Entwicklungszusammenarbeit beraten und unterstützt. Diese Beratungen und Unterstützung bezogen sich auf die Länder Lettland, Litauen, Estland, Ungarn, Polen, Tschechische Republik, Slowakische Republik, Slowenien, Zypern, Malta, Bulgarien und Rumänien. Am 26.01.2006 veröffentlichte die Süddeutsche Zeitung einen Aufsatz von mir mit der Überschrift „Von Nehmern zu Gebern". Darin habe ich ausgeführt, dass die neuen EU-Länder nun globale entwicklungspolitische Verantwortung übernehmen. Fast alle EU-Beitrittsländer haben in letzter Zeit eigene entwicklungspolitische Konzeptionen erarbeitet und verabschiedet. Alle EU-Beitrittsländer haben in ihren Außenministerien eigene Abteilungen für Entwicklungszusammenarbeit aufgebaut, alle Beitrittsländer leisten bereits öffentliche Entwicklungszusammenarbeit. 2004 hatten diese Länder bereits mehr als 150 Mio. Euro für öffentliche Entwicklungszusammenarbeit zur Verfügung gestellt. Ich endete in meinem Aufsatz euphorisch: „Die erweiterte Europäische Union muss sich als zivile Weltmacht verstehen, die nicht nur für die Stabilität auf dem eigenen Kontinent sorgt, sondern auch eine friedliche und stabile Entwicklung im globalen Maßstab fördert."

Gesamtfazit nach 40 Jahren

Nach 40 Jahren Tätigkeit in der Entwicklungspolitik ist es geboten, ein Gesamtfazit zu ziehen.

1. **Entwicklungszusammenarbeit wirkt, wenn auch differenziert nach Sektoren.** Das Ergebnis jahrzehntelanger Evaluierungsarbeit lautet: ein **Drittel der Projekte wirken vorzüglich**, d.h. verbesserten die Lebensbedingungen der Zielgruppe, ein **Drittel haben Licht und Schatten**, ein **Drittel sind gescheitert**. Gute Ergebnisse sind erzielt worden bei Gesundheits- und Bildungsprojekten, befriedigende bei Wasser- und Abwasserprojekten und in der Landwirtschaft, ungenügende bei Energie, Transport und Industrie. Die höchste entwicklungspolitische Wirkung erzielten Projekte und Programme, die die soziokulturellen Bezüge beachtet haben. Durchschnittlich haben sich in den vergangenen Jahrzehnten die Lebensbedingungen für die Bevölkerung in den Entwicklungsländern verbessert, mit Ausnahme der fragilen Länder, z. B. Zentralafrikanische Republik, Demokratische Republik Kongo, Sudan.
Zur Information: 2023 betrug die öffentliche Entwicklungszusammenarbeit (ODA-Leistungen) Deutschlands 34 Milliarden Euro, was einem Anteil von 0,79 % am BSP entspricht. Unter den DAC- Ländern steht Deutschland danach an 2. Stelle hinter den USA.

2. Die Wirksamkeit der Entwicklungszusammenarbeit der **zivilgesellschaftlichen Gruppen** ist höher als die der staatlichen Entwicklungszusammenarbeit, da die **Nicht-Regierungsorganisationen** in hohem Maße basisorientiert arbeiten. Die **Zivilgesellschaft sollte stärker gefördert werden**.

3. **Entwicklungszusammenarbeit kann langfristige Erfolge zeitigen**. Vor **60 bzw. 50 Jahren** waren Korea, Taiwan, Malaysia, Indien, Iran, Israel, Chile, Mexiko, Costa Rica, Türkei und Griechenland wichtige Empfänger von internationaler öffentlicher Entwicklungszusammenarbeit, häufig Schwerpunktländer auch deutscher Entwicklungspolitik. Heute sind diese Länder erfolgreiche Schwellenländer bzw. sogar Industrieländer. Wichtige damals geförderte Projekte waren z. B. gewerbliche Berufsausbildung, Krankenhäuser, Landwirtschaftsschulen, Universitätspartnerschaften, Bau von Brücken, Häfen, Eisenbahnen, Kraftwerken und Staudämmen. Diese Projekte hatten eine gewisse Katalysatorwirkung und sie haben sicherlich auch bescheiden dazu beigetragen, dass diese Länder den Aufstieg in die Kategorie der Schwellenländer geschafft haben.

4. **Weltkonferenzen sind keine Papiertiger**. Die 8 großen Weltkonferenzen der 90iger Jahre (Umwelt, Kleine Inselstaaten, Welt-Aids-Kongress, Weltbevölkerungskonferenz, Weltsozial-Gipfel, Weltfrauenkonferenz, Weltstädte-Gipfel und Welternährungsgipfel haben für die internationale Staatengemeinschaft neue Normen und Werte gesetzt, wenn auch nicht völkerrechtlich verbindlich. Durch Kärrnerarbeit bei der Umsetzung der Beschlüsse sowie durch entwicklungspolitische Maßnahmen in den Folgejahren haben diese Weltkonferenzen die Wirklichkeit in den letzte 30 Jahren positiv verändert, vor allem in den Bereichen Frauen, Familienplanung, Gesundheit und Kinderarbeit. Weltkonferenzen sind also keine Papiertiger.

5. **Fachkonferenzen und Sektor-Programme zeigen gemischte Ergebnisse**. Erfolgreich waren Sektor- Programme in den Bereichen landwirtschaftliche Agrarforschung, Familienplanung, berufliche Bildung, erneuerbare Energien, Wasser und FCKW- Reduzierung. Weniger erfolgreich waren die Programme in den Bereichen Grundbildung, Straßenbau, Wüstenbekämpfung und Biodiversität.

6. Die **bilaterale Entwicklungszusammenarbeit** sollte rd. zwei Drittel der öffentlichen Entwicklungszusammenarbeit ODA, Official Development Assistance) betragen. Das BMZ unterstützt derzeit **65 Partnerländer**.
   Die Entwicklungszusammenarbeit mit Schwellenländern sollte beendet werden, mit Ausnahme von Klima-Projekten. Die Zusammenarbeit mit **Entwicklungsländern mittleren Einkommens** sollte sich auf Mischfinanzierung konzentrieren (Kombination öffentlicher und privater Mittel sowie Darlehen statt Zuschüsse). Die Zusammenarbeit mit den **ärmsten und fragilsten Entwicklungsländern sollte ausgeweitet werden**, vor allem durch Zuschüsse und Schuldenerlasse, aber auch ergänzt durch eine massive Aufstockung der humanitären Hilfe.

7. **Die multinationale Entwicklungszusammenarbeit sollte rd. ein Drittel der öffentlichen Entwicklungszusammenarbeit (ODA) betragen**. Die UN-Organisationen sollten dabei stärker als bisher gefördert werden, vor allem UNDP, UNFPA, UNICEF, UNEP, UNHCR und das Welternährungsprogramm unter Umständen zu Lasten der Weltbank-Aktivitäten.

8. **Auf mittlere Sicht sollte die Entwicklungszusammenarbeit europäisiert werden**, denn es ist ein Unding, dass in allen 27 Mitgliedsländern unterschiedliche bilaterale Unterstützungsprogramme für die Entwicklungsländer geschnürt werden.

9. **Geopolitische Veränderungen** sollten ins Blickfeld genommen werden. Akteure im Globalen Süden sind im geopolitischen Getümmel nicht mehr nur Teilnehmer am Rande, sondern Gestalter. Die Veränderungen des internationalen Systems haben dem Globalen Süden als Gruppe einen neuen Identitätsschub verliehen. Zur Gruppe der **G20-Staaten** zählen bereits 10 Schwellenländer (Argentinien, Brasilien, China, Indien, Indonesien, Mexiko, Südafrika, Südkorea, Saudi-Arabien und Türkei). **Dreieckskooperationen der traditionellen Geberländer mit den fortge-schrittenen Akteuren des Globalen Südens** zugunsten der ärmsten Länder zur Finanzierung von Armut- und Klimaprojekten sollten das Gebot der Stunde werden. Es geht um strategische Partnerschaften und echten Interessen-ausgleich.

10. Während die globale Armut tendenziell sinkt, rücken die Bedrohungen des Klimawandels und des Biodiversitätsverlustes immer stärker ins öffentliche Bewusstsein. Der **Schutz „globaler öffentlicher Güter" als Ziel der Entwicklungszusammenarbeit** sollte ins Zentrum treten: Erarbeitung von Anpassungsstrategien für den als unvermeidlich erkannten Klimawandel, Hilfe bei der Installierung von Frühwarnsystemen, Klimaversicherungen. Hinzu muss kommen: Dekarbonisierung und radikale Sendung des Ressourcenverbrauchs (z.B. Förderung erneuerbarer Energien, Steigerung der Energieeffizienz, Geothermalenergie). Daneben sind weiterhin Tropenwald- und Gewässerschutz sowie Schutz der Artenvielfalt unabdingbar. Die Finanzierung globaler Güter dient auch unmittelbaren Eigeninteressen. Das BMZ sollte längerfristig zu einem **Ressort für globale Fragen** ausgebaut werden.

11. **Eine Bündelung der humanitären Hilfe und der Entwicklungszusammen-arbeit ist unabdingbar**, um Reibungsverluste zu mindern und um die Gesamt-Wirksamkeit der Maßnahmen zu erhöhen. Dazu bietet sich das BMZ als das erfahrene Ressort an.

12. **Nur etwa ein Drittel (2023 37 %) der deutschen ODA-Leistungen entstam-men dem BMZ.** Daneben leisten 17 andere Ressorts ODA-Leistungen, vor allem das **Auswärtige Amt**, das mit **14 %** zu den Gesamtleistungen beiträgt. Daneben werden EU- Mittel, die Leistungen der Bundesländer, Marktmittel der KfW, Schuldenerlasse und Flüchtlingsausgaben als ODA-Leistungen angerechnet. Eine bessere Abstimmung dieser Leistungen, z.B. durch einen Staatssekretärs-ausschuss ist unabdingbar.

13. Die Entwicklungsabteilung der **Kreditanstalt für Wiederaufbau** (KfW), zuständig für die Finanzielle Zusammenarbeit und **die Gesellschaft für Internationale Zusammenarbeit** (GIZ), zuständig für die Technische Zusammenarbeit, **sollten zusammengelegt werden**, um die Wirksamkeit der Projekte zu erhöhen und um die Möglichkeit zu bieten, den bisher starren Anteil von FZ und TZ zu variieren. Ein erster Schritt hierzu wäre die gegenseitige Deckungsfähigkeit der FZ- und TZ-Titel.

14. **Mit Autokratien kooperieren?** Autokratische Systeme nehmen in der ganzen Welt zu. Im Jahre 2023 lebten 71% der Weltbevölkerung in Regionen mit autokratischen Merkmalen. Laut einer OECD- Studie flossen 79 % aller öffentlichen Entwicklungsgelder in Autokratien. Entwicklungspolitische Unterstützung kann eine autokratische Herrschaft indirekt stabilisieren. Kooperation kann dennoch sinnvoll sein, wenn gemeinwohlorientierte Zweckbündnisse geschmiedet werden. Beispielsweise braucht es notwendigerweise eine gemeinsame Kraftanstrengung von Deutschland und Autokratien, um den Klimawandel einzudämmen.

Außerdem: **Autokratie ist nicht gleich Autokratie**. Das Spektrum der Autokratien ist heterogen und bietet unterschiedliche Kooperationsmöglichkeiten. In einer offenen Autokratie mit gewissen Beteiligungsmöglichkeiten wie z.B. in Burkina Faso oder Äthiopien bestehen Anknüpfungspunkte für gemeinwohlorientierte Maßnahmen (z.B. Gesundheitsmaßnahmen und Klimaschutzmaßnahmen). In einer geschlossenen Autokratie, wie z.B. in Guinea oder Myanmar sind die Möglichkeiten sehr beschränkt und oft bleibt nur humanitäre Hilfe. Autokratisierung ist auch umkehrbar, wie jüngst Sambia zeigte. Wenn sich die Entwicklungspolitik den Autokratisierungstendenzen entgegenstellen will, braucht sie Verbündete in den Partnerländern, die in der Regel außerhalb des staatlichen Systems zu finden sind. Die Förderung transnationaler Beziehungen zwischen nicht-staatlichen Organisationen, also durch die **Zivilgesellschaft und durch kommunale Partnerschaften**, bietet geeignete Kooperationsmöglichkeiten. Die Zivilgesellschaft kann ein Korrektiv gegen autokratische Tendenzen sein.

15. Der **interkulturelle Dialog muss zur dritten Säule der Entwicklungspolitik** werden. Das gegenseitige Lernen und Zuhören sollte im Mittelpunkt stehen. Kulturelle Fragen sollten ins Zentrum der entwicklungspolitischen Analyse und der daraus abgeleiteten Maßnahmen gerückt werden.

Ergänzende Literaturhinweise:

- *Michael Bohnet, Das Nord-Süd-Problem, Konflikte zwischen Industrie- und Entwicklungsländern.* München 1971, 5 Auflagen
- *Michael Bohnet, Applied Research and its Impact on Economic Development: the East African Case.* München 1972
- *Michael Bohnet, Einkommensverteilung in Entwicklungsländern.* München 1976
- *Michael Bohnet, Umschuldungen öffentlicher und privater Forderungen an Entwicklungsländer.* Hamburg 1990
- *Michael Bohnet, 40 Jahre Brücken zwischen Entwicklungsforschung und Entwicklungspolitik, Ökonomische, ökologische, politische, soziale und kulturelle Bezüge*, Scientia Bonnensis, Bonn 2011
- *Michael Bohnet, Geschichte der deutschen Entwicklungspolitik: Strategien, Innenansichten, Zeitzeugen, Herausforderungen*, Konstanz/München, UVK Verlagsgesellschaft 2015 (utb4320), 2. überarbeitete und aktualisierte Aufl. 2019
- *Michael Bohnet, Walter Scheel, der erste Entwicklungsminister der Bundesrepublik Deutschland, Die Anfänge der deutschen Entwicklungspolitik,* Bonn 2009
- *Michael Bohnet, Politische Ökonomie der deutschen Entwicklungszusammenarbeit,* DIE, Discussion Paper, Bonn 2017
- *Michael Bohnet, Deutschlands koloniales Erbe. Deutsche Kolonialpolitik in Afrika – Rückwirkungen bis heute,* Bonn 2021

Personenverzeichnis

Lührs: 19
Lutzenberger: 91
Maciel: 246
Mackenroth: 125
MacLean: 249, 250
Magat: 52
Mahler: 290
Major: 104
Männle: 337
Mao: 56, 57, 358
Marcos: 18, 24, 147
Marquardt: 111
Martens: 27
Martin: 192, 354
Massing: 252
Matthäus-Maier: 210, 232, 236
Matthöfer: 17, 18, 22
Mengistu: 184
Merkel: 169, 170, 193, 196, 425
Metzger: 205, 217
Metzler: 216, 217, 357, 433
Meyns: 122
Michel: 312
Mildner: 350
Milosevic: 282, 301
Mitterand: 24, 104
Mobutu: 51
Modrow: 75, 77
Mohammed: 234, 247
Mohrdick: 74
Mohs: 254, 306, 308, 312, 335, 336
Moi: 95
Möller: 195
Morbach: 147
Morell: 357
Moses: 173
Mössinger: 104
Moussa: 236
Msuja: 300
Mubarak: 237, 239
Mugabe: 96, 105
Müller: 51, 136, 138, 175, 193, 195, 306, 308
Muradow: 212
Muser: 287

Wikipedia

Michael Bohnet

Michael Bohnet

Michael Bohnet (* 10. Juni 1937 in Berlin) ist ein deutscher Ökonom und Ministerialdirektor i. R. (Bundesministerium für wirtschaftliche Zusammenarbeit und Entwicklung, BMZ).

Leben [Bearbeiten I Quelltext bearbeiten]

Michael Bohnet wurde 1937 in Berlin geboren und 1943 nach Tumlingen evakuiert. Dort legte er 1956 am Kepler-Gymnasium in Freudenstadt (Schwarzwald) sein Abitur ab. Von 1956 bis 1959 studierte er Technische Volkswirtschaftslehre an der Technischen Hochschule Karlsruhe (Technische Hauptprüfung im Fach Maschinenbau 1959), danach Volkswirtschaftslehre an der Freien Universität Berlin (Diplom-Volkswirt 1962). Von 1962 bis 1966 war Bohnet wissenschaftlicher Assistent am Lehrstuhl für Wirtschaftstheorie bei Professor Andreas Paulsen an der Freien Universität Berlin. Er promovierte an der FU Berlin 1966 mit dem Thema „External Economies unter besonderer Berücksichtigung ihrer Bedeutung für Entwicklungsländer" zum Dr. rer. pol. Es folgte eine Tätigkeit als wissenschaftlicher Referent beim Ifo Institut für Wirtschaftsforschung in München.

1973 trat Bohnet in das Bundesministerium für wirtschaftliche Zusammenarbeit und Entwicklung (BMZ) ein und arbeitete in der dortigen Planungsgruppe. 1974 kehrte er nach München zurück und übernahm die Leitung der Afrika-Studienstelle und der Abteilung Entwicklungsländer des Ifo-Instituts. Er erstellte im Auftrag des BMZ die ersten Länderhilfeprogramme für Marokko, Tansania und Kenia. 1978 wechselte er wiederum ins BMZ und übernahm dort die Leitung des Planungs- und Forschungsreferats. Er war Mitglied der deutschen Delegation bei den Weltwirtschaftsgipfeln in Tokio 1979, Venedig 1980, Versailles 1982 sowie beim Nord-Südgipfel in Cancun / Mexiko 1981.

Ab 1982 leitete er das UN-Referat des BMZ und war deutscher Delegierter im Verwaltungsrat von UNDP in New York. Von 1985 bis 1990 leitete er das Evaluierungs- und Inspektionsreferat des BMZ. Unter seiner Federführung erschien 1988 die Schrift „Aus Fehlern lernen".

1990 habilitierte sich Bohnet im Fach Volkswirtschaftslehre an der Universität Duisburg.[1] Seine Habilitationsschrift behandelte das Thema „Umschuldungen öffentlicher und privater Forderungen an Entwicklungsländer".

1990 wurde Bohnet von Bundesminister Warnke zum Unterabteilungsleiter (Ministerialdirigent) im BMZ berufen. Er übernahm die Leitung der Unterabteilung „Sektorale und übersektorale Entwicklungspolitik". Er arbeitete u. a. an der Fragestellung mit, wie die alten DDR-Entwicklungsprojekte in Projekte des wiedereinigten Deutschlands überführt werden konnten.

1994 wurde Bohnet zum außerplanmäßigen Professor für Volkswirtschaftslehre an der Universität Duisburg ernannt, [2] wo er bis zum Jahre 2004 lehrte.

Von 1992 bis 1998 war Bohnet zentraler Verhandler bei den acht großen Weltkonferenzen: Konferenz der Vereinten Nationen über Umwelt und Entwicklung in Rio (1992), Weltbevölkerungskonferenz in Kairo (1994), Kleine Inselstaaten in Barbados (1994), UN-Weltfrauenkonferenz in Peking (1995), Weltgipfel für soziale Entwicklung in Kopenhagen (1995), Weltsiedlungsgipfel in Istanbul (1996), Welternährungsgipfel in Rom (1996) und Sondergeneralversammlung Drogen in New York (1998). Die „Times" hat ihn mehrmals zu den weltweit wichtigsten Personen im Bereich „Umwelt und Entwicklung" gewählt.[3]

1992 wurde Bohnet in den Ausschuss der EKD (Evangelische Kirche Deutschland) „Kirchliche Mittel für Entwicklungsländer" berufen,[4] dem er bis 2002 angehörte.

1998 übernahm Bohnet im BMZ die Leitung der Abteilung „Multilaterale Zusammenarbeit, Entwicklungspolitik der Europäischen Union, Sektorale und Übersektorale Entwicklungspolitik", im Jahre 1999 die Leitung der Abteilung „Bilaterale Entwicklungszusammenarbeit, Integration aller entwicklungspolitischen Maßnahmen" und gleichzeitig die Aufgabe des stellvertretenden Staatssekretärs.[5]

Überdies war er von Ende 2001 bis Ende 2002 Sonderbeauftragter des BMZ für den Wiederaufbau Afghanistans.[6]

2002 wurde Bohnet von Bundespräsident Rau das Bundesverdienstkreuz 1. Klasse des Verdienstordens der Bundesrepublik Deutschland verliehen.[7]

Von 2002 bis 2007 war Bohnet Mitglied des chinesischen Umweltbeirats.[8]

Von 2003 bis 2007 war Bohnet Beauftragter des BMZ für die neuen EU-Länder[9] und beriet die dortigen Regierungen bei ihrem Übergang vom Nehmer zum Geber und der Erarbeitung ihrer eigenen entwicklungspolitischen Konzeptionen.

2019 veröffentlichte Bohnet das Werk „Geschichte der deutschen Entwicklungspolitik; Strategien, Innenansichten, Erfolge, Misserfolge, Zeitzeugen, Herausforderungen".

Privates   [Bearbeiten I Quelltext bearbeiten]

Michael Bohnet ist seit 1970 verheiratet mit der Lektorin Adelheid Bohnet-von der Thüsen und hat zwei Söhne.

Publikationen   [Bearbeiten I Quelltext bearbeiten]

Michael Bohnet ist Mitherausgeber der wissenschaftlichen Schriftenreihen des IFO-Instituts *Afrika-Studien, Afrika-Forschungsberichte, Studien zur Entwicklungsforschung* und der *Forschungsberichte das BMZ* und verfasste mehr als 70 Fachartikel.

- *Die Konzepte der External Economies unter besonderer Berücksichtigung ihrer Bedeutung für Entwicklungsländer.* Berlin 1968.
- *Das Nord-Süd-Problem, Konflikte zwischen Industrie- und Entwicklungsländern.* München 1971, 5 Auflagen.
- *Applied Research and its Impact on Economic Development: the East African Case.* München 1972.
- *Entwicklungsforschung und Entwicklungspolitik, eine Bilanz des Afrika-Forschungsprogramms des Ifo-Instituts.* Teil 1 und Teil 2, München 1973.
- *Einkommensverteilung in Entwicklungsländern.* München 1976.
- *Aus Fehlern lernen, 9 Jahre Erfolgskontrolle der Projektwirklichkeit, Ergebnisse und Schlussfolgerungen.* Bonn 1986.
- *Umschuldungen öffentlicher und privater Forderungen an Entwicklungsländer.* Hamburg 1990.
- *40 Jahre Brücken zwischen Entwicklungsforschung und Entwicklungspolitik, Ökonomische, ökologische, politische, soziale und kulturelle Bezüge.* Scientia Bonnensis, Bonn 2011, ISBN 978-3-940766-43-4.
- *Geschichte der deutschen Entwicklungspolitik: Strategien, Innenansichten, Zeitzeugen, Herausforderungen* (= *utb.* Band 4320). UVK Verlagsgesellschaft, Konstanz/München 2015, ISBN 978-3-8252-4320-3.

Ehrungen [Bearbeiten | Quelltext bearbeiten]

- 1996 Times, Liste 100 wichtigsten Persönlichkeiten im Bereich „Umwelt und Entwicklung"
- 2002 Bundesverdienstkreuz 1. Klasse

Einzelnachweise [Bearbeiten | Quelltext bearbeiten]

1. ↑ Duisburger Universitäts-Report, 2/1999, S. 19
2. ↑ Entwicklung und Zusammenarbeit 35/1994, S. 8
3. ↑ The Earth Times, "The Establishment", April 2001, S. 22
4. ↑ Evangelischer Entwicklungsdienst, Arbeitsbericht, 1999/2000, S. 20
5. ↑ BMZ-Pressemitteilung 12. Juli 1999, 114/99
6. ↑ BMZ-Pressemitteilung 17. Dezember 2002, S. 1
7. ↑ Generalanzeiger 14/ 15. Dezember 2002, S. 10
8. ↑ FAZ, 13. Dezember 2002, S. 18
9. ↑ Süddeutsche Zeitung, 16. Januar 2006, S. 2